D1730648

Gesine Werner

Erlebte Geschichte und Geschichten

Wiesbadener Zeitzeuginnen und Zeitzeugen erzählen

Herausgegeben vom
Verein zur Förderung des Stadtarchivs Wiesbaden e. V.

EDITION 6065

Bibliografische Information der Deutschen Nationalbibliothek:
Die Deutsche Nationalbibliothek verzeichnet diese Publikation in
der Deutschen Nationalbibliografie; detaillierte bibliografische
Daten sind im Internet uber http://dnb.d-nb.de abrufbar.

Lektorat
Dr. Hermann Roloff

Fotos
Gesine Werner

Layout und Gestaltung des Einbands
Brigitte Forßbohm

Einband
Vorderseite, v.l.n.r.: Waltraut Ackermann, Gabriel Sala mit Desirée
Lehmann-Alvarez, Ben Patterson, Mary Lou Sullivan-Delcroix.
Rückseite, v.l.n.r: Inge Engelskirchen, Miriam Schmetterling,
Wahan Cherbettchian, Detelina Grigorova-Kreck.

Druck und Bindearbeiten
TZ – Verlag & Print GmbH, Roßdorf

Gefördert durch das Kulturamt sowie das Amt für Zuwanderung
und Integration der Landeshauptstadt Wiesbaden

© Copyright EDITION 6065
Brigitte Forßbohm
Wiesbaden 2022
www.edition6065.de
Alle Rechte vorbehalten
ISBN 978-3-941072-27-5

Unseren verstorbenen Vorstandsmitgliedern

Rigoberth Falk (1938-2020)

und

Peter Joachim Riedle (1943-2021)

in Dankbarkeit gewidmet

Inhaltsverzeichnis

Vorwort

Die Arbeit am Wiesbadener „Stadtlexikon" wurde von vielen Mitgliedern unseres Vereins zur Förderung des Stadtarchivs Wiesbaden e. V. unterstützt. Sie recherchierten und schrieben wissenschaftliche Beiträge für das Lexikon, auch biografische. Die Aufnahme von Beiträgen über lebende Personen in das Lexikon war nicht vorgesehen. So regte der stellvertretende Vorsitzende unseres Vereins, Herr Stadtrat a. D. Peter Joachim Riedle, an, eine Sammlung von Erinnerungen älterer noch lebender Mitbürgerinnen und Mitbürger auf der Grundlage von Interviews herauszugeben. Aus ihnen sollten Einblicke in das Leben zwischen Weimarer Republik und Gegenwart möglich werden. Unser Projekt war geboren.

Die Journalistin Gesine Werner hat für uns 50 Wiesbadenerinnen und Wiesbadener interviewt und 42 Texte verfasst, in denen sie ihre Interviewpartnerinnen und -partner in der ihr eigenen lebendigen Art vorstellt: Prominente und weniger Prominente, in Wiesbaden Geborene und Zugezogene, Menschen mit und ohne Migrationshintergrund. Sie alle haben sich in Wiesbadens Gesellschaft und Kultur hervorgetan und zum Gelingen des städtischen Miteinanders beigetragen, im Kleinen wie im Großen. Leider sind einige von ihnen verstorben, während das Buch entstanden ist – Überschneidungen zum Stadtlexikon ließen sich dadurch nicht immer vermeiden. Gerade das aber zeigt, wie wichtig es war und ist, rechtzeitig den Erinnerungsschatz der älteren Generation zu sichern. Auch aus unserem Vorstand sind inzwischen zwei Menschen gestorben, die das Entstehen des Werkes begleitet und vorangetrieben haben: Rigoberth Falk und Peter Joachim Riedle, der spiritus rector des Projekts. An der Auswahl der Bilder war Herr Riedle noch beteiligt. Beiden verstorbenen Vorstandsmitgliedern widmen wir das Buch in dankbarer Erinnerung.

Wir legen darin eine Sammlung von Lebenserzählungen vor. Dabei werden die An- und Einsichten der befragten Menschen und ihre Erinnerungen in unterhaltsamer Weise deutlich. Diese Sammlung erhebt keinen Anspruch auf Wissenschaftlichkeit. Aber sie kann vermitteln, dass Geschichte nicht nur das ist, was Historikerinnen und Historiker re- oder dekonstruieren, sondern dass sich Geschichte auch im Bewusstsein der Menschen vollzieht: Geschichte und Geschichten liegen oft eng beieinander. Erlebnisse, subjektiv Erinnertes, Anekdoten und unbewusst Verdrängtes oder bewusst Weggelassenes kennzeichnen nicht nur die interviewten Menschen, sondern auch die Zeit, über die sie und in der sie berichten. So kann der kritische Blick darauf, was erzählt und was nicht erzählt wird, Anreize zu weiterer stadthistorischer Forschung schaffen.

Wir danken zunächst unseren Interviewpartnerinnen und -partnern, dass sie für die Gespräche zur Verfügung standen. Wir danken Herrn Dr. Hermann Roloff für die kritische Durchsicht der Texte und seine hilfreichen Hinweise, dem Kulturamt sowie dem Amt für Zuwanderung und Integration der Landeshauptstadt Wiesbaden für finanzielle Unterstützung. Beim Verlag EDITION 6065 bedanken wir uns für die freundliche Betreuung und die verlegerische Arbeit.
Unser besonderer Dank gilt jedoch Frau Gesine Werner für das Führen der Interviews, die Textgestaltung, die Fotos und viele gute Gespräche.

Für den Verein zur Förderung des Stadtarchivs Wiesbaden e. V.

Ulrich Kirchen   Manfred Dinges
1. Vorsitzender   Schatzmeister

Im „kulturellen Kleinod" mit offener Kommunikation den Zeitgeist reflektieren

Waltraut Ackermann

Initiatorin des Erzählcafés
Mitgründerin der Gesellschaft zur Förderung von Publizistik und Kommunikation (GFPK), geboren am 3. Dezember 1924 in Greiz

„Ich bin überall Zugezogene und war immer neugierig auf die anderen", sagte Waltraut Ackermann. Die Diplom-Psychologin war mit ihrer ein Jahr älteren Schwester, der Ärztin Dr. Irmgard Ackermann, Gründerin und Motor eines traditionsreichen Bildungsprojekts mit nachhaltiger Wirkung: Das Wiesbadener „Erzähl-Café" der Volkshochschule geht auf die Initiative der beiden Schwestern zurück.

„Unsere Generation hat – ungewollt oder nicht – viel Spannung im Leben gehabt. Doch wenn man so aufwächst wie wir, kann man nur ein guter Mensch werden." Der Zeitzeugin aus aufgeklärt freiheitlichem Elternhaus, das dem NS-Staat kritisch gegenüberstand, frühe Selbständigkeit förderte und Kontakt zu Widerstandsgruppen pflegte, wurde gesellschaftliches Engagement in die Wiege gelegt.

Waltraut Ackermann war nach dem Psychologie-Studium in Göttingen und Marburg, zweijährigem Island-Aufenthalt in den 50er Jahren – „um aus dem Trümmerland und dem verhunzten Hitlerdeutschland rauszukommen" – sowie Stationen in Hochheim und am Niederrhein 1974

Waltraut Ackermann mit dem Poster von Verleger Wieland Herzfelde, dessen 10. Todestag im Erzähl-Café gewürdigt wurde.

nach Wiesbaden gekommen. Im Sozialdezernat von Stadtrat Ernst-Alfred Reese baute sie die neue Beratungsstelle für selbstständiges Leben im Alter auf.

Noch im Beruf stehend und nach dem Ende ihrer beruflichen Laufbahn (ab 1985) erst recht, war freiwilliger Einsatz keine Frage. Die unermüdlich engagierte Zeitzeugin beteiligte sich ehrenamtlich am Aufbau der Schülerhilfe der Arbeiterwohlfahrt in der Wellritzstraße.

Eine Sache der Ehre war für die Zeitzeugin auch die Mitwirkung am alternativen Fassenachtszug „Lalü" (locker, alternativ, lustvoll, übermütig). Der Ruf „Lalü Lala" ersetzte das „Helau" und nahm das „Tatü tata" närrisch auf die Schippe. Lalü-Protagonist Wolfgang „Wolli" Herber (1949-2013), später Lehrer und ehrenamtlicher Stadtrat, wurde anschließend im Vorstand der GFPK aktiv.

Für Auskünfte über die rührige Institution mit dem Kürzel GFPK ist die Zeitzeugin eine Quelle erster Güte. „Hintergründiges" zur „Gesellschaft zur Förderung von Publizistik und Kommunikation", aus der das „Erzähl-Café" hervorging, klang so: „Es waren einmal – irgendwann Anfang der 80er Jahre – in Wiesbaden ein paar 68er, die alternativ denken konnten. Viele waren im öffentlichen Dienst tätig. Denen genügten die spezialisierten Alltags-Berufsarbeiten nicht und auch nicht die traditionellen Kulturangebote. Selbermachen hieß die Alternative – zwar laienhaft und unbürokratisch, doch engagiert und überzeugt und mit dem nötigen „Know-How". Und sie gründeten sogar einen ordentlichen Verein mit Satzung und allem Drum und Dran. Also: Kein Club sollte es werden, sondern für die Öffentlichkeit sein, nicht nur für sich selbst, und die Mitglieder wollten etwas bewirken!"

Waltraut Ackermann schmunzelte bei der Erinnerung an den „chaotischen Haufen" der Anfangszeit: „Ich finde es einfach spannend, was alles dabei herausgekommen ist."

Die Meriten der GFPK können sich sehen lassen. „Sie brachte Leben in die Stadt. Und sie stellte immer wieder Neues auf die Beine." Das Selbstverständnis der GFPK war klar – „ebenso ernsthaft wie spielerisch" wurde der Umgang mit der historischen, sozialen und ökologischen Umgebung gepflegt.

Die Gesellschaft stand ein „für einen ganzheitlichen Kulturbegriff, der die Sinnhaftigkeit unseres Daseins gewollt in eine Verbindung zu Sinnlichkeit und Lebensfreude stellt". Es galt das Diktum: „Die GFPK reflektiert den Zeitgeist, läuft ihm aber nicht hinterher."

Waltraut Ackermann legte die breite Palette dar. „Es gab multimedial angelegte Zyklen wie den zum Thema Urbanität. Im Herbst 1992 haben wir den ersten *Politischen Salon* durchgeführt zu den *Maßverhältnissen des Politischen* mit Professor Dr. Oskar Negt. Wir haben *Kunst vor Ort* besichtigt und Kunstreisen organisiert zu bedeutenden Ausstellungen wie der *documenta IX* in Kassel. Unser beliebtes Drachenfest fand am letzten Sonntag im September statt."

Zu „Alternativen Stadtrundfahrten" kamen „Alternative Spaziergänge". Die GFPK-Sonntagsmatinee „Film und Frühstück" in der Ifagefilmproduktion Unter den Eichen mauserte sich zum kultigen Treff.

Cineastische Leckerbissen wie die Serie „Film noir" wurden hier serviert. „In Kooperation mit anderen Einrichtungen wurden auch Filme zu deren Themenschwerpunkten gezeigt wie *500 Jahre Amerika* der vhs Wiesbaden."

Apropos Film: Nach ihrer Pensionierung im Jahr 1985 ging die Zeitzeugin selbst unter die Filmleute. Der Pädagoge Harald Kuntze hatte gerade die Initiative Wiesbadener Medienzentrum ins Leben gerufen und realisierte Filmprojekte zu geschichtlichen Themen mit Bürgerinnen und Bürgern in Wiesbaden.

„Bei der Videoproduktion des Medienzentrums mit der Lebens-Abend-Bewegung LAB und der Akademie für Ältere zum Thema *Wiesbaden gestern und heute* habe ich die Hochbrücke gemacht", erinnerte sich Waltraut Ackermann. „Ältere Menschen filmen" hieß das Projekt, das „altes Handwerk in Wiesbaden" dokumentierte und auch das Anfertigen künstlicher Augen der Firma Müller-Uri in der Taunusstraße zeigte: „Ich habe am Drehbuch mitgearbeitet und im Tonstudio Texte eingesprochen."

Ein weiterer Film – der „Wiesbadener Bilderbogen" – zeigte „Ein bewegtes Leben" und führte in die Galerie von Christa Moering (→ S. 149) in der Martinstraße, die zu dieser Zeit Werke von Bettina Mumm präsentierte. Christa Moering arbeitete gerade mit dem Pinsel in der Hand: „Es entstand eine Blume und Harald Kuntze brachte es fertig, die Künstlerin beim Malen zu filmen" berichtete die Zeitzeugin.

Rückblende. Ein ganz besonderes Schmankerl der GFPK wurde dann 1991 aus der Taufe gehoben. Das „Erzähl-Café" ging in der Beletage des historischen Cafés Maldaner im Herzen der Stadt an den Start. „Der erste Golfkrieg lag in der Luft und wir begannen unter diesem Eindruck mit Themen des Krieges und der Vertreibung. Wir hatten Betroffene eingeladen – aus der Hitler- und Kriegszeit, aus Chile und der Immigration hier aus Wiesbaden. Die Schilderung der Situation von Türkinnen, die Familien- und Wohnsituation in Saudi-Arabien und die asiatischen Volkseigenheiten im äußersten Osten der damaligen Sowjetunion waren ebenfalls Themen, die wir behandelt haben."

Das Erzähl-Café im ersten Original Wiener Kaffeehaus Deutschlands in der Marktstraße war die Urzelle des Erfolgsmodells. „Das Café Maldaner wird am Samstagnachmittag, den 23. März 1991, zum Erzählcafé, ein gemütlicher Rahmen für ein ernstes Thema", verkündete schwarz auf weiß die gedruckte Einladung. Die Schwestern Irmgard und Waltraut Ackermann hatten als erste Erzählerin eine Verwandte eingeladen, die Autorin Emilie „Mile" Braach: „Wie erlebte ich den Krieg und die Nazizeit in Frankfurt am Main?" lautete die titelgebende Frage. Die 93-jährige „nicht arische Bürgertochter" hatte während der NS-Zeit ihre Eltern in Bad Homburg versteckt und war bis zur Befreiung durch die US-Truppen selbst untergetaucht. Mile Braach, die ihre Tochter schweren Herzens ins sichere England geschickt hatte, las aus ihrem Buch „Wenn meine Briefe Dich erreichen könnten". Beim zweiten Erzähl-Café im Oktober erzählte mit Monica Gutierrez „eine Exilchilenin" aus ihrem Leben.

Im November waren die „Velvets" (→ S. 254) eingeladen und gaben in ihre eigene „Odyssee" Einblick: „Schwarzes Theater zwischen Ost & West" oder „Der Weg der Samtenen". Zwölf Jahre später waren Bedrich Hánys und Dana Bufkova noch einmal zu Gast – diesmal im Museums-Café Jawlensky – und stellten fest „Das Leben ist ein Spiel".

Die Zeitzeugin betonte die Fähigkeiten ihrer Schwester Irmgard, interessante Personen für das Erzähl-Café zu gewinnen: „Wir hatten oft Leute, die viel zu erzählen hatten, aber zurückhaltend waren und sich nicht drängten. Oft kamen in die Tiefe gehende Lebensgeschichten zur Sprache – und das Publikum ging mit."

Auch die „Altersfrage" wurde auf den Punkt gebracht und das Verbinden der Generationen: „Wir wollten Jung und Alt zusammenbringen im gemütlichen Rahmen eines Cafés. Im Wiesbadener Erzähl-Café braucht man nicht aufs Rentenalter zu warten, um erzählen zu dürfen. In allen Generationen gibt es Interessantes und begabte Erzähler."

Das GFPK-Projekt, das sich erfolgreich als Dauerbrenner in Zusammenarbeit mit dem Kulturamt etablierte, ist in Sachen Domizil quer durch die Stadt „herumgekommen" – nicht eben freiwillig.

Vom Premieren-Ort Café Maldaner ging es weiter in das Café Cicero auf der oberen Ebene der City-Passage, die inzwischen selbst ein Teil der Stadthistorie ist. Im Frühjahr 1999 stand der Umzug ins Caligari-Foyer an. Später bot das Café Jawlensky im Landesmuseum Wiesbaden Unterschlupf. Weitere Zwischenstation war das Café Blum, einmalige „Gastspiele" führten zum Presseclub in die Villa Clementine und zur freireligiösen Gemeinde in der Rheinstraße, bevor das Erzähl-Café einzog in das Bistro der Volkhochschule, das mehrfach die gastronomische Leitung wechselte.

Zum Jahreswechsel 1997 löste sich die GFPK als Bürgerinitiative auf. „Es finden sich nicht genug tatkräftige Mitglieder für die Weiterarbeit an den *Kulturlücken* in Wiesbaden", lautete die schlechte Nachricht im Oktober 1997. Die gute Nachricht lautete: „Das Erzähl-Café wird weiter stattfinden, in altgewohnter Weise." Seit Januar 1998 führt die Volkshochschule Wiesbaden das Erzähl-Café durch.

Immerhin war auf das Interesse der Öffentlichkeit durchgängig Verlass: „Das Publikum hält immer Schritt und geht beim Wandern gerne mit."

Auch das Nachbarschaftshaus in Biebrich war eine Art von „Wanderstation" oder Dependance. Mehrfach bot das Treffcafé dort die passende Kulisse für das Erzähl-Café, zu dem die GFPK gemeinsam mit „Kultur vor Ort" und der Akademie für Ältere einlud. Hier erzählte der Lehrer und Kommunalpolitiker Kuno Hahn von „einer Jugend im Biebrich der Nachkriegszeit". Der Schriftsteller Eugen-Hermann Friede war zu Gast mit seinen „Erinnerungen an Illegalität und Aufbegehren 1942-1948". Aus der Türkei stammte Makbule Yaras, die als Ausländerbeirats-Vorsitzende Klartext sprach: „30 Jahre als Fremde in Deutschland leben."

Warum überhaupt ein Erzähl-Café? „Erzählen ist ein Weg des Verstehens gegen das Verdrängen." Und schließlich ist auch das Publikum „bunt gemischt, jung und alt." Sicher – „niemand sagt, wieviel Arbeit das alles macht." Die Frage: „Warum machen Sie sich die Arbeit?", lag auf der Hand. Die Antwort kam prompt: „Es macht einfach Spaß für Leute mit Ideen im Kopf, für Leute, die von der Erwerbsarbeit nicht aufgezehrt werden, die eine gesunde Existenz haben, deren Kinder inzwischen groß sind und die wild darauf versessen sind, in Gemeinschaft etwas Sinnvolles zu tun."

Zum ersten „kleinen" Jubiläum des fünfjährigen Bestehens lobte der damalige Kulturdezernent Peter J. Riedle (1943–2021) in seinem Grußwort die Bedeutung der „so wertvollen Veranstaltung für die Festigung der Identität unserer Stadt und ihrer Region" und würdigte das „kulturelle Kleinod".

Die Gästeliste des Erzähl-Cafés, das von der ersten Stunde an vom Kulturamt Wiesbaden unterstützt wird, geht als „Who is Who" durch. „Durch Mitmenschlichkeit zum Frieden" war der Tenor von Stadtverordnetenvorsteherin Angelika Thiels (1941–2009). Autor Konrad Gruda (1915–2012) stellte russische und sowjetische Satire vor. Der frühere Oberbürgermeister Rudi Schmitt blickte auf seine „schönsten Jahre" als Stadtvater zurück. Stadtkämmerer Dietrich Oedekoven erzählte als Gutsbauernbub aus Euskirchen, wie er „vom Bauernhof in den Magistrat Wiesbaden" kam. Stadtplanungsamtsleiter Edgar Heydock sprach über „Architektur – das Echo der Gesellschaft". Der frühere hr-Chefredakteur Wilhelm von Sternburg und ZDF-Redakteur Dieter Zimmer sowie die Malerin Christa Moering folgten auch gerne der Einladung. „Manche Personen waren mehrfach zu Gast im Erzähl-Café", freute sich Zeitzeugin Ackermann. Der Jurist Dr. Rolf Faber erzählte, wie er „Thüringen auf dem Weg zum Rechtsstaat" begleitet hat und begab sich als Heimathistoriker bei seinem zweiten Besuch auf die Spuren des jüdischen Gelehrten Dr. Seligmann Baer. Mit Hans Fischer gab sogar ein „Ersatz-Christus" mit Augenzwinkern im Erzähl-Café seine Visitenkarte ab. Rechtsanwalt Fischer legte als „ein Wiesbadener Hippie aus gutem Hause" Zeugnis ab von den ach so wilden 70er Jahren. Und er konnte von seiner Zeit als langhaariger Rockmusiker der Wiesbadener Band „Xhol" berichten.

Ein ganz besonderer Nachmittag ging unter dem Titel „15 Jahre Erzähl-Café" am 12. November 2005 über die Bühne. Zum Jubiläum berichteten erstmals zwei Personen aus ihrem bewegten Leben. Zu den Erzähl-Café-Gründerinnen Dr. Irmgard Ackermann und Waltraut Ackermann hatte sich vhs-Direktor Hartmut Boger als Moderator zugesellt. Unter dem Titel: „Unsere Wurzeln in den 20er Jahren ..." machten die Schwestern keinen Hehl daraus, „wie verschiedene Erlebnisse in der Aufbruchstimmung nach dem Ersten Weltkrieg bleibende Eindrücke hinterließen". Neben der Überzeugung „Nie wieder Krieg!" waren Bauhaus-Atmosphäre und „die absolute Offenheit der Eltern" wichtige Stichpunkte. Die Zeitspanne 1933 bis 1945 warf als „die Katastrophe" die Frage auf: „Was macht man?"

Lehrertochter Waltraut Ackermann, wie ihre ein Jahr ältere Schwester Irmgard im thüringischen Greiz geboren, in Berlin-Tegel aufgewachsen und während der NS-Zeit mehrfachem Orts- und Schulwechsel ausgesetzt, baute 1943 ihr Abitur in Coburg. Sie war arbeitsdienstverpflichtet in Nürnberg und traf bei Fliegeralarm im Luftschutzkeller auf Zwangsarbeiterinnen aus Polen und Frankreich. „Die Frauen schwärmten vom hellen Paris." Die Befreiung erlebte die Zeitzeugin in Freiburg im Breisgau.

Vater Walter Ackermann, promovierter Physiker und Mathematiker, war Assistent des Soziologen Franz Oppenheimer, ging soziale Unterschiede offensiv an und setzte sich für unterprivilegierte Kinder ein. Die Mutter stand als Sekretärin dem Bauhaus nahe. „Das Vertrauen in den Einzelnen, das mir durch meine Eltern gegeben wurde, ist der Treibstoff, mich bis heute für andere Menschen zu engagieren." Diese Feststellung ihrer 2006 verstorbenen Schwester Irmgard könnte ebenso gut ein Zitat von Waltraut Ackermann sein.

Das Erzähl-Café steht für Klartext und die Eingeladenen bilden ein Panorama menschlichen Lebens ab. Unter dem Titel: „Das Mühltal, der Schlachthof, die Stele ... und ich" nahm Kulturstadtrat Peter J. Riedle im Café Cicero kein Blatt vor den Mund. Der frühere Schulleiter wollte „anstoßen, ohne anstößig zu sein". Die ehemaligen Intendanten des Staatstheaters Wiesbaden Christoph Groszer und Claus Leininger blickten hinter die Kulissen „der Bretter, die die Welt bedeuten" und faszinierten mit dem Zauber ihres reichhaltigen Erfahrungsschatzes.

Amtskollegin Elisabeth Trepte (1929-2001), Intendantin am Theater Quedlinburg, war zweimal zu Gast – aus ganz bestimmtem Grunde. Beim ersten Termin wusste sie von „einem Leben in der DDR" zu erzählen und konnte mit einem speziellen Wiesbaden-Bezug aufwarten. Elisabeth Trepte war nämlich mit dem Autor und Malik-Verleger Wieland Herzfelde (1896-1988) ab 1952 über Jahrzehnte hinweg befreundet. Wieland Herzfelde hatte mit seinem Bruder Helmut Schulzeit und Jugend bei seiner Tante Helene Heuss (Buchhandlung Heuss) in Wiesbaden verbracht. Helmut absolvierte seine Buchhändlerlehre bei Onkel Heuss und wurde später als Dadaist John Heartfield bekannt. Zum 10. Todestag von Wieland Herzfelde, der als Nachhilfelehrer in der Söhnlein-Villa tätig war, erzählte die Berlinerin Trepte spannende Anekdoten „aus dem Leben des fröhlichen Waisenknaben". Als Moderator fungierte Bildungsplaner Klaus Bothe, Vorstandsmitglied der GFPK. Der Titel ihres zweiten Erzähl-Cafés ist ein Herzfelde-Zitat: „Manchmal schwer und gefährlich, aber sinnvoll und also ein schönes Leben!"

Wieland Herzfeldes Sohn Georg Wyland Herzfelde erzählte zum 100. Geburtstag seines Vaters im Café Cicero über den Verleger von Exil-Literatur. Ein Enkel von John Heartfield hat Waltraut Ackermann privat besucht.

Eine spezielle Form „nachhaltiger" Wirkung hat die Gründerin des Langzeit-Projekts mit Freude erfüllt: „Elisabeths Treptes Berichte im Erzähl-Café waren die Initialzündung des Gedenksteines für die Brüder Wieland Herzfelde und John Heartfield, geboren als Helmut Herzfelde, der von der GFPK in der Reisinger-Anlage errichtet wurde."

Kulturell engagierter Büchernarr aus Passion
Hans Angermann

Buchhändler, Gründervater der Büchertage
„Buchseiten – Buchzeiten"
Ehrenmitglied im Börsenverein des deutschen Buchhandels
Geboren am 31. Oktober 1929 in Wiesbaden
Gestorben am 5. Januar 2022 in Wiesbaden

Er war ein Mann des Buches. Hans Angermann verkörperte des Wortes innerste Bedeutung und machte sich nicht nur als Buchhändler um die Verbreitung von Literatur verdient. Der Experte widersprach denn auch den Kassandrarufen vom Ende des Buches: „Ich sehe keine Gefahr für das gedruckte Buch."

Zeitzeuge Angermann sah auf der Basis profunder Praxiserfahrung die Zukunft des Buchhandels „durchaus positiv". Moderne Medien lehnte er nicht ab: „Auch ein E-Book hat seine Vorteile." Doch für den waschechten Gutenberg-Jünger verstand sich von selbst: „Ich kaufe kein Buch online." Für das Ehrenmitglied des Börsenvereins des Deutschen Buchhandels eine Sache der Ehre.

Die Leidenschaft für das geschriebene und gedruckte Wort wurde dem gebürtigen Wiesbadener in die Wiege gelegt: „Am 1. Oktober 1934 hat mein Vater Hanns die Buchhandlung Angermann im Hause Bismarckring 21 gegründet, das im Krieg ausgebombt wurde." Der

Hans Angermann führte die Kirchenbücher der Pfarrei St. Bonifatius mit dokumentenechtem Stift.

Sohn erinnerte sich, als Fünfzehnjähriger dort im Keller verschüttet gewesen zu sein. Mit Leihbücherei und Antiquariat sowie mit Schreibwaren und Schulartikeln im Angebot war die Buchhandlung eine „Pflegestätte des guten und billigen deutschen Wertbuches".

Schon der Fünfjährige tummelte sich gerne im elterlichen Geschäft. „Mein Vater hatte eine Spezialabteilung für Landkarten und Reiseführer eingerichtet. Die Buchhandlung Angermann hat damals Schulen in ganz Wiesbaden beliefert." Dass der Filius die väterliche Tradition fortführte, scheint folgerichtig. Zum 50. Geburtstag der Buchhandlung anno 1984 gratulierte der amtierende Oberbürgermeister Achim Exner und veredelte das Goldjubiläum mit der Wiesbadener Stadtplakette.

„Doch ohne eine speziell genehmigte Registrierung hätte es die Buchhandlung nach dem Krieg nicht wieder gegeben." Hans Angermann konnte tatsächlich das Originalpapier aus der Nachkriegsära vorlegen. Die auf deutsch und englisch abgefasste „Urkunde der Registrierung Nr. 293" der „Militärregierung – Deutschland – Nachrichtenkontrolle" ist ein wertvolles Dokument. „Diese Urkunde ist nicht übertragbar und muss auf Verlangen der Alliierten Behörde vorgezeigt oder abgeliefert werden", ist schwarz auf weiß zu lesen. Mit Datum „Wiesbaden, 15. September 1947" wird „Anna Helene Angermann, Wiesbaden, Bleichstr. 8" die gravierende Genehmigung erteilt. Sie „ist bei der Militärregierung registriert zwecks Ausübung folgender Tätigkeit(en): Einzelverkauf von Zeitungen, Zeitschriften, Büchern und Broschüren, Landkarten in Wiesbaden, Mühlgasse 5 unter dem Namen Buchhandlung Angermann."

Die historische Urkunde spricht Klartext und erlaubt keinen Zweifel: „Es ist ihm/ihr/ihnen bekannt, dass er/sie diese Tätigkeit(en) nur gemäß allen Gesetzen, Verordnungen, Vorschriften und Anweisungen der Militärregierung und des Nachrichtenkontrollamtes ausüben darf/dürfen. Es ist ihm/ihr/ihnen bekannt, dass die Genehmigung zur Ausübung dieser Tätigkeit(en) von der Militärregierung jederzeit allein nach ihrem Ermessen widerrufen werden kann, und dass es ihm/ihr/ihnen obliegt, über alle Gesetze, Verordnungen, Vorschriften und Anweisungen der Militärregierung unterrichtet zu sein und diese strengstens zu befolgen."

Der Wiesbadener Bub wuchs unweit der Buchhandlung in der Emser Straße auf. Als Pennäler hatte er es nicht weit zu seiner Volksschule am Blücherplatz, bevor der Gymnasiast auf dem „teils zerstörten" Gutenberg-Gymnasium in einer „bunt zusammen gewürfelten Klasse" sein Abitur ablegte.

„Ich hab' immer schon gerne etwas mit Zahlen gemacht", schmunzelte Hans Angermann über seine Neigung. „In Mathe stand ich auf Eins und Physik wurde mit „gut" benotet." Auch das große Latinum und das Graecum – „ein Graus, habe mich damit rumgeschlagen" – konnte der Zeitzeuge vorweisen, schob aber direkt die Anmerkung „nolens volens" als Relativierung hinterher. Und dann verblüffte der Buchhändler breit lächelnd mit einem unerwarteten Bekenntnis: „Deutsch war nicht unbedingt mein Fach."

Seine Lehre absolvierte der Sohn in der literarisch orientierten „Frankfurter Bücherstube" am Rathenauplatz. Derweil baute der Vater eine Spezialabteilung auf und „war sehr mit Landkarten und Reiseführern befasst." Klar, dass Angermann Junior nach Kräften in der elterlichen Buchhandlung überall mit anpackte, wo er gebraucht wurde. Sein Einstieg in den Familienbetrieb entwickelte sich sukzessive: „Aus der Urlaubsvertretung wurde ein Dauerzustand." Es folgte die Leitung der Filiale in Bleidenstadt als Geschäftsführer der Buchhandlung Angermann GmbH.

An die Buchhandlung im Haus Mühlgasse Ecke Burgstraße „inmitten eines ziemlich ausgebombten Gebietes an der Wilhelmstraße" erinnerte sich der Zeitzeuge noch plastisch. „1949 hatten wir monatelang geschlossen wegen des Umbaus. Die Arkaden haben Ladenflächen gekostet. Eine Art Hühnerleiter führte in die erste Etage. 1980 haben wir im Obergeschoss eine Kinderbuch-Abteilung installiert. Viele Autorinnen haben hier ihre neuen Werke vorgestellt." Gewohnt wurde übrigens im dritten Stockwerk. Als die Buchhandlungsräume an der Burgstraße aus allen Nähten platzten, wurde neu gebaut in der Ellenbogengasse 6 und der Umzug mit Einrichtung auf zwei Etagen gestemmt.

1990 hatte sich der Buchexperte konzentriert auf das Spezialgebiet der Geographie und etablierte in der Mauergasse 21 das Landkartenhaus und die Buchhandlung Angermann. 1996 verkaufte Hans Angermann seine Traditions-Buchhandlung und zog sich aus dem Berufsleben zurück. Bei dem agilen Pensionär konnte allerdings von „Ruhestand" nicht wirklich die Rede sein.

Seine Passion hat der agile Zeitzeuge immer auch ehrenamtlich ausgelebt. Hans Angermann war im Hessischen Verleger- und Buchhandelsverband Frankfurt im Börsenverein des Deutschen Buchhandels Hessen-Rheinland-Pfalz und Saarland engagiert und wirkte mehrere Jahre als gewähltes Vorstandsmitglied.

„Dem Börsenverein gehörten elf Landesverbände an, zehn davon hatten ihren Sitz in der jeweiligen Landeshauptstadt. Die einzige Ausnahme war Hessen, weil in der Nachkriegszeit viele Leipziger Verlage hier saßen, die einen schnellen Zusammenschluss brauchten. Der Börsenverein ließ sich gemeinsam mit dem neuen Landesverband am Main nieder. Frankfurt galt als kommende Bundeshauptstadt."

Das Frankfurter Domizil war Nachbar des Goethehauses, in dem er eigene Veranstaltungen durchführte wie den beliebten Vorlese-Wettbewerb. „Loki Schmidt (1919-2010) war bei einem Bundesentscheid Mitglied der Jury", berichtete Juror Angermann.

Der Umzug in die hessische Landeshauptstadt kam dann doch noch zustande. „Ende der Achtziger Jahre kam Kulturdezernent Peter J. Riedle auf das Wiesbadener Vorstandsmitglied Angermann zu mit der Idee eines Umzuges in die frisch restaurierte Villa Clementine." Hans Angermann war am Entwurf des Mietvertrages und den gedeihlichen Verhandlungsgesprächen beteiligt: „Der Börsenverein ist in die zweite Etage eingezogen und hat sein Domizil seitdem im Literaturhaus Wiesbaden."

Hans Angermann

Hans Angermann war Mitgründer des Fördervereins „Freundinnen und Freunde der Stadtbibliothek", im Volksmund „die Stabi" genannt. 1981 hatte Buchhändler Angermann mit dem legendären Stadtbibliotheks-Leiter Karl-Heinz „Charly" Pröve (1925-1994) samt anderen Leseratten und Büchernarren im historischen Café Maldaner eine Bürgerinitiative gestartet. „Der Abbau von kommunalen Geldmitteln und von Personal stand zur Diskussion, die Öffnungszeiten sollten eingeschränkt werden. Auch Leihgebühren waren kein Tabu mehr und wir lehnten Lesegebühren ab." Dieser älteste Förderverein einer hessischen Bibliothek unterstützt laut Satzung „die Stadtbibliothek Wiesbaden in ihrem bildungspolitischen und kulturellen Auftrag". Mitte der Neunziger Jahre protestierte der Förderverein gegen „Strafgebühren für das Lesen schlechthin", nachdem der Finanz- und Wirtschaftsausschuss ein Entgelt für die Bücher-Ausleihe beschlossen hatte. „Der Zugang zur Bibliothek muss offen für alle sein im Sinne von Chancengleichheit. Gebührenfreie Bildung für das Volk muss auch künftig möglich sein."

Die kostenlose Ausleihe von Büchern und Medien der „Mediathek" – seit Januar 2013 in der Mauritiusgalerie beheimatet – ist auch ein Verdienst des Fördervereins, der zu seinen Glanzzeiten 300 Mitglieder zählte.

Leseförderung auf die kreative Art betrieben die Vereinsaktiven auch mit „gewichtiger" Literatur. „Der Begriff *Schwergewicht* wurde beim Wort genommen." Ein mit Bücherspenden gut bestückter Flohmarkt lockte am ersten Samstag im Monat in die Weinand-Passage. „Auf dem Flohmarkt an der Stabi wurden die Bücher auf eine handelsübliche Haushaltswaage gelegt. Der Preis richtete sich buchstäblich nach dem Gewicht". Mit den Einnahmen wurde der Etat der Stabi entlastet. Die Finanzspritzen ermöglichten Ankäufe und Aktionen, die den regulären Etat gesprengt hätten.

Um „Leseförderung" und kreative Öffentlichkeitsarbeit machte sich Zeitzeuge Angermann auch mit einem guten Freund aus Kindertagen verdient. Mit seinem Buchhändlerkollegen Claus Vaternahm (1929-2014) startete er im Sommer 1991 einen erfolgreichen Dauerbrenner. Das Freundesduo organisierte die „Wiesbadener Büchertage" in Eigenregie und landete einen Treffer, der als „Wiesbadener Modell" für Furore sorgte.

„Bibliotheken und Buchhandlungen – in späteren Jahren auch der „Eine Welt-Laden" und die Fachhochschule – luden zu eigenen Veranstaltungen rund um das Buch ein", erinnerte sich der Spiritus Rector. Auch die „Büchertage für Kinder" in der Stadtbibliothek und in den Stadtteil-Bibliotheken gehörten zum Konzept. Der Abschlussabend wurde traditionell vom Hessischen Verleger- und Buchhändler-Verband Frankfurt gestaltet.

Zum „finalen Ende" der sechsten Auflage lotste der Verband Robert Gernhardt als ergrauten Bub der Frankfurter Schule nach Wiesbaden und ließ zwei Jahre später das „Schiefe Podium" Chansons von Friedrich Hollaender (1896-1976) kredenzen. Verbands-Vorsitzende Helma

Fischer gab sich „verblüfft, erstaunt und erfreut über die in Wiesbaden gepflegte Lesekultur." Kein Wunder.

„Unser „Wiesbadener Modell" hatte sich mittlerweile in Frankfurt mit der jährlichen „langen Büchernacht" verselbständigt und diente auch Kassel als Vorbild." Verbands-Geschäftsführer Peter Brunner zollte Lob: „Dass sich eine Gruppe von Kolleginnen und Kollegen zusammentut, eine stabile und mehrjährige und außerdem erfolgreiche Lese-Förderung alleine durchführt – das ist ohne Beispiel."

Die Angebots-Palette verbreitete sich von Jahr zu Jahr, ließ an Themenvielfalt nichts zu wünschen übrig. Traumdeutung traf auf die Kunst des Buchdrucks eines gewissen Johannes Gensfleisch zur Laden, genannt Gutenberg. Der weiße Bezirkshäuptling Nana Kofu Marfu II der Hantus in Ghana traf auf Crime-Lady Ingrid Noll. Sybill Gräfin Schönfeld lud „zu Tisch mit Goethe". Der „Schreibmaschinen-Poet" Kurt Mautz (1911-2000) begeisterte als Kreuz- und Querdenker in der Geburtstagsfeier, die ihm der Förderverein, die Landeshauptstadt Wiesbaden und die Eremiten-Presse schenkten.

Bei Büchertage-Motor Angermann gaben die Verleger von „Peter Meyer Reiseführern" Einblicke in die Arbeit hinter den Kulissen.

Das „attraktive Programm rund um das gedruckte Wort" wurde aus der Kraft des örtlichen Buchhandels gestemmt. „Wir hatten bei den Büchertagen Paul Maar, Frederik Hetmann (1934-2006) und Dagmar Chidolue zu Gast. Helme Heine war in der Stadtbibliothek und Brigitte Hamann (1940-2016) stellte dort *Hitlers Wien* vor. Christine Nöstlinger (1936-2018) war im Friedrich-Naumann-Saal. Zu Autorin Mirjam Pressler (1940-2019) habe ich noch lange Zeit persönlichen Kontakt gehalten."

Im „verflixten siebten Jahr" wurde ein Publikumserfolg verbucht – 3500 literarisch Interessierte ließen sich begeistern. „Unsere Idee des sinnlichen Vergnügens mit Lesung, Vortrag, Signierstunde in Verbindung mit Musik bis zum literarischen Kabarett kam sehr gut an", zog der Büchertage-Vater Bilanz. In der Presse war lobend die Rede vom „alle Sinne ansprechenden Fixpunkt mit einem sparten-übergreifenden Spektrum von Literatur, Musik und der Fotoausstellung während des Kultur-Brückenschlags zu Bosnien." Seit 2001 koordiniert das Kulturamt in Nachfolge der Büchertage die Reihe unter dem Titel „Buchseiten – Buchzeiten", kooperiert unter Federführung des teilnehmenden Buchhandels mit dem hessischen Landesverband und integriert den Welttag des Buches. Die UNESCO hatte 1996 den 23. April als katalanischen Tag des Sankt Georg, an dem nicht nur in Katalonien Bücher und rote Rosen verschenkt werden, zum Welttag des Buches definiert. Das Datum gilt als Todestag von Miguel Cervantes und von Sir William Shakespeare.

Dieser internationale Festtag wird auch in Wiesbaden zelebriert. Buchexperte Angermann war nicht ganz unschuldig daran und erzählte von dem Zelt, das der Börsenverein auf dem Luisenplatz aufgeschlagen hatte. Ein knappes Dutzend Mitglieder des Wiesbadener Buchhandels ließ sich vom Hessischen Verleger- und Buchhändlerverband in Kooperation mit Börsenverein und Kataloniens Kultur-Förderungsbüro in Berlin zur Mitwirkung animieren. Das Landkartenhaus Angermann in der Mauergasse ging detailfreudig mit gutem Beispiel voran: „Wir haben den Aktionstag mit Barcelona-Reiseführern, Reise-Specials und katalanischen Märchen gewürdigt."

Detailbewusstsein brachte der Zeitzeuge auch in sein Ehrenamt ein im Zentralen Pfarrbüro St. Bonifatius Wiesbaden als kompetenter Leiter des Kirchenbuch-Archivs. Zur Großgemeinde St. Bonifatius gehören inzwischen die Kirchorte St. Bonifatius, St. Andreas, Dreifaltigkeit, St. Elisabeth, Maria Hilf, St. Michael und St. Mauritius sowie Heilige Familie. „Erst ab 2013 gibt es ein gemeinsames Kirchenbuch für die Großgemeinde St. Bonifatius."

Kirchenbücher sind eine eigene Form von wertvollen Schatzkisten, eher unterhalb öffentlicher Wahrnehmung. Wem ist schon bekannt, dass im jeweiligen Taufbuch, im Traubuch, im Sterbebuch, im Kirchenaustrittsbuch und im Konversionalbuch „die kirchlichen Amtshandlungen dokumentiert" werden? „Im Taufbuch sind die wichtigsten Lebensdaten vermerkt, auch Kommunion und Firmung, Eheschließung und Kirchenaustritt", erläuterte der Archivar. „Gesucht wird im Taufbuch", machte der Zeitzeuge den Stellenwert deutlich für familiäre Stammbaumforschung, für kirchliche Belange oder akademische Anliegen. In feinster Sütterlinschrift ist einem Kirchenbuch aus dem vorvergangenen Jahrhundert zu entnehmen „für den Seelsorgsbezirk von Maria Hilf zu Wiesbaden Getauften." Als Kirchenarchivar wusste Hans Angermann über die Historie Bescheid: „Dieses Taufbuch wurde begonnen Anfang Oktober 1895 von Johann Carl Gruber, Rektor der Maria Hilf Kirche zu Wiesbaden."

Ob virtuelle Aufzeichnungen per Computer, ohne den auch das Zentrale Pfarrbüro nicht auskommt, die Zeiten überdauern? Der Beweis steht noch aus.

„Was Bestand haben soll, muss in ein Buch." Da war sich Hans Angermann als Buchexperte und geschichtsbewusster Zeitzeuge ganz sicher.

Vielsaitiges „Spielkind" als Sparten verbinden-des Gesamt-Kunstwerk

Zygmunt Apostol

Theaterlegende – Schauspieler, Komponist, Musiker, Maler
Geboren am 5. Juni 1931 in Kattowitz/Polen
Gestorben am 6. August 2018 in Wiesbaden

„Ich glaube an die Unsterblichkeit des Theaters. Es ist der seligste Schlupfwinkel für Diejenigen, die ihre Kindheit heimlich in die Tasche gesteckt und sich damit auf und davon gemacht haben, um bis an ihr Lebensende weiter zu spielen." Stammt von Max Reinhardt und könnte für das unverwüstliche „Spielkind" Zygmunt Apostol gelten. „Ich bin fasziniert vom Theater, hab' natürlich auch Tanz und Gesang gemacht." Film und Fernsehen nicht zu vergessen. Als Schlagerkomponist machte er sich „zwischendurch" einen Namen und erhielt zwei Preise. Ein Pionier des Foto-Paintings war er auch.

„Zum Glück gibt es den Schauspieler Zygmunt Apostol, der einen schnorrenden Grafen mimt und dabei mit spitzbübisch melancholischem Charme tatsächlich Goldoni spielt." So würdigte die Presse 1980 seinen ersten Auftritt am Wiesbadener Staatstheater als Hauptdarsteller in Goldonis „Fächer". Intendant Claus Leininger, selbst eine Theaterlegende, urteilte: „Wo Zygmunt Apostol hintritt, wächst Gras." Angefangen hatte alles in Katowice, wo sein Hochschulrektor dem Uni-

Bühnenhochkaräter Zygmunt Apostol brachte Fotozeugnisse seiner TV-Karriere zum Gespräch in der Theaterkantine mit.

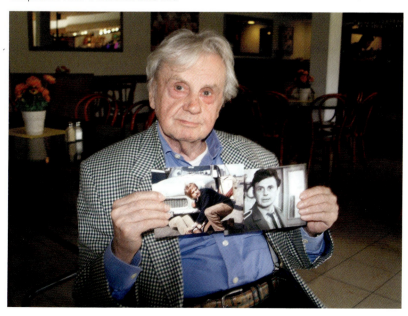

versaltalent empfahl: „Eigentlich sollten Sie Schauspieler werden, aber Sie sind ja Musiker." Dem Studium an der Hochschule für Schauspiel, Film und Musik folgten Engagements der Teatr Satyr und Rozmartosci, der Schlesischen Operette Gliwice, an das das Stettiner Teatr Estrada (Oper/Operette) und das Teatr Roma in Warschau. Zygmunt Apostol überzeugte Sparten übergreifend: Er war am Musiktheater Stettin engagiert und wurde für seine Kunst als „bester Schauspieler" (!) mit dem Bernstein-Ring ausgezeichnet – gleich zweimal.

„Ihr könnt Polen in der UdSSR repräsentieren", hieß es von der russischen Botschaft Warschau, die ein Ensemble auf Gastspielreise schickte durch Russland, das Baltikum und die Mongolei. „Ich habe moderiert von Cechov bis zum Opernauftritt, getanzt und gesungen." Der geborene Entertainer und Conférencier galt als Spezialist, beherrschte neben seiner Mutterzunge auch russisch, deutsch und englisch.

„Es gibt keine *kleine* Rolle und auch keinen *kleinen* Auftritt", war Zygmunt Apostols Devise. Der Allrounder war für wandlungsfähige Ausdrucksstärke und sensibel melodischen Umgang mit Sprache bekannt, schöpfte immer aus reichhaltigem Erfahrungsschatz.

1978 ging es für Zygmunt Apostol auf Theater-Tournee über den Großen Teich in die USA und nach Kanada. In den USA wurde aus Zygmunt Apostol der Foto-Painting-Künstler, der mit der Symbiose von Fotografie und Malerei neue Ausdrucksformen erfindet. „Ich lernte die Kunst des Polaroid-Paintings kennen. Das Zusammenspiel darstellender und visueller Kunst betrachte ich als Bereicherung meines kreativen Schaffens."

1979 brachte der Kulturaustausch zwischen der Volksrepublik Polen und der Bundesrepublik Deutschland unter Walter Scheel den „Star" aus Warschau in die BRD, „die Theaterlandschaft zu erleben", erzählte der Zeitzeuge. 1980 führte ihn ein Angebot mit Stückvertrag für Molières „Bürger als Edelmann" an das Theater Neuss zu Jürgen Flimm – „ein hervorragender Regisseur." Zugpferd war hier Willy Millowitsch – „ein ungeheuer disziplinierter Kollege und ein wunderbarer Komödiant."

Zum Staatstheater Wiesbaden und zu seinem ersten Festvertrag lotste ihn dann Alois Heigl, Schauspieldirektor unter Intendant Christoph Groszer. Mit Aufenthalts- und Arbeitserlaubnis war damals „alles nicht so einfach", erinnert sich der Wahlwiesbadener. Wie Staatsminister Dr. Günther (→ S. 102) dem Theaterstar aus Polen eine unbefristete Aufenthaltsberechtigung ermöglichte – „es war alles mehr als kompliziert" – wäre ein eigenes Kapitel wert. Kurz gesagt: „So habe ich mich mit 49 Jahren für ein neues Leben in einer fremden Sprache entschieden."

Auf die Intendanten Christoph Groszer – „er kam zu jeder Vorstellung" – und den verehrten Claus Leininger – „ein Mann mit feinem Gespür und hohem Qualitätsbewusstsein" – hielt Zygmunt Apostol große Stücke.

In Polen stand der Universalkünstler immer wieder vor der Kamera, wie im Streifen „Ich warte in Monte Carlo" und er resümierte: „Den Film *Ich mag keine Montage* kennt in Polen jedes Kind, er ist heute noch populär." Auch in deutschen TV-Serien wie „Schwarz greift ein" und „Die Kommissarin" sowie „Ein Fall für zwei" wirkte er mit.

„Drei Generationen haben mich schon darauf angesprochen", erzählte der polnische Mime, der ausgerechnet den russischen (!) Offizier verkörperte im TV-Film „Rosinenbomber" über die Berliner Luftbrücke. Breit gefächerte SWF-Dokumentationen für „Daheim unterwegs" drehte er selbst – über ein Brotmuseum, einen Harfenbauer, den letzten Glasbläser und als Schmankerl über die „Sauschwänzle-Bahn".

Handelsübliche Genre-Schubladen oder Sparten-Grenzen galten für den Bühnen-Hochkaräter so gar nicht. Mit Kopfschütteln quittierte der Bühnenprofi, dass seine Vielfältigkeit als „suspekt" ankam. Besetzungsbüros schienen überfordert und er wurde gefragt: „Was sind Sie denn nun, Schauspieler oder Sänger oder was? Machen Sie Musik oder wollen Sie spielen?" Der Zeitzeuge sprach Klartext: „Es gibt nicht nur *E* und *U*. Es gibt viele Schubladen." Eindimensionalität? Nicht mit ihm. „Alles ist Kunst, alles ist Unterhaltung. Und wenn jemand als *schwierig* gilt, ist dies oft ein Merkmal guter Qualität." Zygmunt Apostol musste es wissen. Schließlich wurde der vielfach Ausgezeichnete auch mit dem „Greif" als bester und beliebtester Schauspieler geehrt. Das mache dem Bühnenpferd aus Kattowitz erst mal ein Kollege nach.

Zygmunt Apostol war eine Klasse für sich, was auch die Landeshauptstadt zu würdigen wusste. Im November 2005 wurde der Wahlwiesbadener für sein überragendes Engagement mit der Bürgermedaille in Silber geehrt. Über mangelnde „Auszeichnungen" des Publikums konnte er auch nicht klagen. Dem begnadeten Rampenstar, der selbst in stummen Szenen voll Ausdruck überzeugte, fraß das geneigte Publikum vom ersten Moment an aus der Hand. Ob mit der anrührend gesprochenen „Zueignung" in Faust I oder als das Ehepaar Philemon und Baucis in Faust II, ob als „Mondschein" in Shakespeares „Sommernachtstraum" oder als skurril raffinierter Alter in der Uraufführung von „Tod und Wiederauferstehung meiner Eltern in mir" – Zygmunt Apostol erntete immer wieder Applaus auf offener Szene. Unvergleichlich auch seine „alte Dame" fernab jeder Travestie in der Uraufführung von Dea Lohers „Letztem Feuer".

Wenn ein „Spielkind" zarte 80 wird und mit wundervoller Grandezza die 100. Revue für den Theaterrequisiteur Josef Bieder (von Otto Schenk) auf die Bretter legt, konnte es nur die Theaterlegende Zygmunt Apostol sein. Natürlich mutierte sein Doppeljubiläum titelgetreu zur eigenen „Sternstunde" und er bekam á la Hildegard Knef einen „Regen" roter Rosen. Der Publikumsliebling war so frei und hatte mit seinem legendären Dauerbrenner im ausverkauften Haus zu lautstarken Ovationen hingerissen. Sein Running Gag „unter Leininger hätte es das nicht gegeben!" wurde mit Lachen goutiert. Seine „Carmen" war feurig, seine mozärtliche „Königin der Nacht" war durch keine Koloratur einer „geläufigen Gurgel" zu toppen. Und Weltstar Ulanova konnte einpacken, wenn Primaballerino Zyggi als „sterbender Schwan" in die ewigen Jagdgründe entfleuche.

Zum Gratulieren waren Mitglieder von Magistrat und Parlament angetreten. Auch hochkarätige Weggefährten wie Wolfgang Ziemssen, kongenialer Duo-Partner unvergessener Inszenierungen von „Sunnyboys" bis „Rappaport", gaben sich beim Wiegenfest die Ehre. Ein Überraschungs-Ensemble mit Musikwerkstatt-Chef Professor Ernst-August Klötzke, Konzertpianistin Erika Le Roux, Kammersänger Eike Wilm Schulte (→ S. 213) und Sopranistin Annette Luig rührte das Geburtstagskind zu Tränen.

Ob französischer Gesandter in Annegret Ritzels prägnanter „Maria Stuart", ob Dr. Tugendvetter in „Professor Bernhardi" in ihrer Regie, oder in der Andreas von Studnitz-Inszenierung „Das Fest" (die im Mai 2004 zum „Meet in Beijing Art Festival" nach China eingeladen war) – bei Zygmunt Apostol waren Konzentration und Können „immer zu 100 Prozent gefragt". Sein alle Generationen berührendes Baby in „Kiebich und Dutz" blieb nicht nur ihm selbst prägnant in Erinnerung. „Aus dem Publikum kamen unglaubliche Reaktionen", war Zygmunt Apostol noch Jahre später freudig erstaunt. Stets ausverkauft, wurde das Kinderstück schnell Kult und zog mehr Erwachsene an als Kinder. „Da hatten wir wohl einen Nerv getroffen."

Sein Erfolgsgeheimnis? „Disziplin ist alles in unserem Beruf." Eine profunde Qualifikation verstand sich für ihn von selbst. „Ich habe eine amerikanische Ausbildung. Es braucht Beharrlichkeit und Glück, aber ohne Disziplin geht es nicht." Gibt es ein Rezept fürs Gelingen einer Inszenierung? „Gutes Buch, gute Regie, gute Rolle." Die Kunst des Unterspielens beherrschte Zygmunt Apostol mit Bravour – das Anheben einer Augenbraue, eine zart angedeutete Handbewegung genügte.

Unterhalb des Spitzenformats war der international erfahrene Hochkaräter nicht zu haben. Das wusste Ben van Cauwenbergh schon 2003 als Ballettdirektor in Wiesbaden zu schätzen und kam auf ihn zu: „Wir hatten die fixe Idee: wir müssen was zusammen machen und wir wollten eine Sparten verbindende Form finden, die es so noch nie gegeben hat." Die „Soirée Francaise" mit dem Titel „La vie en rose" kreist als bildstarke Choreographie um Chlochard Jef. In Gestalt von Zygmunt A. brillierte Jef an Akkordeon und Klavier und als Sänger und Tänzer, laut Presse „genial ohne Pathos, menschlich und voller Zartheit." Sogar Open air wurde mit der „Rose" das Teatro Romano in Verona gerockt, Jef-Zygmunt moderierte hier fließend italienisch.

Seinen Erfolg aus Wiesbaden hatte Ballettintendant van Couwenbergh im Ruhrgebiet wieder aufgenommen. Zu jeder Vorstellung von „La vie en rose" auf der riesigen Aaltobühne in Essen ließ der Ballettchef noch 2014 den „heimlichen Star" eigens aus Wiesbaden im Pkw abholen. Im ausverkauften Aalto flogen ihm die Herzen zu, er bekam stehende Ovationen. „Das geht mir jedes Mal unter die Haut."

Dasselbe Bild in Wiesbaden, nicht nur im Musentempel am Bowling Green. Das Museum Wiesbaden zeigte den vollständigen Zyklus von Max Beckmann zu Goethes Faust II, und „Faust"-Regisseur Tilman Gersch vom Staatstheater bespielte mit der Collage „faust2beckmann" den kompletten Vortragssaal. „Ihr naht Euch wieder, schwankende Gestalten, die früh sich einst dem trüben Blick gezeigt." Die „Zueignung" aus Goethes Faust I wurde hinreißend zart gesprochen von Zygmunt Apostol, der zudem mit eigenen Kompositionen am Flügel diese „theatrale Reise" im Museum begleitete. Als Ehepaar „Philemon" und „Baucis" vollzog Zygmunt Apostol glaubwürdig und bruchlos den Rollenwechsel von Mann zu Frau und vice versa auf offener Bühne.

Als wandlungsfähig ausdruckstarker Mime auf Bühne und Leinwand, als Sänger und Tänzer, als charmanter Tastenlöwe an Akkordeon und Flügel sowie als Komponist von Chansons, Filmmusik und ohrwurmverdächtigen Schlagern war die Theaterlegende im Sommer 2014 zu erleben. Das fulminante Wiedersehen mit dem vitalen „Spielkind" von zarten 80 Plus kam „höchst persönlich" daher mit einzigartiger Grandezza im „Studio Meins". Angerichtet hatte das rare Vergnügen Schauspielkollege Uwe Kraus und im restlos ausverkauften Studio kauerten Fans auf den Stufen. Eine multimediale Sternstunde war angesagt. Historische Schmankerl von „Kiebich und Dutz" bis zu „Ich bin nicht Rappaport" wurden aus der Konserve kredenzt.

Seine Devise war Zyggie Apostol aufs Wort zu glauben: „Ich mach so ziemlich alles." Natürlich live und in Farbe. A propos Farbe – erfolgreicher Maler war er auch noch. Aber das ist eine andere Geschichte.

Es muss nicht immer Theater sein. Mit seinem vielsaitigen Können auf ungewöhnlicher „Bühne" begeisterte Zygmunt Apostol das Publikum des Archivfestes 2014, ausgerichtet vom Stadtarchiv Wiesbaden und der „KunstArche". Erst staunte Josef Bieder im Original-Kittel von Instrumentenbauer Wahan Cherbettchian (→ S. 68) über „unbeaufsichtigt" herumsitzende Gäste, dann mutierte Archiv-Faktotum Bieder á la Loriot zu Reich-Ranitzki. Zum krönenden Finale wechselte der Künstler noch mal die Pferde. Mit zarten 83 Lenzen ging der Schauspieler, Musiker, Komponist, Sänger und Maler mal eben unter die Jungproduzenten. „Mein

Zum 85. Geburtstag überraschten Kollegin Rosemarie Schubert und Kollege Gottfried Herbe den Jubilar im Theaterfoyer.

lieber Schwan". Wenn das keine Pointe ist. 2014 überraschte der charmante Universalkünstler mit der ersten eigenen CD: „Meine Schlager, meine Lieder, meine Musik". Die Ohren können große Augen machen. „Aus rund 40 eigenen Kompositionen hab' ich 17 Titel aus den Siebzigern ausgewählt, die freche Ohrwürmer inklusive zweier preisgekrönter *Siegertitel* vorstellen." Klangvoll wird ein Querschnitt durch die Stile von Instrumentalstück bis Ballettmusik zu Gehör und in Erinnerung gebracht. Ehrensache – die „Romance" singt Zygmunt Apostol höchstselbst und hinterlässt ein klingendes Vermächtnis.

Der „Vater des Lichts"
Joseph Werner Bardenhewer

Katholischer Stadtdekan a.D.
„Vater des Lichts" für Afrika und „Ritter des Nationalordens" der
Republik Burkina Faso
Geboren am 30. Januar 1929 in Arnsberg
Gestorben am 10. April 2019 in Wiesbaden

Joseph Werner Bardenhewer, weit über katholische Kirchenkreise re-
nommierter früherer katholischer Stadtdekan der hessischen Landeshauptstadt, wurde als „Vater des Lichts" geliebt. Diesen Ehrentitel hatte
er sich durch langjähriges Engagement „verdient" – wohlgemerkt nach
der Berufstätigkeit.

Das Bibelwort „Wer sein Leben hingibt, wird es gewinnen" und das
Dante-Zitat „Eine mächtige Flamme entsteht aus einem winzigen Funken" waren ihm Leitlinie und Motivation. Die Ökumene war ihm ein Anliegen. Auch Ricarda Huch war ihm nahe: „Um glücklich zu sein, braucht
man eine Aufgabe und eine große Hoffnung". Der bodenständige
Geistliche war lange Jahre unermüdlicher Motor des von ihm initiierten
Freundeskreises Wiesbaden in der *africa action / Deutschland e.V.
(aa/D)* mit Schirmherrin Heidemarie Wieczorek-Zeul, der früheren Bun-
desministerin.

Im Dezember 2015 konnte der stets gut gelaunte Zeitzeuge das seltene
Jubiläum „60 Jahre Priesterweihe" feiern. „Weihbischof Walther Kampe

Hoher Besuch bei der Africa Action: „Père Joseph" Werner Bardenhewer und Ge-
neralvikar Wolfgang Rösch begrüßen den Ehrengast Philippe Kardinal Ouedraogo
aus Burkina Faso und Dr. Raoul Bagopha von Misereor Aachen im Roncallihaus.

war es, der mich am 8. Dezember 1955 zum Priester geweiht hat." Das Bibelwort aus dem Lukas-Evangelium wirkt wie eine Prophezeiung: „Er hat mich gesandt, den Armen die frohe Botschaft zu bringen und den Blinden das Augenlicht." Der Wahlwiesbadener schmunzelte: „Vor 60 Jahren ahnte ich nicht, dass der zweite Halbsatz so wichtig werden würde."

Lag bei „Père Joseph" das Afrika-Engagement in der Wiege? Am 30. Januar 1929 als jüngster von vier Brüdern im westfälischen Arnsberg in ein rheinisch-christliches Elternhaus geboren, wuchs der Zeitzeuge ab 1937 im Wiesbadener Dambachtal auf. Als Bub saß er gerne in der Reithalle Tattersall an der Saalgasse im Sattel. Der Vater war preußischer Beamter, später der erste hessische Verwaltungsgerichtshof-Präsident in Kassel. Die Mutter war Oblatin im Benediktiner-Kloster Maria Laach und schon für den Achtjährigen stand der Priesterberuf fest. Nach dem Abitur am humanistischen Gymnasium (heute Diltheyschule) schlossen sich ab 1948 das katholische Theologie-Studium an der Jesuiten-Hochschule St. Georgen in Frankfurt und ein Semester an der Dominikaner-Universität in Fribourg (Schweiz) an: „Ich wollte Französisch lernen."

Als Kaplan im Kannebecker Land und Präses in Nauort war er zugleich Bezirkspräses der Kolpingfamilien für den Westerwald und erlebte „eine lehrreiche Zeit, so richtig schön auf dem Dorf." 1959 berief Prälat Alexander Stein den Kaplan als Diözesan-Sekretär des Sozialreferats nach Limburg.

Referate an der Frankfurter Sozialschule, Wochenkurse in katholischer Soziallehre für Betriebsgruppen und Landjugendseelsorge waren „dem jungen Geistlichen aus der Stadt sehr reizvolle Aufgaben." 1962 wurde Werner Bardenhewer, der sich auch im Bund der Deutschen Katholischen Jugend engagierte, zum Berufsschulpfarrer „für berufsbezogene Bildungsarbeit" in Wiesbaden ernannt. „Überpfarrliche Aufgaben" sollten die soziale Prägung des Betriebslebens stärken. „Ich begleitete Betriebsgruppen, die sogenannten *Königshofener Arbeitskreise*, bei Kalle, Albert und Dyckerhoff."

Den Personalchef von Dyckerhoff, Dr. Riffel, traf der spätere Stadtdekan als Mitglied des Verwaltungsrats des St. Josefs Hospitals wieder.

Der Geistliche verkörperte ein Stück Wiesbadener Kirchengeschichte. Von 1962 bis 1967 kamen sogenannte ausländische Gemeinden zu einer deutschen Gemeinde: „Die Kooperationen waren auch ein Stück Integration. Kroatische, portugiesische, italienische und spanische Gemeinden waren durch ihre deutsche Partnergemeinde – damals Dreifaltigkeit, St. Elisabeth und Maria Hilf – nicht sich selbst überlassen."

Von 1967 bis 1974 war er Pfarrvikar, nach der Erhebung zur Pfarrei ab 1. November 1968 dann erster Pfarrer von St. Andreas. Es begann eine deutsch-afrikanische Partnerschaft. „Missio und MISEREOR hatten dazu die neue Diözese Diébougou in Obervolta empfohlen. Der Kontakt von St. Andreas zu Afrika begann mit Bischof Jean Baptiste Somé. Wir hatten ein Stück Weltverantwortung übernommen, das hat die ganze Gemeinde gefordert und geprägt", erinnerte sich Werner Bardenhewer. „1971 ging es los mit den ersten Reisen hinüber und herüber." Ihn hatte es „unaufhaltsam in die Gemeinde St. Andreas" gezogen und er betonte „die wertvolle Zeit mit wirklicher Basisarbeit von der Wiege bis zur Bahre in unmittelbarer Nähe."

Im Juni 1974 wurde er Pfarrer der Gemeinde St. Bonifatius und Stadtdekan für den Bezirk Wiesbaden. Qua Amt war der Stadtdekan Vorsitzender des Caritasverbandes und Vorsitzender des Verwaltungsrates des St. Josefs-Hospitals, im Volksmund „JoHo" genannt. „Schwester Philomena hat das Haus geprägt!" Mit blitzenden Augen erzählte der frühere Verwaltungsrats-Chef vom „Guten Geist des Hauses". Schwester Philomena habe nach Jahren der Diskussion das Motto des JoHo gefunden: „Einfach gut sein".

Am 31. Januar 1996 ging der Geistliche gemäß Diözesanordnung in den Ruhestand – und ließ sich in der Folge das Engagement als Spiritual der Benediktiner-Abtei St. Hildegard in Rüdesheim-Eibingen bis Mai 1998 nicht nehmen. „Es war eine wichtige und gute Entscheidung, ein Gegengewicht der Kontemplation und eine gute Zäsur. Ich habe den Konvent im Nonnenkloster gerne begleitet."

Ein Foto zeigt ihn auf einer Bank mit der Inschrift „Tranquillitatem colenti", also „für den, der der Ruhe pflegt." Von wegen. „Ich dachte, jetzt setze ich mich zur Ruhe. Und dann kam Afrika", schmunzelte der agile Zeitzeuge.

„Auf Initiative eines lebenslänglich Inhaftierten bemühen wir uns mit unseren ehrenamtlichen Kräften seit 1999 um Hilfe und Heilung für Blinde im *Hungergürtel Afrikas*, im Sahel." Der Zeitzeuge war lange Jahre Betreuer des erwähnten Häftlings. Als langjähriger Vorsitzender und Initiator des 1999 initiierten Freundeskreises Wiesbaden der „africa action Deutschland e.V." versprühte der Wahlwiesbadener mitreißende Energie. „Jeder Mensch ist eine eigene Welt", zitierte er afrikanisches Wissen. Dem unermüdlichen Motor des Freundeskreises lagen die Menschen in Afrika spürbar am Herzen. Das große Engagement speiste sich aus christlicher Motivation: „Die Freude an Gott ist unsere Stärke" (Jeremiah).

Originelle, anrührende Benefiz-Veranstaltungen illustrieren seinen Ideenreichtum. Im Dezember 2009 war in der prallvollen evangelischen Marktkirche der schwedische Bestseller-Autor Henning Mankell zu Gast, der in Maputo/Mosambique das Teatro Avenida leitete. „Wir alle kommen aus Afrika". Henning Mankell konnte sich gut auf Deutsch ausdrücken und erzählte – ergänzt durch eine Kurzlesung aus seinem Afrika-Buch „Der Chronist der Winde" – über den von ihm geliebten Kontinent und über sich persönlich. „Der Mensch hat zwei Ohren und eine Zunge – damit wir mehr zuhören und weniger reden." Eine afrikanische Weisheit zum Abschied.

„Pauken und Trompeten für Afrika" war das treffende Motto, das am 4. Juli 2015 zum „Fest für Blinde und Sehbehinderte im Sahel" auf dem Platz vor der Marktkirche begeisterte. Bischof Ambroise Ouedraogro aus Maradi/Niger war angereist und lobte Werner Bardenhewer als „Vater des Lichts", der in Afrika für sein segensreiches Wirken geliebt werde. Das Landespolizei-Orchester Hessen unter Leitung von Alfred

Herr rückte in gemischter Besetzung mit 25 Personen an und bot Klangvolles auf.

Ein besonderer „Brückenschlag" feierte beim Benefizkonzert unter freiem Himmel erfolgreich Premiere. Für die Hilfsbedürftigen in Burkina Faso, Mali und Niger engagierten sich zwei Wiesbadener Initiativen gemeinsam. Die „Freunde Afrikas" um Michael Schickel und Meistertrommler Tonton aus Guinea „trommelten" mit und boten „Black magic Afrika".

Der bewundernswert agile Geistliche trotzte der tropischen Hitze und war „mittenmang" zu finden. Schon als Pfarrer von St. Bonifatius habe ihn immer die unmittelbare Nähe zu den Menschen und zu Gott beglückt.

Der erfreulich rüstige Jubilar rief nach 60 Jahren Priester-Engagement zum diamantenen Jubiläum mit dem Freundeskreis der africa action im Verbund mit „Licht für die Welt – Österreich" und mit „Ocades", der Caritas Burkina Faso, eine spezielle Initiative ins Leben. Die ambitionierte Sonderaktion „Augengesundheit auch in ländlichen Regionen" erbrachte 40.000 Euro an Spenden. Ende Januar 2016 reiste der Zeitzeuge nach zwei Jahren ein weiteres Mal in das Land, in dem 18 Millionen Menschen leben und gerade mal 28 Augenärzte praktizieren. Nur vier Augenärzte arbeiten auf dem Land, wo 88 Prozent der Bevölkerung leben. Vor Ort wurde die Delegation aus Wiesbaden von den Verantwortlichen der geförderten Projekte, auch aus Mali und Niger, persönlich auf den aktuellen Stand gebracht. „Hoffnung für Sahel": Die Bilanz der bisher geleisteten Hilfe in den ärmsten Ländern Afrikas kann sich sehen lassen. Der Bau und die zeitgemäß moderne Einrichtung von fünf Augenkliniken – in Mali ist es das „Centre Ophthalmologique Père Joseph Werner Bardenhewer" – wurden „mit wesentlicher Hilfe des Entwicklungshilfeministeriums BMZ" realisiert. Ein Schwerpunkt neben der Förderung der Kliniken ist die Ausbildung von heimischem Personal.

„Generell soll die oftmals durch Armut verursachte Blindheit möglichst überwunden und verhütet werden."

In Diébougou/Burkina Faso betreibt die africa action seit 2002 die erste Augenstation als Teil des Behindertenzentrums der Diözese Diébougou. Priester Marius Poda ist nach sechsjähriger Ausbildung, durch die africa action finanziert, Diplom-Augenpfleger und Leiter von Augenklinik und Behindertenzentrum in Diébougou.

Räume und Geräte sind medizinisch auf aktuellem Stand. Außeneinsätze gewährleistet ein Ambulanzfahrzeug. Auch die Ausbildung des Augenarztes, der ab 2019 vor Ort auf Achse ist, finanziert der „Freundeskreis". Im Jahr 2014 wurden in Diébougou über 4800 Personen behandelt, davon fast 1500 Erwachsene und Kinder durch die „Außeneinsätze" im Busch. 331 Operationen wurden vorgenommen, davon 209 Eingriffe mit der Diagnose „Grauer Star". Die Augen-Ambulanz-Klinik J. L. Goarnisson im Zentrum der Hauptstadt Ouagadougou/BF ist die erste Augenklinik des gesamten Sahels seit 1930 und seit 2000 wieder in kirchlicher Trägerschaft. Die africa action stellte die komplette Sanierung sicher.

Als „Vater des Lichts" in Afrika verehrt, kann Werner Bardenhewer mit Fug und Recht, gemeinsam mit Benno Herok, damals Vorsitzender des Zentralausschusses der Katholiken, als „Vater" des Roncalli-Hauses bezeichnet werden. Bistum Limburg und Stadt Wiesbaden hatten den Abriss des katholischen Hospitals zum Heiligen Geist („ein tolles Bauwerk") entschieden. Das „Haus der Dienste" wurde 1965 auf dem Baugrund in der Friedrichstraße neu errichtet. Der Name „Roncalli-Haus" wurde keineswegs zufällig gewählt. Guiseppe Roncalli ist der Geburtsname von Papst Johannes XXIII., der „entscheidende Anstöße zur Erneuerung der Kirche gab", wie sich der Zeitzeuge erinnerte. „Er gab durch das Konzil Impulse für die Ökumene und die Annäherung an das Judentum und die anderen Weltreligionen. Die starke Kraft dieses Konzils wirkt weiter." Als junger Geistlicher hatte Werner Bardenhewer in Rom das II. Vatikanische Konzil persönlich erlebt. Von Papst Johannes XXIII. schwärmte er Zeit seines Lebens.

Und immer wieder „Ökumene": Die Ökumene, die er mit dem evangelischen Stadtdekan Helmut Neuschäfer und Pfarrer Joachim Tolksdorf praktizieren konnte, mit Marktkirchen-Pfarrer Willy Borngässer und Bergkirchen-Pfarrer lic. Walter Hunzinger, spielte zu seiner Zeit eine große Rolle. Drei evangelisch-katholische Pfarrkreise tauschten sich theologisch-seelsorgerisch aus bei regelmäßigen Treffen und feierten gemeinsam Gottesdienst. „Wenn Jesus Christus die Einheit Aller gewollt hat, die an ihn glauben, dann dürfen wir uns nicht weigern, sie heute zu vollziehen."

Der Zeitzeuge erinnerte sich plastisch an die bis an den Rhein spürbare Aufbruchstimmung des Konzils, als zur großen ökumenischen Feier „1500 Jahre christliches Wiesbaden" eingeladen wurde. „Die Rhein-Main-Halle war knüppelvoll. Wir haben uns auf die gemeinsamen Wurzeln besonnen. Schon 450 nach Christi Geburt gab es Christen in Wiesbaden. Pater Mario Galli von der Societas Jesu und Generalsekretär Visser't Hooft vom ökumenischen Weltkirchenrat Genf waren 1965 in Wiesbaden dabei. Es war ein faszinierendes und aufregendes Ereignis mit dem neuen Zusammenhalt."

Der kommunikationsstarke Geistliche war Mitbegründer der 1967 ins Leben gerufenen Wiesbadener Priestergemeinschaft. Die Gemeinschaft bischöflichen Rechts wurde von Bischof Wilhelm Kempf offiziell bestätigt und ihr wurde die Garantie auf Dauerhaftigkeit erteilt. Bei den wöchentlichen Treffs ging es um Meditation und geistliches Leben, Pastoral und Theologie. Dass der amtierende Papst Franziskus die Reformbemühungen von Pontifex Johannes XXIII. aufgriff und weiterführte, war Werner Bardenhewer eine große Freude.

Eine überraschende Freude erwartete Père Joseph, als er bei seinem Besuch in Burkina Faso im Januar 2016 die vor Ort Aktiven traf. Die enge persönliche Abstimmung vor Ort war ihm Ehrensache. Dem ausdauernd engagierten Geistlichen wurde hoch verdient ganz besondere Ehre zuteil. „Zufällig" auf den Tag genau 20 Jahre nach der Verabschiedung in den Ruhestand bekam Werner Bardenhewer in Ouagadougou vom Grand Chancelier der Republik Burkina Faso den höchsten Orden des Landes. Die vom Präsidenten des Landes in feierlicher Zeremonie offiziell verliehene Würdigung zeichnete den Geistlichen aus Wiesbaden als „Ritter des Nationalordens" von Burkina Faso aus.

Den „Zufall" dieses Ehrentages brachte Ritter Joseph mit dem Bonmot des französischen Autors Anatole France auf den Punkt: „Zufall ist vielleicht das Pseudonym Gottes, wenn er nicht selbst unterschreiben will." Werner Bardenhewer zitierte breit lächelnd den Friedensnobelpreisträger Albert Schweitzer. Der Gründer des Krankenhauses Lambaréné im zentralafrikanischen Gabun hatte einst Ähnliches vermutet. „Der Zufall ist, wenn der liebe Gott incognito bleiben will."

Die ungekrönte Königin der Tanzfläche

Helga Bier, geborene Heising

Tanzschul-Legende
Ehrenmitglied im amerikanischen Tanzlehrerverband „Dance Masters of America"
„Alters-Mitglied" im Allgemeinen Deutschen Tanzlehrerverband (ADTV)
Geboren am 25. April 1931 auf Gut Orla, Kreis Krotoschin, Provinz Posen

„O Mensch, lerne tanzen. Sonst wissen die Engel im Himmel mit Dir nichts anzufangen." Mit diesem Zitat von „Kirchenvater Augustin" kann Helga Bier eine ganze Menge anfangen. Mehrere Generationen von Tanzbegeisterten können das bezeugen – in Wiesbaden und Umgebung, deutschlandweit und auf anderen Kontinenten.

Parole „Am-ster-dam!" Wer jemals Tanzunterricht bei der ungekrönten Königin des Tanzparketts nehmen konnte, hat bei diesem Silben-Stakkato mitnichten Holland vor Augen, aber den Latino-Rhythmus im Ohr und vor allem im Tanzbein. „Bei Samba habe ich immer Am-ster-dam

Tanzschullegende Helga Bier macht immer „bella figura" mit Charme, wie auch historische Bilder beweisen.

33

gezählt. Auf meine Kommandos werde ich jetzt noch angesprochen",
schmunzelte Helga Bier. Da hieß es dann schon mal: „Damen aufklap-
pen" oder: „Jetzt übt mal alleine im Freistil."

Und beim Tango ging es gerne „einen Schritt zur Wand!" Die bewundernswert agile Zeitzeugin ist eine lebende Legende und im Sinne des
Wortes die Verkörperung Wiesbadener Tanzgeschichte. „In Wiesbaden
fühle ich mich Zuhause, doch meine Heimat ist Orla", sinnierte Helga
Bier mit einem Blick auf ein Gemälde von Schloss Orla in Polen.

Erfrischend offenherzig gewährte sie einen Blick hinter die Kulissen,
und das beileibe nicht nur damenhaft im Sitzen. Mitten im Gespräch
wird spontan auf die Schnelle der eine oder andere Schritt gezeigt und
mit formvollendeter Grazie perfekt ausgeführt. Kann ein „Fisch-
schwanz" tanzen? Wenn er eine Figur im Quickstep ist, dann schon. Ob
Standard oder Latein, ob Square dance mit Helga Bier als „Caller" oder
Rheinländer, Line Dance oder Formation – 100%iger Einsatz ist absolu-
tes Muss. Kneifen gilt nicht. „Bei Ihnen mussten wir immer ein Handtuch
mitbringen!" hörte die Zeitzeugin noch Jahrzehnte später. „O ja, die
mussten ordentlich was tun." Die ADTV-Tanzlehrerin strahlte. Und sie
legte Wert auf die Feststellung: „Es war aber immer lustig und sportlich.
Und manchmal ham sie mich mit der Pause drangekriegt und sie raffiniert verlängert."

Doch ihre Pappenheimer kannte sie wohl recht gut. Die Offizierstoch-
ter wusste mit klarer Ansage und dem „öfter" verwendeten Kommando
„Zack-zack!" zu überzeugen. In ihren Ehepaarkursen sorgten anti-
quierte Benimmregeln erst für Interesse, dann für Amüsement: „Die
fanden das lustig." Eine Methode kam hier besonders oft zum Einsatz:
„Ich habe oft zum Partnerwechsel aufgerufen – damit sie sich nicht zan-
ken", erläuterte sie verschmitzt.

Bei der Tanzschullegende beruhte alles auf Mundpropaganda, die exzellenten Qualitäten der ADTV-Expertin sprachen für sich: „Ich hab'
nicht einmal im Leben Werbung gemacht und war immer ausgebucht."
Ihre Expertise war bis weit über die Stadtgrenzen von Wiesbaden hinaus gefragt. Unterrichtet hat die „ambulante Tanzlehrerin", wie ihre
Berufstätigkeit im Finanzamt-Jargon bezeichnet wurde, auch im Fernen
Osten. In der japanischen Metropole Tokio nahm sie Tanzbegeisterte
unter ihre Fittiche.

In der Region buchten die CV Studentenverbindung Mainz und der
Sportverein Bad Schwalbach die Koryphäe. Die Alten Herren Bundes-
brüder der Unitarier in Mainz stellten ihre Rückschau unter die Devise
„Sie tanzten nur einen Sommer" und reimten fröhlich: „Als Schlachtruf
gilt heut Dir und mir: Es lebe hoch der, das, DIE Bier!"

Die Kohlhecker Bürgervereinigung ehrte sie auf offener Bühne für 25-
jährige Mitgliedschaft, auch die Presse war des Lobes voll. Ihr Bekannt-
heitsgrad ist nach wie vor hoch: „Wenn ich in die Stadt gehe, sitze ich
wie auf dem Präsentierteller und werde ständig angesprochen.

Ach, ich kenne ja Hinz und Kunz..." Die Stimme lächelt. „Mich siezen
sie alle", betonte die charmante Zeitzeugin. „Das hat etwas mit Respekt
zu tun. Das war mir in den Kursen wichtig, sie hätten mir sonst auf dem

Kopf rumgetanzt." Eine Ausnahme bildet die Wiesbadener Juristenband. Mit Justitias Jüngern steht sie auf Duzfuß, seit die Herren Para-
graphenreiter auf einem Abschlussball in Limburg feinsten Jazz
kredenzten, derweil Helga Bier tänzerisch brillierte. Die Zeitzeugin hat
hochmögende Persönlichkeiten und Prominenz geschult – in kleinem
Kreis und in privatem Ambiente. „Namen werde ich nicht nennen." Diskretion ist eine Sache der Ehre.

Es hat sich jedenfalls der eine oder andere Kreis geschlossen innerhalb
der Stadtgesellschaft und des Oral history-Projekts zu „erlebten Geschichten". Prägnantes Beispiel ist ein geistlicher Würdenträger. Der
frühere katholische Stadtdekan Werner Bardenhewer (→ S. 27), „Vater
des Roncallihauses", ist ihr aus dessen Zeit als Pfarrer von St. Andreas
bekannt – nein, nicht als Tanzschüler. In Kirchengemeinden beider Konfessionen gab Helga Bier Tanzunterricht wie bei Maria Hilf oder der
Mauritiuskirche, in Erbenheim („Pfarrer Erhard Heimburger war ein tol-
ler Pfarrer.") und in der Kreuzkirche. „Pfarrer Joachim Tolksdorff hat mit
seiner Frau Waltraud immer mitgetanzt." Zeitzeugin Bier hat den Pastor
„immer sehr verehrt".

Der Tanz wurde Helga Bier nicht in die Wiege gelegt, die auf Schloss
Orla stand im heutigen Polen. Helga Heising kam als älteste Tochter
von Werner und Lony Heising, geborene Bilstein auf dem alten Rittergut Orla im Kreis Krotoschin, Provinz Posen, zur Welt.

Vater Werner hatte das große Gut geerbt und bewirtschaftete das väterliche Erbe samt Nutzvieh und Pferden. Als Leutnant gehörte er im I.
Weltkrieg zur berittenen 1. Kaiserlichen Leibgarde, wurde im II. Weltkrieg von der Wehrmacht eingezogen und geriet 1945 im thüringischen
Suhl in US-Kriegsgefangenschaft.

Seit der Einberufung ihres Mannes bewirtschaftete Lony Heising das
Gut als alleinerziehende Mutter dreier Kinder. Am 20. Januar 1945
wagte sie die Flucht mit Helga, Herwarth und Henning, acht Pferden
und vier Wagen zu einem Onkel auf dessen Gut im Kreis Glogau an der
Oder. Russischer Truppeneinmarsch zwang die komplette Familie zur
Flucht. „Wir waren sechs Wochen lang als Pferde-Treck auf Odyssee
quer durch Deutschland zu Verwandten auf das kleine Gut Gereuth im
Kreis Coburg, damals US-Zone."

Familienzusammenführung 1946, es folgten fruchtlose Versuche in
Landwirtschaft und 1947 ging es wieder auf Achse. „Wir sind mit fünf
Personen, acht Pferden, Planwagen und Landauer in Wiesbaden gelan-
det." Der Kreis schloss sich zur Familie von Oberbürgermeister Redlhammer und dessen Sohn, der zuvor Eleve auf Gut Orla war. „Wir
bekamen einen Stall im Schlachthof. Vater gründete einen Pferdefuhr-
betrieb. Unser Posener Halbblut fuhr mit dem Planwagen Schutt für die
Germania Brauerei und die Gartenbauzentrale. Mit den zwei Vollblütern
vor dem Landauer ließen sich Amis gerne durch Kirchgasse und Langgasse kutschieren." Tochter Helga absolvierte nach der Mittleren Reife
im Hermann Lietz-Internat auf Schloss Hohenwehrda bei Hünfeld eine
Landwirtschaftslehre bei Ortslandwirt Beil in Erbenheim, wo sie „ihre"
Pferde wiedertraf. Tante Gretel Fuchs, geborene Heising, holte sie ins

Familienunternehmen Fuchs & Co. in Frankfurt, „ein Riesenbetrieb mit Containerschiffen auf dem Rhein." Hier lernte „das Mädel" Sekretärin „mit Steno und Schreibmaschine."

Tanzschule galt als obligatorisch und laut Tochter Redlhammer kam „nur Bier" in Betracht. Kurz nach Kriegsbeginn 1940 hatten die Biers „das größte europäische Tanzschulhaus Paulinenstraße 1" errichtet und nach Beschlagnahme durch die Amerikaner ein Domizil in der Adelheidstraße 85 bezogen. Das Tanzhaus Bierstädter Straße 18 kam später hinzu. Der gestrenge Vater Heising, „ein richtiger Offizier!", gab Tochter Helga die Erlaubnis mit Auflage: „Ich durfte nur mit meinem Bruder Herwarth in die Tanzschule Bier, bei uns um die Ecke in der Adelheidstraße 85. Das Tanzhaus Paulinenstraße war von den Amis besetzt, nebenan war das Weiße Haus mit dem Eagle Club. Außer Egon und Ria Bier, einer Ballettmeisterin, hat Sohn Udo unterrichtet, den ich nachher geheiratet habe", berichtete die Zeitzeugin. „Zum Tanzen hatte ich wohl Talent." Das Talent zum Understatement ist auch nicht ohne.

Ihre Anekdoten bieten Stoff für ein spannendes Buch. „Hans Albers sang am Flügel und ich musste mich an den Flügel anlehnen beim Dreh im Filmstudio Unter den Eichen." Eine Tanzszene gab es im Film „Käpt'n Bay-Bay" natürlich auch. Der Auftritt „mit drei von uns geschulten Paaren aus dem Tanzclub Blau-Orange" in der TV-Show von Hajo Kulenkampff wird belegt. Die Honorarquittung „HR – Einer wird gewinnen, Mitwirkung in Quizrunde" trägt das Datum „vom 17.5.66" in gut lesbarer Qualität.

„Das Tanzen erfordert nicht nur Grazie, Gewandtheit und körperliche Geschicklichkeit, es erfordert in hohem Maße auch Geschmack", lautet ein Gebot aus berufener Quelle. Das „Einmaleins des Guten Tons" kennt sich da aus. „Im Ratgeberbuch des Bertelsmann-Leserings haben wir den „guten Gesellschaftstanz" repräsentiert. „Von *Eleganz und Anmut der Bewegung* kündet die Bildunterzeile", war das „Fotomodell" belustigt. „Der Verlag trat etwa 1954 an uns heran. Bertelsmann plante einen Praktischen Ratgeber in drei Bänden zu Themen wie Haushalt und Wohnen und den Guten Ton."

Ein Original der 10. Auflage von 1956 dokumentiert die Erinnerung. An das Foto-Shooting erinnerte sich Helga Bier noch genau: „1954 ging das los mit den Modeaufnahmen. Das war meine eigene Garderobe! Meinem Mann haben sie einen Hut in die Hand gedrückt, dabei hat er doch nie einen Hut getragen. Und ich hatte auch einen Deckel auf dem Kopf. Warum uns der Fotograf vor einer Mauer postierte, hat er nicht erklärt. Das war alles schon witzig."

Die Ägide der „Enkelgeneration" mit Udo Bier und seiner Frau Helga begann Anfang der 50er Jahre. „Wir galten als *die neuen Biers* und haben etliche Tänze in Wiesbaden neu eingeführt wie den Samba und den Bayon, den Cha-Cha-Cha, den Madison und den Calypso. Die Lehrfächer umfassten neben Gesellschaftstanz auch Ballett, Gymnastik und Step. Es gab eigene Kurse für Berufstätige, Ehepaare und für Altersgleiche in den Abstufungen Anfänger und Fortgeschrittene Eins, Zwei und Drei, danach ging es im Tanzclub weiter. Der Turniertanz war ein besonderer Schwerpunkt. 1934 hatte die Schule den Tanzclub Blau-Orange e. V. gegründet. Das Meisterpaar Inge und Otto Teipel wurde immerhin acht Mal Deutscher Meister. Die Abschlussbälle fanden im Kurhaus statt und im Herzog Friedrich-August-Saal der Casino-Gesellschaft Wiesbaden."

Neben Elternhaus und Schule spielte der Tanzunterricht eine wichtige Rolle. „Anstandsunterricht wurde groß geschrieben. Das *Bekanntmachen und Vorstellen* habe ich mit einem Teewagen demonstriert. Im Anfangskurs war es ein richtiger Drill." Verbeugung und Hofknicks sind gar nicht so einfach. „Mittelfinger und Daumen kommen an das Kleid und dann heißt es, sich rückwärts aus den Knien erheben." Gesagt, getan. In vollendeter Anmut führte Helga Bier das Ritual vor. Gelernt ist gelernt.

Das meisterliche Tanzduo Helga und Udo Bier galt als Botschafter für Wiesbaden. „Wir wurden als Schautanzpaar bundesweit gebucht, waren beim ADAC und auf großen Bällen." Furore machte die Charleston-Formation ebenso wie das Potpourri Alter Tänze von Gavotte und Menuett bis Tyrolienne und Kreuzpolka. „Selbstredend ging alles in stilistisch epochentreuer Gewandung über die Bühne mit Schnürstiefeln und Gamaschen. Ich habe noch Perücken im Schrank von unseren Schautänzen."

Es war eine Sache der Ehre, sich auf Augenhöhe mit den aktuellen Stars der Clubszene in Übersee zu befinden. „Wir haben auf fünf Kontinenten immer die Tanzentwicklung im Auge gehabt. Zwei Monate im Jahr waren wir auf Erkundungsreisen, haben den lateinamerikanischen Rhythmus in der Karibik studiert und uns mit Watussi-Tänzern in Las Vegas getroffen. Dixielandkapellen haben wir in St. Louis besucht und in New York saßen wir in der Fach-Jury eines Tanz-Turniers. Wir waren sehr viel unterwegs auf den Kongressen in Holland, England, Paris und auf Turnieren."

Die jungen Biers traten als „Dance-Master of America" in Erscheinung auf Weltkongressen in Washington und Atlantic-City, wurden als Mitglied aufgenommen im größten US-Tanzlehrerverband. „Das erste Mal auf dem Weltkongress des amerikanischen Tanzlehrerverbands haben wir ihnen den Wiener Walzer beigebacht – mit Kreuzen und allem Schnickschnack."

Aus aller Welt pilgerten die Tanzlehrkräfte hierher: „Wer auf dem neuesten Stand sein wollte, kam nach Wiesbaden zur Tanzschule Bier und lernte bei uns den aktuellen *Dreh* kennen." Mehrfach heuerte das Paar bei einer Reederei an, brachte auf dem Luxusdampfer „Flandre" die Passagiere gekonnt in Schwung. Die Episode auf der luxuriösen „Deutschland" klingt nach Drehbuch: „Wir hatten mächtig hohen Seegang. Es war wirklich schlimm. Aber ich habe nicht flachgelegen, sondern die Tanzzeit stattfinden lassen. Gar nicht so einfach. Auf dem Metallboden war das ne Rutschgeschichte bei dollem Wellengang."

Von „ungezwungenen Stunden" schwärmt der berührende Brief eines Ehepaares. Frau F. war 1949 „zu Bier" gekommen, Herr F. kam 1952 in das Institut in der Adelheidstraße. Im Brief wird der Abschlussball im

Casino bildhaft beschrieben: „… als Sie blutjung und bildschön und eine herausragende Tänzerin mit Udo B. getanzt haben. Meine Tanten und Onkel waren über diesen Charme und die Eleganz erstaunt und begeistert. Meine Großmutter, die noch bei Julius Bier getanzt hatte, meinte trocken: ‚So etwas Feines hat es im Hause B. noch nie gegeben'." Helga Biers Mutter Lony Heising wird erwähnt, auch „Pferd und Wagen", die „mit besonderer Aufmerksamkeit" bemerkt wurden. Zur Trauung in der Bonifatiuskirche sei „der Tanzstundenkurs damals geschlossen hingegangen."

An ihren zupackenden Stil erinnerte sich „Tanzschüler" Peter J. Riedle: „Sie hatte eine sehr flotte Art. Es hat viel Spaß gemacht vor ca. 40 Jahren. Etwa 30 Leute, alles Ehepaare im Freundeskreis, wurde von ihr über mehrere Jahre hinweg im Tanzkreis St. Andreas unterrichtet." Der frühere Wiesbadener Kulturdezernent war mit Gemahlin Bärbel Riedle im Tanzkreis: „Sie hatte uns bestens im Griff, es gab keine Widerrede!" Der „gute Zulauf" wird bestätigt: „Sie hatte in vielen Kirchengemeinden Tanzkreise unter ihre Fittiche genommen."

Im Gemeindesaal der neuen Siedlung auf dem Mainzer Lerchenberg fand 14 Jahre lang ein Sonnabend-Tanzkurs statt. In Mainz-Gonsenheim und im Rheingau war die Tanzexpertin gefragt. „In Lorch da steht das Kolpinghaus: Eins, Zwei, Rumba!" Zum Abschlussball gab es neue Texte zu alten Melodien von „Hofbräuhaus" bis zum „Tanzkurs, so wunderschön und heiter."

Zum Jubiläum „15 Jahre Kiedricher Kolping-Tanzkreis" beschrieb die Presse den Start in der Kolpingfamilie Wiesbaden. 1972 gab es erste Tanzstunden abwechselnd im Kolpinghaus Wiesbaden und in der Chorschule Kiedrich. Kolping-Vorsitzender Egon Aumüller dankte im „Haus des Gastes" ebenso wie die Gemeinde der charismatischen Trainerin für „ihren Einsatz, ihre Geduld und ihr charmantes Auftreten."

Ein langjähriger Tanzschüler zollte Dank mit Mokkatassen aus Meißener Porzellan. „Dankbare Gedichte hab' ich noch und nöcher", freut sich die humorvolle Zeitzeugin.

Der „Dank der Casino-Tanzstunde" ist Klartext: „Die einen, die lächeln. / Die anderen hecheln. / Der Drill grenzt an Todesspirale… / Das Einwickeln anderer Damen, / das durften wir in Ihrem Namen./ Doch es kam viel schlimmer: / Die Damen tun's immer / und kennen partout kein Erbarmen."

Erschwerend kam ein Clou hinzu. Tapfere Mannen der altehrwürdigen Casinogesellschaft begaben sich, unerschrocken und mit Handtuch bewaffnet, als Herrenballett unter ihre Fittiche: „Hoch das Bein und auch ein Glas, / das bringt allen Gästen Spaß. / Am Rosenmontag soll er steigen, / der liebreizende Männerreigen." Von der Chefin perfekt trainiert und choreographiert, machten die Roten Hosen Furore in der vierfarbbunten Rostra. Köstliche Fotos belegen den närrischen Auftritt der Formation „im Casino-Saal zur halben Nacht als unser Beitrag zur Fassenacht". Das Dank-Gedicht wird umrahmt von den Autogrammen der Casino-Tänzer. Einer der glorreichen Zehn war der langjährige Casino-Gesellschafts-Vorsitzende Georg Schmidt-von Rhein (→ S. 206).

Freude machte Helga Bier die Ehrenmitgliedschaft bei den „Dance Masters of America". Das „Alters-Mitglied" des Allgemeinen Deutschen Tanzlehrerverbandes ADTV wurde im April 2017 für 60-jährige Mitgliedschaft geehrt: „Und das mit 86!" strahlte die jugendlich wirkende Zeitzeugin. „Ich habe für den Beruf gelebt."

Motor des „lebenslangen Lernens" und der Erwachsenenbildung

Professor Dr. phil. Dr. h.c. Klaus Günther Böhme

Langjähriger Vorsitzender der Volkshochschule Wiesbaden
Initiator, Mitbegründer und langjähriger Vorsitzender der Universität des 3. Lebensalters der Goethe-Universität Frankfurt a. M.
Mitbegründer des Lehrstuhls Pädagogik in der 3. Welt
Geboren am 4. Mai 1923 in Dresden
Gestorben am 8. August 2016 in Wiesbaden

„Lebenszeit ist Lebensdienstzeit!" Diesen Leitspruch seines Volksschullehrers Trentzsch hat Klaus Günther Böhme schon früh angenommen, ihn zeitlebens beherzigt und in die Tat umgesetzt. Der Pädagoge selbst ist dem Zeitzeugen „unvergesslich". Der Professor betont: „Ich habe unglaublich viel gelernt von ihm." Die Lebensdienstzeit-Devise gehe übrigens auf den biblischen Hiob zurück, schmunzelt Professor Dr. phil. Dr. h.c. Böhme. „Aber das habe ich erst viel später entdeckt."

Der enorm rüstige Zeitzeuge argumentierte mit eloquenter Leidenschaft und liebte „Wanderungen in den Landschaften des Geistes". Der Dienst an der Gemeinschaft und an den Mitmenschen im Namen humanistischer Werte war ihm ein zentrales Anliegen. Schließlich hatte schon sein großes Vorbild Goethe postuliert: „Jeder Mensch ist nur etwas, indem er etwas für Andere ist."

Auch eine „preußische Haltung" war dem aus Sachsen stammenden Zeitzeugen wichtig für eine humane Gesellschaftsordnung – selbstredend ohne Militarismus. Und ein schmallippiger „Moralprediger" war er schon gar nicht. „Selbstverständlich darf das Vergnügen nicht zu kurz kommen."

Das breit gefächerte langjährige Wirken des mitreißenden Motors in Sachen Erwachsenbildung wurde zu Recht vielfach gewürdigt. Seine Wahlheimatstadt Wiesbaden zeichnete ihren honorigen Einwohner gleich doppelt mit der Bürgermedaille der Landeshauptstadt Wiesbaden aus – 1989 gab es die Version in Silber und 2003 in Gold. Professor Böhme war zudem Inhaber der Goethe-Plakette der Stadt Frankfurt und der Ehrenmedaille der Goethe-Universität Frankfurt. Schon 1997 wurde sein vielseitiges Engagement mit dem Bundesverdienstkreuz der 1. Klasse des Bundesverdienstordens ausgezeichnet.

Professor Böhme war seit 1994 Ehrendoktor der Universität Riga. Schon 1976 reiste er mit einer Studiengruppe in die damalige Sowjetunion. Noch vor Gorbatschow hielt der Gelehrte auf Einladung eines Kollegen aus Vilnius auf der bildungswissenschaftlichen Konferenz der baltischen Staaten in Riga einen Vortrag. „In der Umbruchzeit konnte ich in Riga bei der Einrichtung neuer Studiengänge in Erziehungs-/Geisteswissenschaften helfen." Die Universität Frankfurt am Main ist der Universität Vilnius partnerschaftlich verbunden.

Seit 2008 pflegt die von Professor Böhme mitgegründete „Universität des 3. Lebensalters" eine Partnerschaft zur „Universität des 3. Lebensalters" Slupsk in Polen, dem früheren Stolp in Hinterpommern. „Es ist mir außerordentlich wichtig, die menschlichen Beziehungen zu pflegen und so einen kleinen Beitrag zu leisten zur Versöhnung der Völker", betonte Professor Böhme. „Und das lebenslange Lernen ist unabhängig vom Alter heute notwendiger denn je."

Dem Wahlwiesbadener überreichte Professor Dr. Alexander Lorz im Sommer 2015 den Hessischen Verdienstorden. Der hessische Kultusminister betonte das große Engagement des langjährigen Vorsitzenden der Universität des 3. Lebensalters/U3L der Johann Wolfgang von Goethe-Universität Frankfurt für die Wissenschaft. Als Mitbegründer dieser „in Deutschland Beispiel gebenden Institution" wurde der Geehrte gewürdigt. Der Böhme-Aufsatz „Soziale Gerontologie und Erwachsenenbildung" habe schon 1985 den Ansatz des lebenslangen Lernens vertreten. Der Zeitzeuge habe ehrenamtlich die Erwachsenenbildung der letzten Jahrzehnte nachhaltig geprägt.

Professor Klaus Günther Böhme zeigte sich bei seinen Auftritten gerne „gut behütet" im Goethe-Stil.

Prof. Klaus Günther Böhme

Der Professor für Bildungsphilosophie und Bildungsgeschichte in Lehre und Forschung an der Frankfurter Goethe-Universität war mehrfach Dekan und Prüfungsausschuss-Vorsitzender des Fachbereiches. Zudem war Professor Böhme mit Professor Ernest Jouhy Mitbegründer des „Lehrstuhls für Pädagogik in der 3. Welt", ebenfalls bundesweit ein Vorreiter aus Hessen.

Die „Hessischen Blätter für Volksbildung, Zeitschrift für Erwachsenenbildung in Deutschland" hatten „Günther Böhme zum 90. Geburtstag" eine eigene Ausgabe gewidmet. Von Peter Faulstich, dem Vorsitzenden der Redaktionskonferenz, wird das Redaktionsmitglied Böhme (seit 1974) und geschäftsführender Redakteur (1998 bis 2008) als „ironisch-strenger Chefredakteur" charakterisiert. Doch „die Redaktion – Günther Böhme voran – (...) vermied es, sich Modewellen zu unterwerfen."

Ob Vorlesung oder persönliches Gespräch – jugendlicher Elan und erfrischender Esprit des Zeitzeugen Böhme machten Geistesgeschichte und Philosophie lebendig. „Europa ist dort, wo Griechentum, Römertum und Christentum zu einer gemeinsamen geistigen Kraft verwachsen sind. Von den Griechen haben wir das wissenschaftliche Denken, von den Römern das Rechtsdenken und vom Christentum das humane Denken." Volle Hörsäle war der druckreif aus dem Gedächtnis vortragende Professor gewöhnt, der Bildung nicht „aufnötigte", sondern sie anbot. Locker 300 Personen wollten als Studierende der U3L wissen, was sich hinter der Aussage verbirgt: „Die Antike ist unsere Gegenwart." Den Zeitzeugen erfreute die breite Altersspanne von 50 bis über 90 Lenze der anfangs rund 100 Studierenden an der U3L, heute sind es mehrere Tausend.

Die Forschungsperspektive, auch mit eigenen Studien „zur Geschichte des Humanismus" und Erhebungen („Über den Umgang des Alters mit sich selbst"), war Professor Böhme auch als Herausgeber einer Schriftenreihe zur Gerontologie wichtig. Sein Werk „Verständigung über das Alter oder Bildung und kein Ende" ist anregende Geistesnahrung.

Die Volkshochschule Wiesbaden (vhs) ist ohne ihr Urgestein Professor Böhme nicht denkbar. „Seiner" vhs Wiesbaden war ihr Ehrenvorsitzender Böhme über 60 Jahren eng verbunden und hat sie durch seine spezifische Dozentur geprägt. „Am 22. Januar 1954 habe ich mit einem Vortrag über Ortega y Gassets *Aufstand der Massen* meine vhs-Tätigkeit begonnen." Von wegen „Aufstand der Massen". Den holzgetäfelten Lesesaal der Landesbibliothek bevölkerte gerade mal ein rundes Dutzend Interessierter, die er zu begeistern wusste.

Dem Universitätsgelehrten war die „Freiheit der Lehre" immer unantastbar und sie sollte auch an der Bildungsinstitution Volkshochschule nicht eingeschränkt werden. „Wichtig war mir immer, die parteipolitische Unabhängigkeit der Erwachsenenbildung zu wahren. Die vhs Wiesbaden sollte keine städtische Einrichtung sein, sondern eine Vereinskonstruktion mit städtischer Förderung."

Seit 1953 war Professor Böhme ein Wahlwiesbadener und nicht nur mit Vorträgen engagiert in der Kayserling-Gesellschaft und der Deutsch-Französischen Gesellschaft, „selbstverständlich in der Goethegesellschaft, der Mozart- und Dantegesellschaft." Das Mitwirken in der Gesellschaft für christlich-jüdische Zusammenarbeit war ihm „ebenso selbstverständlich." Dem Mitglied der Thomas-Kirchengemeinde (seit 1978) war auch die Mitarbeit am Gemeindeblatt eine Selbstverständlichkeit.

Dem Zeitzeugen saß der Schalk im Nacken. In den 50er- und 60erJahren schrieb er etwa 100 Glossen für das Wiesbadener Tagblatt unter dem Pseudonym „Augustin". Und dichten konnte der 1923 in Dresden Geborene auch.

Sein sprachbegabter, fließend russisch und französisch sprechender Vater, der das Handschuhgeschäft des Großvaters (immerhin „königlich sächsischer Hoflieferant") weiterführte, hätte lieber studiert. „Ich weiß, was mir fehlt: Humanistische Bildung." Filius Günther machte nach acht Jahren (!) Gymnasium 1941 sein Abitur mit dem Aufsatz „Formende Mächte in meinem Leben", womit Elternhaus und protestantische Kirche gemeint waren.

Ursprünglich hatte er Arzt werden wollen und studierte 1944 in Halle an der Saale zwei Semester Medizin. Statt Sanitätsoffizier wurde er als Arbeitsdienstmann in Russland eingesetzt, kam von der „Ostfront" nach Dresden zurück, wurde als Funker geschult, meldete sich als Sanitäter zur Schulung beim Luftnachrichtendienst und landete in Frankreich. Seine Anti-Nazihaltung rettete ihm einmal sogar das Leben, doch das ist eine andere Geschichte. Der „totale Krieg" brachte den Anti-Nazi nach Castel Bolognese. In seiner Brusttasche war neben dem Neuen Testament auch Rilkes „Stundenbuch" dabei.

Nach englischer Kriegsgefangenschaft und von der SED-Universitätsleitung in Halle abgelehnt, studierte der Zeitzeuge in Passau, Erlangen und München Philosophie, Psychologie, Pädagogik und deutsche Literaturgeschichte und legte Prüfungen als Psychologe und Graphologe ab. Mit dem Thema „Theodor Haecker und die Philosophie der Gnade" promovierte Günther Böhme bei Alois Dempf.

„Nebenher" für die US-Army als Dolmetscher tätig, kam er über die Pädagogische Arbeitsstelle des Kultusministeriums in der Mainzer Straße nach Wiesbaden. Als Pädagoge, jetzt zuständig für pädagogischen Austausch in Hessen, lernte er vhs-Leiter Dr. Eberhard Stephan kennen, der ihn für die Aufbauarbeit der Institution anheuern wollte. „Da war er bei mir richtig", schmunzelte der leidenschaftliche Pädagoge.

Der Wahlwiesbadener Böhme tummelte sich mit einem Pseudonym unter „Schlaraffen" in einer ganz eigenen Welt. Schlaraffen? „Im deutschen Theater Prag gründete sich am 10. Oktober 1859 der Freundesbund Schlaraffia als demokratisches Pendant zur akademischen Gesellschaft „Arcadia", erläuterte Ritter Pipenbringk. „Die Schlaraffen liegen mir besonders am Herzen", bekannte er schmunzelnd, „weil ich mich einmal die Woche in völlig anderer Atmosphäre bewege und die ganze raue Welt vergesse." Die „Sippungen" (Sitzungen) jeden Mittwoch Abend in der „Burg" (in der Kiedricher Straße) waren dem Zeitzeugen Lebenselixier. Eine Geheimgesellschaft sind die Mannen nicht.

Freimütig wurde Auskunft gegeben und mit verschmitztem Lächeln der Blick hinter die Kulissen gewährt: „Wir haben einen Vogel. Unser Wappentier ist der Uhu!" Das Erkennungszeichen der „Gesellschaft zur Pflege von Kunst, Humor und Freundschaft" ist die Rolandsnadel. Das Gesetzbuch wird „Spiegel und Ceremoniale" genannt. Die Sippungen finden „im Geiste des Uhu" in der „Winterung" zwischen „Lethemond" (Oktober) und „Ostermond" (April) statt. Die Ritter reiten in blaugüldener „Rüstung" der Wiesbaden-Farben ein. Sie huldigen dem „Uhu", der den Eingang bewacht und begeben sich unter dessen Fittiche. Oberschlaraffe Böhme firmierte unter dem Namen „Unser Großfürst Pipenbringk mit dem doppelten Boden" und war seit 1954 ein „Sasse" (Mitglied) des 43. Reyches mit Gründungsdatum 6. März 1882. Als Ehrenvorsitzender des Reyches Wiesbadensia trug er den Titel „Herrlichkeit auf Lebenszeit". Seine lebenslängliche Herrlichkeit hatten schließlich runde 50 Jahre lang – von 1958 bis 2008 – als Vorsitzender des eingetragenen Vereines Schlaraffia Wiesbaden amtiert. „Für mich ist das ein Lebenselixier!" Übrigens sind „Burgfrauen", denen sonst der Zutritt verwehrt ist, bei speziellen Veranstaltungen mit von der Partie. Die Ausnahme von der Regel ist die „Styxin", sprich: die Bedienung der reychseigenen Vogtei (Küche). Die Herren Ritter des allemal hohen Reyches Wiesbadensia wissen edle Tropfen zu schätzen und sitzen nicht gern auf dem Trockenen.

Dass Professor Böhme als Enkel einer Winzerin aus dem Weinland Elbe („meine Oma hatte einen Weinberg") bekennender Schnutentunker war und trockenen Riesling liebte, lässt sich buchstäblich er-lesen. „Ins Glas und über den Tellerrand" ist der treffende Titel seiner „Gedichte zum Vorlesen und Nachlesen". Der erfahrene Bacchus-Jünger kredenzte augenzwinkernd einen genussreichen Abend der Volkshochschule im historischen Dotzheimer Familien-Weingut Nicolay-Schuster. Das Best Duo Best Age – vhs-Direktor Hartmut Boger am Kontrabass und Rechtsanwalt Hans-Jürgen Fischer an der Querflöte – sorgte mit musikalischem Witz für den guten Ton.

Der bewundernswert agile Zeitzeuge war, mit Verlaub, ein begnadetes Bühnenpferd. Ob Weingut oder vhs-Semesterstart im Rathaussitzungssaal, ob Hörsaal oder Bibliothek – wenn der Ehrenvorsitzende der vhs Wiesbaden dozierte, sprang der Funke sofort über und Alle waren in Bann geschlagen. Auf der Speisekarte war „Neue Lese – Lyrik und Wein" angekündigt.

Ein „Kaffeesachse" mit „Blümchengaffee" war der schauspielerisch gewitzte Autor nun wirklich nicht. Der Dresdner sang das Hohelied auf den „Sächsismus" samt Quarkkeulchen, Eierschecke und Buttermilch-Götzen – „die machen selbst Berliner zu passablen Götzen-Dienern". Und er lobte die „Kloßkultur". Soll heißen: Jedes Stück ein Unikat! Und sein hintersinniges Gedicht „Mein Eid und Dein Eid" trug der „ältere Herr" spontan mal eben ohne Spickzettel vor. „Jetzt hör ich aber wirklich auf!" Nix da. Von stürmischem Applaus umzingelt, kam der beliebte Dichter-Professor nicht ohne strahlend kredenzte Zu-Gaben von der Bühne.

Bei seiner „Weinlese" schlug der Genießer feinsinnig den Bogen vom Rheingau bis nach Sachsen. „So ist's in Eltville und in Kaub und Pillnitz an der Elbe. Der Nebel steigt, es fällt das Laub. S' ist überall dasselbe. Der eine trinkt mehr, als er soll, der andre wird zum Sänger. Der eine ist beizeiten voll, beim andern dauert's länger." Der Gourmet mochte „hausgemachten Spundekäs", der war „das trock'nem Wein Gemäße". Hinter dem Titel „Das tut der Wein" gab der „ältere Herr, der versucht, die Wandlungen der Zeit zu verstehen" süffige Lebensweisheiten zum Besten und sinnierte: „Zuweilen freilich kann's geschehn, lässt man den Wein im Mund zergehn und kostet seine Fülle: Da ist's, als öffne sich das All, als wär's wie vor dem Sündenfall. Der Geist ruft aus der Stille."

Auch die „Wiesbadener Spät-Lese" des Charakterkopfes, der mit entsprechender Kopfbedeckung als Nachfahre des Frankfurter Gastwirts-Enkels Johann Wolfgang von G. durchging, ist ein Schmankerl. Der Geheimrat verkündete: „Wie man getrunken hat, weiß man das Rechte." Verseschmied Böhme besang edlen Rebensaft mit einem „Dotzheimer Trinklied zum Essen."

Und zu seiner Huldigung an den „Schillernden" Räuber-Dichter mit Kabalen ging ein köstlicher „Geistesblitz" nieder. Doch „besser lebt sich's ohne, sprich: Ohne Geistesblitz. Der Mensch in der Schablone braucht keinen Geist zum Witz." Der tiefenhumorige Autor zählte „sich der fast ausgestorbenen Zunft der Minderdichter" zu.

Kein Hindernis für ein selbstironisch funkelndes Denk-Mal der Spitzenklasse zum Doppel-Jubiläum 85 Jahre Gründung und 60 Jahre Wiedergründung der Volkshochschule Wiesbaden: „Mit Bildung also, das ist so'ne Sache, da muss doch jeder fragen: ...*is'n das?* (...) Und wenn da einer gar schon seit Jahrzehnten mit Platon oder Kant hausieren geht und immer übersah, wie alle gähnten und sich nach nichts als Vortrags-Ende sehnten – ob der von Bildung was versteht?"

Professor Böhme zollte häuslicher Unterstützung, die ihm „den Rücken freihält", gebührenden Respekt: „Und all das kann ich nur produzieren, weil ich mich immer in das von meiner Ehefrau Ingetraut gepflegte *Buen retiro* zurückziehen kann."

Was den Zeitzeugen Böhme – „an den Rändern der Zeit verwundert" stehend, „fast überholt bereits" – zu seiner „Elegie auf die Sprache" motivierte, ist klar: „So schlagen sich die News hot auf den Magen, / wenn Mister Ballhorn happy aufersteht / (...) /Das reicht. Wer hat schon mit der Sprache was am Hut? / Dabei ist jeder einzeln zu genießen. / Nur in der Masse sind sie abzuschießen. / Das aber geht nicht. / Weil man das nicht tut." Klarsichtig stellte der Autor fest: „Wenn Unsinn Norm wird, tut er nicht mehr weh." Also verlegte er sich darauf, „die Freunde auszuspähen, / die sich noch auf's gepflegte Wort verstehen. / Denn time goes by – may be: Auf Wiedersehn."

Die Treue zu „seiner vhs" war eine Sache der Ehre: „Ich steh der Volkshochschule auf der Matte, / solange ich noch halbwegs stehen kann, / da ich die Lust, die ich am Lernen hatte, / noch lange zu erhalten mir gestatte. / Und dann steht wieder 'n Jubiläum an. Natürlich fragt sich, ob wir das erleben, / denn runde 100 sind schon ziemlich viel. / Doch

Prof. Klaus Günther Böhme

kannst Du Deinem Kleinhirn Nahrung geben, / dann liegst Du auch mit
90 nicht daneben / und wirst bestimmt nur peu á peu senil."
 Das stand bei dem Professor, der gerne mit dem Begriff „Methusa-
lem" kokettierte, nie zu befürchten.

Gelebte Bilderleidenschaft in Person

Frank Brabant

Kunstsammler und Kunstmäzen,
Betreiber des legendären Szenetreffs Club Pussycat
Geboren am 11. April 1938 in Schwerin

Er ist die Bilderleidenschaft in Person. Frank Brabant, der jungenhaft wirkende Sammler, sprühte vor Begeisterung, wenn es um die Kunst des frühen 20. Jahrhunderts ging. „Zeitgenössische Kunst fasziniert mich, denn sie ist multispektral und intensiviert die Sinne, ist stilbildend und lässt bei genauer Betrachtung auch künstlerische Zusammenhänge erkennen."

Schon der Erwerb eines Kunstwerks bietet dem Wahlwiesbadener mit der norddeutsch distinguierten Ausstrahlung eigene Erlebnisse: „Das Fiebern und Ersteigern ist Adrenalin pur. Es ist gar nicht wirklich entscheidend, um welches Werk es geht – ob berühmt oder nicht. Ich bin am Sujet mehr als an Namen interessiert. Wichtig ist mir das Gefühl, dieses Werk zu besitzen. Das übt einen richtigen Sog aus."

Frank Brabant, „Schweriner von Geburt und Wiesbadener von Wahlheimat", sammelte Kunst seit 1963. Seine umfangreiche „Sammlung Brabant" genießt in internationalen Kunstkreisen von New York über Oslo bis Tel Aviv einen hervorragenden Ruf.

My home is my gallery: Sammlermäzen Frank Brabant lebt in einem „kunst-vollen" Zuhause.

Schließlich ist das beeindruckende Konvolut nach fünf Jahrzehnten gelebter Sammelleidenschaft stilistisch der einzigartige Brückenschlag von Impressionismus und Jugendstil über Expressionismus, Neue Sachlichkeit und Kritischen Realismus, über die Kunst der Nachkriegszeit bis hin zur Kunst der Gegenwart. Die wichtigsten künstlerischen Positionen des 20. Jahrhunderts sind hier vertreten. Der Bogen spannt sich über nahezu alle klassischen Techniken und Gattungen. In Selbstporträt, Porträt, Akt oder Staffage steht das Bildnis des Menschen im Fokus der Sammlung. Gleichfalls repräsentativ vertreten sind zudem Landschaften, Architektur und Stillleben.

Sein kenntnisreiches Kunst-Faible wurde dem Zeitzeugen nicht an der Wiege gesungen. Die Sache mit dem Sammeln begann eher zufällig. Der 26-Jährige hatte in Frankfurt im Kunstkabinett der Hanna Bekker vom Rath eine „Brücke"-Schau besucht. „Und ich kam mit dem Holzschnitt *Der Redner* von Max Pechstein wieder raus", schmunzelte der Kunstsammler noch immer über seine Anfänge. „Dabei sagte mir der Name Pechstein damals gar nichts. Picasso, natürlich. Aber Pechstein?" Frank Brabant, der „an einem Regentag" in die Vernissage der renommierten Galerie gelangte, um sich „das Warten auf einen Termin zu verkürzen", erwies sich dann als Autodidakt mit intuitivem Gespür. „Der Besuch in der Kunstgalerie war kostenlos, es gab sogar Häppchen und Sekt. Da ich in der DDR aufgewachsen war, fühlte ich mich zu einem Kauf fast verpflichtet. Wir waren es nicht gewohnt, einfach nur Bilder anzuschauen. Ich konnte als Ostler nicht einfach wieder gehen, ohne etwas zu kaufen."

Das Gehalt des kunstsinnigen Versicherungskaufmannes betrug 350 Mark: „Zum Glück durfte ich die Kaufsumme von 300 Mark, damals viel Geld für mich, ein Jahr lang abstottern." Von da an gab es kein Halten mehr. Frank Brabant machte sich kundig über Max Pechstein und war fortan der Kunst verfallen. Im Laufe der Zeit avancierte er zum fachkundigen Sammler aus Leidenschaft, der mit Persönlichkeiten wie Heinrich Kirchhoff und Hanna Bekker vom Rath auf einer Stufe steht. „Natürlich habe ich auch auf Kredit gesammelt." Bei seinem offenherzigen Geständnis dachte der Zeitzeuge an einen Emil Nolde, den er in Hamburg kaufen wollte. Vorgeblicher Kostenpunkt: 3.000 D-Mark. „Und am Ende waren es 24.000 D-Mark. Da dachte ich mir, ich gehe in die Alster. Ich hatte wirklich keine Ahnung, wie ich das bezahlen sollte. Aber über Kredite konnte ich es dann doch finanzieren."

Parole Go West. „Eigentlich" hatte alles begonnen mit dem Entschluss, „in den Westen zu machen", sinnierte Frank Brabant. Dem in Schwerin geborenen Kriegskind, Enkel eines Bürgermeisters aus Pommern und Offizierssohn, waren Bombennächte und Flucht nicht fremd. „Als am 1. Juli 1945 die Russen in unser Wohngebiet kamen, mussten wir alles stehen und liegen lassen." An ein prägendes Erlebnis erinnerte sich der jungenhaft wirkende Wahlwiesbadener mit Unverständnis und schüttelte den Kopf. „Ein russischer Offizier hat mir meinen Teddybären geklaut, das konnte ich nicht begreifen." Der Siebenjährige hatte seinen flauschigen Freund bis dahin durch alle Kriegswirren und Fluchtwellen – von Schwerin nach Pommern und zurück nach Schwerin – retten können.

Not und Nachkriegselend wurden überstanden, der Handelsschule folgte die Lehre in einem HO-Kaufhaus, der „Handelsorganisation". Das Abitur war für den Spross aus gutbürgerlicher Familie nicht drin. Aber die Schweriner Sammlung im Museum hatte seine Fantasie angeregt. Und dann wollte er weg. Mit Zwanzig kaufte sich der Zeitzeuge brav eine Fahrkarte nach Leipzig – offiziell, um seine Tante zu besuchen. „Ich war mit leichtem Gepäck, nur mit einem Köfferchen unterwegs, damit ich nicht auffiel. Junge Menschen wurden damals argwöhnisch von den Grenzern beäugt." Anno 1958 waren kontrollierte Reisen aus der DDR noch möglich.

Der junge Mann folgte seinem in Mainz lebenden Vater, ließ sich erst dort und kurz darauf in Wiesbaden nieder: „Das war liberaler." Er fand Freunde und Arbeit und ihm war klar: „Versicherung ist nicht so mein Ding." Ab 1963 und dem „Pechstein"-Erwerb frönte er mit wachsender Leidenschaft dem Sammeln von Kunst. Das Faible wurde von seinem gut betuchten Lebensgefährten bestärkt. Und mit autodidaktisch erarbeitetem Fachwissen wurde der „eingemeindete Wiesbadener" zum anerkannten Experten.

Doch erst brachen die „Wilden Achtundsechziger Jahre" an und die Studentenbewegung war los. Im kleinbürgerlichen Bergkirchenviertel, im alten Herzen der Stadt, standen dem „Pussycat" in der Adlerstraße neue Zeiten bevor. Ein Gast namens Brabant dachte sich: „Den Laden könne ich glatt übernehmen und auf Vordermann bringen". Gesagt, getan. Der Gast wurde mit seinem Lebensgefährten zum neuen Nachtclubbetreiber. „Als erstes flog die Musicbox raus. Es wurde eine Diskothek, das war im Rhein-Main-Gebiet damals noch neu." 1968 hat er mit seiner Diskothek „Pussycat" einen legendären Szenetreff aufgemacht – weniger für „Normalos" als für schräge Vögel, für Schwule und Lesben, für Feministinnen aus dem Frauenzentrum um die Ecke, für Taxifahrer und Fummeltrinen, für Damen vom Gewerbe, für Prominenz und für Nachtschwärmer von Jottwedeh. Ein bekannter ZDF-Moderator meinte: „Wäre das *Pussycat* im alten Berlin der Zwanziger Jahre, ginge hier Marlene Dietrich ein und aus." Oberschicht traf Halbwelt. Das hatte durchaus was vom „Käfig voller Narren", in dem sich feierlustige Typen jeglicher Couleur amüsieren konnten. Und das Ganze spielte sich ab im „Katzeloch", im ältesten Kiez der Stadt. Der Laden brummte. Die Klingel ging und das geschulte Auge des Chefs war gefragt. Der spähte durch die kleine Luke, setzte auf sein Gespür und gewährte Einlass – oder nicht. „Auf die richtige Mischung unter der Diskokugel kam es an."

Songs von Diana Ross und Barry White, von Percy Sledge bis zur Kulthymne „WMCA" machten dem schrägen Volk Beine, gerne bis zum Morgengrauen. Es gab filmreife Liebesdramen, Rempeleien von Gästen untereinander, Anzeigen aus der Nachbarschaft (Ruhestörung!) und Polizeirazzien. Es stand alles auf dem Programm, mehrte den Ruf des Etablissements und sorgte nachhaltig für Kultstatus unter Eingeweihten.

Schlagerstar Udo Jürgens, „Seewolf" Raimund Harmstorf, Filmstar Sonja Ziemann, Diseuse Helen Vita, Sängerin Donna Summer, Thomas Fritsch, Legenden wie Josefine Baker und Rainer Werner Fassbinder ließen sich im „Laden" blicken. Nach Sendeschluss machte die Crew der „ZDF-Drehscheibe" hier weiter. Szeneclub-Betreiber Brabant übte sich im Spagat und zelebrierte sein ureigenes „Doppelleben" – tagsüber Kunst und nächtens Talmiglanz. „Zu Hause hing der Picasso an der Wand. Und nachts gab's an der Tür öfter Theater. Und wenn ich zwei Schlägereien hinter mir hatte, hab' ich mir ein Bild geleistet. Ich wäre gern ein Berggruen gewesen."

Nach 20 Jahren war Schluss mit lustig. 1988 ging der Ofen aus. Der Zeitzeuge machte jetzt ausschließlich in Kunst und die Wiesbadener Sammlung Brabant gewann Renommee auf internationalem Parkett. New York rief an und Tel Aviv, auch Montreal und Paris, Genua, Rotterdam, London und Mailand. Die Anfragen nach Leihgaben häuften sich – bis in die Gegenwart.

Seine gelebte Bilderleidenschaft machte der freigiebige Experte immer wieder der Öffentlichkeit zugänglich. Ausgewählte Leihgaben seiner rund 600 Werke umfassenden Kollektion waren rund um den Globus auf Achse und adelten hochkarätige Ausstellungen.

„Ich lebe mit Beckmann im Flur, mit Jawlensky im Salon und mit Käthe Kollwitz im Wohnzimmer", schmunzelte der Kunstliebhaber. Hier käme die „Petersburger Hängung" einem Understatement gleich. Die „Brabant-Hängung" ist ein Unikat, in welchem Picasso und Jawlensky, Marianne von Werefkin und Franz Marc, Emil Nolde, Lovis Corinth, Karl Schmidt-Rottluff und Max Beckmann dicht an dicht an den Wänden und Schrägen der kompletten Wohnung zuhause sind.

Ein Herz für die zu Unrecht kaum Bekannten: „Auch die Zweite Reihe ist mir wichtig, die Malerinnen und Maler der sogenannten *Verschollenen Generation* der Weimarer Zeit. Ich sehe es als Verpflichtung an, sie vor dem Vergessen zu bewahren. Diese Talente der Zwanzigerjahre haben beeindruckende Qualität und waren vor der NS-Diktatur zu jung zum Berühmtwerden." Mit Bedacht sind die Werke der „qualitätsvoll Unbekannten" auf gleicher Augenhöhe wie die Werke prominenter Größen gehängt und sie halten gut stand.

Der Weg in das Landesmuseum seiner Wahlheimatstadt sollte kein leichter sein. Erstaunlich, dass der „Prophet" Brabant bis vor kurzem so wenig „im eigenen Lande" galt. Eine der bedeutendsten Privatsammlungen in Deutschland war erst spät in der Wahlheimat ihres Eigentümers zu sehen – nach einem „Umweg" über Amerika und Israel. Mehr als fünf Jahrzehnte nach seiner Ankunft in Wiesbaden, und international schon längst hoch geschätzt, kam der Kunstsammler im Landesmuseum Wiesbaden an. Im Oktober 2010 wurden hier erstmals 80 sorgfältig kuratierte Werke aus dem umfangreichen Konvolut gezeigt, darunter Arbeiten von Jawlensky, Beckmann, Corinth, Kirchner, Kleinschmidt, Elfriede Lohse-Wächtler, Franz Marc, Schmidt-Rottluff und Pechstein. Die exquisite Schau „Bilderleidenschaft" in der oberen Etage des Museums war die perfekte Ergänzung der Ausstellung über

„Das Geistige in der Kunst". Ein Brabant-Lieblingswerk, das „Stillleben mit grüner Kerze" von Max Beckmann, war neben seinem Erstlingskauf „Der Redner" in der Parallelschau zu sehen. Der Eigentümer ließ es sich nicht nehmen, persönlich durch seine Präsentation zu führen mit unverblümten Blicken hinter die Kulissen seiner Passion: Fast wäre ein „Schlitten" zur Geldanlage geworden. Aus dem angesparten „Käfer" wurde dann aber doch Ernst-Ludwig Kirchners „Marielle" von 1923: „Der Käfer wäre schon längst verrostet. Der Kirchner ist im Wert gestiegen und macht heute noch Freude."

Schon seit Jahren zeigte sich Frank Brabant gegenüber seiner Wahlheimat hochherzig und pflegt zum Museum seit der Ägide Dr. Alexander Klar freundschaftlichen Kontakt. Kaum hatte Frank Brabant 2011 Jawlenskys Meditation „Winter" aus dem Januar 1935 erworben, stellte er die Kostbarkeit der Jawlensky-Albers-Schau „Farbe – Abstraktion – Serie" im Landesmuseum leihweise zur Verfügung.

Und als dieses Museum den 150. Geburtstag seines „Hausgottes" mit der spektakulären Schau „Horizont Jawlensky – Alexej von Jawlensky im Spiegel seiner künstlerischen Begegnungen 1900 – 1914" feierte, war der Gönner nicht nur mit vier wichtigen Arbeiten vertreten. Zum besonderen Clou wurde das „Geburtstagspräsent" von Frank Brabant. Generös bereicherte er die weltweit bedeutendste Jawlensky-Kollektion mit der wertvollsten Einzelschenkung seit Gründung des Museums. Privatsammler Brabant trennte sich nach 25 Jahren von seinem Eigentum „Helene im spanischen Kostüm". Auf dem großformatigen Schlüsselwerk hatte der in Wiesbaden verstorbene Künstler Jawlensky

Mit dem Holzschnitt von Max Pechstein fing Frank Brabants Bilderleidenschaft an.

1901/1902 seine spätere Ehefrau – ersichtlich schwanger – abgebildet. Von Mäzen Brabant bei Sotheby's in London für rund 100.000 D-Mark erworben, hat das gute Stück längst Millionenwert gewonnen. Doch die „spanische Russin" für acht Millionen Euro nach Russland zu geben, kam für den Privatsammler nicht in Betracht. „Helene soll in Wiesbaden bleiben und nie im Depot versteckt werden", ist Frank Brabants Vorgabe.

Immer wieder werden ihm eigene Schauen gewidmet von Kiel bis Zwickau, etwa 50 dürften es sein. 2016 bot Schloss Achberg mit „Selbstgefühl" rund 120 expressiven Werken eine Bühne, auf der auch Arbeiten der „Verschollenen Generation" ihre exzellente Qualität demonstrierten. Mit direktem Bezug auf die Schau zeigte die folgende Ausstellung „Scharfblick" Positionen der Neuen Sachlichkeit aus der Wiesbadener Sammlung Frank Brabant.

Dem Zeitzeugen als „eingemeindetem Wiesbadener" liegt es am Herzen, „kunstgeschichtlich Verbindungen und regionale Bezüge aufzuzeigen und damit den faszinierenden Einfluss der Kunst in unserer Gesellschaft zu dokumentieren."

Frank Brabant steht als sammelnder Experte in einer Reihe mit Heinrich Kirchhoff – als dessen „Enkel" er schon tituliert wurde – und Hanna Bekker vom Rath, zu der sich ein Kreis schließt.

Otto Ritschl, der in Wiesbaden lebte und von dem er Raritäten wie ein Frauenporträt erwarb, lernte er „leider" nicht persönlich kennen. Aber er traf Alo Altripp, „einen kleinen Mann mit großer Ausstrahlung". Künstlerinnen wie Ida Kerkovius und Emy Roeder ist er begegnet, auch ihren Kollegen Erich Heckel, Karl Schmidt-Rottluff und Ludwig Meidner. Sein Eindruck? „Beeindruckende Persönlichkeiten waren das." Die Enkelinnen und die Schwiegertochter von Jawlensky waren zu Gast in seinem privaten „Gesamtkunstwerk".

Zu seinem 80. Geburtstag traf der Kunstexperte für sein hochkarätiges Portfolio von rund 600 Grafiken, Gemälden und Zeichnungen eine generöse Entscheidung. Zu gleichen Teilen geht sein Nachlass an das Staatliche Museum seiner Geburtsstadt Schwerin und an das Landesmuseum seiner Wahlheimatstadt Wiesbaden. „Mein Wunsch ist die enge Kooperation beider Häuser. Ich habe mich nicht eingemischt in die Auswahl der Werke. Der Gemeinschafts-Katalog ist mit zwei Titelbildern herausgegeben und zeigt mit farblichen Unterlegungen, wohin jede Arbeit geht. Wiesbaden bekommt als Schwerpunkt *Neue Sachlichkeit und Kritischen Realismus* – das haben die hier nicht." Die großherzige Stiftung ist ein Geschenk von Millionenwert und eine Gabe, die nicht hoch genug geschätzt werden kann. Dem Haus in Wiesbaden hatte der hochherzige Mäzen zudem schon vier Jahre vor Errichtung seiner Stiftung das „Selbstbildnis mit Zeichenblock" von Karl Hofer geschenkt.

Die Landeshauptstadt von Mecklenburg-Vorpommern hatte den Sohn ihrer Stadt Ende 2017 mit dem Eintrag in das Goldene Buch gewürdigt. „Ich durfte mich in das Goldene Buch der Stadt eintragen auf der Seite nach dem holländischen Königspaar und nach Bundespräsident Steinmeier", strahlte der generöse Mäzen. In Wiesbaden war Frank Brabant von seinem Geburtsmonat April bis September 2018 die exquisite Schau „Von Beckmann bis Jawlensky – Die Sammlung Frank Brabant" im Landesmuseum gewidmet. Zur Eröffnung rotierte eine XXL-Diskokugel im Foyer als Hommage an das „Pussycat".

Für seine „außerordentlichen Verdienste um Kunst und Kultur" überreichte Minister Boris Rhein die Goethe-Plakette des Landes Hessen als höchste Würdigung des Hessischen Ministeriums für Wissenschaft und Kunst an Frank Brabant. Dessen Stiftung verbinde seine „Kinderstube Schwerin" mit seinem „Wohnzimmer Wiesbaden". Der Minister definierte Jawlenskys „spanische Russin Helene" als „eine Marke des Hauses" und würdigte den Stifter Brabant als dessen „Galionsfigur".

Der bescheiden auftretende Mäzen selbst fragte eher rhetorisch: „Wer kennt schon Tina Bauer-Pezellen?" mit Blick auf ein prägnantes Werk der Malerin, das den Titel „Der Vorleser" trägt. Auch nach Jahrzehnten gelebter Passion galt der unbestechliche Blick für Qualität unbekannten Talenten und verkannten Preziosen, „die nach Auktionen liegenbleiben. Ich hatte nie Interesse an *Betongold* oder irgendwelchen Aktien."

Frank Brabant machte weiter mit dem Sammeln: „Ich kann ja nicht in der Ecke sitzen und Däumchen drehen." Kann er nicht und soll er auch hübsch bleiben lassen. Er möge bis zum 100. Wiegenfest so weitermachen, war der einhellige Wunsch an das 80-jährige Geburtstagskind im Museum Wiesbaden.

Wiesbaden auf die süße Tour in aller Welt

Charlotte Brand, geborene Preuß

Traditionshaus Kunder
Ehrenmitglied im „Kur- und Verkehrsverein Wiesbaden",
heute „Freunde der Wiesbaden-Stiftung"
Interessengemeinschaft Wilhelmstraße (IGW)
Prüfungsausschuss der Konditorei-Fachverkäuferinnen
Geboren am 21. März 1938 in Wiesbaden

„Wiesbaden auf die süße Tour" könnte die Devise sein von Charlotte Brand. Die charmante Lady ist eine Wiesbaden-Botschafterin der gaumenfreudigen Art, und ehrenamtlich für ihre Heimatstadt im Einsatz. Spezialistin Brand steht in der dritten Generation des Familienunternehmens Kunder seit mehr als fünf Jahrzehnten für „süße Grüße aus Wiesbaden" in alle Welt. Doch die zierliche Zeitzeugin macht sich nichts aus den süßen Leckereien.

„Ich hab' schon als Kind lieber Gürkchen und ein Schinkenbrot gegessen." Essen und Trinken hält Leib und Seele zusammen und kann in einer Benefiz-Version reiche Früchte tragen. Wenn also die Interessengemeinschaft Wilhelmstrasse & Quellenviertel (IGW) e.V. zum Charity-Kolonnaden-Lunch bittet, ist „Schlemmen für den guten Zweck" angesagt.

Und wer hat's erfunden? Zeitzeugin Charlotte Brand ist die Initiatorin: „Ursprünglich hatte ich die Vision eines Open-Air-Dinners unter Platanen auf der Wilhelmstrasse zwischen Luisenstrasse und Friedrichstrasse. Als ich an einem lauen Sommerabend aus dem Staatstheater kam, dachte ich mir: Die Kolonnaden wären doch ein schöner Platz für einen Benefiz-Lunch im Freien, der wettergeschützt überdacht ist. Fröhliche Menschen kommen ausgeschlafen zusammen und werden mit einem hochkarätigen Theater-Auftritt gut unterhalten. Die Gäste genießen ein 3-Gänge-Menü, erleben einen schönen Sonntag und unterstützen die Kultur unserer schönen Stadt." Das Konzept des IGW-Vorstandsmitgliedes ging auf. Der Charity-Lunch finanzierte eine Harfe und Pauken des Hessische Staatsorchesters. Der Charity-Kolonnaden-Lunch 2017 galt einem Schwingboden für das Hessische Staatsballett. Als Überraschung für das Publikum wurde der Kreis zur „süßen" Herkunft der Initiatorin mit einem „Kunststück" zum Anbeißen geschlossen. Die „Sommernachtstraum-Praline" hatte Neffe Jürgen Brand als Geschäftsführer der Fritz Kunder GmbH für alle tanzbegeisterten Naschkatzen entwickelt. „Wir konnten einen Scheck über 4500 Euro übergeben", freute sich die Zeitzeugin, die Tango-Legende Gabriel Sala (→ S. 185) begrüßte. Auch ZDF-Anchorman Claus Kleber hatte sich als Privatperson sympathisch locker unter die Gäste gemischt.

„Ich hab' mich schon immer mit meiner Heimatstadt Wiesbaden identifiziert." Charlotte Brand war Mitinitiatorin des „Theatriums", das seit

1977 ein Sommer-Wochenende lang die Wilhelmstraße in eine Feier-
zone verwandelt. Die Zeitzeugin ist auch Mitgründerin der „Interessengemeinschaft Wilhelmstrasse & Quellenviertel" und betonte: „Die IGW
setzt sich seit über 40 Jahren für ein attraktives Quartier rund um die
Wilhelmstraße ein." Schuhhändler Guido Lebong hatte Geschäftsleute
der Wilhelmstraße, der Burgstraße und aus dem Quellenviertel zusammengetrommelt. „Wir wollten die Rue verschönern und fingen mit der
Bürgersteigbeleuchtung an. Als die Stadt nicht reagierte, haben wir
eines Abends alle Geschäfte ins Dunkel gesetzt, also die komplette Beleuchtung ausgeschaltet", erzählte Charlotte Brand. „Unsere Aktion
hatte Erfolg. Eine Weile später wurde die Beleuchtung auf der Laden-
Seite der Wilhelmstrasse neu installiert – in Absprache mit der IGW."
Dann wurde dem „wilden Parken zwischen Fahnenmasten und Later-

Charlotte Brand im Stammhaus der Chocolateria Kunder an der Wilhelmstraße mit
süßen Verführungen.

nen" der Kampf angesagt und die Idee neuer Blumenkübel in die Tat umgesetzt. Charlotte Brand als Chefin des Traditionshauses Kunder im prachtvollen Jahrhundertwendebau an der Wilhelmstraße und ihr Nachbar Thomas Michel als Chef des gleichnamigen Teppichhauses nebenan gingen in Vorleistung. „Wir haben je einen Blumenkübel samt Bepflanzung mit widerstandsfähigen Blumen für das Trottoir finanziert. Dann konnte die IGW mit dem Grünflächenamt vereinbaren, die ganze Rue mit Waschbeton-Kübeln auszustatten. Die IGW zahlte Installation und Erstbepflanzung der Kübel, die Stadt übernahm die Pflege. Als die unansehnlich gewordenen Kübel durch silbergraue Aluminiumkübel ersetzt und neu bepflanzt wurden, finanzierten das die IGW-Mitglieder. Die Stadt trägt Bepflanzung und Pflege."

Die Motivation der Zeitzeugin? „Ich will einfach gerne etwas für unsere Stadt tun." Das Wiesbadener Eigengewächs kennt sich als vielfach Engagierte mit dem Bohren dicker Bretter aus. „Das war auch so ein Abenteuer". Gemeint war „die Weihnachtsbeleuchtung mit Girlanden von der Hausseite zur jeweiligen Laterne oder zum Fahnenmast auf der Wilhelmstrasse." Frauenpower war gefragt: „Inge Hottenbacher vom Modeladen Elle & Lui und ich sind in den Geschäften *sammeln* gegangen zur Finanzierung und haben dabei so Einiges erlebt." Details der „Sammelaktion" verhüllt der Mantel der Diskretion. „Als der Weihnachtsmarkt zum *Sternschnuppen-Markt* wurde, schaffte die Stadt als neue Leuchtkörper die sogenannten *Lilien* an und die Geschäftsleute der IGW haben die Erstausstattung mit finanziert." Auch der Kur- und Verkehrsverein, in dem das Haus Kunder seit Jahrzehnten Mitglied war, beteiligte sich. „Viele Platanen auf der Parkseite wurden mit Lichterketten umwickelt, die in der Adventszeit für weihnachtliches Flair gesorgt haben."

Kein Zufall ist ihr langjähriges Wirken im historischen „Kur- und Verkehrsverein Wiesbaden", der mit der Stadtplakette gewürdigt wurde. „Das römische Freilichtmuseum am Römertor wurde vom Kur- und Verkehrsverein eingerichtet und wird heute von den *Freunden der Wiesbaden-Stiftung* gepflegt."

Auch in die Aufstellung der „Sizilianischen Marktfrau" in der Karl Gläsing-Straße war der Kur- und Verkehrsverein 2007 in Person der Vorsitzenden Christina Sommerfeld und der Zeitzeugin involviert. „Die Skulptur von Professor Wolf Spemann (→ S. 236) war von Silke Reiser als Schenkung an die Stadt angekauft worden. Der Kurverein hatte den Standort neben der IHK auf dem Weg zum Markt ausgewählt. Wir hätten die *Sizilianerin* gerne als Brunnenfigur aufgestellt, bekamen leider dafür von der Stadt keinen geeigneten Platz", bedauerte Charlotte Brand. Seinen 150. Geburtstag zelebrierte der altehrwürdige Verein mit dem zehnten Jahrestag der Wiesbaden-Stiftung. Vier Jahre vor dem großen Jubiläum war der Kur- und Verkehrsverein umbenannt worden und firmiert seit 2011 unter dem Namen „Freunde der Wiesbaden Stiftung". Ganz bewusst wurde mit dem Untertitel „Gesellschaft zur Förderung Wiesbadens" sein ursprüngliches Ziel in die Gegenwart übernommen. „Schließlich ist die Wiesbaden-Stiftung ein Kind des damals 140 Jahre alten Kur- und Verkehrsvereines." Der Zeitzeugin war die Bedeutung von Geschichte bewusst, die in Nassauer Zeiten begann.

Anno 1852 wurde Wiesbaden zur „Weltkurstadt" ausgerufen. Vierzehn Jahre nach der Volkserhebung von 1848, die als „Märzrevolution" mit den „Forderungen der Nassauer" an Herzog Adolph vor dem Stadtschloss in Wiesbaden Wirkung zeigte, kam es zur Gründung einer Institution mit Langzeitwirkung. „Mehrere achtbare hiesige Bürger, denen die Interessen unserer Stadt nahe gehen, haben den Beschluss gefasst, einen *Curverein* zu gründen, der in Gemeinschaft mit dem segensreich wirkenden hiesigen Verschönerungsverein sich die Aufgabe stellen wird, die Kurindustrie der Stadt Wiesbaden nach den gebotenen Kräften zu fördern. Trotzdem wir eine ansehnliche Masse von Vereinen aller Art besitzen, ist das Bestreben eines Curvereins, wenn er von sachkundigen Männern geleitet wird, eine dringende Notwendigkeit für unsere Stadt." So informierte am 15. Dezember 1862 die Mittelrheinische Zeitung über die vier Tage zuvor erfolgte Gründung des „Kur- und Verkehrsvereins" in der „Weltkurstadt" Wiesbaden.

Ob Herzogtum Nassau, Königreich Preußen oder Landeshauptstadt des Bundeslandes Hessen – immer geht es um die Förderung der Stadt. „Der Kurverein vertrat die Interessen der Mitwirkenden am Kurbetrieb, betrieb moderne Werbung mit seinem Fremdenführer, führte im *Wiesbadener Bade-Blatt* eine *Cur- und Fremdenliste* und machte schon damals Verbesserungsvorschläge." Die Vereinshistorie dokumentiert eine „Geschichte im Wandel" von Monarchie bis Demokratie.

„Geschichte liegt uns am Herzen – der Mensch muss die erste Priorität haben. Wir wollen begeistern für die wunderschöne Wohnstadt Wiesbaden, die wir erhalten, weiter entwickeln und pflegen für die nächste Generation" war Zeitzeugin Brand sich einig mit Thomas Michel, Vorsitzender der Wiesbaden-Stiftung. 2003 wurde dieses „Kind" des Kurund Verkehrsvereins von der Stiftungsaufsicht in Darmstadt anerkannt. „Die Wiesbaden-Stiftung ist querbeet aktiv. Die 120 Mitglieder der Stifterversammlung bilden den Querschnitt der Bevölkerung."

Wenn es um die „Verschönerung der Stadt" geht, fackelte die tatkräftige Zeitzeugin nie lange. Die Rede ist von den Aluguss-Pfosten auf der Parkseite als Abgrenzung zur Fahrbahn im silbergrauen Design der Blumenkübel mit Dreililienwappen vor dem Kurhaus. Für „die Töpfe" war Charlotte Brand namens der Wiesbaden-Stiftung „sammeln gegangen." Die „Freunde der Wiesbaden-Stiftung" wollten die Rue wieder wie in alten Zeiten mit weiß gestrichenen Holzbänken bestücken. „Vom Tiefbauamt bekamen wir nur die Genehmigung für die drei Sitzbänke am Warmen Damm vor dem Nassauischen Kunstverein und dem Literaturhaus Villa Clementine." Auch um die Fontäne und das Entenhaus am Warmen Damm sowie die Beschilderung am Warmen Damm mit Informationen über die Parkanlage kümmerten sie sich.

Der eingetragene Verein „Freunde der Wiesbaden-Stiftung" mit rund 150 Mitgliedern bildet mit der Stiftung „eine hervorragende Plattform für bürgerschaftliches Engagement in Wiesbaden.

Der Schul-Award *Leonardo* ist sehr begehrt. Die *LeseRitter* verbinden Generationen. Das Umweltprojekt *zoom* sorgt dafür, dass Bäume gepflanzt werden."

Zudem sind die russischen Bezüge zur Stadthistorie der Zeitzeugin ein Anliegen. Mehrere Jahre lang führte der Kur- und Verkehrsverein e.V. zu Ostern den Markt mit russischem Kunsthandwerk auf dem Neroberg durch. „Im Drei-Lilien-Saal des Opelbad-Restaurants haben wir Ikonen aus vier Jahrhunderten und Kunsthandwerk aus Russland gezeigt. Fotografenmeister Michael Lebed aus St. Petersburg stellte Nostalgie in Bildern aus. Die Mischka-Kinderhilfe informierte über ihre Arbeit."

Zum Saisonstart der Nerobergbahn war beim russischen Wochenende lukullische Völkerverbindung wichtig. „Bernd Wagner hat in seiner Gastronomie auf dem Neroberg russische Spezialitäten wie Blini oder Borschtsch nach Originalrezept gekocht."

Selbstredend hat Kurvereins-Vorstandsfrau Brand die Kunder-Familientradition präsentiert – von ihrer Chocoladenseite und mit Wiesbaden-Motiven auf der Verpackung. Als exklusive Kreation des Hauses prunkte die „Wiesbaden-PraLilie" auch sprachlich mit besonderem Pfiff. Die Goldkuppeln der Russischen Kapelle zierten als prächtiges Dekor süße Verführungen.

Mit Bedacht hatte die Zeitzeugin auch „Kunders Wiesbadener Ananas-Dessert-Törtchen" mitgenommen zum russischen Künstlermarkt. Vom Kaiserlichen Patentamt im Jahre 1903 geschützt, verkörpert die preisgekrönte Kreation die Historie des Familienunternehmens, das 1999 mit der Wiesbadener Stadtplakette in Gold ausgezeichnet. wurde. „Der Name *Kunder Wiesbadener Ananastörtchen* ist geschützt. Das Rezept aus der Kaiserzeit ist ganz einfach und wurde schon oft kopiert." Die Leckerei ist seit mehr als 100 Jahren ein süßer Wiesbaden-Botschafter in aller Welt und auch in Russland ein Begriff. „Russen lieben Schokolade und sie lieben Süßes."

Dieser Fakt erfuhr durch eine filmreife Szene Bestätigung. An einem brütend heißen Sommertag avancierte die Confiserie Kunder zur Kulisse. Aus der Gluthitze der Wilhelmstraße enterte ein Grüppchen barocker Personen die angenehm kühle Chocolateria. Derweil die fülligen Damen und Herren auf Russisch parlierten, wurde von ihnen „Selbst-Bedienung" praktiziert: „Ein tolles Schauspiel war das. Ganz schnell wurden die Geschenkpackungen aus den Regalen geräumt. Die Schlange gefüllter Tüten zog sich quer durch den Laden. Wie im Theater bestaunten unsere *normalen* Gäste auf ihren Stühlen das Spektakel und ihr Kaffee war vergessen", war die Augenzeugin amüsiert. Die Rechnung von exakt 995 Euro wurde bar bezahlt – die Russen zückten die Scheine aus dicken, von Gummiband gehaltenen Geldbündeln. Koffer wurden angeschleppt und gepackt – dann war das Schauspiel vorbei. Natürlich waren ihr die Familiengeschichten von angestammter Kundschaft teils über Generationen geläufig. Bei Kundschaft aus dem Orient gehen süße Verführungen oft kiloweise in Schachteln über die Theke. Bevorzugt werden Pralinen ohne Alkohol – „meistens". Mancher Mann gibt sich als Naschkater zu erkennen.

„Ganz nah an den Menschen" war Charlotte Preuß schon immer gerne. Aufgewachsen in der Aarstraße mit unterkellerten Häusern und Gärten, wusste sie noch von einem „Stollen für Eisblöcke" neben dem Bierverlag: „Das war unser Luftschutzkeller." Vater Heinrich Preuß hatte 1932 in der Kleinen Schwalbacher Straße die Firma Decker & Preuß gegründet als Geschäft für Schreinereibedarf, Möbel- und Baubeschläge. Tochter Charlotte absolvierte „als einziges Mädchen in einer Männerdomäne" ihre Lehre im väterlichen Betrieb. Die praktische Prüfung bei der Firma Ebert in der Bleichstraße bestand sie mit Bravour. „Alle Theken waren voll Werkzeug, Beschlägen und Nägeln, die ich benennen musste". Mit „sehr gut" benotet, agierte die Einzelhandelskauffrau für Schreinereibedarf, Holzwerkzeug und Beschläge neun Jahre lang im väterlichen Fachgeschäft in der Helenenstraße.

Der Liebe wegen wechselte sie das Metier und stieg von Eisen und Holz auf süße Gaumenfreuden um. 1963 wurde aus Charlotte Preuß die Ehefrau von Konditormeister Werner Brand, einem Enkel von Fritz und Hermine Kunder, die 1898 in der heutigen Karl-Glässing-Straße „eine Konditorei mit Kaffeehaus eröffneten. Kurgäste aus aller Welt, darunter auch der Deutsche Kaiser Wilhelm II., schätzten die Güte der von Fritz Kunder gefertigten Leckereien."

Anno 1957 war das Stammhaus Kunder vom Kureck in den Jahrhundertwendebau an der Wilhelmstraße 12 umgezogen. Die Zeitzeugin erinnerte sich noch gut an das große Café mit 150 Sitzplätzen und seinem Panoramablick auf Luisenstraße und die Rue. Auch dem Überblick in der Fünften Jahreszeit war der Standort Wilhelmstraße dienlich. „Am Fassenachts-Sonntag haben wir zwei Leitern vors Geschäft gestellt und ein Brett draufgelegt – fertig war der Ausblick auf den Zug."

Charlotte Brand war bei ihrem Einstieg in „die süße Branche" klar: „Die Chefin muss mehr wissen als ihr Personal." Die Einzelhandelskauffrau sattelte eine überbetriebliche Ausbildung drauf im Darmstädter Conditorei-Café Bormuth. Für über 40-jährige Tätigkeit im Prüfungs- und Ausbildungswesen wurde Charlotte Brand vom Landesverband der Konditoren Hessens mit der Goldenen Ehrennadel gewürdigt. Im Prüfungsausschuss der Konditorei-Fachverkäuferinnen ist die vitale Zeitzeugin aktuell noch engagiert. Der Konditorei Kunder wurde als höchste Auszeichnung der Internationalen Fachmesse für Konditoren in der Rhein-Main-Halle der Goldene Baumkuchen verliehen. Der Deutsche Konditorenbund überreichte seine Silberne Ehrennadel an das Familienunternehmen.

Von der Kunder-Qualität überzeugte sich auch die Prominenz, die aus der Rhein-Main-Halle rüberkam. „Alles, was Rang und Namen hatte, war bei uns – Kulenkampff, Freddy Quinn, Lou van Burg, Rosenthal und Otto Schenk sowieso. Es war herrlich. Der Laden war voll und die Stars ließen sich gerne zu Autogrammen hinreißen."

1965 schloss das Kaffeehaus seine Pforten, die Pralinen- und Schokoladen-Manufaktur zog in die Dotzheimer Straße. Mit dem Ladenumbau im Jahr 2006 machte die Kuchen- und Tortentheke der Palette hausgemachter Leckereien Platz. Aktuell wird gepunktet mit der „Praline des

Monats". Namensgeschützt sind die „Teufelsbirnchen", in katholischen Gegenden schwer verkäuflich. „Es gab damals nur Cognacbohnen als flüssig gefüllte Pralinen, den Williamsbirnbrand haben wir aus der Schweiz bezogen."

Zeitzeugin Brand kann „süß" auch selber: „Eine heiße Schokolade zu kreieren war schon immer mein Traum und ich habe lange und viel rumprobiert. Das einfachste der Welt ist mir zum Schluss eingefallen: Kein Kakao, nur Schokolade pur und heiße Milch. Das gibt's nur bei uns."

Charlotte Brand zog sich nach einem häuslichen Sturz 2012 aus dem Ladengeschäft zurück und übergab den Staffelstab an die im eigenen Hause ausgebildete Fachkraft Christa Schön.

„Es ist alles eine Sache des Kopfes", kann die Katzenliebhaberin „das Mausen" nicht lassen. „Ich bereise meine Landschaftsschutzgebiete südlicher Westerwald, Hunsrück, Eifel, Mosel-Tal und das Nahe-Tal." Mosel? Nahe? Die Assoziationskette führt zu Rheingau und Wein: „In den Anfangsjahren der Rheingauer Weinwoche hatten wir vor der Kunder-Filiale *Konfitüren Paul* drei Stände mit Wein und Imbissen aufgebaut, die Sitzbänke waren überdacht." Es gab Waffeln („unser Renner!") und einen „firmeneigenen" Rekord: „Einmal haben wir in drei Tagen 400 Brote verkauft mit Schmalz oder Schnittlauch. Die haben wir im Akkord geschmiert."

Für den Brückenschlag in die Weinregion sorgt der Familienbetrieb auf die Kunder-Art mit seiner „Rheingau Riesling-Schokolade". Als eingeborener Wiesbadenerin ist Charlotte Brand klar: Mit Kurhaus, Russischer Kirche oder Reben-Dekor steht die Kunder-Lilie auf dem Firmenwappen für „Wiesbaden auf die süße Tour" – in aller Welt.

Ein gemütvoller Patron als Gastgeber mit bodenständiger Herzlichkeit

Giuseppe Bruno

Gastwirt im Restaurant „da Bruno"
geboren am 20. März 1940 in Belmonte in Calabrien/Italien
gestorben am 30. Dezember 2017 in Wiesbaden

Giuseppe Bruno war eine Institution, jedenfalls für alle, die mediterrane italienische Küche lieben. Sein beliebtes Ristorante „da Bruno" stand für den gepflegten „Kurzurlaub" vom Alltag. Bella Italia wurde in nostalgischem Ambiente mit herzlichem Lächeln gelebt. Hier wurde kulinarische Freude auf dem Teller kredenzt und Rebengenuss im Glas vom immer bestens aufgelegten „Gastgeber" der guten alten Schule.

Der seelenvolle Padrone hieß eigentlich Giuseppe Bruno, wurde aber von allen Seiten Bruno genannt: „Naja, mein Name is e bissche schlecht auszuspreche." Herrlich, wie der Wahlwiesbadener den hessischen Zungenschlag draufhatte.

Ein Padrone mit Herz wie aus dem Bilderbuch war der Mann aus Belmonte in der Provinz Cosenza – „das ist in Calabrien am Meer, da können wir direkt nach Sizilien gucke!" Als Gastwirt war Bruno die Idealbesetzung und lebte seine Passion – für ihn „das schönste Hobby der Welt." Am 1. März 1973 hat der frühere Gleisarbeiter, der sich zum Profikoch mauserte, seine gut besuchte Gaststätte eröffnet. „Das ist mein Traum und meine Familie."

Patron Giuseppe Bruno in seinem gemütlichen Gastro-Domizil an der Dürer-Anlage.

Nicht nur in der Wiesbadener Gastronomie war das familiäre Italo-Restaurant an der Albrecht-Dürer-Straße mit Blick zur Kreuzkirche ein Begriff. Sympathisch bodenständig stand „da Bruno" Jahrzehnte lang für handgemachte Schmankerl italienischer Tradition. Das gemütliche Refugium an der Düreranlage hatte sogar eine winzig kleine „Plantage" und der Hausherr ersichtlich einen „Grünen Daumen". Auf der überdachten Terrasse züchtete er Zitronen und japanische Mandarinen: „Die kannste mit Schale essen", erklärte der Experte. Rosenpeperoni gediehen hier auch.

Modischer Chichi kam bei Bruno nicht in die Tüte und seine Gäste dankten ihm die stets gleich bleibende Qualität. Zum treuen Stammpublikum des Calabresen zählten Generationen. Kamen früher Kinder und Jugendliche mit den Eltern, brachten die als Erwachsene dann den eigenen Nachwuchs mit.

„Onkel Bruno, weißtu noch, wie ich auf deinem Schoß gesessen und gegessen hab?" – Wenn er das hörte, ging dem Urgestein der Gastronomie das Herz auf.

Ein bisschen Nostalgie durfte sein. Die liebevoll gestaltete Serviette hieß mit „Buon Appetito e Grazie" in den italienischen Farben willkommen und machte Appetit. Dem Koch aus Leidenschaft machte so schnell keiner was vor. „Was mir nicht schmeckt, kommt hier nicht auf den Tisch." Schnitzel aus der Friteuse? „Im Lebe nit!"

An seinem Tischlein deck Dich hat es auch Prominenz wie Günter Grass gemundet – „als ich gehört hab, dass er gestorben ist, sind mir die Träne gelaufen." Komplette Fernsehbelegschaften kamen vom Berg Unter den Eichen runter.

Mit „Cari Amici – liebe Freunde!" bedankte sich der allseits beliebte Gastronom schon bei seinen Gästen, bevor der Blick in die Speisekarte die Vorfreude auf italienische und „gut bürgerliche" deutsche Schmankerl animiert. „Es erfüllt mich mit Stolz, so viele Stammgäste zu haben, die sich augenscheinlich wohl bei mir fühlen, die immer wiederkommen, eigene Freunde und Bekannte mit hierher bringen und somit den Kreis noch vergrößern. Aus diesem Grunde fand ich es an der Zeit, Euch endlich einmal für Eure Treue und Freundschaft zu danken. In diesem Sinne: Grazie und Danke."

Zum Silberjubiläum hatte der Zeitzeuge sein Ristorante umgebaut und sich bei dieser Gelegenheit auf kreative Art und Weise sozial engagiert. Der Sammler von nostalgischen Radioapparaten, die dem Gastraum als Dekoration eigenen Charme verliehen, wurde zum Spender.

„Ich hab' die Sammlung mit 43 Radios für eine Versteigerung verschenkt und damit Waisenkinder unterstützt." Giuseppe Bruno strahlte: „Alle Apparate waren schnell verkauft."

Zu seinem 40-jährigen hat sich Bruno bei seinen „lieben Gästen", den „treuen Seelen", auf ganz eigene Weise bedankt.

Zum Jubiläum gab es einen Blick hinter die Kulissen, der sich gereimt hatte:

Am heutigen Tage 55 Jahre her,
da fiel Klein-Bruno der Abschied schwer.
Die Reise führt ins deutsche Land,
entschlossen die Zukunft in der Hand.
Dank Tatendrang und mit Gespür
klopft er im März an diese Tür.
Mit Schnippeln, Brutzeln und Gedünste
wandelt er das Kochen um in Künste.
Es fällt ein Entschluss an diesem Tag:
Das Kochen bringt ihm den Vertrag.
So er fortan allein in der Küche arbeitet
und somit himmlischen Geschmack verbreitet.
Das in die Wiege gelegte Talent
ist der Grund, warum ganz Wiesbaden ihn kennt.
So zaubert er zufrieden tagein und tagaus,
bis wieder das Schicksal klopft an im Haus.
Der entscheidende Punkt in seinem Leben –
man möchte die Gaststätte übergeben.
Die Frage: „Soll ich?", die sich stellt,
„eben bin ich doch noch allein auf der Welt."
Doch dann die Idee: „Hol la familia!"
1973 die Geburt – „da Bruno" ist da!
So wurde der Italiener ohne Geld
ein Mann des Respekts – Belmontes Held.
Es war durch den Willen alles zu schaffen,
und zwar „Mann mit Herz" – statt Mafiosi mit Waffen.
Einsamkeit fort, ein Team entsteht,
das bis heute zur Verfügung steht.
Stolz auf 40 Jahre eigene Küche
für Meisterwerke himmlischer Gerüche.
Mit dem Ziel, Euch glücklich zu machen
und Kinder zu hören, wie sie lachen.
Verschiedene Generationen zu sehen,
wie sie Hand in Hand gehen.
In Vergangenheit und Zukunft mischen
ist die Idee an Euren Tischen.

Das Jubiläum wurde zünftig gefeiert mit Gaumenschmeichlern der Hausmacher Art und zu „historischen" Preisen. Die Devise des Tages war buchstäblich ein Gedicht:

Das, was es damals zu essen gab,
bekommt Ihr auch am heutigen Tag!
Für damals 5 Mark – Kartoffelsalat mit Schnitzeln –
was auch heute soll Eure Sinne kitzeln.
Tretet nun ein in diesen Raum,
in dem sich erfüllt des Gaumens Traum.
Gemeinsam in die Zukunft schreiten
werden wir Euch mit gutem Essen begleiten.

Das eigene Restaurant war dem Zeitzeugen nicht an der Wiege gesungen worden. Mit gerade mal 17 Jahren kam Giuseppe Bruno nach Deutschland – samt elterlicher Genehmigung und Reisepass. Das Datum hatte er sofort parat. „Am 12. März 1958 nachts um 23 Uhr hab' ich Arbeit gekriegt und am 13. März war mein erster Arbeitstag. In Saarbrücken hab' ich bei der Firma Monti aus Milano angefangen als Gleisbauer." Malochen auf dem Feld war dem Erstgeborenen von vier Geschwistern aus dem malerischen Bergstädtchen Belmonte, wo die Eltern Landwirtschaft und Weinbau betrieben, nicht fremd. Am 20. März, eine Woche nach Arbeitsantritt, feierte der junge Gleisbauer seinen 18. Geburtstag. Schnell war aus dem italienischen Giuseppe = Josef unter den Kollegen „de Jupp" geworden. Über die Station Nierstein am Rhein und einen mehrjährigen Job in der Produktion bei Jenaer Glas/Schott in Mainz, wo er auch als interner Dolmetscher gefragt war, und sieben Jahre bei der Werksfeuerwehr von Magirus-Deutz in Mainz verschlug es ihn nach Wiesbaden.

Den leidenschaftlichen Tänzer hatte es schon in seiner Mainzer Zeit über die Brück rüber nach Wiesbaden gezogen – in das damals schwer angesagte Park Café. „Ich hatte spezielle Rock'n-Roll-Schuhe. Und Elvis war mein Liebling!"

Bill Ramsey & Co. heizten im legendären Tanzschuppen ein und lieferten den Sound zum Tanzbeinschwingen. Ehrensache: „Bill Ramsey war oft hier bei mir im Lokal zum Essen. Sein Sohn spricht wie der Vadder und grüßt immer von Bill aus Hamburg."

Wenn der Zeitzeuge erzählte, einmal „43 Nächte" hintereinander durchgetanzt zu haben, sprach das für Kondition. Bruno war bewusster Nichtraucher: „Ich wollte immer sauber tanze und nit stinke. Ich habe erst mit 61 meine erste Zigarette geraucht und paffe nur. Durchziehen muss nit sein."

Auch in Sachen Mode-Accessoire war Giuseppe B. ein Unikat. Er nannte eine beachtliche Kollektion an Krawatten sein eigen. „Durch den Daumen sind das 500 Stück." Der goldfarbene Schlips mit Streichhölzer-Design machte schon was her. „Das ist eine Erinnerung an meine Mama", erzählte der Krawatten-Fan, dem „ein ZDF-Mann aus New York" mal ein Exemplar mitbrachte. Eine Stammkundin aus Biebrich überraschte ihn mit einem Karton. „Das waren 50 Stück, eine schöne als die andere!", strahlte Bruno.

Seine als Hobby ausgelebten Kochkünste („alles von Mama gelernt") sprachen sich rum und sein Umfeld riet ihm, das Metier zu wechseln in Richtung Koch. Nein, das ihm angebotene Weinlokal in Rheinhessen mochte er nicht übernehmen. „Wenn schon, denn schon", ein eigenes Restaurant sollte es sein. Im Juli 1972 heuerte Giuseppe aus Calabrien im „Café Fürstenberg" an, das den Spitznamen „Café Tränenreich" trug. „Mehrere Fahrschulen haben hier die Führerscheine ausgegeben. Wer einen gekriegt hat, hat geflennt vor Freud und wer nit, hat erst recht geflennt", erklärte er.

„Immer noch kommen Gäste und sagen: Bruno, weißtu noch, wie ich damals hier meinen Lappen bekommen hab'?"

Der passionierte Koch legte in der Küche gleich richtig los. Und am 1. März 1973 wurde der Koch dann Gastwirt. Auf die Resopal-Tische im „da Bruno" kamen erstmals Tischdecken. Die Nachbarschaft war mit den jährlich wechselnden Pächtern ja Kummer gewohnt und munkelte: „Dem geben wir ein halbes Jahr." Sie hatten ihre Rechnung ohne den Wirt gemacht.

Giuseppe Bruno brachte neuen Schwung in den Laden, erweiterte das Angebot, und neue Sitten zogen auch ein. „Als ein jüngerer Gast mutwillig eine Cola verschüttet hat, hab' ich den gepackt und gesagt: Hier benehmen, dann herzlich willkommen!"

Der Zeitzeuge war eine Seele von Mensch, doch das ging ihm über die Hutschnur: „Flecke könne passiere, aber nit so, mit Absicht! Die junge Leute habe das kapiert, die kommen heute noch."

Das „Da Bruno" lud ein als Café, Ristorante und Pizzeria, es gab Bier vom Fass und eine kleine Speisekarte. Hier kochte der Padrone und seine Gaumenfreuden kamen an. Sein „Bauernomelett á la Mama", fingerdick mit Speck und Zwiebeln, „und beiderseits schön knusprig" wurde 33 Mal in drei Stunden geordert.

„Da hab' ich gesagt: morgen bleibt hier zu. Ich geh einen Pizzaofen kaufen! Ich hab' in Mainz den Bruno im Restaurant Como Lario angerufen, bei dem war ich ja oft zu Gast gewesen. Ich hab' gesagt, ich hab' deinen Beruf geklaut und hab' jetzt ein eigenes Lokal. Aber deine Pizza ist die Beste! Verkaufst du mir dein Rezept?"

Wie war die Reaktion? „Der sagte natürlich nein, das ist wie ein Loch ins Wasser bohren. Aber wenn du was machst, dann richtig. Ich schicke dir meinen Chefkoch Vinzenco. Der ist wie du aus Calabrien und der zeigt dir, wie es geht."

Bruno zog noch immer seinen Hut vor dem großherzigen Gastwirts-Kollegen: „Der Mainzer Bruno hat seinem Koch drei Tage Urlaub geschenkt, damit er mir alles zeigen konnte."

Nur einen Tag lang war bei „da Bruno" die Tür zu. „Lokal geschlossen wegen Pizza-Ofenmontage" verkündete ein Zettel. Doch diese Information imponierte den zwölf ZDF-Leuten, die mittags mit leerem Magen vor der Tür standen, so gar nicht. „Der Vinzenco kannte die alle. Und was wollte ich machen? Der Pizza-Ofen war angeschlossen und heiß. Da hab' ich gesagt, in einer halben Stunde gibt es Pizza alla Como Lario!" Kurz und knackig: „War die beste Reklame für mich."

Der Padrone schmunzelte: „Anregungen von Gästen hab' ich gern aufgenommen" und dachte an alte Fernsehzeiten und die Studios Unter den Eichen.

„Ein großer Chef vom ZDF liebte meine Kuttelsuppe, also hab' ich das Fleisch vom Schlachthof geholt. Die Leute vom ZDF waren neben den Firmen Schwarzkopf und Anasco meine besten Gäste. Die Fernsehleute haben mit ZDF-Essenmärkchen bezahlt. Die Märkchen habe ich in einer DINA4-Tüte gesammelt und jeden Monat ans ZDF geschickt, zur Verrechnung."

Dass der brave Bürger Giuseppe Bruno sein „größtes Erlebnis in der Baader-Meinhof-Zeit" ausgerechnet den Stammgästen vom ZDF verdankte, klingt nach Drehbuch. Eines Tages wollten „zwei Männer" den Koch im weißen Kittel sprechen. Die Herren waren von der Kripo. Ihr Kommando „Ziehen Sie den Kittel aus und kommen Sie mit" parierte der Zeitzeuge nichtsahnend mit der urdeutschen Antwort. „Ei, da könnt' ja jeder kommen. Wer macht hier meine Arbeit? Ich hab' das Haus voll." Die Kripo war not amused. „Sie werden verdächtigt, dem ZDF eine Briefbombe geschickt zu haben".

Der Gastwirt war ganz unverhofft zum Terror-Verdächtigen mutiert. „Ich hab' die ausgelacht!", grinste der Zeitzeuge vergnügt. „Ich hab' gesagt: Sie müsse mich das erst lehren. Wie eine Briefbombe gemacht wird, hab' ich doch keine Ahnung. Und warum soll ich so was machen? Das sind doch meine besten Gäste! Sagen Sie den Mädels in der Poststelle, die solle den Brief ruhig auspacke. Da sind nur die ZDF-Essensmärkchen drin wie jeden Monat. – Und dann ham die zwei Kripoleute gelacht." Und wie ging die Geschichte aus? „Später hat sich das ZDF entschuldigt und mich gebeten, die Märkchen auf beide Seiten von einem DINA-4-Papier zu kleben. Dann rutsche sie nit so in de Dütt." Das Ganze war echt starker Tobak und wurmte den unbescholtenen Bürger noch immer. „Ich bin doch nit so dumm, meine Adresse drauf zu schreiben – auf eine Briefbombe!"

Ansonsten war vor dem ZDF-Umzug auf den Mainzer Lerchenberg bis in die Puppen immer was los bei „da Bruno", bis nächtens um Drei ging es da rund. Komplette Drehteams gingen ein und aus. Mit Bildschirmgrößen wie Roberto Blanco („ein guter Freund") verbanden den Zeitzeugen jede Menge Erlebnisse. Einen Anruf zu seinem 70. Geburtstag, als er Glückwünsche auch aus den USA bekam, vergaß Bruno nie. Der Padrone stand bei Gästen am Tisch, das Handy in der Brusttasche gab schon wieder Laut. „Erst war Stille, dann hab' ich Lachen gehört und fragte ‚Tony, bist du es selber?' Dann hörte ich *O sole mio!* von Tony Marshall."

Ein exklusives Ständchen zum Geburtstag? „Immer wenn Tony im ZDF zu tun hatte, kam er hierher. Mit 18 hatte Sohn Marc den ersten ZDF-Auftritt, Senior und Junior sangen das Lied *Vater und Sohn*, und danach waren sie hier essen."

Was Bruno Respekt abnötigt, folgte: „Marc guckte den verlockenden Käsekuchen an und meinte: Ich frage meinen Vater, ob ich ein Stück essen darf." Soviel zum Thema Kinderstube bei Stars. „Wir sind Freunde geblieben. Tony ist zweimal sogar mit seiner ganzen Mannschaft vom Lerchenberg hierher zum Essen gekommen."

Für Dreharbeiten von populären ZDF-Serien wie „Das Nest" oder dem „Fall für Zwei" mit Stars wie Günther Strack, Rainer Hunold & Co. gab das gemütliche Ristorante öfter die stilvolle Kulisse ab.

Der Wahlwiesbadener Bruno war ein Unikat. Und es galt immer: „Alles auf der Speisekarte ist von mir. Wenn ich einkaufe, hab' ich eine Vorstellung im Kopf – so wird die Speisekarte."

Seine Eigenkreation „Pizza Bruno", erfunden zum Jubiläum 1983, wäre reif für's Guinnes-Buch der Rekorde. Sage und schreibe 220 Mal wurde die Jubiläums-Pizza per Hand mit der Teigrolle gerollt, nicht

durch die Maschine gepresst. „Und das war nur die Jubiläums-Pizza!"
Die anderen Bestellungen wurden auch erledigt.

Der Inder Sengh, heute Bürgermeister seiner Heimstatstadt in Indien,
war Brunos tapferer Helfer. Das Erfolgsgeheimnis von über 40 Jahren
internationaler Gastronomie in Wiesbaden? In der Küche wirken drei
echte Italiener – ein Calabrese aus Belmonte und einer aus Menticino
sowie ein Neapolitaner. Die handgemachten Gaumenkitzel kommen
bei Alt und Jung ebenso gut an wie die sympathisch familiäre Atmosphäre. Und „la Familia" zählt für einen Italiener. Das zeigte nicht nur
Ehefrau Nella Osso Bruno, die im Ristorante mitarbeitete und ihm den
Rücken frei hielt.

„Ich liebe Kinder!" Also machte der Papa aus seinem Stolz auf drei
Söhne und drei Töchter keinen Hehl. „Alle sechs Kinder sind gewollt
und alle sind gesund, das ist ein großes Glück. Die Jüngste, Rosina, war
mit 32 Jahren jüngste Kommissarin!" Und stolzer Opa von sechs Enkelkindern war Bruno auch.

Ein Schild verkündete: „Kredit nur an 80-Jährige in Begleitung ihrer
Eltern."

Statt „Kredit" zu vergeben, lebte der Zeitzeuge seine soziale Ader
aus, hat mehrmals „Waisenkinder vieler Nationen" eingeladen. Auch
die Pflegegäste der benachbarten Kreuzkirchen-Gemeinde wurden ver-
köstigt. „Die kannst du doch mal einladen, hab' ich gedacht, bin zur
Metro gefahren und hab einen großen Tisch gebaut."

Tags drauf wurde an der Tafel lecker Pizza und Salat, natürlich auch
den begleitenden Pflegekräften, serviert. „Ich kannte einen der Pfleger
und es war eine große Freude für mich."

Bei dem Mann mit den vielen Namen – Giuseppe, Josef, Jupp und
Sepp – ging es barrierefrei zu. Ein Rollstuhl war kein Hindernis. Von seinen Gästen erhielt er eine „Ehrenurkunde". Diese „Urkunde in Anerkennung der beispielhaften Bewirtung" würdigte den „nettesten
Gastwirt in Wiesbaden".

Und als Zugabe zu den Gesprächen kam von ihm die Frage: „Kennstu
mein Lied?" Ach was, Bruno hat ein eigenes Lied? Das ist selbst einer
Uraltbekannten wie der Autorin neu. Mit seinem typischen Grinsen und
in Wissbadener Zungenschlag stimmte der Calabrese an:

Ei, wo bleibt mei Josefsche, Josefsche so lang?
Er sitzt uff em schiefe Staa (Stein),
trinkt sei Schnäps'sche ganz alaa (allein).

Einspruch, Giuseppe-Josef-Jupp Bruno! Von „Allein Sein" konnte bei
dem Bilderbuch-Padrone nun wirklich nicht die Rede sein.

Der Mann für alle Felle

Wahan Cherbettchian

Vollblut-Jazztrommler,
Instrumentenbauer, Instrumentallehrer und Erfinder mit Herz
geboren am 30.06.1948 in Varna/Bulgarien

„Ich bin ein Armenier aus Bulgarien", sagt Wahan Cherbettchian über sich selbst. „Ein Mann für alle Felle" mit einem Hang zum Perfektionismus ist er auch. Der in der Wolle gefärbte Jazz-Schlagzeuger ist dem Publikum und im Kollegenkreis als „Willy" ein Begriff. „Weil der Name Wahan zu schwierig war, hab' ich mich einfach Willy genannt", grinst der sprachbegabte Meistertrommler, bei dem es auf der Bühne und „backstage" um zünftiges Tamtam geht.

Als „Vollblut-Musiker mit Herz und Schnauze" ist der Instrumentenbauer und umtriebige Erfinder schon vor geraumer Zeit in den Medien charakterisiert worden. „Hauptsache, die Chemie stimmt", ist seine Devise, alles andere findet sich dann schon.

Ihm sitzt der Schalk im Nacken, wie sich bei Auftritten mit seinen diversen Bands immer wieder zeigt. Ein Händchen für Kinder hat der passionierte Instrumentallehrer auch. Ganz klar: „Riddim is it!"

Geboren wurde der personifizierte Rhythmus als Sprössling armenischer Eltern unter dem Namen Wahan, also „der Schutzschild", in der bulgarischen Hafenstadt Varna am Schwarzen Meer. Der Charakterkopf erinnert sich an diverse Kirchen: „Es gab christlich-orthodoxe Kirchen, es gab katholische und evangelische Kirchen". Auch von „Moscheen mit Minarett" und von einem „Buddha-Schrein" erzählt er.

„Die Stadt des berühmten Ballettfestivals ernährte damals rund 40 Bands." Schon Klein-Wahan „tingelte auf der Heimorgel drauflos". In einem „Drum Corps" versetzte er die Marschtrommel in Schwingung und hatte mit den fliegenden Sticks seine Berufung gefunden.

Seit seinem 15. Lebensjahr tummelt er sich professionell auf musikalischen Pfaden. Als Jugendlicher war er der Jüngste in einer Bigband. „Ich wurde von den alten Füchsen ganz schön in die Mangel genommen", grinste Wahan. Im Praxisverfahren erlernte er alle Raffinessen der Technik – und die Noten ganz nebenbei auch. „Ich habe querbeet einfach alles gespielt, von Rhythm und Blues über Soul bis zum Jazzrock. Das war 'ne gute Schule."

Schon im Elternhaus wurde Musik von Klassik bis Jazz großgeschrieben. Die perfekte Verbindung von Klängen und Handwerk wurde ihm in die Wiege gelegt. „Meine Mutter hat im eigenen Schneiderei-Atelier, angeregt durch Modejournale von meiner Tante aus London, entworfen und genäht. Und sie hat gerne Klavier gespielt. Mein Vater war Kunstschreiner und hat Möbel in italienischem und englischem Design gebaut. Ich bin mit Spänen aufgewachsen und in seiner Werkstatt groß geworden. Zusammen haben wir daheim mein erstes eigenes Schlagzeug gebaut.

Der Esstisch musste als Werkbank herhalten, zum Schrecken meiner Mutter", erinnerte sich Zeitzeuge Wahan mit breitem Grinsen.

Seine Ausbildung zum Dreher/Fräser und Schlosser – „heute wird das Zerspannungstechnik genannt" – vermittelte ihm das ausgefeilte Know-How für die Verarbeitung von Holz und Metall. Ein Daniel Düsentrieb ist Wahan auch. Schon in den 60er Jahren hat er mit Verbesserungen von Instrumenten und Accessoires angefangen, nur für sich selbst. „Sein" Sound blieb nicht ungehört unter Kollegen, die dann prompt auch solche von Wahan modifizierten Drum Sets haben wollten. Die Naturfelle wurden von Plastefellen abgelöst und erforderten eine andere Gratung der Kessel. Wahan feilt unermüdlich an seinem Konzept. „Ich gucke immer gern über den Tellerrand und schaue nach Möglichkeiten aus dem Bau anderer Instrumente. Ich kümmere mich auch um hochwertige Oberflächenbearbeitung." Instrumente? „Das sind zuverlässige, vielseitige Werkzeuge, die dem Drummer im Studio, Probenraum und auf der Bühne ein optimales Sound- und Spielgefühl vermitteln." Klare Ansage von einem, der es wissen muss.

Der Zeitzeuge beglückt mit „maßgeschneiderten", per Hand gefertigten Perkussions-Instrumenten und entsprechenden Accessoires. Alles kommt aus seiner Drum-Schmiede in Wiesbadens östlichem Vorort Kastel. Das Who is Who der internationalen Musikszene schaute gerne mal persönlich rein. Das fing 1995 in seinem nicht allzu geräumigen Laden mit angeschlossener Werkstatt an, den Wahan Cherbettchian mit viel Elan in der Wiesbadener Moritzstrasse betrieb. Der Laden war ein Geheimtipp, galt schon damals als El Dorado für Eingeweihte.

Wer wissen will, woher der Trommelwirbel seinen Namen hat, muss

Armin Rühl (links) schwört als Drummer von Herbert Grönemeyer auf Unikate und trommelt auf „Töpfen" von Wahan Cherbettchian.

Wahan Cherbettchian bei einem Auftritt life in action erlebt haben. Seinen einzigartig kraftvollen Stil entfaltete er inmitten seiner natürlich bestens ausgestatteten „Schießbude". Keine Scheu vor dem kleinen Format. Ehrensache – die „Kessel" entstammten alle der eigenen Manufaktur. Ob pianissimo oder fortissimo, ob wirbeln, dreschen oder streicheln – sein Schlagwerk tönt von Tamtam bis Tomtom immer im eigenen Sound.

Wenn Wahan „auf die Pauke haut", kriegen auch die Augen was zu hören. „Ich hab schon in Mutters Bauch getrommelt und ich bin schon immer multikulti gestrickt."

Für eine Überraschung wie die Weltpremiere in Alt-Wiesbaden ist der Schlagzeug-Experte immer gut. Als gefeierter Lokalmatador ließ Wahan auf der „Wiesbadener Nacht der Trommeln" der „Freunde Afrikas e.V." honorarfrei die Schlägel fliegen. Vom Crossover-Trio WaToMi bekam das Publikum im „Katzeloch", im Tattersall an der Bergkirche, swingende Jazzrhythmen mit der Magie Afrikanischer Trommeln geboten. Der voll besetzte Tattersall wurde unter Strom gesetzt. Mit Trommler Tonton aus Guinea und Vereinsgründer Michael Schickel lieferte sich der charismatische Armenier auf der Benefiznacht hinreißende Trommelgefechte.

„Jeder Musiker ist so gut, wie er klingt", ist das Credo des Zeitzeugen, der „schon immer" gut klingen wollte. Seinem Anspruch kam er im Laufe der Jahre „eigenhändig" näher. „Wie kriege ich den Sound hin, den ich im Kopf habe?" Es fing an mit „Herumbasteln" am eigenen Set. Und der sympathisch gewitzte „Daniel Düsentrieb" hat immer wieder Verbesserungen und pfiffiges Zubehör für seine Kessel ausgetüftelt. Mit brachial krachendem Sound hatte er nie was am Hut. Sein Schlagzeug pflegt auch die Kunst hauchzarter Töne. „Die ganze Bandbreite ist wichtig, nicht nur laute, sondern auch ganz leise Töne. Das komplette Klangspektrum soll ein Instrument bieten können."

Ein kleines „Reiseschlagzeug" kommt wie ein Kinderspielzeug daher, kann aber prächtigen Klang erzeugen. Dieses vollendete Erzeugnis aus Wahans Trommelschmiede konnte sogar den Drummer von Iron Maiden auf einer Musikmesse glatt verblüffen. Und das will bei einem hartgesottenen Starmusiker schon etwas heißen.

Nicht verwunderlich, dass Wahan Daniel Düsentrieb eigene Erfindungen vorzuweisen hat, mit denen er so nebenbei neue Maßstäbe setzt im Trommelbau. Sein „Vario Lifter" – ganz leicht mit dem Knie zu bedienen – ist als Strainer System fester Bestandteil der Wahan Snare Drums. Der pfiffige Kniehebel kann zur Soundoptimierung jeder Snaredrum verwendet werden und hält durch die Befestigung am Spannreifen dämpfende Masse vom Trommelkessel fern. Der Clou: Die Snaredrum kann während des Spielens „stufenlos" angehoben oder abgelassen werden. Die Hände trommeln derweil weiter. Auch mit seiner Entwicklung des „Triozoone Beaters", der den Spielkomfort des Drummers optimiert, setzte der Zeitzeuge unter dem Label „Wahan Germany" konstant neue Maßstäbe „Hessen finde ich cool – und Wiesbaden sowieso", sagte Wahan, der ab 1970 in Deutschland lebt und

1985 der Liebe wegen nach Wiesbaden kam und geblieben ist. Der Mann wusste, wovon er schwärmt, war schließlich ganz schön rumgekommen. „Ich bin mit allen möglichen Bands quer durch Europa auf Tour gewesen!"

In der Region tourte Wahan auch gern mit seinen Bands. „Nach zehn erfolgreichen Jahren mit *Centerpiece* mit ELO-Bigband-Chef Wolfgang Thomas am Piano und Bassist Klaus Reinhard haben wir unser Spektrum zu Vocal-Jazz mit Klassikern erweitert in modernen Eigenarrangements." Unter dem Label „Jazz Connection" wurde mit der klassisch geschulten Drei-Oktavenstimme Jill Gaylord als Frontfrau durchgestartet. Sein klangvolles Kleeblatt wurde 1995 in der Jubiläumssaison bei „Jazz im Hof" des hessischen Kunstministeriums tüchtig gefeiert. Das „Heimspiel" der „stilistisch breit gefächerten Band" aus Wiesbaden fand in den Medien für den „Vocal-Swing mit Charme" positives Echo. „Wir waren dann auch gleich beim Hessen-Jazz in Idstein mit von der Partie."

„Onkel Willy ist Familie!" grinste Armin Rühl breit und setzte auf diesen „Ritterschlag" noch einen drauf: „Willy weiß, was Drummer brauchen. Als ich das erste Mal hinter einem Wahan-Schlagzeug saß, war es fast unheimlich, so viel Musik und Volumen war in den Drums drin. Als ob er den Sound gekannt hätte, den ich immer gesucht habe. Ich will kein anderes mehr." Unterhalb der Luxusklasse von exzellentem

Wahansinn: Drummer Cherbettchian bezeugt beim Konzert mit der Band Jazz Connection, woher der Trommelwirbel seinen Namen hat.

Handwerk und den Materialien Holz, Metall und Acryl kommt für ihn wie für andere hochkarätige Musikerkollegen nur noch Wahan-Qualität in Frage. Armin Rühl? Der erfrischend bodenständige Musiker ist kein Geringerer als die charakteristische Groovemachine bei einem gewissen Herbert aus Bochum. Der Ausnahmedrummer sorgt seit über 30 Jahren in der Grönemeyer-Band für den richtigen „Riddim". Seit gut 20 Jahren lässt Armin Rühl auf Wahan-Drums die Schlägel fliegen und ausschließlich auf dessen „Töpfen" die Jazzbesen tanzen.

Im Showroom der Drumschmiede in Kastel strahlte „Neffe" Armin wie ein Kind unter dem Weihnachtsbaum, als er den von „Onkel Willy" handgefertigten Neuzugang für sein Drumset von allen Seiten begutachtete. Natürlich wurde der volltönende Sound der maßgeschneiderten Snaredrum sofort getestet, mit verschiedenen Fellen und individuellen Sticks. „Ich schwöre auf Harmonie und Schönheit seiner Kessel", schwärmte der berühmte Kollege.

Ein spannender Blick hinter die Kulissen der erstaunlich kleinen Meisterwerkstatt: Die eigens konstruierte Fräse kann auf einen Hundertstel Millimeter genau die Auflage für das Trommelfell ausfräsen. „Das Fell muss so dicht und so plan wie möglich aufliegen. Um so besser überträgt sich die Schwingung auf den Resonanzkörper."

Jede Menge Trommel-Rohlinge, meterlange Folien für die Optik der Instrumente, Werkzeug, Maschinen und Leimgefäße bevölkern die Manufaktur. Aus jedem Schlagzeuger-Traum wird klangvolle Realität „gezaubert", alles in Hand-Arbeit. „In meiner Alchemistenküche bin ich immer wieder am Tüfteln. Beim Schlagzeugbau kommt es auf die Präzision der Verarbeitung an. Die drei Grundmaterialien Holz, Metall und Kunststoff arbeiten beim Spielen ja miteinander und die kleinste Abweichung ist für den Klang entscheidend."

Hochwertige Details markieren den Unterschied zur Massenproduktion. Ob transparentes Drumset aus Acryl oder ein Hauch von Glamour in türkis und silbermetallic – no problem. Was wird in Wahans Manufaktur verwendet? „Bei mir gibt es nur Ahorn, Birke und Buche, Acryl und Edelstahl. Tropenholz kommt nicht in Frage!" Bekanntlich „hört" das Auge mit: Auch die Optik der Instrumente ist ein Faktor. Wer kann, punktet mit individuellem Design. Ehrensache: Grönemeyers „Schiffsschraube" zierte als charakteristischer Blickfang die Basedrum von Armin Rühl.

Zur Gretchenfrage der Elektronik zeigt Meister Wahan auf seine Hände: „Mein Qualitätsmanagement für den optimalen Klang sitzt hier." Dass der Zeitzeuge mit seinen Unikaten international ganz oben mitspielt, zeigt die Kooperation seiner „Wahan Drum Technology" mit der Weltklasse-Beckenschmiede „Paiste" aus der Schweiz und seine erfolgreiche Teilnahme an Fachmessen quer über den Globus von Frankfurt (weltgrößte Musikmesse) bis New York. Er ist der einzige Hersteller, der Kessel nahtlos – buchstäblich aus einem Stück – fertigt. Drummer sind Individualisten – Trommeln aus der Drumschmiede in Kastel sind es auch.Individualität ist Trumpf. Der „Wahansinn" hat Methode und steht unter dem Motto „Mit Herz und Verstand".

Die Mutter des
Internationalen Pfingst-Reitturniers
Veronika Jenny Klara Dyckerhoff, geborene von Eichhorn

**Ideengeberin des wiederbelebten
Internationalen Pfingst-Reitturniers**
Ehrenpräsidentin des Wiesbadener Reit- und Fahr-Clubs e.V
Gründungsmitglied Reitstall Fasanerie e.V.
Geboren am 24. Juni 1917 in Königsberg/Ostpreußen
Gestorben am 18. August 2018 in Wiesbaden

Sie war die Grande Dame des Wiesbadener Reitsports. Veronika Dyckerhoff war als „Mutter" des Internationalen Pfingst-Reitturniers bekannt und beliebt.

Das Internationale Pfingstturnier war ihr eine Herzensangelegenheit und viel mehr als rein sportliches Ereignis für die leidenschaftliche Reiterin. Sie saß bis ins hohe Alter von 94 Jahren noch zu Pferde und gab „aus reiner Vernunft" das Reiten auf. Selbst eine langjährig trainierte Reiterin wäre nicht vor einem Sturz gefeit. Ehrensache, dass die Doyenne des Pferdesports mit dem Faible für die Vielseitigkeit jedes Jahr bei „ihrem" Reitturnier dabei war. Auch in der Jubiläumssaison 2016

Veronika Dyckerhoff zeigte sich auf der Fotografie als wagemutige Amazone hoch zu Ross.

fuhr sie in offener Kutsche eine Ehrenrunde über den Turnierplatz in Begleitung ihrer fünf Urenkel und gratulierte dem Sieger des Joker-springens, dem Preis der Familie Dyckerhoff.

„Jubiläumsreife" 80 Jahre gab es 2016 das weltweit renommierte Internationale Wiesbadener Pfingstturnier, das vom Wiesbadener Reit- und Fahr-Club e. V. ausgerichtet wird. Und wer hat's in der aktuellen Version erfunden? Jenny Klara Veronika Dyckerhoff, geborene von Eichhorn, hatte die Idee der Wiederbelebung.

Blick ins Jahr 1949: Ihre spontane Eingebung, die ein sportliches Weltereignis auf die Beine stellen sollte und jedes Jahr die Reitelite nach Wiesbaden führt, war alles andere als ein Zufall. Bei einem Spaziergang mit Ehemann Wilhelm Dyckerhoff, der „ein begeisterter Reiter" war, und dem Schnauzer Pitt im Biebricher Schlosspark „kam mir an diesem regnerischen Sonntag die Idee: Hier müssten wir reiten können. Es ist der ideale Platz und eine wunderbare Kulisse, da könnten wir doch was mit den Pferden machen."

Die Zeitzeugin erinnerte sich noch genau: „Mein Mann war sofort Feuer und Flamme. Wir standen auf dem heutigen Dressurplatz und haben überlegt, wie wir das am besten organisiert bekommen."

Im Rückblick sieht die grandiose Entwicklung von der Idee zur global anerkannten Reitveranstaltung nach „gesagt – getan" aus. Das Ganze spielte sich wohlgemerkt im Nachkriegs-Wiesbaden der amerikanisch besetzten Zone ab. Bei Lichte betrachtet war Veronika Dyckerhoff eine ziemlich geniale Idee gekommen. 1939 hatte das 12. Pfingstturnier noch „Unter den Eichen" stattgefunden mit Geländeritten im „Rabengrund" hinter dem Nerotal. Doch dieser Turnierplatz konnte nicht mehr genutzt werden.

Der 1927 gegründete Wiesbadener Reit- und Fahr-Club e.V. WRFC hatte sich von Beginn an als Förderer und Ausrichter von Turnieren verstanden. Zementfabrikant Wilhelm Dyckerhoff war dem WRFC schon lange eng verbunden. Er sprach beim US-Standortkommandanten Colonel Earl Tommy Forster Thompson vor und rannte dort unverhofft weit offene Stalltüren ein: „Das war ein Kavallerie-Offizier!" Das war nun wirklich nicht zu erwarten gewesen. Und es kam noch besser: Colonel Thompson war 1932 und 1936 Olympiareiter gewesen. „Und so konnte noch im selben Jahr auf der großen Wiese mit Blick auf das Schloss das erste Nachkriegs-Pfingstturnier stattfinden. Es war einfach fantastisch", strahlte Ideengeberin Veronika Dyckerhoff im Gespräch. Der Reitsport wurde in Wiesbaden wiederbelebt. „Da ist etwas Schönes entstanden in einer Zeit, in der alles in Trümmern lag und das Bild der *bösen Deutschen* die Welt beherrschte."

Bei diesem ersten, „Pferdeleistungsschau" genannten Turnier waren zu den 24 Prüfungen schon rund 270 Pferde gemeldet, die per Zug nach Biebrich transportiert wurden. Der besondere Clou: Die in Deutschland stationierten US-Truppen hatten über 40 Pferde gemeldet. Der Standortkommandeur und Olympiateilnehmer persönlich ritt auf dem Turnier, auch Captain Borg trat auf seinem Trakehner an. „Colonel Thompson auf seinem Dienstpferd räumte alle Preise ab", lächelte Veronika Dyckerhoff verschmitzt. Bescheiden meinte die Zeitzeugin dann, sie habe „nicht viel für den Pferdesport getan." Von wegen – sie habe lediglich „ertragen", dass ihr Mann ab 1950 als jahrzehntelanger Präsident des WRFC in dieser Mission „jahraus und jahrein abends unterwegs war" und sich zudem noch als CDU-Politiker engagierte. Einspruch, Euer Ehren Zeitzeugin.

Dem Pfingstturnier kurz nach dem Krieg kam eine bedeutende Rolle zu – „es war das Ereignis von Wiesbaden". Das Reitturnier hatte hohe gesellschaftliche Funktion. Plötzlich waren positiv menschliche Begegnungen möglich mit europäischer Diplomatie und internationaler Reiterschaft. „Mein Mann sprach zwar sehr gut Englisch, ich aber hatte Latein in der Schule und sprach sehr schlecht Englisch. Aber die Amerikaner waren sehr offen und wir konnten ganz gut reden. Und das Erstaunlich war ja – plötzlich wurde alles international. Die Amerikaner und die Franzosen kamen mit eigenen Pferden." Und die äußerst positive Rolle der Amerikaner konnte Veronika Dyckerhoff gar nicht genug würdigen: „Nur mit ihrer Hilfe konnte der Turnierplatz gebaut werden."

Leises Bedauern schwang mit, als die Gastgeberin der internationalen Reiter-Equipe zurückblickte: „Es war alles so schön klein und gemütlich". Im privaten Hause Dyckerhoff – „damals der erste Bungalowbau in Flachdach-Architektur in Wiesbaden mit Deckenheizung und dem ersten privaten Schwimmbad, auf dem Grundstück der Schwiegereltern" – genoss die Reitelite die herzliche Gastfreundschaft.

„Wir hatten immer gerne viele Gäste. Wir haben auf unserer großen Terrasse Reiterempfänge gegeben für die ausländischen Mannschaften. Selbst geschmierte Brötchen gab es, alles war sehr locker und alle waren sehr zufrieden. Auch unser Erdbeerbowlen-Abend kam bei den Gästen immer gut an", sinnierte die Zeitzeugin. „Colonel Thompson war begeistert von Wiesbaden und wir haben uns später noch lange geschrieben – mit Lexikon." Ehefrau Lorraine Thompson mit familiären Wurzeln in Elsass-Lothringen „war eine besonders herzliche Frau" und wie ihr Gemahl „von allem Europäischen sehr begeistert", erzählte Zeitzeugin Dyckerhoff mit funkelnden Augen.

Glanzvolle Turnierbälle gab es im Rahmen des Pfingstturniers bei Sponsor Henkell, Schiffsausflüge gab es auch. „Es war damals alles etwas Besonderes, es gab ja kein Fernsehen" und die Reiter hatten Interesse an einem unterhaltsam entspannenden Rahmenprogramm. „Es ist schön, dass ununterbrochen jedes Jahr über Pfingsten das Internationale Reitturnier stattfindet im Biebricher Schlosspark. Die unvergleichliche Kulisse mit ihrem besonderen Flair macht den einzigartigen Charme aus, der international gerühmt wird." Nur einmal – im Jahr 2001 – wurde „Pfingsten" in den Herbst verlegt und das Turnier fand im September statt. Die Maul- und Klauenseuche grassierte. Paul Schockemöhles neu gegründete „Riders Tour" wollte erstmals hier Station machen. Die Hygienemaßnahmen hatten verständlicherweise enorme Dimensionen angenommen und das Risiko kurzfristiger Absagen wurde zu groß. Erfreulich, dass alle Sponsoren bei der Stange blieben und mitzogen.

Das 65. Internationale Wiesbadener Pfingstturnier vom 21. bis 23. September 2001 ging denn auch als Erfolg in die Annalen ein.

Disziplin als Wesensmerkmal wurde der Enkelin zweier Preußen-Generäle, die auch Philosoph Friedrich Wilhelm Schelling zu ihren Ahnen zählte, in die Wiege gelegt. Veronika, die den Vornamen ihrer Großmutter Baronin von Heyking erhielt und mit Pferden aufwuchs, kam im Juni 1917 im damals ostpreußischen Königsberg zur Welt als fünftes Kind des Marineoffiziers Wolf von Eichhorn und Gemahlin Hildegard, geborene von Horn. Mutter Hildegard war 1917 „mit ihren bis dahin vier Kindern, Joachim, Albrecht und den Zwillingen Siegfried und Erika, von Wilhelmshaven nach Truntlack" auf das Familiengut gezogen, „weil unser Vater als Marineoffizier zur See fuhr und unsere Mutter nicht alleine bleiben wollte", schrieb die Zeitzeugin in ihren Erinnerungen an „Truntlack" nieder. Sie sei „nach 100 Jahren der erste Täufling in der Kapelle" gewesen, hieß es.

Apropos Königsberg: Zu ihrer Geburtsstadt fiel der geistig hellwachen Zeitzeugin spontan die Begegnung mit Michail Gorbatschow und Gemahlin Raissa im Rathaus Wiesbaden ein, die fotografisch dokumentiert ist samt Oberbürgermeister Achim Exner mit Amtskette. Am 9. September 1994 trug sich der frühere Kreml-Chef ins Goldene Buch der Stadt ein. „Raissa Gorbatschowa war ja auch aus Keenigsbarj!" freute sich Zeitzeugin Dyckerhoff und gab eine Kostprobe des ostpreußischen Dialekts.

„Pferde, Pferde, nichts als Pferde" könnte das Lebensmotto von Veronika Dyckerhoff sein. „Ich saß fast schon als Baby im Sattel", berichtete die lebensfrohe Zeitzeugin. Im Klartext: Von der Mutter bekam die Kleine früh den ersten Reitunterricht und freute sich 1930 über das „großartige Geburtstagsgeschenk". Ihr Pony „Grauchen" war, wie auf historischen Schwarzweißfotos zu sehen ist, auch als „Kutschpferd" im Einsatz.

Mit den „ungeheuren Umwälzungen" nach dem Krieg verlor der Vater seinen Beruf als Marineoffizier, zog „mit Sack und Pack nach Schlesien" und bewirtschaftete ein Nebengut des Schulfreundes Heinrich von Buttlar. Als der Vater 1921 eine Stellung bei der Metallgesellschaft in Frankfurt am Main antrat, fand die Familie eine neue Heimat in Bad Homburg.

Gut Truntlack nahe der polnischen Grenze mit Äckern, Wiesen, Weiden, Wald und Wasserflächen sowie dem großen Viehbestand von rund 60 Pferden neben Rindvieh, Schafen und Schweinen wurde zum Ferienziel bei Großmutter Veronika von Horn, geborene Baroness von Heyking, und Großonkel Alfred Baron von Heyking. Die Fahrt dorthin klingt nach Abenteuerreise – es ging von Bad Homburg über Frankfurt nach Berlin. Übernachtung bei einer Verwandten, dann durch den damaligen „polnischen Korridor" bis nach Nordenburg. „Am Bahnhof in Nordenburg stand das Pferdegespann aus Truntlack mit dem Kutscher Mecklenburg, um uns abzuholen."

Nach dem Abitur 1936 in Bad Homburg vor der Höhe schloss sich für Veronika von Eichhorn ein landwirtschaftliches Praktikum bei Familie

Graf von Bassewitz auf Gut Ulrichshusen in Mecklenburg an. Ein halbes Jahr Ausbildung zur Guts-Sekretärin auf der Lette-Schule in Berlin absolvierte die Zeitzeugin auch, bevor sie ihrer Neigung folgte. 1937 begann sie eine Lehre zur Fotografin bei Angelika von Braun in Frankfurt am Main. Der renommierte Leica-Fotograph Dr. Paul Wolff holte sie in sein Studio als Mitarbeiterin, durchaus eine Anerkennung, woran sie sich spürbar gerne erinnerte.

1941 wurde die junge Frau, die nach dem Abitur einen Rotkreuzhelferinnen-Kurs absolviert hatte, vom Roten Kreuz zum Lazarettdienst eingezogen in Königstein. Weiterhin kriegsdienstverpflichtet, hatte Veronika am 12. April 1943 in die Familie Dyckerhoff geheiratet und war nach Wiesbaden „in die Heimatstadt meines Mannes Wilhelm" gezogen. Im dortigen Standortlazarett, dem späteren Amelia-Earhart-Hotel, war sie bis Kriegsende eingesetzt. „Plötzlich hörte der Fliegeralarm auf, daran merkten wir das Kriegsende", erzählte die Zeitzeugin lakonisch.

Ihr Ehemann, Diplom-Ingenier Wilhelm Dyckerhoff, war ab 1946 Technischer Leiter im Stammhaus Wiesbaden-Amöneburg, gehörte ab 1952 dem Vorstand an. Als Stadtverordneter und CDU-Fraktionsvorsitzender war er lokalpolitisch engagiert und saß dem Verwaltungsrat des Paulinenstiftes vor. Vorsitz im Reitstall Fasanerie e.V. und Mitarbeit im Vorstand der Deutschen Reiterlichen Vereinigung (FN) zeigen die Verbundenheit zum Turnier. Für sein vielseitiges Engagement wurde Wilhelm Dyckerhoff zum Ehrenbürger der Stadt Wiesbaden ernannt. Dass die Zeitzeugin ihm den Rücken „frei hielt", dürfte dabei keine geringe Rolle gespielt haben. „Ich habe aber auch mein eigenes Leben geführt und war jahrelang im Fotoclub Biebrich engagiert", betonte die versierte Fotografin, die sogar einen scheuen Leoparden auf einem Baum in Afrika vor die Linse bekam. Pferde waren selbstredend das bevorzugte Fotomotiv.

Pferde spielten in der Familie Dyckerhoff immer eine große Rolle – nicht nur die eigenen, die erst im Rettershof im Taunus und später an der Fasanerie standen. Auch Veronika Dyckerhoffs Reitpferd „Tommy der Freche" stand dort. Übrigens war sie auch im alten Tattersall an der Lehrstraße geritten, warf die bewundernswert rüstige Zeitzeugin einen Blick nach Alt-Wiesbaden.

Nein, beim Pfingstturnier war die passionierte Reiterin aus naheliegenden Gründen nie angetreten. Im Sattel saß die wagemutige Amazone dennoch und schwärmte vom Jagdreiten, das sie als Vierzigjährige begonnen hatte. Die anstrengenden Fuchsjagden sind nicht gerade ungefährlich und fordern Mensch und Tier über 25 Kilometer Strecke, ob im Rabengrund oder im Weilburger Tal, auch in Camberg und Wesel.

„Der Pferdesport prägt den Charakter", wusste die Expertin und betonte: „Ich muss mich in ein anderes Wesen hineinversetzen und die Führung übernehmen, muss ruhig bleiben, wenn es mal bockt." Die zierliche und nicht gerade hoch gewachsene Grande Dame ließ keinen Zweifel daran – die Zügel hatte sie stets fest in der Hand. Auch im eingeschossigen Bungalow gab es Pferde – als Skulptur von Schwägerin

Friederun von Strahlendorff, als Bronzerelief und auf diversen stimmungsvollen Bildern der gelernten Fotografin. Auf einem alten Stich ist Kaiserin Elisabeth hoch zu Pferde zu sehen. Im Volksmund gerne „Sissi" genannt, reitet die legendäre Monarchin inkognito als Gräfin Hohenems an der Mosburg im Biebricher Schlosspark vorbei.

„Eigentlich war und ist Wiesbaden eine Pferdestadt", meinte Veronika Dyckerhoff. Im Jahr vor ihrer so schicksalsträchtigen Idee kam Tochter Kristina zur Welt. Bis zu seinem Tod 1987 war Wilhelm Dyckerhoff WRFC-Präsident. 1992 trat Tochter Kristina in Vaters Fußstapfen als ehrenamtliche Präsidentin des Wiesbadener Reit- und Fahr-Clubs. Des Öfteren feierte Kristina Dyckerhoff während des Pfingstturniers ihr Wiegenfest, wie 2016 auch wieder. Ihr Engagement als WRFC-Präsidentin wurde 2014 mit dem Verdienstorden des Landes Hessen gewürdigt. Im selben Jahr erhielt sie die Goldene Bürgermedaille der Stadt Wiesbaden.

Nicht unerwähnt bleiben darf die generelle Rolle der „Dyckerhöffer" für die Stadt Wiesbaden. Am 4. Juni Anno 1864 hatte Wilhelm Gustav mit seinen Kindern Rudolf und Gustav in Amöneburg die „Portland-Cement-Fabrik Dyckerhoff & Söhne" gegründet. Wie „Dyckerhoff-Zement" die Welt eroberte und im Jahr 1886 die benötigten 170.000 Tonnen Zement für das Fundament der Freiheitsstatue in 8000 Holzfässern nach New York lieferte, ist allerdings eine andere Geschichte.

Stilvolle Lady der Nacht mit Vortragsrepertoire

Doris Eisenbach, geborene Prätorius

Kunsthistorikerin, legendäre „Institution" für Naschkatzen am Musentempel

Geboren an einem 13. Februar **?** in Essen
Gestorben am 5. März 2020 in Wiesbaden

Doris Eisenbach, die distinguiert charmante Lady mit dem eleganten Chic und den dekorativ arrangierten Verführungen für Naschkatzen jeglicher Couleur, war eine „Institution" am Staatstheater der Landeshauptstadt.

  Ob Schauspiel oder Oper, Ballett oder ein Mitmachprojekt des Jugendreferats von Kulturpreisträgerin Priska Janssens – im neobarocken Musentempel an der Rue war ein Abend ohne Abstecher zum süßen Refugium von Doris Eisenbach nicht denkbar.

Doris Eisenbach war mit ihrem kultreifen Süßwaren-Juwel die „Lady der Nacht" am Musentempel.

Doris Eisenbach

Wer die legendäre „Lady der Nacht" nicht kannte, war nie im Staatstheater Wiesbaden. Ihr güldener Sarotti-Wagen, eine Rarität im Möbeldesign der Fünfziger Jahre, betörte durch seine geschwungene Nierenform und versprühte das Flair eines „Bühnenbildes". Beim Theaterpublikum hatte der einzigartige „Treffpunkt" unangefochten Kultstatus. Vor der Vorstellung lockte das Juwel im Vestibül des Großen Hauses und zur Pause war die „süße Kulisse" im Prunkfoyer nicht zu übersehen.

Doris Eisenbach kannte ihre „Pappenheimer" und hatte immer eine verführerische Auswahl parat, die für jeden Geschmack das Besondere offerierte. „Der eine Kunde mag lieber Weingummi, die andere Theaterfreundin ist auf Ingwerstäbchen abonniert." In der ästhetisch arrangierten Auslage vertrug sich „gehobenes Studentenfutter" mit fabelhaften Schokolinsen und Aprikosen-Kieselsteinen. Der kleine Hunger zwischendurch wurde mit einer Bio-Brezel besänftigt. Sogar Chips gab es – „für die Kinder".

Nicht zu unterschätzen: Die Leckereien vom süßen Wagen der Zeitzeugin dienten der Vorbeugung, wenn nicht sogar der „Rettung" aus misslicher Lage. Wer möchte schon Tucholskys Bild bestätigen und die Akustik testen im Musentempel, der ein „Hustenhaus" ist. Das kleine Eldorado der Gaumenkitzel hat en passant auch die Generationen verbunden – die geneigte Kundschaft bestand aus kleinen und großen Süßmäulchen. Die Lizenz zum Naschen gibt es in jedem Alter.

Kinder holten sich ihre Leckereien gerne im Duo, Herren in feinem Zwirn, jüngere Semester gerne in Jeans mit Hemd oder Pullover. Manch mehr oder weniger feingemachte Dame flanierte zielsicher in Richtung „süßer" Szenerie. „Es passiert hier jeden Tag etwas, ich werde bestens unterhalten", lächelte Doris Eisenbach charmant. Doch aus einem Wermutstropfen machte die Zeitzeugin keinen Hehl. „Unser feiner Theaterchic ist nicht mehr so angesagt. Die großen Roben wie früher in den Internationalen Maifestspielen sehen Sie nur noch ab und an. Die Einstellung hat sich ziemlich verändert. Theater wird heute angesehen wie Kino mit Popcorn."

Das Zunehmen von „Vulgärsprache" bei Jugendlichen ging der in Essen geborenen Tochter aus gutem Hause deutlich gegen den Strich: „Ich starte dann schwache Erziehungsversuche und betone: ‚Im Theater sagt man nicht Sch…'. Aber es nützt nicht so viel."

Auch bei Erwachsenen ist es zuweilen mit der Kinderstube nicht so weit her, musste sie erleben. „Ich bin eine Dienstleisterin im Staatstheater und das bin ich gerne. Aber der historische Wagen ist nun wirklich kein Abstellplatz."

Apropos Kinderstube. Wer fragt schon eine Dame nach ihrem Alter… Solche Übergriffe passierten der Lady mit dem erfrischend trockenen Humor tatsächlich immer wieder. Es spielten sich regelmäßig bühnenreife Szenen ab der Sparte Taktlos mit Herren der Schöpfung, die feinsinnig fragten: „Wie lange wollen Sie denn das hier noch machen?" Die charmante Zeitzeugin war ebenso kregel wie schlagfertig, weder auf den Kopf noch auf den Mund gefallen. „Dann antworte ich immer – bis ich tot umfalle! Dann ist Ruhe." In diesem Sinne hat sie die Interviewerin gebeten, ihr Geburtsjahr zu verschweigen. Ehrensache!

Denn für Doris Eisenbach war Diskretion natürlich eine Sache der Ehre: „Viele Theatergängerinnen und viele Opernbesucher kenne ich schon lange. Wir führen persönliche Gespräche, auch mal über Familiäres, was dann natürlich unter uns bleibt. Und wir tauschen uns gerne über Vorstellungen aus." Was tatsächlich wie aufs Stichwort zu erleben ist. Die obligatorische Frage aus den Reihen des jahrelang treuen Stammpublikums an die Grand Dame des Musentempels lautete: „Was werden wir denn heute Abend sehen? Wie ist die Vorstellung? Und was sagen Sie zu der Inszenierung, zu Regie und Bühnenbild?"

Das fachliche Urteil der Zeitzeugin war allseits gefragt. Nie hat Doris Eisenbach eine Oper versäumt. Mit kritischem Auge und geschärftem Ohr ließ sie sich kaum eine Generalprobe entgehen und hatte immer eine fundierte Antwort parat. In der Pause bekam sie dann oft und prompt die Bestätigung zu hören: „Sie hatten vollkommen Recht!" Bildlich gesprochen, hatte sie ihr Ohr „am Volk" und meinte lakonisch: „Ich bekomme bei den Premieren hier immer die ersten Reaktionen ab."

Die Zeitzeugin war als Person eine Art „Markenzeichen", auf neudeutsch: ein „Alleinstellungs-Merkmal" des Wiesbadener Musentempels, das bleibenden Eindruck hinterließ. „In einer Potsdamer Gemäldegalerie sprach mich einmal eine Frau an und sagte, wir kennen uns doch aus Wiesbaden", erzählte Doris Eisenbach. „Und das war noch zu DDR-Zeiten."

Der Wiesbadener Theaterbau war ihr richtig ans Herz gewachsen. „Es ist ein wunderbares Haus und so herrlich restauriert." Klar, dass sie sich „backstage" bestens auskannte. Tatsächlich stand sie, offenkundig schwindelfrei, während der Umbauzeit des Theaters einmal oben auf dem Gerüst im Großen Haus. „Der Kunstmaler Lenz aus Würzburg malte den Eisernen Vorhang und das hat mich so sehr interessiert." Hier konnte sie buchstäblich einen Blick hinter die Kulissen der Restaurierungsarbeiten werfen.

Den Theaterumbau hatte sie noch plastisch in Erinnerung. „In der dreijährigen Umbauphase Mitte der Siebzigerjahre hatte der historische Süßigkeiten-Wagen in der Ausweich-Spielstätte *Walhalla* seinen Standort, zeitweilig auch im früheren *Ufa im Park*. Das war ursprünglich der Filmpalast mit dem *Filmstudio* an der Wilhelmstraße und dem Zugang am Marktplatz hinter der Marktkirche", erinnerte sich die Zeitzeugin an die Historie der heute kommunalen FilmBühne Caligari.

Nach der Wiedereröffnung des Staatstheaters 1978 kam vereinzelt die Frage: „Ja, wo waren Sie denn? Wir haben Sie vermisst." Das nötigte ihr noch immer ein Kopfschütteln ab. „Ich dachte doch, ich höre nicht richtig."

Aber auch sonst herrschte an skurrilen Erlebnissen nun wahrlich kein Mangel. So wurde die Sarotti-Repräsentantin in der Pause einer Macbeth-Vorstellung irritiert gefragt: „Ist der nackte Mann immer dabei?" Nein, war er nicht. Mit diesem „Spezialauftritt" hatte es seine eigene Bewandtnis: Der zuweilen als „Regie-Berserker" geltende Regisseur hatte einer Wette Genüge getan. Doris Eisenbach formulierte sichtlich vergnügt: „Dietrich Hilsdorf zeigte in der Hexenszene von *Macbeth* ohne Hose seine männliche Pracht. Das war damals ein Aufreger." Schmunzel, schmunzel. Heutzutage lässt die Regie Hamlet in seiner Prinzenrolle Minuten lang im Adamskostüm über die Bühne rüpeln getreu der Devise: „Schrei'n oder nicht schrei'n." Die überholte Attitüde aus den Siebzigern fand bei der Expertin so gar keine Gnade. „Shakespeare hat so eine Inszenierung nicht nötig".

Ihre „Italiener", die Opern von Verdi und Puccini, liebte die qualitätsbewusste Zeitzeugin ganz besonders. „Eine Verdi-Oper ist wie Schlagobers." Aber auch aktuelle Inszenierungen wie Wagners „Fliegender Holländer" von Michiel Dijkema („eine Rarität!") und die „Verkaufte Braut" des niederländischen Regisseurs („herrlich einfallsreich") ließ sie gelten. Bei Namen wie Christa Ludwig, „die Schwarzkopf" oder Eberhard Wächter funkelten ihre Augen.

Und das Schauspiel? „Das ist nicht mehr so meine Leidenschaft, die sprechen heute so schlecht", setzte die Expertin in Sachen Sprachkultur auf Qualität. „Wenn Bernhard Minetti als *King Lear* geflüstert hat, war er in der letzten Reihe noch gut verständlich", schwärmte sie von einem Maifestspiel-Gastspiel im Großen Haus.

So einige Intendanten hatte die stilvolle Wahlwiesbadenerin, die mit kabarettreifem Humor gesegnet war, kommen und gehen sehen im Laufe der Zeit. Aber auch über Hausherren vor „ihrer Zeit" war sie im Bilde und wusste, „der Vater von Intendant Dr. jur. Friedrich Schramm war Kammersänger." Spannende Zeiten waren es unter Alfred Erich Sistig und Dramaturg Dr. Rainer Antoine, der die „legendäre Doppelinszenierung" von Kafkas „Bericht für eine Akademie" mit Wolfgang Ziemssen und Theo Maier-Körner verantwortete. Rund um den Globus war der „Bericht" zu Gastspielen eingeladen. „Mit Sistigs *Theater für alle* wurde Schwellenangst abgebaut."

Der Theaterumbau mit Maifestspielen im Walhalla-Theater und Schauspiel im Parktheater lief in der Interims-Ägide Peter Ebert, dem Christoph Groszer folgte. „Ein feiner Kerl, der nicht viel geredet hat", wurde Claus Leininger von der Zeitzeugin in höchsten Tönen gerühmt. „Dieser Intendant wirkte eher im Stillen und er hat ein fabelhaftes Ensemble ans Haus geholt." Auch über Dr. Claus-Helmut Drese war von ihr nur Gutes zu hören: „Dieser Intendant hatte Stil." Von den „bedeutenden Generalmusikdirektoren" Heinz Wallberg und Professor Siegfried Köhler (→ S. 130) war sie auch „menschlich sehr beeindruckt. Die waren sehr herzlich. GMD Köhler kam im Vestibül zu mir, hat mir die Hand gedrückt und mir fröhlich einen Guten Abend gewünscht."

Ein kleines Ritual aus „alten Zeiten" blieb Doris Eisenbach unvergesslich. „Ein früherer Brauch war – Intendant und Verwaltungsdirektor gingen zu Silvester durch alle Ränge und wünschten überall ein Gutes Neues Jahr. Heute ist es leider nicht mehr üblich."

Ihre Erfahrungen mit ungezählten Prominenten brachte die klarsichtige Zeitzeugin auf den Punkt: „Leute, die wirklich etwas sind und etwas können, sind nett und bescheiden." Die Begegnung mit dem Ersten

Mann im Staate, also dem Bundespräsidenten, diente ihr als Beleg. „Theodor *Papa* Heuss kam ohne jeden Aufwand eines Morgens ins Theater." Nein, „Talmi-Figuren" und Blender jeglicher Couleur mochte die Weitgereiste so gar nicht.

Doris Eisenbach war eine unbestechliche Beobachterin: „Was mir auffällt, ist die sogenannte Landbevölkerung. Die Mädels sind so nett angezogen und kommen nicht wie mit Klamotten aus der Gosse. Entsprechende Kleidung zeigt Achtung gegenüber der Leistung im Theater."

Naturgemäß war eine Persönlichkeit wie Doris Eisenbach ein Quell von Anekdoten, doch die Weitergabe von Klatsch und Tratsch war nicht ihr Gusto.

Die zeitlos elegante Erscheinung mit der noblen Ausstrahlung und immer picobello frisiert, war nicht nur als „Lady der Nacht" die Traumbesetzung. Auch am Tage befasste sich Doris Eisenbach mit den Musen und gab ihr Wissen gerne weiter. Von je her kulturbegeistert, hatte sie in Mainz sechs Semester lang ein Studium generale in Geschichte und Kunst absolviert. Eingeweihte in Wiesbaden und Interessierte im Rhein-Main-Gebiet und weit darüber hinaus, auch Institutionen wie „Frau und Kultur" in NRW, in Konstanz am Bodensee, Volkshochschulen sowie Seniorenresidenzen wussten ihre kenntnisreichen Vorträge zu schätzen.

Das Faible für Kunst und Kultur wurde Doris Eisenbach in die Wiege gelegt. „Mein Onkel Friedrich-Ernst Meinecke war Kurdirektor in Wiesbaden und Präsident der Dantegesellschaft. Mutters Cousine Tante Inge, über die ich nach Wiesbaden kam, sagte irgendwann: ‚Du musst Vorträge halten', doch ich hab' es mir nicht zugetraut", bekannte die Zeitzeugin offenherzig. Dann traute sie sich doch vor das Publikum im Kurhaus – „es ging um den Bodensee und seine Schönheiten"– und traf mit ihrem ersten Vortrag beim Deutschen Sozialwerk ins Schwarze. „Der Onkel Kurdirektor kam aus Neugier hin und hörte aus dem Publikum: Herr Meinecke, da haben Sie uns ja viel vorenthalten! Das ist mir unvergesslich."

Die weitgereiste Dozentin hatte sich ein breit gefächertes Repertoire von mehr als 60 Themen erarbeitet. Der Stein gewordenen Historie von Wiesbadens Partnerstadt Görlitz war sie auf der Spur. Venedig sah sie als „funkelndes Füllhorn europäischer Kultur".

Gefragt war sie in Kirchen beider Konfessionen. Die Landfrauen in Naurod luden sie ein, der Rheingauer Kunstverein und die Fachhochschule in Geisenheim. „Ganz vieles läuft über Mundpropaganda", freute sich die gefragte Referentin über positive Resonanz.

Die Mitglieder der „Societá Dante Aligheri Wiesbaden" unternahmen mit der versierten Dozentin im Haus der Heimat per Lichtbildvortrag eine „Promenade durch Preußens Arkadien". Hier stellte Doris Eisenbach die Kulturlandschaft um Potsdam und Berlin vor: „Die reizvollen Schlösser und Herrensitze spiegeln schließlich die Italiensehnsucht der Deutschen im 19. Jahrhundert wider." Auch bei den Dante-Gesellschaften in Köln, Bonn und in der Schweiz machte Referentin Eisenbach Station und gastierte beim Adelsverband Wiesbaden.

Selbst ihr immer perfekt auf die Garderobe abgestimmter Mode-schmuck könnte Geschichten erzählen, wie beispielsweise der minoische Stier-Armreif aus Kreta in warmem Goldton.

Der kurvenreiche Lebensweg der Mutter eines Sohnes über Arnswalde in Pommern, Bayern und Gießen, eine fundierte Kosmetik-Ausbildung in Heidelberg und Tätigkeit in Stuttgart bis nach Wiesbaden, wohin schon der Opa mütterlicherseits gekommen war, würde jede Menge Stoff für eigene Geschichten bieten. In Essen als Doris Prätorius geboren, ist die jüngste Offiziers-Tochter aus gutem Hause bis 1944 kurz im Ruhrgebiet, dann in Königsberg aufgewachsen.

„Geschichte ist mein Fall", war schon der kindlichen Leseratte klar. „Ich saß und las unentwegt und Mutter sagte: ‚Doris, du musst an die Luft'."

In Wiesbaden zog die Zeitzeugin zur Mutter in die neu entstehende Burgstraße, sah die Kuckucksuhr noch auf dem Platz vor den Vier Jahreszeiten stehen, bevor sie brannte und später am heutigen Standort an der Ecke aufgestellt wurde.

Die Wohnung in fußläufiger Nähe zum Theater, buchstäblich im Herzen der Stadt mit einem herrlichen Blick auf Neroberg und Russische Kapelle sowie rüber zur Marktkirche, war für die kultivierte Zeitzeugin das perfekt gelegene Refugium: „Die Queen sah ich vom Balkon aus an der Seite von Ministerpräsident Georg August Zinn im offenen Mercedes vorbeifahren in Richtung Kurhaus", erzählte Doris Eisenbach. Den furiosen Besuch von US-Präsident John F. Kennedy hatte sie auch noch vor dem inneren Auge präsent. Und den legendären russischen „Gorbi" hat sie zur Zeit des Petersburger Dialogs in Wiesbaden auch gesehen, diesmal nicht vom privaten Balkon, „sondern von der Theatertreppe aus."

Wie kam Doris Eisenbach überhaupt zum Hessischen Staatstheater? Damit verbindet sich ein Stück Wiesbaden-Historie im Herzen der Stadt. Ursprünglich hatte sie beim Lichtspielpalast „Ufa im Park" als Platzanweiserin angeheuert. „Als es hieß: ‚Wer macht den Süßigkeiten-Stand?' habe ich gesagt: ‚Ich mache das' und bekam diesen Sarotti-Wagen." Die gelben Wände des Kinos und die hellen Klappstühle sind ihr noch plastisch vor Augen, genau wie die Sessel im Foyer mit den Spiegeln. „Links davor stand der nierenförmige Verkaufswagen. Solche Stände gab es damals in vielen Theatern und Kinos." Heute kaum noch vorstellbar, war ein Kostüm als Dienstkleidung Usus. Am Revers der Kostümjacke war das Ufa-Emblem aufgestickt. Flott sah die langhaarige Schönheit auf der Schwarzweiß-Fotografie aus.

„Sie müssen den Sarottistand im Theater übernehmen!" Der Personalchef von Sarotti bekniete sie eine Weile später. Und Doris Eisenbach fackelte nicht lange: „Keine Frage, ich wollte sofort und wurde eingekleidet in ein chices Kostüm." Den Warnungen der Tante, die ihr „Doris'chen" vor dem „ausufernden Theaterleben" bewahren wollte, zum Trotz fing die junge Dame zu den Maifestspielen an. Und sie hat es nie bereut. „Ich kann nur das Beste sagen über das Publikum, was Ehrlichkeit anbelangt." Und doch bestätigt eine unrühmliche „Ausnahme" diese „Regel". Da wurde doch glatt einmal eine Cailler & Gala-Peter-Dose stibitzt, ausgerechnet während der Internationalen Maifestspiele. Nanu? In den „heiligen Hallen" tummelt sich zu Festspielzeiten doch wohl die „bessere Gesellschaft", also ausschließlich honoriges Publikum? „Die edlen Schokoplättchen waren zu verlockend und geklaut schmecken sie wohl besser", war die Vermutung von Zeitzeugin Eisenbach in Sachen Mundraub.

Das güldene Prunkstück auf Rädern war übrigens das Eigentum von Doris Eisenbach. „Als Sarotti sich zurückzog, wurde ich selbständig in Verbindung mit dem Theater. Mir wurde der Wagen geschenkt als Würdigung meiner langjährigen Verdienste."

Wenn sie einmal nicht im Staatstheater war und nicht als Dozentin auf Achse, dann diente selbstredend gehobene Literatur der Entspannung. Neben den geschätzten Herren Goethe und Heine durfte es gerne mal „schillern". Mit dessen Aufforderung: „Der Menschheit Würde ist in Eure Hand gegeben. Bewahret sie" und der Dichter-Statue vor der Parkseite des Musentempels am Warmen Damm hat sich der Kreis zum Theater geschlossen.

Ihre langjährige Wirkungsstätte verabschiedete sich von der „entzückenden Dame" mit einem Nachruf: „Wir verneigen uns vor der Grande Dame des Hessischen Staatstheaters."

„Miss Fassenacht Senior"
Inge Engelskirchen, geborene Michel

Älteste aktive Büttenrednerin der Landeshauptstadt
Geboren am 12. August 1920 in Wiesbaden
Gestorben am 14. Januar 2015 in Wiesbaden

„Wie heißt du denn, mein kleiner Floh? – Ei, Karlsche Müller-Maier und Co."
Nein, Müller-Maier und Co. hieß sie nicht. Und mitnichten hörte die kregel wirkende Zeitzeugin auf den typisch Wissbadener Vornamen Karlsche. Aber den zitierten Dialog aus ihrem ersten närrischen Auftritt Anno 1953 (!) hatte Inge Engelskirchen im heimischen Wohnzimmer sofort parat – auswendig, versteht sich. Und selbst geschrieben hatte sie den Text, der die damals aktuelle Option von Doppelnamen bei Eheleuten aufs Korn nahm und bei Kolpings „Närrischen Gesellen" im Kolpinghaus an der Dotzheimer Straße für Furore sorgte, natürlich auch. Ehrensache.

Auf der Höhe der Zeit waren alle Büttenreden des escht Wissbadener Mädsches. Und ein Manuskript hat die treffsichere Verseschmiedin bei ihren Auftritten in der Bütt nie benutzt.

Was heißt hier „Vortrag"? Inge Engelskirchen „war" einfach die Loreley oder die Putzfrau, eine köstliche Hostess von der Bahn oder auch mal ein Gartenzwerg. Die älteste aktive Büttenrednerin der Landeshauptstadt war immer mittendrin in der Figur – und von der Rolle.

Wenn die schauspielerisch talentierte Närrin die Rostra enterte, dann bekamen Auge und Ohr, Geist und Lachmuskulatur Schmankerl geboten – ob beim altehrwürdigen „Sprudel" oder bei „Kolpings", bei einer ihr speziell am Herzen liegenden Sozialsitzung im Altenheim oder einer Kirchengemeinde.

Das fing schon bei der Fünfjährigen an. Die pfiffige Göre gab selbst Gedichtetes zum Besten und war der Star bei Familienfeiern. Lampenfieber war für sie schon damals ein Fremdwort. „Meine Eltern konnten beide für den Hausgebrauch dichten." Ihr war das Talent in die Wiege gelegt worden, die in der Schwalbacher Straße stand. „Ich bin eine Hausgeburt. Das Haus gegenüber der Wartburg wurde im Krieg zerstört." Den „Umzuch 1923 in die Scheffelstraß" erwähnt die Zeitzeugin, die 1925 „bei den englischen Frolleins in der Bierstadter Straße" eingeschult wurde.

Nach der Mittleren Reife 1937 sattelte sie ein Jahr Haushaltsoberschule plus Steno- und Schreibmaschinenkurs drauf. „Dann bin ich in Biebrich aufs Büro als Anfängerin zum Didier. Ich blieb aber kein Jahr dort und bin 1938 zum Bevollmächtigten für den Nahverkehr in der Bahnhofstraße."

Mit der Mutter erlebte sie den 2. Februar 1945: „Da sinn mir total ausgebombt bis auf den Keller. Dann sinn mir unnergekommen in etliche

Statione." Auch ein weiteres Datum hat sich ihr unvergesslich eingeprägt: „Am 27. März kame die Amis. Dann war Ruhe."

Nach Kriegsende lernte die jetzt im Verkehrsministerium Humboldtstraße Tätige einen echten Wissbadener kennen und lieben, dessen Vater eine Schuhmacherei am Römerberg 6 betrieb, und wurde Frau Engelskirchen. Die junge Ehefrau von Theodor Engelskirchen, seines Zeichens Konzertmeister am Deutschen Theater München mit Wohnsitz Ingolstadt, hatte die Kinder Heinz und Irmgard mitgeheiratet. Die gemeinsame Tochter Eva wurde im September 1947 im Bahnholz geboren: „Auf der Geburtsurkunde stand Wiesbaden-Sonnenberg", war die Zeitzeugin nachhaltig amüsiert.

Zum Broterwerb war der Familienvater „mit festem Einkommen!" bei den Kraftwerken Rhein-Main angestellt, zudem Konzertmeister des Kalleschen Gesangsvereins und des Wiesbadener Orchestervereins. Mit dem Göttergatten Theodor trat Inge Engelskirchen zuweilen bei den damals angesagten „Bunten Abenden" auf. Mal war „Graf Bobby auf Besuch", mal gab der Musiker den Zigeunerprimas: „Er hat so prima gegeigt", schwelgte die Zeitzeugin in Erinnerungen. Und dann kamen Kolpings *Närrische Gesellen* ins Spiel. Denen geigte der Konzertmeister nämlich auch den (Narhalla)-Marsch.

An den RosenMONTAGSzug Anno 1949 in Wiesbaden (!) erinnerte sich die Zeitzeugin noch ganz genau: „Da habbe sie die Blume eingefroren in Stange – des war wunderbar!" Die Domstadt am Rheinufer gegenüber zog nach. „Die Meenzer ham noch kein Zuch gemacht. Ein Jahr später wurde der Wissbadener Zuch auf den Sonntag verlegt – wegen dem Rosenmontagszuch in Meenz."

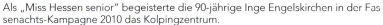

Als „Miss Hessen senior" begeisterte die 90-jährige Inge Engelskirchen in der Fassenachts-Kampagne 2010 das Kolpingzentrum.

Bei *Kolpings Närrischen Gesellen* war sie ja „eigentlich" nur als „zuschauende Begleiterin" ihres musizierenden Gemahls mit von der Partie. Inge E. ließ sich aber – wen wundert's? – nicht lange bitten. In der Fassenachts-Kampagne 1953 zeigte die Debütantin in der Bütt, wie „des Karlsche Müller-Meier & Co." zünftig die Rostra erbeben lässt. Seitdem war das Fassenachts-Urgestein jedes Jahr bei Närrinnen und Narhallesen mit rund 20 Auftritten frisch und munter dabei. Und die Büttenrednerin, die meist gar nicht „in der Bütt" stand, sondern lieber gleich die ganze Bühne bespielte, wurde jedes Mal lautstark gefeiert.

Eine Ausnahme bestätigte die Regel(mäßigkeit). In der Session 2000 hat Inge Engelskirchen notgedrungen pausiert. Ein Armbruch machte ihr vierfarbbunt den „Strich durch die Rechnung".

Ihrer Geburtsstadt ist die älteste aktive Büttenrednerin Wiesbadens aber „immer treu geblieben" und wohnte seit 1989 in Biebrich.

Auch, was andere närrisch Gesinnte so treiben, hatte „Miss Fassenacht Senior" im Blick. Zu erwähnen seien hier die Herren Peter J. Riedle & Horst Klee: „Die Zwei ham im Dialekt gebabbelt und waren als Putzfrauen echt dolle Fassenachts-Kollegen."

Was Inge Engelskirchen 1953 bei „Kolpings Närrischen Gesellen" begann, setzte sie als Mitglied und gefeierte Rostra-Aktive des „Sprudels" fort. „Mit dem „Sprudel" haben wir jede Saison sieben Altenheime besucht außerhalb der eigenen Sitzungen." Auf die Initiative des „Sprudel"-Mitgründers Werner Wörle (→ S. 279) geht die Verleihung des „Goldenen Vlieses" an sie zurück. Der langjährige Dacho-Präsident hatte sich als Sprudel-Ehrenvorsitzender zu ihrem 85. Wiegenfest so seinen eigenen Reim auf die Jubilarin gemacht: „Sich mit fünfundachtzig Jahren immer den Humor bewahren, dafür steht sie superfit immer in der Sprudel-Bütt."

Selbstflüsternd war alles Engagement eine Sache der Ehre: „Unser Lohn ist der Applaus!" Die Fassenacht scheint eine Art Jungbrunnen zu sein. Es klang bei Inge Engelskirchen nach „Erholung", wird aber von der Generation ihrer Enkel und Urenkel nicht weiter betrieben: „Die jungen Leute haben heute nicht so viel Zeit."

Bei all ihren scheinbar unaufhörlich sprudelnden Ideen immer am Puls der Zeit, bekannte die Humoristin sich zu einem großen Vorbild: „Ich liebe Heinz Erhard. Sein *und noch'n Gedicht* ist mir immer im Ohr."

Aufhören war für die äußerst rüstig auftretende Fassenachterin nie eine Option. „Ich mache weiter, solange ich gesund bin", war ihre Devise.

Mit zarten neunzig Lenzen noch bewundernswert kregel, wollte die Zeitzeugin es in der Kampagne 2010 noch einmal wissen. Vielfach war sie geehrt worden, doch eine spezielle „Trophäe" fehlte ihr noch in der Sammlung. Und den grassierenden Jugendwahn nahm sie dabei gleich mit auf die Schippe: „Natürlich is es eine Wonne, / dass ich die Wahl Miss Hessen Senior gewonne. / Doch wie der Titel es schon sagt – / nach Jugend wurde nicht gefragt. / Voraussetzung zur Wahl doch war – / Anmeldung erst ab 70 Jahr! / Die Sponsor'n war'n, des is kaan Ferz: / San-For, Schiesser und Doppelherz."

Die Eleganz schritt in bodenlanger Abendrobe daher. Mit Krönchen und Schärpe als „Miss Hessen senior" ausgewiesen und in der Rostra ziemlich daheim, enterte die „Lady in Red" die Bütt: „Unn eines Tages, des wär jo gelacht, / wer'n ich auch noch Miss Fassenacht!" Das Publikum im Kolping-Zentrum lag ihr zu Füßen.

Unvergessen ist auch ihre zünftig in Wanderschuhen einherstiefelnde „Taunushochtouristin". Die Profi-Wandersfrau von Welt brauchte keine Eiger-Nordwand, die erklomm den Neroberg und die Felsengruppe im Rabengrund. Ihre „Schlankheitskur" war auch nicht von schlechten Eltern.

Ihr „Heimatverein" waren die Närrischen Kolping-Gesellen am Rheinufer. Mit Leib und Seele war Inge Engelskirchen ein hoch aktives Mitglied der Kolpingfamilie Biebrich. „Natürlich bestreiten wir bei den *Närrischen Gesellen* in jeder Kampagne drei Sitzungen, also einen Kreppelkaffee und zwei große Abendsitzungen." Hoch zu würdigen ist auch ihr Engagement als Präsidentin des Damenkomitees. Diesen Ehrenamts-Job betrieb Inge Engelskirchen immerhin drei mal elf Jahre lang, konnte über mangelnden Zuspruch nicht klagen. Diese 33 Jahre Amtsperiode mache ihr erst mal Jemand nach.

Nicht ohne Stolz wurde ein weiteres Engagement angeführt. „Dem Schwimmclub Wiesbaden 1911 bin ich als Elfjährige beigetreten. Und nach 50 Jahren bin ich zum Ehrenmitglied ernannt worden." 30 Jahre später kam die Ehrenurkunde dazu – „und jetzt bin ich 83 Jahre drin!" Meriten verdiente sich Inge Engelskirchen auch hier. Drei Jahre war sie Präsidentin der Karnevalsabteilung. „Ich bin innerhalb von zwei Wochen eingesprungen. Die Präsidentin hatte einen Schlaganfall", erzählte Inge Engelskirchen. „Unsere Sitzungen gingen im Kolpinghaus über die Bühne."

Welchen Wert die „Fünfte Jahreszeit" für die Vollblut-Fassenachterin hatte, zeigte sich im Wohnzimmer mit Urkunden als „Wandschmuck". Orden jeglicher Couleur und Größe hatte Inge Engelskirchen fein säuberlich archiviert. Mit Augenzwinkern präsentierte sie buchstäblich eine Hand voll schmucker Fassenachts-Orden: „Das ist die *Ausbeute* einer einzigen Session. Besonders liebe ich den kleinen *Sozialorden* des Sozialdezernenten." Neben dem Stadtorden aus der Amtszeit von Oberbürgermeister Hildebrand Diehl und der Silbernen Ehrennadel der „Kolpingfamilie Wiesbaden-Zentral" wurde ihr 2002 vom ältesten Wiesbadener Karnevalsverein „Sprudel" das „Goldene Vlies" überreicht. 2004 bekam sie die Bürgermedaille der Stadt Wiesbaden in Bronze und die selten verliehene DACHO-Ehrennadel in Gold mit Brillanten.

Doch eine Auszeichnung war Inge Engelskirchen ganz besonders lieb. „Ich bekam eines Tages überraschend ein persönliches Päckchen von Angelika Thiels. Die Parlamentspräsidentin, als Rheinländerin ja der Fassenacht sehr zugetan, hat mich immer beim *Sprudel* erlebt", erzählt die Zeitzeugin mit funkelnden Augen. „In dem Päckchen war ein wunderschönes Geschenk. Es ist eine Uhr mit der Widmung *Landeshauptstadt Wiesbaden, Die Stadtverordnetenvorsteherin*. Und diese Würdigung halte ich sehr in Ehren."

Die Kunst der „hochkarätig laufenden" Bilder und trickreichen Animation

Detelina Grigorova-Kreck

Film-Produzentin, Filmregisseurin, Filmjournalistin,
Kulturpreisträgerin der Landeshauptstadt Wiesbaden
Geboren am 11. Januar 1957 in Sofia/Bulgarien

Joachim Kreck

Bundes-Filmpreisträger,
Filmemacher, Film-Produzent, Filmregisseur, Autor, Publizist, Kulturpreisträger
Geboren am 11. Juli 1931 in Frankfurt/Main

„Wir zeigen ausschließlich Filme in der Originalversion und laden, wenn es uns finanziell möglich ist, individuell ausgewählte Gäste ein." Klare Ansage von Joachim Kreck und Detelina Grigorova-Kreck. Wiesbaden als „Mekka für Fans der *laufenden Bilder*" hat den beiden vielfach dekorierten Filmfachleuten eine Menge zu verdanken. Das sah die Jury des Kulturpreises ebenso. 2010 wurde das Trio Joachim Kreck, Detelina Grigorova-Kreck und Michael O. Fechner als „Freunde der Filme im Schloss" mit dem Kulturpreis der Landeshauptstadt Wiesbaden ausgezeichnet.

„Minimales Budget – maximales Niveau" könnte der Titel für das Engagement des Dreamteams sein. Ihre „Filme im Schloss" haben Kultstatus und Initiator Kreck ist ebenso wie Expertin Grigorova-Kreck auf hochwertiges Cinema spezialisiert. Erlesenes Low-Budget-Programm zieht filmbegeistertes Publikum aus dem ganzen Rhein-Main-Gebiet an. Interessierte kommen auch aus Berlin, Hamburg und München.

Joachim Kreck ist international bestens vernetzt und reist zu den wichtigsten Festivals wie Annecy, das Welt-Trickfilmfestival in Zagreb, nach Stuttgart und zur Berlinale, um vor Ort geeignetes Material auszuwählen. Der Bundesfilmpreisträger war mehrmals Mitglied in Auswahlkommissionen und der Jury in Annecy, Zagreb und Varna.

Das etwas andere Kino: Mit dem Publikumsmagneten „Filme im Schloss" schuf der Zeitzeuge eine einzigartige Spielstätte im Rhein-Main-Gebiet. Es werden nur internationale Spitzenfilme in der unverfälschten Originalversion – teils als OmU, also mit Untertiteln – gezeigt. Darunter waren schon viele Wiesbaden-Premieren, Rhein-Main-Premieren, deutsche Erstaufführungen und Uraufführungen. Akribisch und mit hohem Zeitaufwand recherchiert, wurden die Filme oft aus dem Ausland beschafft. „Wir zeigen auch Filme, die sonst nicht im Kino laufen", erläuterte der Wahlwiesbadener. Perlen der Filmkunst ergänzten immer wieder das reguläre Programm.

Wiesbadener Kinopremieren von Langfilmen waren Vincente Minellis „Der Pirat", von Nicholas Ray „In a lonely Place" oder auch „Honkytonk Man" und „Breezy" von Clint Eastwood. Mit „Creative Process: Norman McLaren" von Donald McWilliams und Stanley Kubricks „A life in Pictures" kamen exzellente Dokumentarfilme auf die Leinwand im Filmschloss.

Musikdokumentarfilme wie „Ry Cooder and the Moula Banda Rhythm Aces" von Les Blank – der den Begriff Dokumentarfilm nicht mochte – wurden geboten, auch „Thelonious Monk: Straight, no chaser" von Charlotte Zwerin.

Unvergessen ist Joachim Krecks teils in Wiesbaden gedrehter Geniestreich mit dem schlichten Titel „Larry". Die musikalische Dokumentation über Larry Adler, der in der McCarthy-Ära „black listed" war und seine Oscar-Nominierung für „Genevieve" ganze 32 Jahre später kommentarlos (!) nachgereicht bekam, ist eine unter die Haut gehende Hommage an den humorvollen Virtuosen, der Ehrengast der Uraufführung im Wiesbadener Filmschloss war.

Zuvor war „der Welt größter Mundharmonika-Spieler" das erste Mal nach Wiesbaden gekommen, um seine Fans mit einer Sternstunde der Musik zu begeistern. Mit seinem „singenden" Instrument hatte die Legende Larry das Auditorium im restlos überbuchten Café Cicero in der Citypassage hingerissen. Am 23. Januar 1991 saß das Publikum auf den Stühlen oder parterre und war erst nach etlichen Zugaben zum Heimgehen bereit.

Trophäen in Hülle und Fülle für die „Filme im Schloss" wie den Hessischen Filmkunstpreis und etliche Hessische Kinokunstpreise kann Detelina Grigorova-Kreck vorweisen.

Gerade mal ein paar Stunden zuvor ließ Joachim Kreck den exzellenten Tastenlöwen und Komponisten Roy Budd aus London als perfekten Konzert-Partner für den Mundharmonika-Virtuosen einfliegen. „Larry wurde in Japan als Gott verehrt. Er brauchte schließlich einen ebenbürtigen Pianisten." Und die Chemie „stimmte" zwischen den beiden vom ersten Augen-Blick an. Die zwei Ausnahme-Musiker waren sich nie zuvor begegnet. Sie harmonierten nach einem kurzen Händedruck zur Begrüßung in der damals noch nicht renovierten Villa Clementine sofort. Roy Budd setzte sich ohne Umstände an den Flügel, ein kurzer Augenkontakt und das Duo begann einen Gänsehaut erzeugenden improvisierten Dialog mit Mundharmonika und Piano. Eine echte „Probe" war nicht nötig, das Konzert im Café Cicero blieb den Anwesenden unvergesslich. Joachim Krecks Film „Larry" wurde „shortlisted" und kam damit in die engste Auswahl für die Oscar-Nominierung. „Larry" wurde von der Academy of Motion Picture Arts and Sciences als „einer der herausragenden Dokumentarfilme des Jahres 1993" gezeigt.

„Made in Wiesbaden" – ein Blick in die Historie: Mit einer Leistungsschau einheimischer Kurzfilme ging das Erfolgsmodell an den Start. Am 24. Februar 1984 flimmerten unter dem Titel „Made in Wiesbaden" hoch dekorierte Kurzfilme von Joachim Kreck, Ilona Grundmann, Wolfgang Mackrodt, Harald Schleicher, Pavel Schnabel und Hartmut Schoen über die Leinwand als Filmveranstaltung des Wiesbadener Kulturamtes. Der Vorführsaal der Filmbewertungsstelle Wiesbaden (FBW) war proppenvoll, das Publikum entzückt, ein Meilenstein gesetzt.

„Der holzgetäfelte Vorführraum der FBW unterm Dach des Biebricher Schlosses hatte mich sofort inspiriert, um Filme mit Niveau zu zeigen. Und ich wollte als ein Novum in Wiesbaden auch internationale Fachgäste einladen", berichtete der Zeitzeuge. „Die optimale Akustik und die qualitätvolle Film- und Tonanlage schienen mir perfekt, um Filme so zu erleben, wie sie von den Filmschaffenden gedacht sind."

Joachim Kreck hatte vor der Pilotveranstaltung 1984 im Schloss schon mehrere Filmwochen (Russland, Polen) durchgeführt. Und er hatte in den 70er Jahren die erste bulgarische Filmwoche in Deutschland realisiert im „Atelier-Kino" und dabei der Stadt Wiesbaden zur Seite gestanden. Kein Zufall also, dass in bewährter Zusammenarbeit mit Kulturamtsleiter Henry Gerster Ende Februar 1984 die „Veranstaltung des Kulturamtes in Kooperation mit der FBW" zustande kam. „Made in Wiesbaden" eben.

Der überraschend große Erfolg motivierte Organisator Kreck zur Aussage: „Das könnten wir doch öfter machen." Mit den erfolgreich gezeigten Shorties aus heimischer Produktion war der Dauerbrenner „Filme im Schloss" geboren. Auch Kulturdezernent Prof. Dr. Franz Bertram war angetan, ließ sich nicht lumpen und stellte Mittel zur Verfügung. Im Anfangsjahr betrug das Budget 3000 Mark. Wer hätte vermutet, dass aus den „Filmen im Schloss" ein weithin funkelndes Kronjuwel werden könnte, das der Landeshauptstadt zur Ehre gereicht? Erschwerend kam hinzu: „Wiesbaden war 1984 zwar die administrative

Hauptstadt des deutschen Films, aber kein Pflaster für eingeladene Fachleute oder anspruchsvolle Filme." Der Zeitzeuge kam wie gerufen und sprang in die Bresche. „Ab 1988 firmierten die Vorführungen unter der Bezeichnung „Filme im Schloss" und wir haben schon in den ersten 15 Jahren 269 Programme gezeigt, wobei der Anteil von reinen Kurz-, Dokumentar- und Trickfilmprogrammen mit insgesamt 91 bemerkenswert hoch war." Der freie Journalist war damals einer von wenigen Kurzfilmproduzenten.

Joachim Kreck hatte noch ein weiteres Motiv für die „Schlossfilme": 1984 stand seine Heirat mit einer bulgarischen Filmexpertin bevor. Detelina Grigorova ist die in Sofia geborene, tänzerisch begabte Tochter eines Beamten im Finanzministerium und einer Modedesignerin, die im staatlichen Kinderballettensemble mittanzen durfte und sich an offizielle Gastspiel-Auftritte in Russland, Rumänien und Finnland erinnert. Nach dem Abitur an einem Elitegymnasium hatte sie Französisch, Englisch und bulgarische Philologie an der Kliment Ochritzky Universität studiert. „In meinem letzten Studienjahr an der journalistischen Fakultät habe ich erste Praxiserfahrungen gesammelt und Artikel für die Fachzeitung der Eisenbahner geschrieben." Die Zeitzeugin war inzwischen verheiratet mit einem Mathematiker und Mutter von Vladimir: „Ich habe gelernt, wenn das Baby schlief." Aus Vladimir ist ein Dr. rer. pol. Kreck geworden, der in Wiesbadens Partnerstadt Görlitz an der Hochschule Zittau-Görlitz Kultur und Management studierte und an der TU Dresden über „Das sorbische Kulturgefüge" promoviert hat. Als Associate Professor für Europastudien war Dr. Vladimir Kreck an der Kobe University in der Bucht von Osaka / Japan tätig, bevor er Repräsentant der Konrad-Adenauer-Stiftung in Nigeria wurde.

Detelina Grigorova-Kreck ging nach dem Studium zum Film. „Im Trickfilmstudio Sofia bekam ich als frisch gebackene Philologin eine Stelle als Dramaturgin. Das hatte auch etwas mit Schreiben zu tun. Es ging um Entwickeln von Ideen und Vermitteln, die Zusammenarbeit mit Regisseuren und Scriptautoren. Als Redakteurin und Dramaturgin war ich zuständige Programmdirektorin für das Internationale Trickfilmfestival Varna." In Varna, zu Zeiten des Eisernen Vorhangs hoch dotiertes Vorzeigefestival und bis in die Gegenwart renommiert, saß in der Auswahlkommission auch ein gewisser Joachim Kreck aus Deutschland.

Detelina Grigorova war namens der bulgarischen Kinematografie – „ein hoch ideologisches Institut" – für die Betreuung der Auswahlkommission zuständig. Kommissionsmitglied Kreck war im Vorfeld des Festivals angereist. Detelina Grigorova zeigte dem Filmfachmann aus Wiesbaden mit ihrem kleinen Sohn das Land.

„Wir hatten eine gute freundschaftliche Beziehung."

Ab 1980 galt das Helsinki-Abkommen. Doch als sich die deutsch-bulgarische Freundschaft Kreck-Grigorova in Richtung Ehe entwickelte, wurde es richtig spannend und „eine hoch komplizierte Sache" mit standesamtlichen Fragebögen, monatelangen Wartezeiten und abgelehntem Gesuch – die „Genossin Grigorova" durfte die Grenzen „ihres" Landes nicht verlassen.

Joachim Kreck wollte der Programmdirektorin des Trickfilm-Weltfestivals Varna im „goldenen Westen" ein würdiges Entree bieten. Ja, mach' nur einen Plan! Die Dramaturgin aus Sofia benötigte eine offizielle Einladung, um durch den Eisernen Vorhang reisen zu können. Bürokratische Machtdemonstrationen und Verwirrspiele nahmen ihren Lauf – „trotz der offiziellen Einladung des Kulturamtes Wiesbaden mit der Unterschrift von Amtsleiter Henry Gerster!" Das Ende vom Lied: Filmexpertin Grigorova kam zur Pilotveranstaltung im Februar 1984 nicht ins Schloss.

Die Heirat in Sofia im August 1984, nachdem der Ehemann in spe „spezielle" Hürden überwunden hatte, die Ausreise von Detelina Grigorova mit Sohn Vladimir (später von Joachim Kreck adoptiert) und das heimisch Werden in Wiesbaden sind eine andere Geschichte.

Nach drei Jahren in der hessischen Landeshauptstadt beantragte Wahlwiesbadenerin Grigorova-Kreck die deutsche Staatsbürgerschaft. „Nachdem die bulgarischen Behörden auf dem Erhalt der bulgarischen Staatsbürgerschaft bestanden, bekam ich die deutsche Staatsbürgerschaft und hatte die doppelte Staatsbürgerschaft", erzählte die Zeitzeugin.

„Es ist hier ein neues Leben, ein harter Schnitt war es. Jetzt lebe ich länger in Wiesbaden, als ich in Sofia gelebt habe." Ressentiments? „Habe ich nie erfahren. Ich habe mich nie diskriminiert gefühlt, sehe mich als vollkommen integriert an", stellte die Wiesbadener Kulturpreisträgerin fest. „Wir bewegen uns viel mit Gleichgesinnten und unter Menschen mit hohem Bildungsgrad."

Rückblende. Schlüsselerlebnis des „in der Wolle gefärbten Cineasten" Kreck, der schon als Filmreferent der Dilthey-Schule und später im Stadtschülerring seiner Passion frönte, dürfte sein Job für die „Oberhausener Kurzfilmtage" gewesen sein. 1973 hatte der gebürtige Frankfurter mit seinem Kurzfilm „No. 1" den Sprung gewagt vom Filmkritiker zum Filmemacher. Der 23-Jährige bekam von Hilmar Hoffmann und Will Wehling, Initiatoren der „Oberhausener Kurzfilmtage", einen Spezial-Auftrag: Er sollte die Sichtung der Filme aus Großbritannien, Kanada, Australien und Neuseeland vornehmen, die Filme aussuchen und einladen.

Der junge Mann bewies einen Riecher für Qualität: „Das Ganze endete in einem einzigartigen Gelächter." Der Cineast aus Wiesbaden avancierte zum „Running Gag", denn vier „seiner" Kandidaten bekamen einen Preis. „Nach dem dritten Mal schüttelte sich das Publikum vor Lachen." Joachim Kreck dachte: „Die Preisträger müssen vertreten werden" und nahm vier Mal eine Trophäe auf der Bühne entgegen, auch den Großen Preis der Stadt Oberhausen. Der Zeitzeuge hatte auch die Idee, Dr. John Grierson als Jurypräsidenten einzuladen: „Das war die Geburtsstunde der Internationalität der Westdeutschen Kurzfilmtage Oberhausen."

Ehefrau Detelina Grigorova-Kreck stieg in ihrer neuen Heimatstadt „learning by doing" in die Praxis von Ton- und Bildschnitt ein: „Von Kameramann Rüdiger Laske habe ich viel gelernt." Mit dem Deutschen

Kamerapreis ausgezeichnet, war der Filmprofi der perfekte Lehrmeister. „Schnitt habe ich von Ralph Rosenblum, dem ehemaligen Cutter von Woody Allen, gelernt. Wir haben den Cutter, Regisseur und Autor aus New York nach Wiesbaden eingeladen. Im Juni 1990 hat Ralph Rosenblum dann Woody Allens *Sleeper* im Biebricher Schloss persönlich vorgestellt und über seine Arbeit berichtet."

1987, bei Joachim Krecks „Einsatz aus besonderem Anlass", ist die Wahlwiesbadenerin erstmals bei Produktionsassistenz, Tonschnitt und Vertrieb namentlich im Einsatz. Dass sich „informative Dokumentation und künstlerische Perfektion nicht ausschließen" urteilte die Presse über den Film, der 1988 auf der Berlinale lief. „Das ist mein Schnitt!" Gerne erinnert sich die Zeitzeugin an „Der Mann an der Seitenlinie". Der non-fiktionale Streifen des Eintracht-Frankfurt-Fans Kreck über den Fußball-Schiedsrichter Hans-Peter Best lässt dessen Laufarbeit so aussehen, als wär's ein perfekt choreographierter „Tanz".

Der Zeichentrickfilm „Die „Gorgo" (Regie/Design Anri Koulev) wurde beim Festival von Chicago 1994 als Short Subject-Animation mit der Gold-Plaque ausgezeichnet. Die Vorgeschichte: Detelina Grigorova-Kreck bekam in Annecy das Angebot, mit dem ihr vom Trickfilmstudio Sofia seit langen Jahren bekannten Regisseur und Zeichner Koulev einen Film zu produzieren. Ehemann Joachim wurde Co-Produzent, für die Finanzierung sorgte neben dem französischen „La Sept" der britische „Channel 4". Anri Koulev holte das Nationale Filmov Zentar in Sofia mit an Bord. „Es war natürlich Ehrensache, dass unsere interne *Uraufführung* mit geladenen Gästen und Presse in Wiesbaden über die Bühne ging", betonte die Produzentin. „Die Filmbetriebe Ewert stellten uns das Passage-Kino in der Wellritzstraße zur Verfügung."

Bundesfilmpreisträger Joachim Kreck weiß: Das Internationale Trickfilm-Festival punktet auch mit ästhetischen Plakaten.

Bei dem Spezialpreis-gekrönten Musik- und Tanzfilm „Die Hochzeits-musiker" (1997) über den Klarinettenvirtuosen Filip „Fekata" Simeonow und seine Roma-Band Trastenik zeichnet das Duo Kreck & Grigorova-Kreck verantwortlich für Produktion, Regie und Schnitt. Der Bezug zu Wiesbaden ist hier ein musikalischer: 1997 traten die „Hochzeitsmusi-ker" um den beseelt aufspielenden „Fekata" – von Joachim Kreck ver-mittelt – mit Orchester auf dem Schlossplatz Wiesbaden auf, danach auch in Schierstein und in Taunusstein vor laufender Kamera. 1998 folgte der Film „Ziganska musica", der den Deutschen Filmpreis 1998 erhielt. „Hier dient die Musik nicht nur als akustische Stimmungsfolie, sondern sie wird zum gestalterischen Element eines ungewöhnlichen Films", lobte Volker Kriegel. 2001 folgte als finaler Teil der Trilogie dann der „Balkan-Boogie" mit Peter Hermannsdörfer und Pavel Schnabel an der Kamera, den Schnitt nahm das Ehepaar als Team vor.

„Wir pflegen auch die inzwischen leider rar gewordene Tradition der Vorfilme und zeigen ausgewählte Kurzfilme, wann immer es die Laufzeit eines Hauptfilms erlaubt, als Vorprogramm", betonte der Gründer der Kultinstitution im Filmschloss. Auch der Humor kommt nicht zu kurz. Mit einem Gagfeuerwerk erster Güte feierte der Dauerbrenner Ge-burtstag. Sogar ein veritabler „Hundertjähriger" kam zum Gratulieren. Zum Jubiläum „30 Jahre Filme im Schloss" konnte das Publikum im schönsten Filmsaal der Stadt eine exquisite Kinopremiere genießen. Frisch restaurierte Raritäten von Altmeister Charlie Chaplin, dessen Erstling „Making a Living" 1913 Premiere hatte, flimmerten über die Leinwand. Die ausgewählten Klassiker aus der Mutual-Produktion von 1916 boten Slapstick in Vollendung mit dem kleinen „Tramp". Komiker Chaplin erwies mit dieser Figur seinem Vater „Reverenz" und versuchte mit seinen weiblichen Filmfiguren immer auch seine Mutter zu „retten". Das Resultat: Lachtränen und Szenenapplaus.

Bei den „Filmen im Schloss" gab das „Who is who?" des internatio-nalen Films, darunter viele „ziemlich beste Freunde" der Krecks – die Visitenkarte ab. Der persönlichen Einladung des Zeitzeugen Kreck folg-ten hochkarätige Gäste inklusive Oscargrößen aus aller Welt. Die ein-zigartige Liste bietet klangvolle Namen. Die Erlebnisse um Ralph Rosenblum wären eine eigene Geschichte wert. Die Französin Marie-Hélène Méliès, Enkelin von Filmpionier Georges Méliès, war in Wies-baden. Paul Driessen, Trickfilmregisseur aus Holland und Professor für Animation an der Kunsthochschule Kassel, war mehrmals im Schloss. Auch der Pole Jan Lenica war zu Gast, aus London kam Geoffrey Jones, aus Kroatien kam der hoch dekorierte Filmmacher und Maler Vuc Jevre-movic. Auch Volker Kriegel, mit dem Joachim Kreck den subtil witzigen Animationsfilm „Der Falschspieler" produzierte, und Margarethe von Trotta sowie Franz Kluge und Mariola Brillowska sind zu nennen.

Filmlegende Les Blank war zweimal da: „Er wollte unbedingt ins Spiel-casino, war richtig farbenfroh angezogen und trug eine Krawatte. Die Kleiderordnung war erfüllt, also kam er rein", lächelte Detelina Grigo-rova-Kreck. „Maurice Binder, der Titeldesigner der James Bond-Filme, kam mit der ersten Retrospektive seiner Titel nach Wiesbaden. Sein

Freund Ken Adam war erstaunt über die ungewohnten öffentlichen Auftritte des Kollegen Binder." Joachim Kreck war noch Jahre später von diesem besonderen Besuch erfreut. Denn der weltweit renommierte, sehr publikumsscheue „Titelmacher" kam nicht nur mal eben nach Wiesbaden. Angesichts der minimalen Finanzausstattung erwies sich der prominente Gast als honoriger Gönner. „Er finanzierte privat aus eigener Tasche (!) die Filmkopien. Und diese Kostbarkeiten hat Maurice Binder dann persönlich vorgestellt." Ein „Ritterschlag" für Joachim Kreck.

„Ich schätze das Understatement und überzeuge lieber durch Leistung", ist das Credo des Bundesfilmpreisträgers. Doch ein Hauch von namedropping darf sein. Schließlich ließen sich jede Menge mit dem Oscar Preisgekrönte in das Wiesbadener Filmschloss locken. István Szabo (Ungarn), Eunice Macaulay (Kanada), Cilla van Dijk (Niederlande), Nicole van Goethem (Belgien), Bob Godfrey (Grossbritannien), Marcy Page (Kanada), Kevin Macdonald (Großbritannien) waren hier, die deutschen Trickfilmer Christoph Lauenstein („Balance"), Thomas Stellmach & Tyron Montgomery („Quest") sowieso. Zu jedem Namen gibt es eine Backstage-Story und Joachim Kreck ist eine Schatztruhe an Anekdoten.

Mit dem sympathisch bodenständigen Oscarpreisträger Peter Lord („Wallace and Gromit") aus Bristol war zum 10. Internationalen Trickfilmfestival ein echter Commander of the British Empire angereist. Der Brite wurde im Jubiläumsjahr mit dem Preis des Wiesbadener Kulturamtes geehrt.

20 Jahre Trickfilm-Festival: Detelina und Joachim Kreck haben auch das historische Poster zum 1. Trickfilm-Festival archiviert

„Bill Plympton kam zweimal aus New York und stellte seinen neuen Langfilm „Idiots and Angels" vor. Beim ersten Besuch hatte der Schnellzeichner einen Clou parat", erzählte Joachim Kreck. „Während der Filmvorführung fertigte Bill von jeder einzelnen Person im FBW-Saal eine Zeichnung an, die er dann als Souvenir verschenkte."

Die exzellente Auswahlstrategie des Festival-Organisators wies beim Internationalen Trickfilm-Festival 2012 absolute Tagesaktualität auf mit einem besonderen Bezug zu Wiesbadens belgischer Partnerstadt. Die aus Gent stammende Ko-Regisseurin Emma de Swaef war am Vorabend Gewinnerin des renommierten Kurzfilm-Festivals Lille geworden. Kaum war die Preisverleihung gelaufen, stieg die Festivalsiegerin in den Zug und stellte ihren Cartoon d'Or-Gewinner „Oh Willy..." in Wiesbaden vor.

Film- und Festivalleitungen ließen sich überhaupt gerne hier blicken. Eine Einladung nach Wiesbaden gilt in internationalen Filmkreisen als Ehre. „Bis heute hat niemand der hierher Eingeladenen je abgesagt", betonte der Kulturpreisträger des Jahres 2010. Nach dem langjährig unermüdlichen Engagement für hochkarätiges Cinema war die Würdigung überfällig.

Der Cineast Kreck ist ein „wandelndes Filmlexikon". Seine mehrseitigen Programmhefte bieten detaillierte Informationen und gelten Eingeweihten als begehrte Sammelstücke. Natürlich wurden alle Handzettel, Plakate, Programmhefte und Einladungen in den Jahren vor dem Computerzeitalter per Schreibmaschine getippt.

Der Experte für Klartext gewährte unverblümt einen Blick hinter die Kulissen. Bedauern schwingt mit bei der Erinnerung an die 80er Jahre, in denen vor Ort wirklich noch Kurzfilme produziert wurden: „Wiesbaden ist einfach keine echte Filmstadt." Was 1984 unter Trägerschaft des Kulturamtes begann, verantworten ab dem 2. Quartal 1999 Joachim Kreck und Detelina Grigorova-Kreck mit dem unverzichtbaren „Dritten Mann" Michael O. Fechner selbst, in Zusammenarbeit mit dem Kulturamt. Das Trio „Freunde der Filme im Schloss" agiert damit amtlicher Order gehorchend, nicht dem eigenen Triebe. Die Kunst des Balancierens auf finanziell schwankendem Hochseil als gelebter Alltag. „Der Arbeitsaufwand ist mindestens um das Zehn- bis Zwanzigfache gestiegen. Wir können es uns fast nicht mehr erlauben, Gäste einzuladen."

Der Experte macht aus seinem Herzen keine Mördergrube: „Filmfachleute einzuladen und anspruchsvolle Filme zu zeigen, war meine ursprüngliche Intention. Es ist ein eklatanter Widerspruch, dass sich die Stadt Wiesbaden als „Filmstadt" brüstet, ohne dass wir interessante internationale Gäste einladen können." Die stünden dem Mekka des internationalen Animationsfilmes gut zu Gesichte.

Seit 1989 stehen die „Freunde der Filme im Schloss" zudem für eine weitere Eigenkreation – das exquisite „Internationale Trickfilm-Wochenende Wiesbaden" mit Länderfokus und internationaler Trickfilm-Prominenz als Ehrengast. „Hochkarätig *laufende Bilder*, Shorties und Trickreiches aus dem hohen Norden" war die Devise Anno 2015. Das exquisite Schmankerl bot in zehn Programmen 110 Filme auf, davon mehr als 75 Beiträge in deutscher Erstaufführung oder als Rhein-Main-Premiere. Selbstverständlich waren die Hauptpreisträger der führenden Trickfilmfestivals in Annecy, Ottawa, Melbourne, Hiroshima, Seoul, Zagreb und Stuttgart dabei. „Das war eines unserer besten Programme überhaupt", schwärmte der von Natur eher zurückhaltende Zeitzeuge, inzwischen sechsmal mit dem Hessischen Filmpreis geehrt.

„In den neun Programmen sind immer alle Genres und Techniken vertreten", erläuterte Zeitzeugin Grigorova-Kreck, der die „Tricks for Kids" als starkes Filmprogramm für den Nachwuchs am Herzen liegen. „Wir zeigen 2D/3D-Computerfilme und Zeichentrick, Puppentrick, Stop-Motion, Handmadefilme und Experimentelles." Im Unterschied zu anderen Festivals gilt bei der trickreichen Kunst am laufenden Meter – inzwischen fast ausnahmslos digital – von Anfang an der Grundsatz „bewerben is' nich'". Jeder Trickfilm und jede eingeladene Person wird rund um den Globus individuell ausgewählt. Viele Filme können nur mit hohem Aufwand über Verleihe und Archive besorgt werden. Gepunktet wurde in der 17. Spielzeit mit dem „Fokus Skandinavien". Tradition hat beim Trickfilm-Wochenende ein ausgezeichneter Langfilm. Die französisch-dänische Produktion „Tout en haut du monde / Long way north" hatte in Annecy den Publikumspreis gewonnen und wurde als deutsche Erstaufführung in Wiesbaden von Coproduzent Claus Tokasvig Kjaer aus Viborg vorgestellt – noch vor dem internationalen Kinostart (!).

Als „Freunde der Filme im Schloss" sind Michael O. Fechner, Detelina Grigorova-Kreck und Joachim Kreck ein Kulturpreis-gekröntes Trio.

Über eine spezielle „Auszeichnung" konnte sich Joachim Kreck freuen: „Der international renommierte Filmmacher Malcolm Sutherland bot mir seinen *Dead Song* persönlich an und wir durften seinen Film zeigen – als Uraufführung, wohlgemerkt."

Weltweit als Meister des kameralosen Trickfilms geschätzt und 2014 in Wiesbaden mit „Fiesta brava" vertreten, war Steven Woloshen aus Montreal der Stargast. „Bei Steven Woloshen ist wie bei seinem Vorbild Norman McLaren alles Hand-Arbeit." Unter dem treffsicheren Titel „Scratch, Crackle & Pop!" stellte der Trickfilmkünstler seine Kunst der experimentellen Animation vor mit dem „historischen" 35mm-Negativ, Skalpell, Pinsel und Federkiel. „Scratch & Crackle" eben. „Die Einladung von Steven Woloshen kam nur dank der Unterstützung durch die Botschaft von Kanada in Deutschland und des Canadian Councils of the Arts zustande", betonte Detelina Grigorova-Kreck. „Sonst hätte der Preis des Kulturamts Wiesbaden 2015 nicht übergeben werden können."

Bei Kreck & Co. gab sogar ein Oscarpreisträger den reitenden Boten. Thomas Stellmach aus Kassel machte auf dem Weg nach Wiesbaden einen Abstecher zur Alten Oper Frankfurt und nahm den „Hessischen Film- und Kinopreis 2011" für die „Filme im Schloss" entgegen. „And the winner is…: "Tags darauf hatte das Dreamteam Joachim Kreck, Detelina Grigorova-Kreck und Michael O. Fechner die begehrte Auszeichnung des hessischen Kunstministeriums ein weiteres Mal in Händen.

Im Laufe der Zeit wurde eine breit gefächerte Palette mit Reihen und Werkschauen von Pavel Schnabel, Norman McLaren, Marv Newland oder Len Lye aus Neuseeland entwickelt wie „verkannte Filme". Beim „deutschen Trickfilm inkl. DDR" war volles Haus und die Film-Reihen zu Stars wie Clint Eastwood, Afred Hitchcock oder Michelle Pfeiffer locken Publikum. Highlight der Reihe „Regisseurinnen" war Kathryn Bigelow, deren „Near Dark" und „Blue Steel" sich hinter die Netzhaut brannten.

Joachim Krecks Lieblingsfilm? „A new Leaf" von Elaine May. Und aus seinem Faible für Clint Eastwood als „die bedeutendste Erscheinung der Filmgeschichte" macht Zeitzeuge Kreck nun gar keinen Hehl. Selbstredend hat er alle Eastwood-Filme gezeigt – mit Ausnahme der Filme der Universal Studios. Aber den Mann hat er nicht nach Wiesbaden gekriegt.

Ein Blick auf die Zahlen kann schwindelig machen. „Von 1999 bis 2019 wurden bei uns rund 660 verschiedene Programme gezeigt. Hinzu kommen etwa 220 Programme im Rahmen des Internationalen Trickfilm-Wochenendes Wiesbaden", hat Joachim Kreck ausgerechnet.

Zuweilen fungierte die Kultreihe „Filme im Schloss" als informeller Treff, Infobörse und Kontaktschmiede. Ein portugiesischer Regisseur trifft auf einen kanadischen Produzenten und als „Resultat" wird zwei Jahre später eine kanadisch-portugiesische Co-Produktion in Berlin gezeigt. Oder: Ein Oscarpreisträger trifft hier eine andere Oscar-Größe (weltführender Trickfilmproduzent) und die zwei werden Freunde. Kam alles schon vor.

Den Jahresabschluss 2015 machten die „Filme im Schloss" mit einem Paukenschlag. „A Poem is a naked person" von Filmlegende Les Blank über Leon Russell ist ein meditativ anmutendes Zeitzeugnis der Siebziger Jahre. Seit der Fertigstellung 1974 war der Film „juristisch blockiert". Erst zwei Jahre nach dem Tod von Les Blank durfte die von seinem Sohn Harrod Blank (Art Car Artist) restaurierte Fassung erstmals öffentlich gezeigt werden. Einige Szenen, zuvor dem Schnitt geopfert und nie veröffentlicht, hatte der junge Filmemacher wieder hinein montiert. Harrod Blank zeigte die Rarität seines Vaters ganze vier Mal in Europa und stellte Wiesbaden damit auf eine Stufe mit Wien, London und Amsterdam.

Die „Filme im Schloss" gingen 2016 mit dem Noah Baumbach-Werk „While we're young" in die Spielzeit. Spürnase Kreck hatte „Scientology and the prison of Believe" als neues Werk von Oscar-Preisträger Alex Gibney – „wichtigster Dokumentarfilmer unserer Zeit" laut Esquire – auf den Spielplan gesetzt. Qualität als Kernkompetenz. „Minimales Budget – maximales Niveau" eben.

Das Leben als Begegnung mit Menschen
Dr. Herbert Günther

Staatsminister a.D.
Geboren am 13. März 1929 in Bergshausen
Gestorben am 11. August 2013 in Wiesbaden

„Leben" war ihm „eine Begegnung mit Menschen." Und mit seinem typischen Schmunzeln brachte Dr. Herbert Günther seine Überzeugung auf den Punkt: „Denken ist der einzige Luxus, auf den man nicht verzichten kann." Knochentrockener Humor war ein Markenzeichen von „Häuptling Silberlocke", der mit Augenzwinkern hinter die Kulissen der ach so großen Politik blickte: „Politiker und Liebesdienerinnen haben viele Gemeinsamkeiten. Sie müssen stets bereit sein und können nicht nein sagen".

Der Grandseigneur der hessischen Politik war aus tiefster Überzeugung Sozialdemokrat, auf Harmonie aus und betrachtete sich als „völlig ungeeignet für parteipolitische Spielereien." Für ein Bonmot, das aus dem reichen Fundus eigenen Erlebens stammte, war der charismatische Politiker immer gut: „Jede Zeit hat ihre Töne und Musikanten."

Der volksnahe Politiker war Ehrenbürger von Adolfseck, Hambach, von Strinz-Trinitatis und seiner Heimatgemeinde Fuldabrück. Obwohl er Wahlwiesbadener war, fühlte er sich auch dem Untertaunus verbunden. Doch Zeit seines Lebens verlor der Nordhesse nie seine heimatlichen Wurzeln aus dem Auge.

Herbert Günther stammte aus dem Dorf Bergshausen (jetzt Fuldabrück) im Landkreis Kassel, wo Vater Sebastian örtlicher SPD-Vorsitzender war. Die Eltern ermöglichten dem Filius mit dem Studium eine Bildung, „die vorher keinem in der Familie vergönnt war." Die elterlichen Wertmaßstäbe „soziale Gerechtigkeit, Wahrhaftigkeit, Fleiß und Bescheidenheit" bekam der erste Akademiker der Familie schon früh vermittelt, politisches Interesse auch. Herbert Günther, stolzer Vater von Tochter Bärbel und Sohn Ulrich, wurde seine Karriere von der zweiklassigen Volksschule über das Jurastudium in Marburg mit Promotion, als Landrat im Untertaunuskreis und in Kassel und als Bevollmächtigter Hessens beim Bund nicht an der Wiege gesungen.

Zahlreiche politische Ämter wurden von dem Politiker alter Schule, der 1959 als Haushaltsreferent ins Sozialministerium nach Wiesbaden kam, bekleidet. Als jüngster hessischer Landrat im Untertaunuskreis setzte der 34-Jährige ab 1963 die „Jahrhundertreform der Landschule" um. Auch die „Herkulesarbeit" der Verwaltungs- und Gebietsreform mit dem Zusammenschluss der Gemeinden an der Oberen Aar zur Stadt Taunusstein fiel in seine Ägide. Unabdingbar war für Herbert Günther das Ziel, „Anstand und Politik miteinander zu verbinden."

Im Hessischen Landtag saß er 16 Jahre lang, war vier Jahre Vizepräsident des Gremiums. Von 1974 an folgten zwei Jahrzehnte Verantwortung in der Politik des Landes Hessen, des Bundes und auf internationalem Parkett als Justizminister, Bundesratsminister, zeitweise in Doppelfunktion als Minister für Justiz und Inneres sowie als Minister des Inneren und für Europa.

In munteren Assoziationsbögen erinnerte sich Dr. Günther an sein Ministerbüro, das als „Talentschuppen" des „Patriarchen" galt. Politischen Gegnern hielt er munter entgegen: „Wir sind nicht so gut, wie wir sein müssten, aber besser, als Sie denken!"

Spezielle „Schmankerl" seiner Tätigkeit ergaben sich eher zufällig am Rande, erzählte der amüsierte Zeitzeuge noch Jahrzehnte später. Als Präsident des hessischen Landkreistages 1973 mit einer hochrangigen Politik-Delegation auf Besuch in Leningrad machte Herbert Günther bei „Dornröschen" im Theater große Augen. Das Bühnenbild in Russland zeigte den hessischen Reinhardswald mitsamt der Sababurg als Dornröschenschloss. „Ich war von den Märchen der Brüder Grimm immer schon fasziniert." Schlagartig inspiriert, setzte der tatkräftige Politiker daheim sofort alle Hebel in Bewegung. So wurde der Kasseler Landrat zum Gründervater der „Deutschen Märchenstraße". Als internationales Erfolgsmodell führt die Route vom hessischen Hanau als Geburtsort der Grimm-Brüder in den hohen Norden zu den „Bremer Stadtmusikanten".

Dr. Herbert Günther hat „Ereignisse, Begegnungen, Episoden" in seinem Buch festgehalten.

Bei genauem Hinsehen schloss sich für den Zeitzeugen ein Kreis. Der Rocksaum der Geschichte hatte im 19. Jahrhundert sein Heimatdorf Bergshausen samt dem benachbarten Rittergut Freienhagen als Ausflugsziel des Kasseler Hofs berührt. Jakob und Wilhelm Grimm ließen sich von der Viehmännin und anderen in Kassel alte Geschichten erzählen für ihre Märchen-Sammlung und besuchten gemeinsam das Rittergut. Bruder Emil Grimm malte den Familienausflug nach Freienhagen und überlieferte den historischen Blick auf Dr. Günthers Geburtsort Bergshausen.

Zur persönlichen Historie des Zeitzeugen gehörte auch eine bedrückende Periode. Der Hessische Justiz- und Innenminister musste in seiner 13-jährigen Amtsperiode die „bleierne Zeit" des RAF-Terrors mit hochrangigen RAF-Straftätern in Frankfurter Gefängnissen meistern. Dr. Günther wurde aber auch zum Vater der „zweigeteilten Laufbahn" der hessischen Polizei mit der bundesweit besten Ausbildung und Entlohnung. Auch die Gründung des Resozialisierungs-Fonds, der als Stiftung Straffälligen bei der Entschuldung hilft und den Weg zurück in ein „normales" Leben ermöglicht, geht auf das Konto von Justizminister Dr. Günther: „Mit 1000 Euro zur Unterstützung junger Menschen erspart man 1 Million, um Gestrauchelte wieder auf den rechten Weg zu bringen."

Im August 2011 mit der Holger-Börner-Medaille als höchster SPD-Würdigung in Hessen ausgezeichnet, war der einflussreiche Politiker auch als „Sponti" erste Wahl. Mit sichtlichem Behagen erinnerte sich der Zeitzeuge an ein filmreifes Erlebnis der Sparte „Kleider machen Leute". Der Bundesratsminister, 16 Jahre lang Mitglied der Begleitkonferenz der NATO, weilte mit Gemahlin Hertha zur Jahrestagung in Rotterdam. Ein Museumsbesuch in Amsterdam wurde von dem Paar draufgesattelt. Der falsch orientierte Fahrer sorgte für längere Wartezeit und die unfreiwillige Pause wurde spontan mit einem touristischen Bummel durch die Altstadt überbrückt. Unverhofft landete das schnieke gewandete Ehepaar „nicht geladen und doch willkommen" als Gäste in einer Festgesellschaft. „Und so konnten wir die Tagung mit großartiger Unterhaltung und einem angenehmen Nachmittag beenden", amüsierte sich der Zeitzeuge noch viele Jahre später.

„Ich konnte an keinem Festzelt vorbeigehen." Seinen feierfreudigen Marburger Repetitor Kieckebusch zitierend, meinte Dr. Günther belustigt, er würde „heute noch gerne den Grund sehen", den er nicht zum Feiern fände... Die Anmerkung passt zu seinem zuweilen „aufopfernden" Engagement für die deutsch-russischen Beziehungen. Lange Jahre war der Zeitzeuge mit Ehefrau Hertha Mitglied im Freundeskreis um den damaligen GMD Professor Siegfried Köhler(→ S.130) und ein regelmäßiger Gast der Internationalen Maifestspiele Wiesbaden.

So wurde in den 1970ern, als die Festspiele im Wonnemonat als „Fenster zum Osten" firmierten, dem Regierungsmitglied eine spezielle Ehre zuteil. Minister Günther wurde im Umfeld eines Gastspiels der Ballettlegende Rudolf Nurejew zum „gastgebenden" Begleiter des kunstsinnigen Sowjetbotschafters Semjonow nebst Entourage ernannt und ließ sich nicht lumpen. Der Besuch der Madonnen-Schau im Kloster Eberbach wurde am Himmelsfahrtstag zu einer „intensiven Weinprobe" mit mehrstündiger (!) Verkostung „exzellenter" Kreszenzen aus der Schatzkammer des Zisterzienser-Klosters.

Auch in Sachen Ehrenamt ließ sich Dr. Günther nicht lange bitten, war von 1980 bis 1984 Vorsitzender des hessischen Landesverbandes der „Schutzgemeinschaft deutscher Wald", für ihn ein Herzensanliegen. Die Medien formulierten, dass der „rote" Günther „grüne Streifen" habe. Das brachte dem Kabinettsmitglied zu Zeiten der Auseinandersetzungen um den Bau der Startbahn West des Rhein-Main-Flughafens den Vorwurf ein, er trage „auf zwei Schultern." Der Politiker sprach Klartext: „Die verschiedenen Standpunkte ließen sich nicht auf einen Nenner bringen." Die Startbahn wurde gebaut.

Ein rundes Dutzend Jahre war der vielseitig Engagierte ehrenamtlicher Präsident für den „Bundesverband Deutscher Naturparke". Auch das war kein Zufall: Schon 1968/69 hatte der Zeitzeuge den Naturpark Rhein-Taunus gegründet: „Wir wollten Erholungssuchenden im Taunus Erholungsbereiche außerhalb der Waldschutzgebiete offerieren."

Mit dem Nimbus, als Landrat „ein wenig Peppone" gewesen zu sein, konnte „HG" prima leben. So machte sich der Landrat in Kassel um die Rettung des Fachwerks verdient und bedauerte: „Die Abrissbirne ist das Symbol unserer Zeit." Auch mit Blick auf Wiesbadens Bewerbung als Weltkulturerbe zürnte Dr. Günther der „Wegwerf- und Abbruchgesellschaft" und betonte: „Das *In die Jahre gekommen Sein* ist keine Begründung für einen Abriss". Die Landeshauptstadt „muss aufpassen und mit dem Stadtbild und der historischen Bausubstanz sehr sorgfältig und behutsam umgehen."

Als Mann des offenen Wortes ergänzte Dr. Herbert Günther die alte Weisheit: „Alles ist schon einmal gesagt worden, aber nicht von allen." Er wisse aus eigener Erfahrung: „Da keiner zuhört, muss es immer wieder gesagt werden."

Sorge bereitete dem volksnahen Sozialdemokraten die mangelnde Widerspiegelung dessen, „was die Menschen vor Ort denken. Die nachdrängende Führungsschicht ist zu akademisch und entfernt sich zu sehr von der Basis."

Derartiges lässt sich von „Häuptling Silberlocke", der seinen Spitznamen mochte, wirklich nicht behaupten. Ob Hessentag, Weinwoche oder Volksfest, auch bei Veranstaltungen des Sängerkreises Wiesbaden, der „Dacho" der Chöre, war der seit Schulchorzeiten passionierte „Chorknabe" anzutreffen. Spürbar mit Herzblut dabei, ließ sich der Ehrengast in der ersten Reihe das erkennbar textsichere Mitsingen unüberhörbar nicht nehmen.

Der bekennende Jünger von Narrengott Jokus, der schon als Untertaunus-Landrat entsprechende Termine und „oft hervorragende Sitzungen" mit Ehefrau Hertha auch bei Schneegestöber wahrnahm, ließ sich die Teilnahme an der Dacho-Prunksitzung oder dem Fassenachts-Sonntagszug samt aufwärmendem Empfang im Rathaus nicht entgehen. Sein Premieren-Abo im Theater nahm der leidenschaftliche Kulturfreund eifrig wahr, häufig als Vertreter der Landesregierung, und betonte: „Bei den Maifestspielen habe ich kein einziges Mal gefehlt!" Für ein Gläschen Wein in der rustikalen Umgebung der Theaterkantine wie nach dem großen Chorkonzert mit Kammersänger Eike Wilm Schulte (→ S. 213), in gemütlicher Gesellschaft mit Generalmusikdirektor Professor Siegfried Köhler und Sopranistin Annette Luig war sich Dr. Günther nicht zu schade.

Auch bei den Benefizveranstaltungen der „Deutschen Stiftung Niere und Harnwege" war er anzutreffen. Sprühende Eloquenz ließ der Musikgourmet beim Kulturpreis der Landeshauptstadt Wiesbaden des Jahres 2010 aufblitzen. Als Laudator rühmte Dr. Günther die glorreichen Sieben der „Wiesbadener Juristenband". Wo gäbe es schon „eine Gruppe von Juristen, die Jazz macht? Das traut man den oft zu Unrecht als „trocken" verschrieenen Rechtsvertretern nicht zu." Immerhin habe die Juristenband – „ein Werbeträger für die Landeshauptstadt Wiesbaden und für die Justiz" – sich von der lokalen Musikgruppe zur qualifizierten Band mit großem Repertoire entwickelt. Juristen-Kollege Günther lobte auch das soziale Engagement der musizierenden Paragraphen-Reiter. „Jazz geht's los" war die Devise im voll besetzten Rathausfestsaal, als der Laudator die Combo spontan zur „Hofkapelle des Ministeriums" ernannte.

Solange er körperlich konnte, war der legendäre „Häuptling Silberlocke" im Sinne des Wortes „Bürgern nah" und – in jüngeren Jahren gerne per Fahrrad – auf Achse. Mit besonderer Freude war der Wanderfreund aktives Mitglied des Wanderbundes Wiesbaden.

Nicht zu vergessen sei die langjährige Treue zu seiner Gruppe „Die qualmende Socke", deren Sektion Nord/Kassel Herbert Günther zum Chairman auf Lebenszeit gemacht hatte.

Der mit Farben und Worten malt
Felix Hammesfahr (Hamsvaar)

Maler und Grafiker, Chronist in Bildern
Ehrenmitglied des Berufsverbandes Bildender Künstlerinnen und
Künstler, Mitinitiator der KunstArche
Geboren am 29. Januar 1927 in Wiesbaden

„Isch bin en eschte Wissbadener und hab' immer hier gelebt", schmunzelt Felix Hammesfahr. Er ist ein Künstler, der „aus ganz normal bürger-
licher Familie" stammt und „an de Lutherkersch in Wissbade-Süd auf-
gewachse" ist. 1942 wurde er von einem Pfarrer der Bekennenden Kirche in der Lutherkirche konfirmiert. Den Zeppelin hat er „mit eigenen
Augen!" gesehen, bezeugt „der war öfter da" und erinnert sich: „In
der Nazizeit ist die *Hindenburg* über Wiesbaden geflogen." Auch der
zugefrorene Schiersteiner Hafen ist dem Zeitzeugen ein Begriff.
   Felix Hammesfahr ist der, der mit Farben und mit Worten malt. Er stellt
an den Pranger, was in der Human-Gesellschaft so gar nicht „human"
ist. „Ein Künstler muss immer Ankläger sein. Das ist meine Intention!"
Der guatemaltekische Literaturnobelpreisträger Miguel Angel Asturias,
gerühmt als „die große Zunge Lateinamerikas", hatte es für ihn auf den
Punkt gebracht: „In der Gegenwart besteht unsere einzige Aufgabe
darin, Zeuge zu sein, Zeugen, Ankläger und Protestierende zugleich.
In unseren Werken müssen wir jene inhumane Situation bezeugen, die
unsere Gesellschaft beherrscht."

Mit dem Gemälde in der Schrankwand hat Felix Hammesfahr seine Profession als
Maler mit dem früheren Brotberuf als Innenarchitekt verbunden.

Genauso sieht sich der Maler, der in mehrfachem Sinne „Farbe bekennt". Sein ehrenamtliches Engagement im Berufsverband Bildender Künstlerinnen und Künstler versteht sich für ihn, der seit 1973 Mitglied ist, von selbst. Er war einige Jahre im Vorstand aktiv, zeitweilig als Vizevorsitzender: „Als ich nicht mehr im Brotberuf war, habe ich mich sehr stark engagiert." Der Berufsverband wußte das zu würdigen und erklärte den Künstler 2013 zum Ehrenmitglied des BBK.

Nicht aus Zufall ist der geschichtsbewusste Wiesbadener in Sachen KunstArche ein Mann der Ersten Stunde: „Ich habe die Mitgliedsnummer 13". Mit dem 2012 eröffneten Archiv für das Lebenswerk Bildender Künstlerinnen und Künstler aus Wiesbaden soll der Schwund an Kulturgut gestoppt werden. „Es ist eine absolute Notwendigkeit, dass die KunstArche errichtet wurde!" Das kollektive Bildgedächtnis der Stadt besteht aus Skizzen, Tagebüchern, Autographen, Akten, Fotografien, Archiven und ähnlichen Materialien und wird hier für die Nachwelt gesammelt, erschlossen und katalogisiert. Eigene Ausstellungen sowie Publikationen werden realisiert und die Werke stehen der Forschung zur Verfügung. Ein Schmankerl kommt am Rande zur Sprache: Einige Sessel in der KunstArche stammen aus dem „Atelier Hamsvaar".

Ehrensache, dass der Zeitzeuge im Januar 2012 für die erste Präsentation des Projekts KunstArche im „Schaufenster Stadtmuseum" ausgewählte Werke zur Verfügung stellte. Herbst 2016: In der Ausstellung „Wort: Inspiration: Werk – Poesie und Prosa inspiriert Wiesbadener Künstlerinnen und Künstler" war Felix Hamsvaar mit drei ausdrucksstarken Arbeiten vertreten. Sein Acrylbild „Grüne Tafel" (2004) flankierte der Künstler, der mit Farben und Worten malt, mit klarer Aussage: „Schrecklich darstellt sich der Mensch / wenn in Uniform er gesteckt / uniform in Kleid und Sinn / geschaffen dafür, daß er verreckt / für Vaterlandes Ruhm und Ehr / doch zuvor / das ist sein Begehr / und der Wille der Führer / soll ein Anderer verrecken oder auch mehr / so wird's ihm befohlen / uniform / in Kleid und Sinn / im Kasino / am Abend zuvor / die Herren Offiziere / die ganz großen / haben beschlossen / ab morgen / so sei der Plan / mittags um 12 / würde zurückgeschossen / auf die, die niemals zuvor / nicht einen Schuss getan / warum?"

Die Signatur „Felix Hamsvaar" mag auf den ersten Blick irritieren, doch sie hat natürlich ihren Sinn. In seiner „zweiten Karriere als Maler" signiert der eingeborene Wiesbadener seine Arbeiten als „Felix Hamsvaar". Mit dem Wechsel zur alten Schreibweise des Namens unterscheidet er sich von seinem Verwandten Paul Hammesfahr, ebenfalls im künstlerischen Metier tätig. Auch seine Frau Erika Kohlhöfer trug das *Hammesfahr* im Ehenamen. Lakonischer Kommentar des Zeitzeugen: „Das waren ja schon zwei."

Er hatte keine Ambitionen, in diesem Bunde der Dritte zu sein. Mit Wechseln der eher unfreiwilligen Art war der Kunstschaffende in Sachen Domizil konfrontiert. Der Zeitzeuge, der mit seiner Ehefrau „immer ein gemeinsames Atelier" betrieb, in dem „Jeder seinen eigenen Bereich und Raum" hatte, musste eine Art Odyssee durch seine Heimatstadt absolvieren. „Unser erstes Atelier bekamen wir durch Kulturdezernent

Rudi Schmitt. Der spätere Oberbürgermeister ließ damals leerstehende Räume für geringe Miete an Kunstschaffende vergeben. Vom 1. August 1967 bis zum 1. Februar 1980 haben wir in der Bierstadter Straße 1 unterm Dach unser Atelier gehabt", erzählt der Maler. „Dann bekamen wir das Atelier im Grünen Wald in der Marktstraße 1. Der Architekt Paulgerd Jesberg hatte sein Büro nebenan." Ein von Felix Hammesfahr geschaffenes Bildnis des Architekten hatte Dr. Richard Hiepe, Kunsthistoriker der Neuen Münchner Galerie, als „meisterliches Porträt" eingestuft.

„Am 1. April 1990 sind wir dann in die Paulinenstraße 9 ins Kutscherhaus neben der Söhnlein-Villa gezogen. Das ganze Kutscherhaus mit Pferdestall wurde unser Atelier", erinnert sich der Künstler an die Zeit neben dem „Weißen Haus" von Wiesbaden. Wie praktisch – die Wohnung in der Lessingstraße lag nur einen Katzensprung entfernt. Der Verkauf der Villa erschien dem Zeitzeugen „wie eine Vertreibung".

Und wieder ein Umzug. „Am 1. März 2006 musste ich raus und bis Silvester 2013 hab' ich mein Atelier in Dotzheim gehabt." Eine umgebaute Spengler-Werkstatt mutierte zum Domizil, das der Zeitzeuge in einem Interview damals als „Bilderdepot mit Arbeitsraum" bezeichnete.

Künstler, Ankläger und Chronist: Das Wiesbadener Eigengewächs ist ein Chronist mit Adleraugen, der in spezifischer Handschrift Wiesbadener Stadtgeschichte in Bildern dokumentiert.

Auf einem prägnanten Beispiel ist die Baustelle der Rheumakliniken zu sehen, ein anderes zeigt 1989 den kurz darauf abgerissenen Autosilo an der Spiegelgasse als „Abbruchbaustelle am Kranzplatz". Sein Blick auf die „Demo vor dem Rathaus am 1. Mai 1984" zeigt das Gebäude mit drei Fahnen über die Toppen geflaggt als Kulisse für die roten Transparente der Maikundgebung.

Sein rund 1,80 Meter hohes Objekt „Mahnmal – Wiesbaden 9./10. November 1938 (Reichskristallnacht)" hat Felix Hammesfahr der Artothek geschenkt. Als „Memento" bringt er kaiserliche Kurhaus-Opulenz mit dem Schriftzug „Aquis Mattiacis" zusammen und richtet den Blick über das Eckhaus auf die brennende Synagoge am Michelsberg. Die Scherben zertrümmerter Schaufenster türmen sich auf dem schwarzen Sockel.

„Wir Buben sind auf den Michelsberg gelaufen und haben uns den Brand angeguckt", erzählt der Augenzeuge, damals elf Jahre alt. „Das ging doch wie ein Lauffeuer durch die Stadt. An der Ecke Langgasse und Michelsberg waren beim Kristallwarengeschäft die Fenster eingeworfen. Gegenüber war Koch am Eck, das Wäschehaus Poulet und auf der anderen Ecke war ein Schuhgeschäft."

Der Zeitzeuge hat was von einem Moritatensänger und weiß plastisch von Alt-Wiesbaden zu erzählen. Er erinnert sich an den Rheinbahnhof in der Rheinbahnstraße und spricht von Tennisplätzen auf dem Areal der Rhein-Main-Hallen, die jetzt Geschichte sind.

Als scharfäugiger Beobachter grüßt der Eingeborene locker „Hallo, alte Stadt" und formuliert unbequeme Fragen in heimischem Zungenschlag: „Ei gude, wie geht's? Kennste mich noch?" Dem „Ich kenne Dich n i c h t wieder" folgen Erinnerungen an „Pferdedroschken mit den mageren Kleppern, die in einem Haufen Pferdeäpfel am Kaiser Friedrich-Platz standen und andernorts". In seinen Notizen vermisst er „die Schrebergärtner mit den Leiterwagen und den Schippchen, die Pferdeäpfel aufsammelten für ihr liebevoll gepflegtes Gemüsebeet" und er fragt: „Wo sind die Eismänner geblieben, die die Stangen tropfenden Eises in die Wohnung brachten, dort spritzend zerschlugen, um sie in die gewaltigen Eisschränke zu füllen? Wohin sind die kleinen Handwerker gegangen, die all ihr Material und Handwerkszeug auf kleinen Stoßkarren transportierten?"

Wehmut schwingt mit bei seinem Sinnieren über die „schwarze(n) Männer mit den schweren Kohlesäcken auf dem Buckel mit ihren Halbblütlern, massig und müde, vor dem vollgepackten Fuhrwerk". Der Zeitzeuge trauert dem „Colonialwaren-Laden an der Ecke" nach und den „anderen Läden für Fleisch, Brot, Milch oder Gemüse. Jeder Laden für etwas anderes und alle so nah." Spurlos verschwunden ist „das Schwimmbad in dem vornehmen Hotel Viktoria, das man auch dem kleinen Volk geöffnet hat".

Der Zeitzeuge fragt: „Warum sind auf dem Schulberg der alte Feuerwachtturm und der alte Friedhof verschwunden? Auch der Turm auf dem Neroberg und das Café Orient?" Der für alte Menschen so praktische „Gießkannen-Express" wird vermisst – die Buslinie 10 pendelte zwischen Nordfriedhof und Südfriedhof.

Geradezu aktuell wirkt die Frage: „Warum hast Du Dein altes schönes Kleid ausgezogen und ein billiges T-Shirt übergeworfen? Das gleiche, wie es alle anderen Städte tragen? Eines wie das andere. Natürlich – man hat Dir im Kriege ein paar Löcher hineingerissen in Dein schönes Kleid. Du hast sie notdürftig geflickt, doch mit falschem Faden. Aber hier und da blinkt noch ein Stück der alten Pracht durch. Ich muß sie suchen, die alte Pracht:"

Erfrischend offenherzig erzählt der Wissbadener Bub: „Nach dem Brotberuf hab' ich den Beruf ausgeübt, hab' mich mit 60 als Prokurist pensionieren lassen, um auf anderem Gebiet was Schöpferisches und Gestalterisches zu machen, um zu malen." Der pubertäre Berufswunsch Maschinenbauer „war durch die Kriegsumstände Einberufung, Verwundung, Kriegsgefangenschaft perdu." Bis zur Pensionierung 1987 war er Technischer Leiter, Prokurist und Gesellschafter der alteingesessenen Firma Steinberg & Vorsanger AG. „Vom kleinen Techniker zum Aufsichtsrat", wird schmunzelnd resümiert. Er war Mitglied der Architektenkammer Hessen (AKH) und im Bund Deutscher Innenarchitekten (BDIA).

In Paris baute er eine Tochterfirma auf. Das kam ihm zupass – er war immer gerne „viel auf Reisen."

In seiner Heimatstadt Wiesbaden betreute er diverse Projekte. Hier schließt sich ein Kreis zur Zeitzeugin Charlotte Brand (→ S. 54). Anfang der 50er Jahre hatte Felix Hammesfahr die Verkaufstheke für das Café Kunder „oben am Kureck neben dem Capitol-Kino, das in den sechziger Jahren abgerissen wurde zugunsten des Raiffeisen-Hochhauses" entworfen. „Es war eine von vielen Geschäftseinrichtungen damals. Es war ja die Zeit der großen Aufbauphase."

Nicht gerade alltäglich war ein anderes „Brotberuf"-Projekt in der Innenstadt: „Unter der Bauleitung der Architekten Gebrüder Wagner wurde nach meinen Entwürfen der Innenausbau der Gesellschaftsräume im Logenhaus an der Friedrichstraße neu ausgestaltet", erinnert sich der Zeitzeuge. In einem speziellen Raum der Freimaurer in der Etage darüber kam Erika Kohlhöfer-Hammesfahr künstlerisch zum Zuge: „Meine Frau hat 1962 im Tempel der Freimaurerloge Plato, dem ältesten aktiven Verein in Wiesbaden, ein Deckengemälde geschaffen. Erika hat den nördlichen Sternenhimmel mit Polarstern und Großem Wagen gemalt auf zehn mal fünf Metern Fläche."

Wie sich im Laufe der Gespräche im Frühjahr 2017 herausstellt, kann – Helau! – Felix Hammesfahr über närrische Umtriebe der Nachkriegsära manche Episode erzählen. „Freischaffende Künstler haben Anfang der Fünfziger Jahre – 1951, 1952 und wohl auch 1953 – Motivwagen für den Fassenachts-Umzug gebaut mit dreidimensionalen Figuren", berichtet er amüsiert. „Wir haben Holzgerippe überzogen, Maschendraht kaschiert mit Zeitungspapier und Tapetenkleister, mit Gips gearbeitet und mit Bemalung. Der Motivwagen *Stadtkämmerers Wunschtraum* zeigte Roos als Geldscheißer." Das Erzählte kann der Augen- und Ohrenzeuge mit historischen Schwarzweiß-Fotos belegen.

Wie kommt ein Innenarchitekt zur Malerei? „Durch Neigung und Berufung?" Nun ja. Ehrlich gesagt, sei er durch eine „Viererbande" zur Malerei gekommen, schmunzelt der kritische Geist, der sich „spartenübergreifend" zu Wort meldet. Die „Viererbande" entpuppt sich als „Gruppe Real", zu der sich 1965 Erika Kohlhöfer-Hammesfahr und ihre Malerkollegen K. H. Buch, Bruno Reinbacher und Franz Theodor Schütt zusammengeschlossen hatten. Die Vier bekannten sich „in ihrem gesamten Oeuvre unbeirrbar zum Realismus in der Malerei, was in einer Zeit, in welcher „die gegenstandslose Kunst" den Ton angab (und vielleicht immer noch gibt) ein Wagnis bedeutet.

„Ihr Anliegen war und ist: Zeitkritische Inhalte, Technik, Lebensraum mit der Optik unserer Zeit zu sehen und mit handwerklich-künstlerischen Mitteln zu verarbeiten und darzustellen." Das einst jüngste Mitglied der „Gruppe Real" ist heute deren einziger Überlebender.

Die arrivierte Malerin Erika Kohlhöfer-Hammesfahr (gestorben 2002) – ausgebildet an der Kunstgewerbeschule Wiesbaden, an der Meisterschule des Deutschen Handwerks Berlin sowie an der Pariser Académie de la Grande Chaumière, Gründungsmitglied des BBK Wiesbaden und mit der Silbernen Bürgermedaille der Stadt Wiesbaden geehrt – war seit 1948 Ehefrau des Zeitzeugen: „Sie war Malerin und ich hab' auch gemalt als Autodidakt."

Anfang 2014 wurde die „Gruppe Real" von der KunstArche mit einem repräsentativen Querschnitt ihrer Schöpfungen im Foyer des Stadtarchivs nach über 30 Jahren wieder einmal ausgestellt. Mit ihrer elegant behüteten „Mrs. Jones am Sonntag" war Erika Kohlhöfer-Hammesfahr vertreten. Der Zeitzeuge präsentierte seinen Blick auf den wenig glamourösen „Straßenstrich".

Ein „ganz wichtiges Werk" ist dem Künstler, der mit Einzelausstellungen und Ausstellungs-Beteiligungen in Deutschland und Frankreich vertreten war, ein neunteiliges Malerei-Objekt aus dem Jahr 1988. Die großformatige Arbeit mit dem Titel „Konfrontation" wurde von der Stadt Wiesbaden angekauft und ist in der Artothek deponiert. „Das war der Auftakt der Reihe „Kunst in der Schule" und entstand für die Geschwister Scholl-Schule in Klarenthal. Die „Konfrontation" spannt den Bogen von KZ-Lagern und NS-Zeit über die Adenauer-Epoche bis zur Umweltverschmutzung, mit der sich die Welt selbst vernichtet. Vor dem Umbau der Schule wurde das Objekt abgenommen und in der Artothek deponiert", berichtet Felix Hammesfahr. „Bei der Vernissage las Heinz Nied ausgewählte Texte von Wolfgang Borchert."

Mit Rezitator Nied, dem langjährigen engen Freund, bildete der Künstler öfter ein gesellschaftskritisches Gespann. Mitte der Neunziger rüttelten sie im Forum des Wiesbadener Kunsthauses mit „Worten und Bildern gegen Gewalt" als BBK-Kooperationsprojekt das Publikum auf. Den „bildkräftigen Protest gegen Krieg und Terror" lobte das Feuilleton als „demaskierenden Protest gegen Unmenschlichkeit": Drastische „Bild-Fahnen" zeigten in großem Format gruselige Szenen vor einem Hintergrund in blutrot oder weiß. Ein furchtbarer Jurist in Robe präsentiert mit gesenktem Daumen vom Richtertisch herab eine Rechnung des „Volksgerichtshofes". Von wegen „große Wäsche". Schmutzige Textilien werden mitnichten gesäubert. Das Bild nach dem Gedicht „La Lessive" von Jaques Prevert zeigt Kleinbürgertum der brutalen Art: Hier ist der gemeinsame Tochter-Mord an der Hochschwangeren eine Sache der Familien-Ehre.

Für Felix Hamsvaar hat seine außergewöhnliche Stil-Entwicklung vom autodidaktischen Maler „gegenstandsferner" Tuschezeichnungen in schwarz-weiß hin zu realistischer Sachlichkeit etwas mit „Farbe bekennen" zu tun. „Abstrakte Kunst ist oft unverbindlich und austauschbar", stellte der Künstler fest, der auch als bildender Moritatensänger bezeichnet werden könnte. Von wegen Historie: Die Grausamkeiten der französischen Revolution wirken bis in unsere Zeit. „Carpentras" – eine der letzten öffentlichen Hinrichtungen Frankreichs 1938 – zeigt eine gaffende Menge, die sich an einer Guillotine mitten auf dem Platz ergötzt.

Der Maler als hochpolitischer Künstler. „Meine Bilder sind unbequem und passen nicht über die Couch. Meine Kunst ist kritisch und sozialkritisch. Aber es gibt auch *Überlebensbilder* wie schöne Landschäftle oder Porträts, die müssen manchmal notgedrungen sein", schmunzelt Felix Hammesfahr. Doch auch seine Landschaften haben Widerhaken wie das ach so „liebliche Kochertal". Sein „The Pershing II is coming" aus dem Jahr 1985 ist ein Zeitzeugnis spezieller Couleur.

In seinem Objekt-Triptychon „Vita des FH" klappt der Zeitzeuge seine persönliche Bilder-Geschichte auf mit dem „Prisoner of war", mit Zeichenkittel, Rechenschieber, Anzugträger, Sacre Coeur und Montmartre sowie dem Künstler vor seiner Staffelei.

Er kann auch Heine. „Des freien Rheines noch weit freierer Sohn" war bekanntlich auch mal in der Gegend und hat „Biberich" in seinem „Wintermärchen" mit spitzer Feder ein verdichtetes Denkmal gesetzt. Heinrich Heines berühmtes „Sie saßen und tranken am Teetisch" ist bei Felix Hammesfahr ein liebreizendes „Kaffeekränzchen". Der geneigte Beobachter widmet der gemütlichen Tafelrunde kabarettreife Zeilen:

Es sitzen fünf Alte am Kaffeetisch,
die Kanne sie dampft
der Kuchen ist frisch.
Man spricht über Damals,
es bleibt gar nicht aus,
so kramt Jeder und Jede
Erinnerung aus.
An Bomben und Krieg,
Vertreibung und Flucht,
und als man das täglich Brot
verzweifelt gesucht.
Und berichtet der Eine
Was einst ihm gefehlt,
so hat gleiches Leiden die Andern
schon früher gequält.

Sogar der Einschub hat es in sich:

Während all der lebhaften Worte hat still – unterdessen –
der Haushund die restlichen Stücke vom Kuchentisch gefressen.

Nein, Namen werden nicht genannt. Es lebe die Diskretion. Der Beobachter spricht von „glücklichen Damen und einem zufriedenen Herrn".

Der Herr Augen- und Ohrenzeuge versteht sich auf „Scherz, Ironie und tiefere Gedanken." Felix Hammesfahr ist aufs Wort und Bild zu glauben.

Ein Amerikaner in Wiesbaden und die Tochter aus „gutem Hause"
Ronald MacArthur Hirst

Militärhistoriker
Geboren am 26.8.1923 in Evanston/Illinois
Gestorben am 26.9.2014 in Wiesbaden

Ingeborg Hirst, geb. Zindel

Geboren am 7.8.1924 in Wiesbaden

Ein Amerikaner in Wiesbaden und die Verkörperung amerikanisch-deutscher Freundschaft: Ronald „Scotty" MacArthur Hirst war ein Zeitzeuge der besonderen Art. In der Reihe „Filmstadt Wiesbaden" hatte das kommunale Filmreferat in der FilmBühne Caligari 2011 die ZDF History Dokumentation: „Hello Fräulein – Alles begann mit einem Kuss" gezeigt als spannend aufbereitete Collage von erschütternden Schicksalen mehrerer Paare aus den Besatzungszonen. Die erfrischend agilen Eheleute Ronald MacArthur Hirst und Ingeborg Hirst, geborene Zindel aus Wiesbaden waren als Ehrengäste eingeladen.

Nach 63 Jahren Ehe zeigten sich die beiden sichtbar eng verbundenen Hirsts als ein seltenes Parade-Beispiel gelungener Nachkriegsliebe. Im Film wurde das Paar präsentiert mit dem plakativen Episodentitel „Der Spion, den ich liebte". Dabei ist das Plakative so gar nicht das Metier des in Evanston/Illinois geborenen US-Militärhistorikers, der am 6. Juni 1944 als 20-jähriger Soldat den D-Day, die Landung der US-Truppen in der Normandie am Omaha Beach miterlebte. Als speziell geschulter Angehöriger einer amerikanischen Abwehreinheit war er in der Normandie, in Remagen und am Vormarsch gen Westen beteiligt. Im Frühjahr 1946 kam er als Besatzungsmilitär nach Wiesbaden. Hier war der US-Geheimdienst-Offizier aus seinem Office im Gebäude der Casinogesellschaft in der Friedrichstraße „präzise vorbereitet" in das Elternhaus von Ingeborg Zindel gekommen – zur alteingesessenen Baufirma Zindel & Voll. Seine Schwarzmarkt-Ermittlungen liefen hier ins Leere. Aber der 22-jährige US-Offizier verliebte sich prompt auf den ersten Blick in das Passbild der Tochter aus gutem Hause, erzählt Scotty Hirst im Zindelschen Haus an der Mathildenstraße. „Bei mir dauerte es etwas länger", strahlte das damalige Frollein Zindel. Ausgerechnet ihr hatte Schuldirektor Dr. Koch zum Abitur gratuliert mit der Ermahnung: „Fräulein Zindel, bitte sprechen Sie nie in Ihrem Leben Englisch!" Okay, dann sprach sie eben amerikanisch und das ohne deutschen Akzent.

Mutter Lena Zindel ließ den „zu 100 Prozent" ungebetenen Schwiegersohn in spe überprüfen und wollte Näheres über dessen Familienverhältnisse in Illinois erfahren. Sie war wirklich „not amused". Der Angehörige einer US-Abwehreinheit war schließlich kein Ingenieur. Musste es ausgerechnet ein Besatzungsoffizier sein? Ja, der oder keiner. „Wir waren ineinander verliebt – und wie!" Die Tochter setzte sich durch. „Keiner in meiner Familie hat geglaubt, dass das zwischen uns lange halten würde", lächelte das „verwöhnte" Mädchen aus „gutem Hause". Das Liebespaar sah sich nur am Wochenende: „Scotty war nach Bad Hersfeld versetzt worden." Das Ausgehen konnte die Frau Mama ihrer 21-jährigen Tochter schlecht verbieten: „Aber ich durfte natürlich nicht in amerikanische Clubs!"

Wie sich am 26. Oktober 1948 die beiden Verlobten dann gegen alle Widerstände in der Dreifaltigkeitskirche „getraut" haben, ist ein spezielles Kapitel. „Das war ein Zirkus", schmunzelte Ingeborg Hirst. Nachdem Mama Zindel zugestimmt hatte, wurde der amerikanische Militärkaplan zum Hindernis. Der kam zwar in ihr Elternhaus: „Aber er traute mir als deutscher Braut nicht zu, eine gute Katholikin zu sein". Die Erlaubnis vom Limburger Bischof hatte die Braut bereits eingeholt. Und so trat das junge Paar vor einem deutschen Priester vor den Altar, bevor es am 20. Dezember für die frisch getrauten Eheleute Hirst nach Detroit ging. „Damals galten Deutsche noch als Feinde", erklärte Scotty Hirst. Strengere Einwanderungsmodalitäten sollten Beeinflussungen der amerikanischen Militärs vorbeugen.

Ins japanische Niigata versetzt, traf das Ehepaar Hirst dort ausgerechnet auf den amerikanischen Kaplan, der ihnen die Trauung in Wiesbaden verweigert hatte. „Er konnte sich so gar nicht erinnern – aber ich!" Die Augen der Zeitzeugin Ingeborg Hirst blitzen und sie strahlte über diesen Triumph.

Gattin Ingeborg hatte immer alles zu managen: „Ein paar Tage nach der Trauung ging es los. Mit Sack und Pack sind wir 18 Mal quer über den Globus umgezogen." Korea, Japan, Niederlande, Deutschland, USA... Zu Hause, egal wo, wurde englisch geredet. 1950 nahm Ingeborg Hirst die US-Staatsbürgerschaft an und geriet ins Schwärmen über

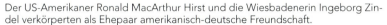

Der US-Amerikaner Ronald MacArthur Hirst und die Wiesbadenerin Ingeborg Zindel verkörperten als Ehepaar amerikanisch-deutsche Freundschaft.

Offenheit, Freundlichkeit, nachbarschaftliche Hilfsbereitschaft in den USA. „Das erste halbe Jahr hab' ich mich nicht getraut, Englisch zu reden. Mein Mann musste sogar mit zum Einkaufen", bekannte die sonst so couragierte Zeitzeugin.

Filius Ronald Paul, heute in Santa Barbara ansässig, ist ein echt Wissbadener Bub. „Er ist ein Siebeneinhalbmonats-Kind und die Wehen haben nachts eingesetzt", erzählte Mama Ingeborg vom April 1956. Papa Ronald war zu dieser Zeit in Bitburg stationiert.

Hat denn der damalige US-Militär Ronald Hirst der US-Propaganda – „sei wachsam, sei misstrauisch, die Deutschen sind nicht unsere Freunde" – jemals geglaubt? „Überhaupt nicht!" wehrte Scotty Hirst im Brustton der Überzeugung ab. Der Zeitzeuge bekannte aber „ein Geheimnis" – sein Großvater mütterlicherseits war Deutscher. „Vielleicht habe ich ja die Deutschen schon damals anders gesehen."

Ihren Altersruhesitz hatten die Eheleute Hirst in dem Haus an der Mathildenstrasse genommen, das Vater Zindel erbaut hatte.

Ronald „Scottty" Hirst war ein wandelndes Geschichtsbuch Die Entwicklung von Camp Lindsey in Wiesbaden schrieb der passionierte Historiker auf. Und wichtiges Fotomaterial aus seiner Sammlung steuerte er bei zur Publikation: „Vom Exerzierplatz zum Wohnquartier – Die Geschichte des Europaviertels", herausgegeben vom Ortsbeirat Rheingauviertel/Hollerborn in Verbindung mit der Stadtentwicklungsgesellschaft und dem Kulturamt/Stadtarchiv Wiesbaden.

Über 30 Jahre lang erforschte Ronald Hirst die Schlacht um Stalingrad, promovierte darüber an der Stanford University of California und baute ein umfangreiches Privatarchiv auf. Sein Arbeitsstudio im Souterrain des Hauses war bislang mit prall gefüllten Regalmetern voll Aktenordnern, Büchern und Bildmaterial bestückt. Große Teile seines Nachlasses – Fotografien, Bücher, historisches Material – sind ans Stadtarchiv Wiesbaden gegangen. Mehrere Kisten voll historischer Materialien wurden von Scotty Hirst an das Archiv der Hoover Institution an der Stanford University in Kalifornien geschickt.

Die Wand mit den Fotos „seiner" Präsidenten Eisenhower, Kennedy und Johnson machte Eindruck. Und auch ein Schrankregal im Flur war Historie pur: „Alles Stalingrad. Hier sind die Lebensläufe von 22 Generälen, die in Stalingrad gefangen waren, drin." Zeitzeuge Hirst deutete auf die Ordner.

„Das ist sein Reich", würdigte Ingeborg Hirst den Forschungsfleiß ihres Mannes. Der war für wohlfeile Heldenverehrung so gar nicht zu haben, für klare Worte schon. „Es geht mir um das Gedenken, darum mach' ich das alles."

Ronald Hirst, der nach seiner Zeit beim Militär als Zivilist beim Pentagon beschäftigt war und als hochdekorierter Hauptmann mit zwei Purpleheart-Auszeichnungen in den Ruhestand ging, hatte sich in punkto deutsch-amerikanischer Freundschaft und „Berliner Luftbrücke" hohe Meriten verdient. Der viel gefragte Experte knüpfte mit unermüdlichem Elan ein internationales Netz persönlicher, telefonischer und schriftlicher Kontakte, die er zeitlebens pflegte. „Sogar an Jake Schuffert hab' ich geschrieben und bekam Bilder von ihm", strahlte er. Jake Schuffert ist der legendäre Big-Lift-Pilot mit dem herrlich schrägen Strich, der sich und den anderen hart schuftenden „Boys from the Berlin Airlift" mit seinen treffsicheren Karikaturen „Big Lift-Lafts" den Knochenjob versüßte.

Große Stücke hielt Scotty Hirst von dem legendären Drei-Sterne-General William H. Tunner, Spitzname „Bill the whip", Bill die Peitsche. Der Oberbefehlshaber der amerikanischen Luftstreitkräfte in Europa hatte den Big Lift der „fliegenden Packesel" 1948/49 in der zweiten Etage der Taunusstrasse 11 perfekt organisiert. Am Ostermontag 1949 erreichten General Tunner und seine Leitzentrale für 24 Stunden Flüge im 30-Sekunden-Takt – ein Rekord.

Die legendäre „Osterparade" brachte 12.941 Tonnen Hilfsgüter in die halbierte Stadt. Die „Rosinenbomber" sicherten mit exakt 277.569 Flügen von Amerikanern und Engländern in den drei Westsektoren der Inselstadt Berlin mit rund 23 Millionen Tonnen Lebensmitteln, Kohle und Medikamente das Überleben von 2,3 Millionen Menschen. „General Tunner, das war ein Spitzenmann, really. Er war Spitze. Der General war strong, er war verantwortungsbewusst und auch um die Sicherheit seiner Leute besorgt", zollte der Zeitzeuge ihm höchsten Respekt. Zu Generalswitwe Tunner in Virginia hielt Ronald Hirst bis zu ihrem Tode Kontakt.

Aus seinem Ärger machte Ronald Hirst keinen Hehl, als 2007 bei SAT1 der nicht eben faktensichere TV-Film „Die Luftbrücke" als Zweiteiler ausgestrahlt wurde. Die Protagonisten waren trotz nur leicht verfrem-

Ronald Hirst war stolz auf die Fotos „seiner" Präsidenten Eisenhower, Kennedy und Johnson.

deter Namen gut zu erkennen. Der TV-General „Turner" kümmerte sich laut Drehbuch mehr um seine Amouren als um die Leben rettende „Operation Vittles" und um die Logistik der Transportflüge: „Das ist eine Beleidigung! Von wegen, General Tunner hatte eine Geliebte in Berlin!" zürnte Scotty Hirst. Direkt nach der TV-Sendung schrieb er damals einen Brief an den Sohn von General William Tunner. Und Tunner Junior geriet über diese Geschichtsklitterung ebenfalls in Rage. Ronald Hirst stellte kurz und bündig klar: „Die wahren Helden sind alle tot."

Ein original „Rosinenbomber", die viermotorige Skymaster C-54 „Spirit of Freedom", gehört der 1992 gegründeten „Historischen Stiftung Berliner Luftbrücke" mit Sitz in Farmingdale/New Jersey. Die wertvolle Rarität wurde als „fliegendes Luftbrückemuseum" eingerichtet und von Ronald Hirst umfassend mit authentischem Material ausgestattet. Ehrensache: Zum 50. Jahrestag des „Big Lifts", der in Wiesbaden auf der Airbase mit einem deutsch-amerikanischen Fest groß zelebriert wurde, war die komplette Crew des legendären Rosinenbombers bei Familie Hirst zum Fachsimpeln bei Kaffee und Kuchen eingeladen.

Pilot und Stiftungspräsident Timothy A. Chopp, Vizepräsident Edward Ide, Kopilot Thomas Munley und Sekretär Kevin Kearney zeigten sich stolz, endlich Ronald MacArthur Hirst persönlich kennen zu lernen.

Der berühmte Candypilot Gail Halvorsen ließ sich auch mal bei den Eheleuten Hirst blicken: „Er kam aber nur zum Geldumtausch." Zeitzeuge Hirst schmunzelte bei dieser Anekdote und war überzeugt, „die Welt wäre heute eine andere ohne die Luftbrücke. Die Leute sind beeindruckt, wenn sie hören, dass die Piloten in mehreren Luftkorridoren übereinander flogen. Beim Landeanflug auf Berlin konnten sie schon das nächste Flugzeug hinter sich sehen."

Mit Leidenschaft war der jugendlich agil wirkende Historiker engagiert. Ihm lagen die Opfer der Luftbrücke am Herzen – auch die 13 deutschen Zivilisten, von denen sonst kaum die Rede ist. Zum Andenken an die Opfer konnte Ronald Hirst Berichte über die Unfälle, bei denen Amerikaner gestorben sind, in Kopie sammeln. „Ich habe Kontakt zu den Familien aller während der Luftbrücke ums Leben gekommenen US-Soldaten." Der unermüdliche Forscher fand nach jahrelang akribischer Recherche sogar den Bruder von Corporal George S. Burns und konnte ihn zu einer Gedenkfeier nach Berlin holen. Corporal Burns war der 32. Tote der „Operation Vittles" (militärischer Titel der Luftbrücke) und es schmerzte Scotty Hirst, dass dessen Name noch immer auf der Wiesbadener Gedenkstele an der Schiersteiner Strasse fehlt. Immerhin gibt es einen „Burns Place" auf dem Erbenheimer Airfield.

Und immer noch gab es „so viele Geschichten, die noch nie erzählt wurden." Der Farmer Lewis F. Warbington aus Ohio, agrarpolitischer Berater der US-Militärregierung in Deutschland, hatte für die Not leidende deutsche Bevölkerung 8000 Carepakete von Farmern der Region Shelby County zusammengetrommelt. Acht Trucks mit der handgepinselten Aufschrift „Neighbours in Action, 8000 food Peace Packages for Europe. Sidney, Shelby County, Ohio" fuhren die Hilfsgüter nach New York. Unterstützt von Gouverneur Thomas J. Herbert gelangte die Fracht per Schiff nach Bremerhaven, von dort zur Air-Base Wiesbaden-Erbenheim. General Lucius D. Clay stellte dieser „Luftbrücke" drei Transportflugzeuge zur Verfügung und Farmer Lewis Warbington nahm persönlich auf dem Umschlagplatz die Verteilung der Pakete nach Frankfurt, Kassel, Stuttgart, Nürnberg und München in Augenschein. 1000 Carepakete blieben in Wiesbaden, 2000 Pakete gingen nach Berlin. Besonderer Clou war ein Deutsch geschriebener Brief in jedem Paket mit der Bitte um Resonanz. Über 10.000 Dankesbriefe kamen bei den hochherzigen „Nachbarn in Aktion" in Shelby County an, die drei Jahre nach Kriegsende humanes Handeln praktizierten. 1957 wurde Initiator Lewis Warbington in Bonn von Bundespräsident Theodor Heuss und Landwirtschaftsminister Heinrich Lübke mit einem Empfang und einem Silbernen Ehrenteller ausgezeichnet.

Vielseitig engagiert und vernetzt, nahm Ronald Hirst auch als Ehrenmitglied der „Gemeinschaft der Jagdflieger, Vereinigung der Flieger deutscher Streitkräfte e.V." kein Blatt vor den Mund. Der Ärger über eine befremdliche Episode im Umfeld des 50. Jahrestages der Luftbrücke war ihm noch immer anzumerken. Eine deutsche Stiftung hatte sich an den versierten Historiker gewandt mit der Bitte, er möge amerikanische Angehörige zu den Feiern nach Berlin holen. Ronald Hirst ließ sich nicht lange bitten und wurde aktiv. „Als ich schließlich 21 Familien gefunden hatte und eingeladen hatte, rief jemand von der Stiftung an und sagte alles ab. Es wäre kein Geld mehr dafür da." Noch immer entgeistert, schüttelte der Zeitzeuge den Kopf. „Nie in meinem Leben habe ich mich so geschämt wie bei den Anrufen bei den Familien in Amerika."

Erfrischend agil waren beide Eheleute, der Autor Ronald wie seine Frau Ingeborg, die einen „grünen Daumen" hatte. „Aufsässig war ich, hab' mir nix sagen lassen", schmunzelte die Enkelin von Karl Zindel, der den Wiesbadener Bahnhof gebaut hat. Als Mitglied im deutsch-amerikanischen Frauenclub war sie engagiert und pflegte nach Kräften ihren Freundes- und Bekanntenkreis. Einmal jährlich traf sich ihre Abiturklasse vom Elly–Heuss–Mädchengymnasium. Und dreifache amerikanische Life-Masterin in Bridge war Ingeborg Hirst, geborene Zindel auch.

Bei der Trauerfeier in der Hainerberg Chapel würdigte eine Honorguard der Ramstein Air Base den hoch dekorierten Militär Hirst mit dem „three volley salute". Das gefaltete Sternenbanner „cocked hat" wurde an Witwe Ingeborg Hirst übergeben.

„Tun wir, was wir können, mehr verlangt Gott nicht von uns"
Christa Kaltenbach

Oberin im St. Josefs-Hospital Wiesbaden
Geboren am 5.9.1941 in Kiedrich/Rheingau

„Was wir heute tun, entscheidet, wie die Welt (das Krankenhaus) von morgen aussieht." Diese Erkenntnis stammt von Boris Pasternak und wurde von Oberin Christa Kaltenbach zu ihrem Abschied aus dem St. Josefs-Hospital zitiert. Das letzte Wort gebührte der Ordensgründerin Maria Katharina Kasper: „Tun wir, was wir können, mehr verlangt Gott nicht von uns."

Der Weggang der drei Ordensfrauen, neben Oberin Christa die Mitschwestern Theresildis Wagner (Krankenschwester der Aids-Ambulanz) und Beatrix Weuste (in der Seelsorge engagiert), war dem Nachwuchsmangel geschuldet. Der Abschied der Dernbacher Schwestern und der Rückzug des Konvents aus der liebevoll „JoHo" genannten Klinik wird in Wiesbaden allgemein sehr bedauert.

Der Weggang fiel den langjährig im Hospital engagierten Ordensfrauen nicht leicht. Daraus machten sie bei der Verabschiedung keinen Hehl.

Die Zäsur signalisierte die Zeitenwende in dem katholischen Akut-Krankenhaus, ein Filialinstitut des Ordens der Armen Dienstmägde Jesu Christi mit knapp 1200 Angestellten, rund 500 Betten und fast 23.000 behandelten Kranken im Jahr 2013.

Christa Kaltenbach, ihre Vorgängerinnen und Mitschwestern aus dem Westerwälder Mutterhaus in Dernbach standen von Beginn an für den spezifisch christlichen „Geist" des Krankenhauses, das vor über 150 Jahren durch den Orden gegründet wurde.

„Ich bin eine echte Rheingaunerin", schmunzelte Christa Kaltenbach, die agile Ordensfrau mit der lebensfroh zugewandten Ausstrahlung. „Jede Form von Dominanz und beherrschender Hierarchie" wurde von der Oberin, der ihre „70 Plus" kaum zu glauben waren, im Gespräch verneint. Unterschiede im Ansehen der Person? Nicht mit ihr. „Ich sehe mich als Dienende – sonst bin ich fehl am Platz."

Die Tochter eines Zimmermanns und einer Hausfrau aus Kiedrich im Rheingau stand von Kind an „mit beiden Beinen auf der Erde". Sie sagte: „Ich habe Spiritualität mit dem Alltag verbunden." Dass sie am 14. April 2013 ihre „Goldene Profess" nach 50 Jahren Leben im Gelübde von Jungfräulichkeit, persönlicher Armut und Gehorsam feiern konnte, wurde Christa Kaltenbach nicht an der Wiege gesungen.

Oder doch? Immerhin war Onkel Michael Kaltenbach ein veritabler Missionspater.

„Es ist eine Berufung – Gott ruft die Menschen", wusste die erfahrene Ordensschwester. Nach Volksschule und dem Reinschnuppern in eine Banklehre hatte es die hübsche junge Frau, die „gern zum Tanzen ging", nach Kiedrich als Helferin in den Kindergarten der Gemeinschaft der Armen Dienstmägde Jesu Christi (ADJC) gezogen. „Für mich gab es kein Zurück." Ihre Aufnahme als Postulantin in Dernbach noch vor der Volljährigkeit und die „nicht einfache" Zustimmung der Eltern wären eine eigene Geschichte wert. „Vor jeder Entscheidung hieß es – die Tür steht Dir immer offen", rechnete es die Tochter auch mit über 70 Jahren ihren Eltern noch immer hoch an. Ihre väterliche Oma Susanne war „eine ganz Fromme!" Sie hätte sich über ihre Enkelin als Ordensfrau sicher sehr gefreut.

Am 24. März 1961 empfing die Novizin dann das Ordenskleid, legte später die 1. Profess und die Gelübdeerneuerung ab. Einige Wochen vor der „ewigen Profess" verbrachte sie zwei Tage im Elternhaus. „Der Vater wünschte, auf meinem Weg sollte ich nicht den Frohsinn verlieren", erinnerte sich Christa Kaltenbach plastisch. Und sie war sich sicher: „Natürlich würde ich diesen Weg immer wieder gehen."

Wie die am Kindergärtnerinnen-Seminar Limburg ausgebildete Erzieherin, die parallel ihr Montessori-Diplom erwarb, zum St. Josefs-Hospital nach Wiesbaden kam, klingt folgerichtig. Von der Internationalen Generalleitung der Dernbacher Schwestern wurde sie zuerst in Horchheim eingesetzt, dann in Mönchengladbach.

Lange Jahre war sie in Limburg und anschließend in Düsseldorf als Kindergartenleiterin tätig. Nach entsprechender Schulung war Christa Kaltenbach im Malteser-Krankenhaus Bonn, später langjährig im Dernbacher Krankenhaus eingesetzt als Krankenhaus-Seelsorgerin.

Die vielseitige Ordensschwester sah sich eines Tages zur Provinzoberin bestellt. „Es wurden Krankenhaus-Führungskräfte gebraucht und ich

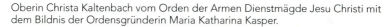

Oberin Christa Kaltenbach vom Orden der Armen Dienstmägde Jesu Christi mit dem Bildnis der Ordensgründerin Maria Katharina Kasper.

war bereit für die Weiterbildung zur Krankenhaus-Oberin", meinte die Ordensfrau schlicht. Nach absolvierter Weiterbildung wählte sie für die Abschlussarbeit das Thema „Mein Krankenhaus im Wandel." Christa Kaltenbach lächelte: „Wie meine Arbeit zeigt, kann eine Pädagogin die Leitung eines Krankenhauses innehaben." Der praktische Teil der Ausbildung führte sie ans St. Josefs-Hospital, wo Oberin Philomena als Oberin tätig war. „Aber ich ahnte nicht, dass ich Schwester Philomena einmal ablösen sollte." An den wegweisenden Anruf der Provinz-Oberin „am Samstag um 11.45 Uhr" erinnerte sich Schwester Christa, als sei es eben gewesen. „Bist Du bereit, Schwester Philomena abzulösen?" wurde sie gefragt. Doch erst nach „internen und externen Beratungsgesprächen" habe sie „zwei Tage später" zugesagt. Schwester Philomena – seit 1989 Oberin am JoHo – blieb im Hause. „Und sie ist am 16. Dezember 2011 in meiner Hand nachts gestorben."

Bei der Amtseinführung am 6. Oktober 1995 hatte Oberin Christa Kaltenbach ihre Lebenseinstellung mit einem Zitat aus dem Matthäus-Evangelium verdeutlicht: „Ihr wisst, dass die Herrscher ihre Macht über die Menschen missbrauchen. Bei uns aber soll es nicht so sein; wer bei uns groß sein will, der soll Euer Diener sein." Reflektierte und offene Kommunikation als „Markenzeichen" – denn „kein Problem löst sich durch Weglaufen".

Die Oberin gehörte dem Verwaltungsrat an, bildete mit dem Geschäftsführer die Hausleitung, sie saß im Direktorium des Hospitals und wirkte mit bei Personalentscheidungen. Als „Brückenbauerin im Hause" setzte die Zeitzeugin auf offenen Umgang in allen Bereichen. Die Oberin stärkte den Rücken, sie motivierte und bot Fortbildungen an, sie betreute die „Grünen Damen" und die Ehrenamtlichen der Patientenbibliothek.

In die Ägide von Oberin Christa Kaltenbach fielen wesentliche Modernisierungen. Die Integration der Orthopädischen Klinik Wiesbaden als Orthopädische Klinik (ab 2000) gehört dazu, ebenso der Abriss des Südflügels und der Neubau des „Medicums" mit Anbau des Westflügels samt neuem Eingang an der Beethovenstraße. „Die Erweiterung des OP-Traktes mit zwei zusätzlichen OP-Sälen" wurde von Oberin Christa mit verantwortet, minimalinvasives Operieren wurde eingeführt. Auch die pflegerische Seite war ihr wichtig: „Dass aus dem Konvent der Herz-Jesu-Schwestern sechs Ordensschwestern aus Kerala in Indien auch weiterhin im JoHo arbeiten, weiß ich sehr zu schätzen", freute sich Christa Kaltenbach.

Schon unter Oberin Philomena wurden die beliebten Benefizkonzerte in der Hauskapelle des JoHo durchgeführt. In der Nachfolge ihrer legendären Amtsvorgängerin führte Oberin Christa die erfolgreichen Benefizkonzerte etliche Jahre weiter: „Und die Kapelle war jedes Mal bis zum letzten Platz besetzt", strahlte sie im Gespräch.

2012 galt es für die katholische Klinik, ein Jubiläum auszurichten. Der 150. Geburtstag des Filialinstitutes wurde mit einer Festwoche und einem Empfang im eigens errichteten Festzelt groß mit vielen Ehrengästen zelebriert.

Zum Abschied war es der Ordensfrau ein Herzensanliegen, „Allen in der Dienstgemeinschaft ein aufrichtiges Danke zu sagen für alles Vertrauen, für alles Miteinander, für die Wegstrecke, die wir gemeinsam gegangen sind." Ihr besonderer Dank galt den beiden Mitschwestern Theresildis und Beatrix „für die tatkräftige Unterstützung in den Wochen des Auflösens". Und „für alle selbstverständliche Hilfe, vor allem in den letzten Wochen der Krankheit von Schwester Philomena (und weiter nach deren Tode)" dankte Schwester Christa in bewegenden Worten neben ihren Angehörigen auch „unseren Freunden".

Oberin Christa konnte sich auf biblische Weisheit aus dem Buch Kohelet beziehen: „Alles hat seine Zeit, seine Stunde. Für jedes Geschehen unter dem Himmel gibt es eine bestimmte Zeit." Die Zielsetzung ihrer Amtsvorgängerin Philomena – weit über das St. Josefs-Hospital hinaus unvergessen – sei der Samen gewesen: „Einfach gut sein." Doch bekannte Oberin Christa auch: „Diese Leitlinie ist nicht immer leicht im Alltag zu leben." Ihr Führungsprofil habe sie transparent machen wollen durch ihr besonderes Anliegen „den christlich-ethischen Moment nach innen und außen zu repräsentieren." Das Führen und Leiten im Amt der Krankenhaus-Oberin brachte sie auf den Punkt: „Ich habe es als meinen Sendungsauftrag verstanden, das Gesicht des JoHos erneuern und verwandeln zu helfen."

In einer festlichen Eucharistiefeier am Hochfest der Verkündigung des Herrn, dem Titularfest der Armen Dienstmägde Jesu Christi, wurden die Dernbacher Ordensschwestern in der voll besetzten Kapelle der Klinik verabschiedet. Auch der frühere Oberbürgermeister Dr. Helmut Müller und das langjährige Verwaltungsrats-Mitglied Dietrich Oedekoven, Stadtkämmerer a. D., sowie Peter J. Riedle als Stadtrat a. D. gaben der Oberin und ihren Mitschwestern zum Abschied die Ehre. Hauptzelebrant des Gottesdienstes war der frühere Stadtdekan Pfarrer i.R. Werner Bardenhewer (→ S. 27). Konzelebrant war Pfarrer Klaus Krechel. Mit persönlichen Anmerkungen hielt Pfarrer i. R. Horst Krahl die Predigt.

Oberin Christa Kaltenbach war trotz der Abschiedsstimmung angetan. „Es war alles sehr würdevoll und rundum gelungen."

Ehre, wem Ehre gebührt. Stadtverordnetenvorsteher Wolfgang Nickel überreichte Oberin Christa die Goldene Bürgermedaille der Landeshauptstadt Wiesbaden als Würdigung für ihr langjähriges, auch ehrenamtliches Engagement

„Ich gehe mit einem weinenden Auge", bekannte die Zeitzeugin. Ihre Expertise blieb dem Haus auch nach dem Weggang aus Wiesbaden erhalten. Oberin Christa nahm weiter an den Verwaltungsratssitzungen teil und der Sitz im Leitungsgremium kann als kleiner „Trost" gelten. Für bauliche Belange war die Oberin „immer gerne" eine wichtige Ansprechpartnerin. So war sie an der Weichenstellung für den umfangreichen Neubau des St. Josefs Hospitals im Jahr 2020 auch maßgeblich beteiligt.

Der heimliche Bürgermeister der Waldstraße
Richard Knörzer

Gründer des „Carnevalvereins Narrenlust Waldstraße",
der „Ochsenbachraben" und des „Waldstraßenfestes"
Geboren am 3. Februar 1926 in Wiesbaden
Gestorben am 3. Januar 2020 in Wiesbaden

Richard Knörzer war ein seltenes Urgestein. „Mein ganzes Leben ist auf die Waldstraße bezogen", sagte er. „Ich bin hier groß geworden, erst am ehemaligen Bahnhof, dann kurz in der Kleiststraße und in den Dreißiger Jahren wieder in der Waldstraße. Kurz vor der Machtergreifung zogen wir in die Ober-Waldstraße. Ich hab' ein Waldsträßer Mädsche geheiratet und wollte nie weg von hier. Ich wollte immer hierbleiben."

Genauso hat er es gehalten und war auch in fortgeschrittenem Alter nach Kräften unermüdlich für seinen Stadtteil engagiert. „Heimlicher Bürgermeister der Waldstraße" wurde Richard Knörzer genannt und war das mit Leib und Seele. Der passionierte Heimatforscher trug „Einiges, vielleicht Interessantes, über die Waldstraße und ihre Bürger" zusammen, das sicher nicht allgemein bekannt ist. „Die Waldstraße ist ein altes Siedlungsgebiet! Grabstätten aus der Steinzeit vor 4000 Jahren belegen es", fand der Zeitzeuge heraus.

„Unsere heutige Waldstraße war ein alter Verbindungsweg von Mainz herkommend und über die Taunushöhen führend." Doch mit Bäumen hat der Name „Wald"straße vermutlich nichts zu tun. Zu Zeiten der Germanen tauchen Namen wie „Walweg – Walborn – Walen" auf. „Die Walen oder Wissen waren Frauen, die für Volk und Heer weissagen konnten, beziehungsweise gebetet haben. Der Walborn war ein Brunnen, der etwa 1850-1870 versiegte und ganz in der Nähe der früheren Alten Schule war", berichtete der Zeitzeuge. „Das erste Gebäude auf der sogenannten Waldstraße war ein Pulvermagazin für die Regimenter in und um Wiesbaden. Es wurde vom Deutschen Kaiser 1857 persönlich eingeweiht", hat er herausgefunden. Von einer „Kolonie", durch den Bau- und Sparverein Wiesbaden erschlossen, konnte er berichten, „die heute Wald-, Ried-, Birken- Vereins- und Wiesenstraße bildet. Die Kolonie *Westheim* bei Wiesbaden ist sogar im Wiesbadener Archiv in Vergessenheit geraten."

Von einem „feststehenden Zirkus mit Kuppelbau an der Ecke Teutonenstraße/Dostojewskistraße" wusste der Zeitzeuge. Die Straßennamen für den Kiez legte gemäß seiner Recherche der Biebricher Bürgermeister Heppenheimer fest. „Der passionierte Jäger gab der neuen Kolonie lauter Namen, die mit der Natur verbunden waren. Noch vorgesehen waren Ulmenstraße, Ahornstraße, Hirschstraße, Felsenstraße und so weiter."

Die heutige Diesterweg-Schule wurde 1902 als Oranier-Schule eingeweiht. „Grund und Boden spendete damals die Gärtnerei Pawelitzki.

Der Name ist noch heute in der Waldstraße bekannt." Neben dem Denkmal „unseres Herzogs Adolf von Nassau, der bis 1866 dieses Land regierte", widmete sich der Heimatforscher dem Brauchtum. „Am 16. Juni 1911 feierte man die erste *Waldsträßer Kerb*." Doch eine Frage ließ sich beim Durchforsten von „Zeitungen und alten Vereinsheften" nicht klären: „Welcher Verein zeichnete eigentlich dafür verantwortlich?"

Natürlich war ihm geläufig, dass der Männergesangverein „Sängerlust Waldstraße" am 3. März 1920 gegründet wurde. „Der ist damit der zweitälteste noch bestehende Verein der Waldstraße. Später kam noch ein Frauen- und ein Kinderchor dazu." Der Zeitzeuge wusste auch von einem „Bürgerverein", der 1926 „aus der Taufe gehoben" wurde und „sich später in die *Kerbegesellschaft Waldstraße* umbenannte."

Die Historie des „Fußball-Clubs Germania 03 Wiesbaden" – der inzwischen als „Sportgemeinschaft Germania Wiesbaden e.V." firmiert – war dem Zeitzeugen sehr vertraut. Wichtig war ihm ein „besonderer fußballerischer Leckerbissen". Der stand nämlich 1953 auf dem Programm, „als sich der frischgebackene Deutsche Fußballmeister 1. FC Kaiserslautern mit all seinen damaligen Nationalspielern auf dem Sportplatz an der Waldstraße ein Stelldichein gab. 13.000 Fans erlebten einen großartigen Deutschen Meister und neben einem tollen Spiel viele sehenswerte Tore." Richard Knörzer war Ehrenmitglied der SG Germania Wiesbaden und gehörte dem Ältestenrat an.

Er dürfte der am besten informierte „Alte Waldsträßer" gewesen sein, doch er grübelte über einige offene Fragen. „Wer kennt noch den Saalbau Burggraf? Wo war der Grimberg? Wer kennt noch die Samba-Hütte?" Der Zeitzeuge hätte gar zu gerne etwas gewusst über „den schwarzen Autoschlosser *namens Arthur* auf der Waldstraße, der 1945 nach Afrika musste, um dort die Häuptlingsstelle seines Vaters zu über-

Richard Knörzer ist „seiner" Waldstraße Zeit seines Lebens treu geblieben.

nehmen." Es trieb ihn auch die Frage nach dem „Napoleon von der Ober-Waldstraße" um. Der Heimatforscher konnte auch nicht herausfinden, „wo war die Kerb 1934/35?" Und wer etwas erzählen könnte über „den Geier Nicolaus, Friseur, Zahnzieher und Hebamme in einer Person", wäre Richard Knörzer höchst willkommen gewesen.

Ein Original war der jüngste Spross eines Steuerassistenten ohne Frage: „Ich bin der jüngste Bub von vieren, also Robert, Albert, Gustav und ich". Der Benjamin der Familie trug aus gutem Grunde den Titel „heimlicher Bürgermeister der Waldstraße". Richard Knörzer wurde als „Vater des Waldstraßenfestes" beim traditionsreichen Neujahrsempfang der Arbeitsgemeinschaft Biebricher Vereine und Verbände im Januar 1997 mit dem Biebricher Ehrenteller gewürdigt. Der erfrischend bodenständige Zeitzeuge schwätzte ein herrliches Wissbadener Platt und grad so, wie ihm der Schnabel gewachsen war: „Isch bin de Knörzer im Original!"

Nicht ohne Stolz verwies er lächelnd auf etliche Auszeichnungen und Würdigungen wie Verdiensturkunde, Ehrenteller und „Ehrenmütze" des von ihm gegründeten „Carneval Vereins Narrenlust Waldstraße". Der Ochsenbachraben-Orden war zudem sein eigen. Schließlich war diese Formation seine Gründung. Die Dacho als Dachorganisation Wiesbadener Karneval verlieh dem närrischen Urgestein die Ehrenplakette. Mitglied im Dacho-Ehrenrat war er auch. Der Bund deutscher Karneval e.V. würdigte ausdrücklich seine „langjährigen Verdienste zur Erhaltung und Förderung heimatlichen Brauchtums – Karneval – Fastnacht – Fasching" und überreichte dem Ehrenvorsitzenden der Narrenlust Waldstrasse den Verdienstorden in Gold. Der Bund mittelrheinischer Karneval heftete ihm einen Verdienstorden ans Revers. Und wie es sich gehört, war nach gebührender Zeremonie aus Richard Knörzer ein ehrenwerter Ritter vom „Goldenen Vlies" geworden.

Meriten mit Bezug zu seiner Heimat konnte er auch vorweisen. Mit der Bürgermedaille in Bronze zeichnete ihn die Landeshauptstadt Wiesbaden aus. Auch das Land Hessen ließ sich eine Würdigung nicht nehmen und verlieh ihm den Ehrenbrief. Dass er Ehrenmitglied der SG Germania und über viele Jahre Mitglied des Ältestenrats war, ließ sich „de Knörzer" gern entlocken. Er war dem Verein schon Anno 1938 beigetreten.

„Ich bin ein Vereinsmensch", erklärte der Zeitzeuge, dem das Faible für Gemeinschaft wohl vom Vater in die Wiege gelegt wurde. Buchstäblich von Geburt an, also seit dem 3. Februar 1926, war Richard Knörzer Mitglied in der „Sängerlust Waldstraße". Er war das einzige „Patenkind" des Vereins, den sein Vater, der sechs Tage nach seiner Geburt starb, gegründet hatte. Richard Knörzer war zudem Ehrenvorsitzender des Gesangsvereins, den der aktive Sänger zeitweise als erster Vorsitzender leitete. Zu seinem Leidwesen musste er den Verein 1994 auflösen: „Die Aktivität hat gefehlt, wir hatten keinen Nachwuchs."

Seine Lebensgeschichte spielte sich tatsächlich in und um die Waldstraße ab. „Von Ostern 1932 bis Ostern 1940 besuchte ich die Volksschule in der Lorcher Straße." Zu Kriegsbeginn war der Bub gerade mal Dreizehn und musste nach Schulabschluss „die den damaligen Gesetzen unterliegende Landjahrpflicht absolvieren." Als Maschinenschlosserlehrling der Maschinenfabrik Schwerdtfeger „gegenüber vom Camp Lindsey" legte er im September 1943 erfolgreich die sogenannte „Not-Gesellenprüfung" ab. Diese Prozedur wurde „bedingt durch vorzeitige Einberufung zum Militär."

Der Achtzehnjährige geriet in der Ukraine („Brody bei Lemberg") in russische Gefangenschaft und traf dort im Juli 1944 tatsächlich „auf einen Waldsträßer", wie er erzählte. „Es war eine böse, eine schlimme Zeit." Im November 1945 kam der junge Kriegsgefangene frei, mit schwerer Lungenentzündung und auf 80 Pfund abgemagert. Die formelle Entlassung kommentierte er im Gespräch lakonisch: „Wir waren halt Schrott." In Frankfurt an der Oder begann eine Odyssee für den Zeitzeugen, der sich bis nach Berlin „durchgeschlagen" hat. „Da hab' ich mich freiwillig im englischen Lager gemeldet. Wir sind dann per Sammeltransport auf amerikanisches Gebiet gekommen und in Marburg ins US-Entlassungslager." Per Lkw ging es von dort in einem weiteren Sammeltransport nach Wiesbaden.

Den Zustand der Waldstraße hatte Richard Knörzer noch vor Augen. „Durch die Brandbomben waren in der Ober-Waldstraße die Dachstühle ausgebrannt. Wir haben im 2. Stock fast unterm Dach gehaust. Aber das Dach war weg, es gab nur Balken. Ich hab' Bleche organisiert und alles abgedeckt. Heute weiß ich, wir hatten noch einigermaßen Glück gehabt."

Vom Maschinenschlosser zum kriminaltechnischen Angestellten beim LKA: Die Rückkehr in die Lehrfirma blieb für den 20-jährigen Kriegsheimkehrer eine Episode. „Im August 1946 bin ich zur Firma Sturm & Leyendecker KG Wiesbaden als Monteur übergewechselt." Als Autogenschweißer wechselte der Zeitzeuge später zur Maschinenfabrik Wiesbaden in Dotzheim. Zur Firma Kalle und hier zu einem anderen Terrain zog es ihn 1955 in der Hoffnung „auf spätere Verwendung in der Arbeitsvorbereitung als Kalkulator".

Die Hoffnung erfüllte sich nicht. Also wechselte der Rohrschlosser zum LKA, das 1961 seinen Standort in der Kirchgasse hatte. „Ich hab' klein angefangen in der Registratur, im Hauptsachgebiet Kriminalpolizeiliche Aktensammlung und Zentralkartei. Dann konnte ich mich hocharbeiten mit verschiedenen Lehrgängen und war beim BKA abgeordnet zur Ausbildung in Daktyloskopie." Diese Arbeit dürfte spannend gewesen sein. Der Zeitzeuge war jedenfalls erfolgreich „im Einsatz zur Spurensicherung und Spurenauswertung" wie in einer spektakulären „Doppelmordsache". Eine Belobigung des HLKA-Direktors war die Folge. Im Namen des Hessischen Ministers des Innern wurde „Dank und Anerkennung" für „sachverständiges und schnelles Handeln", das „wesentlich zur schnellen Aufklärung dieser schweren Straftaten beigetragen hat", in einem formellen Schriftstück ausgesprochen.

Der „Vereinsmensch" Knörzer war auch ein treuer Gewerkschafter. „Als *Kalleaner* bin ich in die IG Chemie eingetreten, von dort dann in die ÖTV und als Daktyloskop wurde ich Mitglied der Gewerkschaft der Polizei. Da bin ich immer noch drin." Zur 50-jährigen GdP-Mitgliedschaft gab es die entsprechende Würdigung. Bis zur Pensionierung 1987 war der Daktyloskop in der LKA-Hauptdienststelle tätig. 1950 hatte er sein „Waldsträßer Mädsche" Christa Zuber geheiratet. „1976 bin ich in die Waldstraße 57 eingezogen, damals ein Haus der GWG (später GWW), und hab' mir die Wohnung gestaltet, wie ich wollte." Sein Refugium befand sich im Keller. „Hier hatte ich mir ein Vereinszimmer eingerichtet, mit einer Ordenswand, mit Akkordeon und mit Gitarre." Die „Ochsenbachraben" waren 1970 von Richard Knörzer gegründet worden. „Unne im Keller" war ihr Domizil, hier war ungestörtes Singen angesagt.

„1981 hab' ich die närrische Karnevalsabteilung in der Sängerlust gegründet. Als wir sie offiziell aus der Taufe gehoben haben, war die Dacho-Prinzessin dabei." In der Anfangszeit waren die „Ochsenbachraben" für „närrische Gesangsstunden" gut, die dann zu größeren Veranstaltungen mutierten. „Zu regelrechten Fassenachtssitzungen haben wir dann ins Germania-Heim eingeladen. Proben konnten wir als Chor in meinem Vereinszimmer." Siehe oben.

„Ich meine immer, es muss mehr Leben auf die Waldstraße", war die Devise des bewundernswert rüstigen Seniors. Der „heimliche Bürgermeister" fand Unterstützung auch bei den Kirchen in seinem Revier – bei der evangelischen Markuskirche und bei der katholischen Kilianskirche. Ein oekumenischer Gottesdienst, open air unter der Jahn-Eiche, hatte sich dem Zeitzeugen eingeprägt. „Ich hatte guten Kontakt zu Franziskaner-Pater Rafael. Der hatte die Gemeinde gut im Griff", schmunzelte Richard Knörzer. „Ab und zu hab' ich ihm vom Angeln mal einen Fisch mitgebracht." Der Zeitzeuge konnte durchaus Natur und Stille genießen.

Aber in seinem Kiez durfte schon gerne was los sein. „Es war mir zu ruhig auf der Waldstraße, da musste mehr Leben rein", schmunzelte der gut vernetzte Zeitzeuge, der „gegen manche Widerstände" mit der „Sängerlust Waldstraße" anno 1990 das Waldstraßen-Fest gegründet hat. „Das war eine Haus- und Hofparty des Vereins auf dem Schulhof. Wir hatten einen Tipp bekommen und uns mit der Abteilung „Kultur vor Ort" im Kulturamt zusammengetan, die uns gut unterstützte. Wir waren eines der ersten Straßenfeste in Wiesbaden", erinnerte sich Zeitzeuge Knörzer gern. „Es war zwar nicht leicht, aber ich hab' mich durchgesetzt. Es gab am Samstag und Sonntag eine Bühne und Musik auf dem Schulhof der Diesterweg-Schule." Dass sich alles „nur mit sehr viel persönlichem Einsatz" realisieren ließ, verschwieg der „heimliche Bürgermeister" nicht.

Mit gut neunzig Lenzen ließ er es geruhsamer angehen. Er spielte „e bissche Gitarre" und schmunzelte: „Ich gründe jetzt keinen Verein mehr." Auch in vorgerücktem Alter frönte der Zeitzeuge seinem Hobby. „Ich hab' meinen Sportfischerschein beim Hessischen Sportfischer-Verband gemacht. Als Pensionär bin ich jeden Dienstag mit Freunden vom Angelsportverein Bauschheim bei Rüsselsheim an einen Waldsee gefahren. Das war immer ein schönes Naturerlebnis." Kein Wunder, dass ihm auch auf diesem Terrain Ehre zuteil wurde. Für 25 Jahre Mitgliedschaft gab es die Verdienstnadel des Verbandes Hessischer Fischer e.V. und des Angelsportvereins Bauschheim.

„Mein Vater war ein Vereinsmensch, von ihm hab' ich das wohl geerbt." Kunstpause. Der Volksmund sagt ja, der Apfel fällt nicht weit vom (Birn-)Baum. Richard Knörzer lächelte verschmitzt: „Mein ältester Bruder Robert hat auch einen Verein gegründet, einen Karnevalsverein in Kassel."

Alles Capriolen!
Musikalischer Grenzgänger und Ton-Angeber
Professor Siegfried Köhler

Generalmusikdirektor a.D., Komponist und Musiker,
Kulturpreisträger der Landeshauptstadt Wiesbaden
Königlicher Hofkapellmeister in Stockholm
Träger des Bundesverdienstkreuzes am Bande
Träger des Verdienstkreuzes 1. Klasse des Verdienstordens
Geboren am 30. Juli 1923 in Freiburg
Gestorben am 12. September 2017 in Wiesbaden

Rosemarie Köhler, geborene Lenz

Sopranistin und „Cosima von Schorscheborn"
Geboren am 27. August 1921 in Freiburg
Gestorben am 3. November 2016 in Wiesbaden

„Ohne Musik wäre mein Leben ein Irrtum!" Ein Bekenntnis von Friedrich Nietzsche in freier Abwandlung von Siegfried Köhler. Oder von S. Köhler-Schindler, von Frank Kolar oder Fred Frederick. Alles Pseudonyme des geistvoll heiteren Komponisten der preisgekrönten Kinderoper „Kater Murr". Das Musical „Sabine, sei sittsam" als „musicalische Krähwinkelei" (open air im Schlosspark Biebrich aufgeführt) und die Revue-Oper „WirbelWind und WonneWolken" stammen auch aus seiner Feder. Nicht zu vergessen die Operette mit Boogie-Woogie-Rhythmus und Nick-Knatterton-Charme: „Alles Capriolen!"
  Der temperamentvolle Zeitzeuge mit der ewig jungen Ausstrahlung war gelebte Musik-Geschichte im Sinne des Wortes. Allseits beliebtes Ehrenmitglied des Hessischen Staatstheaters Wiesbaden war Professor Siegfried Köhler auch. Mit seinem so typischen verschmitzten Lächeln betonte das Freiburger Eigengewächs von „hinter den sieben Bergen" gerne: „Mir ist ein Anfänger lieber als ein Uffhörer." Und das war der legendäre GMD nun so gar nicht. Aber ein sinnenfroher Schnutentunker, der „ein gutes Viertele" aus Badener Anbau schätzte und Spätzle vom Brett schaben konnte, war er auf jeden Fall. Pultstar-Gehabe? Allüren? Fehlanzeige.
  Dabei war der vitale Publikumsliebling ein international gefragter Dirigent. Der Hofkapellmeister und Chefdirigent der königlichen Oper Stockholm wurde mit deren Goldmedaille ausgezeichnet. Der keineswegs „ruhige" Ruheständler bekam „zu jedem Geburtstag ein Telegramm vom König!" Gemeint war natürlich der schwedische Monarch. „VI CARL GUSTAV SVERIGES KONUNG GÖR VETERLIGT" ist auf der Ernennungsurkunde vom 4. März 1992 zu lesen, mit der „Wir Carl Gustav Schwedens König" zum 1. April 1992 Professor Siegfried Köhler

den Ehrentitel „Hovkapellmästare" auf Lebenszeit verlieh. 1976 hatte der Maestro mit einem „Parsifal"-Gastspiel an der Königlichen Hofoper Stockholm erfolgreich debütiert. Nein, „der Alte" zog sich mitnichten nach 15 Jahren in Wiesbaden als Pensionär in sein Refugium nach „Schorscheborn" (Georgenborn) zurück. „Auf zu neuen Thaten, theurer Helde!" war sein Wagnersches Motto der Stunde. „Also trat ich in den Unruhestand ein. Für mich ein Glücksfall, mit 65 noch eine neue, gehobene Position frisch zu beginnen." Folgerichtig ging er nicht in „Ruhestand", sondern nach Schweden. „Subito attacca Stockholm!" hieß es dort für „Papa Köhler", der „immer eine Lösung parat" hatte. Seine veritable Alterskarriere von 1992 bis 2005 krönte hier den erfolgreichen Berufsweg.

Der warmherzige Wahlwiesbadener war ein lustvoll Grenzen auslotender Komponist, ein Meister des geistreich musikalischen Humors, ein veritabler Musiker sowieso. Nachhaltig als „Siggi" bei Publikum und Musikschaffenden beliebt, hatte der Zeitzeuge die aktuelle Situation im Musiktheater immer im Blick: „Es ist heut nicht leicht", sinnierte er im Gespräch, „aber wann war's mal leicht?" Neuem gegenüber war der Maestro offen. Aber: „Qualität muss immer da sein." Siegfried Köhler mochte es so gar nicht, wenn Leidenschaft und Herzblut fehlten. „Das Schlimmste, was es gibt, ist – uff die Uhr gucken." Und sowie der Vorhang aufging, durfte es bei dem studierten Harfenisten „mit Nebeninstrument Schlagzeug!", der nach Stationen in Heilbronn, Düsseldorf, Köln und Saarbrücken (in der Chefposition von 1964 bis 1974) nach Wiesbaden kam, con brio losgehen. Die Musikhochschule des Saarlan-

„General" Siegfried Köhler vor seiner langjährigen Wirkungsstätte, dem Staatstheater Wiesbaden.

131

des hatte ihn zum Professor und Leiter einer Dirigentenklasse gemacht: „Bei mir heißt es einfach Vorhang auf und Wrrumm!"
So richtig mit Schmackes und gebührend „großem Bahnhof", mit mehreren Stadtoberhäuptern a.d. sowie der Ersten Bürgerin Angelika Thiels als Parlaments-Chefin, ging denn auch im prall gefüllten Festsaal des Rathauses 2009 eine Premiere über die Bühne. Der „Sonderpreis für das künstlerische Lebenswerk in Wiesbaden" wurde anno 2008 erstmals verliehen – an Professor Siegfried Köhler. Kantor Martin Lutz, ebenfalls Kulturpreisträger und langjähriger Weggefährte, würdigte „Temperament, Kreativität und Spontaneität". Der so Gelobte konterte mit Wagner kurz und bündig: „Euch macht Ihr's einfach, mir macht Ihr's schwer, gebt Ihr mir Armem zuviel Ehr!"
Markenzeichen: zupackende Vitalität.
Der Multitasking-Virtuose erfüllte auch im Ruhestand einen prall gefüllten Kalender. Sein enorm breites Repertoire, sprichwörtliche Präzision und sagenhafte Zuverlässigkeit hatten den enthusiastischen Dirigenten zum begehrten Retter in der Opernlandschaft gemacht. „Es hieß dann für mich – einfach ans Pult und zack!" In Erinnerungen schwelgend, strahlte der GMD mit funkelnden Augen und Sopranistin Rosemarie Lenz, seit 1953 seine „bessere Hälfte" und unverzichtbare Allroundstütze, bestätigte den Gatten mit charmantem Lächeln. Der Vielgefragte war wirklich oft auf Achse. „Ich war fast immer dabei. Mein Mann dirigiert – alles andere mach' ich. Das is' heut noch so!"
Zum 80. Wiegenfest hatte der unprätentiöse Anti-Maestro eine umjubelte Sondervorstellung von Richard Wagners „Rheingold" an seiner früheren Wirkungsstätte Wiesbaden dirigiert. Nur Tage später folgten in Dortmund eine schwungvolle „Elektra" von Richard Strauss, eine mozärtliche „Zauberflöte" in Karlsruhe. Einen Galaabend an der Königlichen Oper Stockholm setzte der Jubilar noch obendrauf. Die Stadt Wiesbaden hatte nach dem „Rheingold"-Dirigat seine „hervorragenden Verdienste" mit der selten verliehenen Ehrenplakette der Landeshauptstadt gewürdigt. Die 15 Jahre während Ära Siegfried Köhler war diese Ehrung allemal wert.
In „seiner Zeit" ging die Renovierung des Staatstheaters über die Bühne, die im Ausweichquartier „Walhalla" zur Verfügung stand. Mit spürbarem Enthusiasmus sprach der Zeitzeuge davon, große Wagner-Opern wie Tristan, Parsifal, Lohengrin, die Meistersinger, „einen opulenten Tannhäuser" sowie den „Holländer" tatsächlich „mit hauseigenen Kräften gut besetzt!" zu haben. „Der *Ring* zieht sich wie ein roter Faden durch mein musikalisches Theaterleben."
Sein Alleinstellungsmerkmal, als einziger GMD den „Ring total" in Wiesbaden mehrfach geleitet zu haben, sei hier betont. „Die dolle Geschichte mit dem großen Bären", den Regisseur Alfred Erich Sistig urplötzlich aus seinen „Siegfried"-Vorstellungen verbannt hatte, war unvergessen.
„Ein Kritiker ließ sogar eine Traueranzeige mit dem Text: *Alle Tiere des Waldes trauern* erscheinen", amüsierte sich das Ehepaar Köhler. „Des großen Richards fast vergessener Sohn" Siegfried wurde als

Opernkomponist von GMD Köhler „wieder entdeckt". Zweimal gingen in Wiesbaden „Siegfried Wagner-Tage" über die Bühne mit konzertantem „Sternengebot" und den „Sonnenflammen".

Zu den Siegfried-Wagner-Tagen 1979 in Verbindung mit der neuen Siegfried-Wagner-Gesellschaft kam dann gar „die Wagnerfamilie" angereist. Ehrensache, dass der GMD Gründungsmitglied war und die Siegfried-Wagner-Gesellschaft sowie den Richard-Wagner-Verband mit aus der Taufe hob.

Wiesbadener Musikgeschichte schrieb er auch – mit Richard Wagners kolossalem Frühwerk „Rienzi". Die Maifestspieleröffnung 1979 von Opernchef Hans-Peter Lehmann mit dem GMD am Pult, „inszeniert in einer Mischung von traditionell und modern", wurde aufgewertet durch die ZDF-Direktübertragung. „Das war life und zur besten Sendezeit. Zu blöd, dass die Strichfassung mit größeren Sprüngen wegen vorgeschriebener Zeiteinteilung pünktlich um 22 Uhr zu Ende sein musste – wegen der Nachrichten." Aber die TV-Übertragung wurde gesehen – sogar aus Mallorca kam ein Anruf: „Da hat uns ein Bühnenbildner gratuliert." Und zu seinem besonderen Plaisier feierte der Richard Wagner-Verband den 90. Geburtstag seines Gründungs-Mitglieds mit der digital bearbeiteten Original-Aufzeichnung des „Rienzi" vom 1. Mai 1979.

Zu den Köhler-Verdiensten – „das war bei mir ein wenig auch die Lust am Abenteuer" – gehört die unbeirrte Förderung von Volker David Kirchner als composer in residence. „Der Volker is' bei mir im Vorzimmer gesessen. Eine Tür führte zum Operndramaturgen Ehrhard Reinicke, und er hat geschrieben. Er hat sich nicht stören lassen vom Publikumsverkehr oder von den Repetitionsproben. Der Volker fühlte

Kulturpreisträger und Königlicher Hofkapellmeister - und ein studierter Harfenist „mit Nebenfach Schlagzeug" war Professor Siegfried Köhler auch.

sich dort wohl." Gemahlin Rosemarie ergänzte lakonisch: „Und geraucht hat er da auch."

Die Uraufführung von Kirchners „Trauung" geriet zum Eklat der Maifestspiele 1975. „Wir hielten durch", schmunzelte GMD Köhler. Das Premierenpublikum war „entsetzt" und „das Große Haus kochte". Doch die überregionale Presse erging sich in Lobeshymnen. Und kurz darauf bekam ein Gastspiel an der Hamburger Staatsoper ein Prädikat: „Wiesbadener Oper beispielhaft."

Wohlfeile Negativäußerungen nahm der Maestro eh gelassen: „Das ganze Buhgeschrei ist ja, ehrlich gesagt, auch nur eine Masche. Es zeigt zumindest, dass die Leute bewegt sind." Kirchners Requiem „Die fünf Minuten des Isaak Babel" kam in Wuppertal heraus, wurde in Wiesbaden dann nachgespielt. „1981 brachten wir Kirchners *Das kalte Herz* zur Uraufführung. Und seine Oper *Belshazar* wurde schon gleich zu Beginn ein Erfolg", erinnerte sich „Ton-Angeber" Köhler an die gefeierte Wiesbaden-Premiere. Die wurde von der Presse sogar als „eigentliche Uraufführung" gewertet.

Der passionierte Grenzgänger der klassischen Musik war 1974 als Musikalischer Oberleiter und Generalmusikdirektor vom Staatstheater Saarbrücken an den Wiesbadener Musentempel gekommen – mit großer Zustimmung des Ensembles. Denn damals wählten die künstlerischen Mitglieder des Musiktheaters den GMD aus. Stadt und Land machten sich das Votum dann zu eigen. Den Vertrag „mit sieben Konzerten, drei Opern-Neuinszenierungen und dem Dirigat von 45 Opernaufführungen" unterschrieb Kultusminister Ludwig von Friedeburg.

Die Internationalen Maifestspiele waren mit ein Grund gewesen, nach Wiesbaden zu kommen. „Die waren wie zu Kaiser Wilhelms Zeiten ein festliches Ereignis. *Das Tor zum Osten öffnen* war noch die Devise. Die größten Attraktionen waren Gesamtgastspiele der großen Opernhäuser, auch das grandiose Ballett des Moskauer Bolschoi Theater kam nach Wiesbaden." Getreu der Ansicht „Kunst kennt keine Grenzen" wurde auch „Musik aus Georgien" eingeladen. Siegfried Köhler erinnerte sich gerne an „herzlich erfrischendes gemeinsames Musizieren." Intendant Christoph Groszer führte „Nordische Theaterabende" ein. Heute sind „Junger Mai" und „Jüngster Mai" ganz selbstverständlich – „damals war das neu und besonders."

Neben der Albert Schweitzer Friedensmedaille und dem Kulturorden der Republik Polen („Merite en Faveur de la Culture Polonaise") und der Goethe-Plakette des Hessischen Ministeriums für Wissenschaft und Kunst sowie der Mozart-Medaille der Internationalen Mozartgesellschaft Wiesbaden wurde der international gefragte Dirigent mit der Goethe-Medaille in Gold seiner Wahlheimat Wiesbaden gewürdigt.

Allgemein weniger bekannt sind andere, dem Zeitzeugen durchaus wichtige Meriten. Um den damals nicht sonderlich gut angesehenen Chor der Stadt Wiesbaden hat sich der „Sym-Badische Siggi" sehr verdient gemacht. „Ich wollte erst mal mit denen arbeiten, bevor ich sie ‚vergesse', wie mir geraten wurde. Wir ham die Ärmel hochgekrempelt und es hat hervorragend geklappt." Das Energiebündel Köhler strahlte mit funkelnden Augen: „Die singe heut noch. Jedes Jahr zu Neujahr könne Sie Beethovens Neunte hören." Und selbstflüsternd wurde er zum Ehrenmitglied ernannt. „Zur Silberhochzeit standen sie plötzlich auf dem Balkon", erinnerte sich Rosemarie Köhler. „Und zur Goldenen Hochzeit gab es ein besonderes Ständchen!".

Seine 90 geschulterten Lenze waren dem vielfach preisgekrönten Grandseigneur des Jahrgangs 1923 und stolzem Opa der „Köhlerei" Jasper, Fabienne und Yola, kaum zu glauben. Gefeiert wurde der Maestro trotzdem, zünftig und standesgemäß, munter und ausdauernd.

„Wenn Richard, dann Strauß. Wenn Strauß, dann Johann. Wenn Wagner, dann Siegfried. Und wenn Siegfried, dann Köhler!" Zum 8. Dezember 2013 spendierte der Musentempel dem Ehrenmitglied des Staatstheaters mit der Mozart-Gesellschaft, deren Ehrendirigent er war, ein Galakonzert im Großen Haus. Restlos ausverkauft. Der Titel seiner Revue-Oper „WirbelWind und WonneWolken" gab den Takt vor. Eigens aus Schweden angereist war die Königliche Hofsängerin Lena Nordin, die dem Publikum verriet, dass „Papa Köhler" beim Ensemble der Königlichen Oper Stockholm noch immer „sehr beliebt" sei.

Gesundheitlich angeschlagen, doch kregel, rief der unverwüstliche Jubilar: „Tut mir leid, dass es wegen mir ist. Ich wünsche trotzdem einen schönen Abend!" Helles Gelächter erntete auch sein knochentrockener Kommentar zur Sitzordnung: „Nicht schlecht. Ich hab' noch nie in dieser Loge gesessen!" Nun ja, Dirigieren aus der Proszeniumsloge ist ja auch nicht üblich.

Auch die Volksbühne Wiesbaden ließ sich nicht lumpen, bat zur Soiree ins prachtvolle Staatstheater-Foyer. Drei Generationen des „Köhler-Clans" mit Ehefrau Rosemarie, Sohn Klaus-Dieter, Schwiegertochter

Maestro Köhler und seine „bessere Hälfte", die Sopranistin Rosemarie Köhler auf ihrer Terrasse in Georgenborn.

Christine und den Enkelkindern Jasper und Fabienne lauschten Hoch-
karätern wie Konzertpianistin Erika LeRoux, Goldkehlchen Nadine Se-
cunde und Kammersänger Thomas de Vries, Cellist Stephan Breith,
Klarinettist Heiner Rekeszus und Harfenistin Ruth-Alice Marino.
Neben Kompositionen von Liszt, Strauss & Co. standen Lied-Vertonun-
gen des Jubilars nach Gedichten und Texten von Goethe, Hebbel, von
Brentano und Storm auf dem Pogramm. Den Liederzyklus hatte der
Komponist „frisch verliebt" in den späten Vierziger Jahren einer bekannten Soubrette gewidmet. Die wurde zuhause in Georgenborn von
Siegfried Köhler liebevoll als „die Regierung" tituliert und als „die Cosima von Schorscheborn" bezeichnet. Die zierliche Sopranistin war
seine „immer noch erste Frau Rosemarie – Sängerin, Sekretärin, Reise-
begleiterin, daneben Hausfrau und Mutter – und des öfteren natürlich
auch Gattin!" Rosemarie Köhler hielt dem „bekennenden Gefühlsmen-
schen" voller Elan den Rücken frei.
Der Bundesverdienstkreuzträger erzählt über sein Musikantendasein
und sein „Dirigentenleben zwischen E- und U-Musik" in der lebensklu-
gen Biografie mit dem Titel „Alles Capriolen – ein Jahrhundert im Musiktheater" mit viel Mutterwitz. Sein köstlicher Humor blitzte auch in
den Gesprächen erfrischend auf, hellwach von seiner energischen „Regentin" immer wieder scharfsinnig ergänzt.
„Taktieren lässt sich lernen, dirigieren nicht", ist mehr als ein Bonmot
des Zeitzeugen.
Auch Siegfried Köhlers Credo hat es in sich: „Man überträgt die Persönlichkeit, und dann kommt auch der Klang." Als Generalmusikdirektor mit Herz und fröhlicher Intelligenz und einem Faible für die „leichte"
Muse weckte der bodenständige „Temperaments-Dirigent" das Musiktheater in Wiesbaden aus dem Dornröschenschlaf. Ein begnadeter
Grenzgänger zwischen „E-Musik" und „U-Musik" war er aus Passion
und brachte so den wilhelminischen Musentempel couragiert auf neuen
Kurs. Namen wie Kammersänger Eike Wilm Schulte (→ S. 213), George
Emil Crasnaru oder die Hochdramatische Liane Synek erstrahlten. Ir-
gendwann wurde ein Bonmot zum geflügelten Wort: „Dirigiert der
Siegfried Köhler, wird mir wohl und immer wöhler."
Der Elan sprüht Generationen verbindend erfolgreich weiter. Zu Sieg-
fried Köhlers „Kater Murr", eine „Opera piccola für Bambini(s) bis(s)
Teenie(s)", schrieb Filius Klaus-Dieter „KaDe" das Libretto. Therese
Schmidt inszenierte die Uraufführung in Memmingen. 2010 gewann der
„Kater" den Dramatiker-Wettbewerb des Landestheaters Schwaben.
Der an diversen Theatern Regie führende Sohnemann barmte: „Papa,
ich brauch' eine Musik" und der GMD komponierte auf Zuruf. 2014 war
es eine Nummer für die Revue „So schön kann doch kein Mann sein".
Der Song bekam prompt Szenenapplaus. Es durfte auch mal Schau-
spielmusik sein – für „Das Sams" oder „Räuber Hotzenplotz". Wenn
der Vater mit dem Sohne...
Der „General" wagte sich öfter mal auf „U-Wege". So war es eine
Sache der Ehre für Generalmusik(!)direktor Köhler, 1982 nach Dortmund
zu fahren und sich auf der Demonstration energisch für den Erhalt des

auf der Kippe stehenden Schauspiels(!) einzusetzen. „Wer kämpft, kann verlieren. Wer nicht kämpft, hat schon verloren."

Der Vielsaitigkeitsmeister wird in einer hinreißenden Karikatur von Ingvar Krogh treffend charakterisiert: Siegfried Köhler dirigiert und pianiert, komponiert und telefoniert, schreibt und schält Orangen – natürlich gleichzeitig. „Alles Capriolen".

Professor Siegfried Köhler hat seine Ehefrau Rosemarie ein knappes Jahr überlebt.

Kinder und Enkel verabschiedeten den Mann, „der so vielen Menschen Freund war, der Freude brachte und immer selbst Freude am Leben und an den Menschen hatte", mit Zeilen aus dem „Rosenkavalier" von Richard Strauss: „Leicht muss man sein, mit leichtem Herz und leichten Händen, halten und nehmen, halten und lassen…"

Phantasievolle Gastlichkeit mit Herz und hohem Verwöhnfaktor

Helene Martin

Gastwirtin im Weißenburger Hof
Geboren am 26.4.36 in Mikulin/Ukraine

„50 Jahre am Herd sind genug." Kaum zu glauben, aber wahr: Helene Martin, die legendäre Chefin eines international beliebten Tischlein-Deck-Dichs, hat nach 50 rekordreifen Jahren im Juli 2014 den Kochlöffel in ihrer „Institution" ohne Fisimatenten zur Seite gelegt. Über Jahre und Jahrzehnte hinweg war „unsere Helene" mit der einzigartigen Vielfalt kulinarischer Genüsse schlichtweg Kult – weit über die Grenzen der Landeshauptstadt Wiesbaden hinaus. Der „kochende Engel", dem Rang und Namen zu Füßen lagen, steht nicht mehr am Herd, der angegriffenen Gesundheit und Ehemann Dr. Erich Steinfeld zuliebe.

„Bei mir soll es allen so gut gehen wie daheim. Meine Gäste sind wie meine Familie." Helene Martin stand für traditionsreiche Gastlichkeit mit viel Herz und Phantasie. Hoher Verwöhnfaktor als Unikat. Lecker frisch zubereitete Schmankerl in üppigen Portionen genießen und bei „Suzie Wong" in familiärer Wohnzimmer-Atmosphäre mit Holzvertäfelung, Gold-Buddha als Portier, Teppich und Patina entspannen war gestern. Allein die liebevoll per Hand geschriebenen Tageskarten mit dem nostalgischen Logo der „doppelten" Helene samt chinesischem Hut und charmant geschwungenem Kochlöffel könnten Sammlerwert bekommen.

Die viel gelobte Köchin und Gastwirtin bekannte ein „weinendes Auge", aber „passé" ist die Vergangenheit. „Ich lebe in der Gegenwart und für die Zukunft." Wohlfeile Kochshows, Fernsehköche & Co. fanden keine Gnade. Die bodenständige Expertin redete Tacheles: „So einen Schickimickikram hab' ich nie gekocht. Keine Hausfrau kann dieses Showzeug nachkochen."

Eher passt schon die Devise: „Hier kannste futtern wie bei Muttern." Helene Martin wurde auch immer als „Freundin für schwere Tage" von der Nachbarschaft geliebt, die ganze Straße ging hier ein und aus. Sie kümmerte sich liebevoll um Kranke, erledigte Besorgungen, kochte „privat" etwas mit. Nicht zu unterschätzen – ihr Restaurant war immer auch „eine Art Sozialstation und Szenetreffpunkt für viele Gäste aller Generationen, von nah und fern". Omi ließ gerne mal die eigene Küche kalt, kam mit Teenager-Enkelin zum Mittagessen. Helene hatte immer ein offenes Ohr und bot die Schulter zum Anlehnen.

Als Gastwirtin war Helene vorbildlich. „Meine jahrelang treuen Gäste sind mir sehr wichtig. Meine Stammgäste kommen, bis sie sterben", sinnierte die Zeitzeugin. An ihrem Herd kochte die Phantasie und sie zauberte Gaumenfreuden der chinesischen, orientalischen, russischen und deutschen Küche: „Und individuelle Sonderwünsche hab' ich auch viele erfüllt, ob bei Familienfeiern oder bei einem Jubiläum."

Für die „Gänsebratenzeit" á la Helene – nur echt mit Rotkohl, Maroni und Klößen – war die Anmeldung schon Monate vorher Pflicht. Die Kür kam aus der Küche und war „gut begossen" mindestens drei Stunden im Ofen: „Eine Gans braucht ihre Zeit." Details? Nie sollst du sie befragen.

Helene Martin – Idealbesetzung der Gastgeberin, die scheinbar gleichzeitig in der Küche wirbelte, mit Gästen ein Schwätzchen hielt und ein Auge darauf hatte, ob es für alle kommod war. Aber: „In der Küche darf ich nie reden, sonst ist die Konzentration weg."

Ein „Blaublut", sprich: gekröntes Haupt, ist Helene Martin schon seit 1979. Geadelt wurde die temperamentvolle Gastgeberin mit der „Krone der Höflichkeit", war durch die Brosche mit Krone und Lilie Mitglied im „Club liebenswertes Wiesbaden" und bewirtete zum zehnten Geburtstag der „Krone" im Mai 1980 rund 70 Gäste.

Die Zeitzeugin mit dem „grünen Daumen", die sich auch um die Terrasse ihres Domizils kümmerte, seufzte: „Wie hab' ich das alles geschafft?" Den „russischen Staatscircus" hat sie kulinarisch verwöhnt. Das halbe ZDF kam vor dem Umzug nach Mainz in Scharen jeden Tag,

Helene Martin hieß in ihrer „Gudd Stubb", dem Weißenburger Hof im Westend mit familiärer Wohnzimmeratmosphäre, auch prominente Gäste willkommen.

Biolek, die „Drehscheibe" & Co. sowieso. Nach dem „Sportstudio" ging die „dritte Halbzeit" mit XXL-Verlängerung bei Helene über die Bühne. „Oft standen die Schlange, um sich dann irgendwo dazuzusetzen. Die hast Du gar nicht mehr hier raus gekriegt." Wurde es mal wieder „morgens früh", rasierte sich der Herr von (TV-)Welt vor dem Toilettenspiegel. „Dann gab es Kaffee und ein Frühstücksbrötchen mit und er pilgerte den Berg hoch ins Studio Unter den Eichen, oder zu einer Filmfirma da oben." Die Mixtur der Gäste gibt was her. „Eigentlich könnte ich so viel erzählen, dass es für drei Bücher reicht. Band eins: die Küche, Band zwei: die Servicekräfte und Band drei: die Gäste im Weißenburger Hof. Die Nächte gingen so durch – wir hatten eigentlich nie echten Feierabend." Viele können es bezeugen: „Bei Helene" war immer was los – und oft länger, als die Polizei erlaubt.

Einzigartig ist die Zeitzeugin als Person mit „Migrationshintergrund". Geboren wurde Helene Martin in Mikulin/Ukraine. Im 18. Jahrhundert waren Vorfahren ihres Vaters aus Ulm ausgewandert. „Die haben in der Kolonie Schlitten und Kutschen gebaut." 1939 nach Polen ausgesiedelt, kam die Familie später nach Rathenow bei Berlin. Der Schülerin Helene war klar: „Ich will Köchin oder Schneiderin werden." Ein Lehrer prophezeite: „Du gehst zum Circus." Der Pädagoge lag nicht ganz falsch. In ihrer urgemütlichen „Manege" im Westend mit (Salon)-Löwen und Platz-Hirschen aller Couleur war Circusdirektorin Helene die Star-Dompteuse der „großen Tiere" aus Sport, Politik, Kunst und Kultur.

Gekocht hat sie schon immer gerne. Ihr Haushaltsjahr absolvierte Helene, obwohl evangelisch-lutherisch, im Kloster „Vom guten Hirten" in Berlin-Reinickendorf und erwarb hier Grundfertigkeiten in Bäckerei und Konditorei. Die Köchin aus Leidenschaft absolvierte zwar im Diakonissenhaus Bethanien Hamburg die Ausbildung zur Krankenschwester, sparte sich aber – „das war nicht mein Beruf" – das Examen und traf auf Scott Wong. Nach buddhistischem Ritus mit dem chinesischen Kaufmann getraut, folgte die unternehmungslustige Frau Wong ihrem Gemahl nach Hanau, Frankfurt und Heidelberg. Hier baute sie ihre professionellen Kochkünste aus mit Blick auf ein eigenes Restaurant. Das fand sich dann in Wiesbaden: „Der historische *Weißenburger Hof* sprach mich an." Anno 1964 wurde aus der rustikalen Eckkneipe im Kiez eines der ersten Restaurants mit chinesischer Speisekarte. Klingt nach Drehbuch: „Ich sollte mitgebrachte Wurst vom Metzger heiß machen und dazu wurde ein Teller verlangt. Nix da. Bei mir wurde jetzt weiß eingedeckt. Hier ist ein Restaurant mit Stofftischdecken und Servietten!" Helene musste resolut sein. „Es gab auch mal die Zumutung, mal eben ein halbes Kilo Fleisch zu Gulasch zu kochen".

Kein leichter Start. „Die Nachbarschaft war skeptisch und das deutsche Publikum rümpfte zuerst die Nase." Doch ihre gute Küche sprach sich schnell rum bei den US-Streitkräften in Camp Lindsey und Camp Piery und bis nach Baumholder: „Es waren fast nur Amerikaner hier und die machten Highlife." Nach dem Tod ihres Ehemannes stand Helene, die Eingeweihte als „Suzie Wong" schätzen, im Weißenburger Hof buchstäblich „ihren Mann". Der Herd glühte mittags wie abends.

Wenn der kleine Saal mit dem großen Tisch und den authentischen Butzenglasfenstern reden könnte, hätte der eine Menge zu erzählen. Die Rede wäre von rauchgeschwängerten Sitzungen, von Parteinachwuchs und Sonntagsfrühschoppen und vom Ortsbeirat. Ministerpräsident Holger Börne feierte seinen Amts-Abschied hier. Der „Filmclub Leibniz" des Kulturpreisträgers Jürgen Labenski, unter Filmfans eine Legende, hatte bei Helene sein Domizil. „Der Club wurde vom ZDF-Spielfilmredakteur Labenski gegründet. Den Jürgen Labenski vermisse ich sehr, der ist viel zu früh gestorben", erinnert sich Helene Martin voll Wehmut an ungezählte Abende mit dem international vernetzten Experten und „seinen" Stars, die er mit zu „Helene" brachte. „Öfters war der berühmte Regisseur Eldar Rjasanow hier und etliche Russische Abende haben wir gefeiert." Eine Clique von ZDF-Leuten hat ihr lange die Treue gehalten: „Die kamen aus Mainz extra hierher und haben Doppelkopf gespielt im Sälchen."

Ehrensache – was auf den Tisch kam, war von Hand und frisch gefertigt. Gilt natürlich auch für den Klassiker chinesische Frühlingsrolle. Die gab es als „Zugabe" für Nachtschwärmer. Der Auflage der Hausherrin war umgehend Folge zu leisten: „Die müsst Ihr jetzt essen. Ich werfe doch keine Lebensmittel weg."

Es war immer „noch Suppe da" bei Helene. Kaum hingesetzt, stand das „barmherzige Süppchen" auf dem Tisch, mit Gemüse, mit Eierstich oder als Rinderbrühe mit Einlage. Für Süßmäulchen war Mutterns Schokopudding nicht zu schlagen. Eierlikör war immer aktuell. Die per Hand geschriebene „Tageskarte mit wechselndem Mittagstisch" schürte schon beim Lesen den Appetit: „Kotelette mit Erbsen u. Karotten" stand ebenbürtig neben „Huhn in Rieslingsoße, Reis u. Salat". Hier war „Bami Goreng" kein Widerspruch zu „Sülze mit Bratkartoffeln". Und wo gibt es heute noch „Königsberger Klopse"? Die nostalgische Köstlichkeit vertrug sich mit „Schweineschnitzel, Bayrisch Kraut" und nahm es auf mit dem „Mailänder Schnitzel, Bandnudeln, Tomatensoße, Salat".

Die „russischen Eier auf Kartoffelsalat" gingen bei der Ukrainerin sowieso weg wie warme Semmeln. Und die „Birne Helene" war die Spezial-Kreation der Hausherrin. „Sowas wie einen „Extrawunsch" gab es bei mir nicht, war alles selbstverständlich", ist der Zeitzeugin wichtig.

„Seit 35 Jahren gehöre ich hier zum Mobiliar" lächelte der gute Geist Marianne. Die Chefin hatte in ihr eine unaufdringliche Stütze. Neulinge wurden sofort „integriert" und an einen Tisch dazugesetzt. „Fremdeln" war einfach nicht drin. Das haben Schornsteinfeger und Maler gern genossen. Justitias Jungs und Mädels, pädagogische Fachkräfte, aber auch Bäcker und Konditoren waren treue Gäste mit eigenem Stammtisch. Helene ging mit allen Gästen auf Augenhöhe um und denen hat's gefallen. An eine Episode mit der Hochadeligen Tatjana von Metternich, bekanntlich aus dem russischen Zarenhaus stammend, erinnert sich die Gastgeberin höchst amüsiert. „Die Fürstin knabberte plötzlich ihre Pommes frites aus der Hand. Das fand ihre Entourage natürlich ganz toll. Und ruck-zuck aßen plötzlich alle am Tisch die Pommes mit der Hand und das Eis war gebrochen."

Ihre Gästebücher sind Kunstwerke und Dokumente besonderer Art, das Blättern darin wird zur Zeitreise. Willy Brandt wurde nach einer Wahlkampfveranstaltung in der Rhein-Main-Halle mit Entourage hierher gelotst. „Der hat meinen Hasenbraten sehr gelobt." Claus-Theo Gärtner, alias Matula, wäre zu nennen, seine Kollegin Hannelore Elsner oder Quizmaster Wim Thoelke, auch Wolfgang Behrendt und Mady Riehl. Sängerin Olivia Molina spielte Gitarre „bis in die Puppen". Fans ihrer Küche waren Film- und Medienschaffende, auch Größen wie Bernhard Wicki und Mode-Designer Alexandre Vassiliev. Als Christopher Lee mit Mannequin-Gemahlin und Produzent Arthur Brauner kam, „waren wir alle hier sehr aufgeregt." Dann habe sie ihr Englisch versucht. „Ich hab' gesagt: Good evening, what do you want? Und er hat mir mit seiner tiefen Stimme geantwortet: „Please bring mir Pils und ein Line-Aquavit." Helene sah sich bestätigt und schwärmt: „Die wirklich Großen wollen ganz normal sein. Wir müssen einfach nett auf sie zugehen. Und das haben wir gemacht."

Bei David Oistrach war es ähnlich: „Der kam mit seiner Frau und ich hab' meine Brocken Russisch rausgekramt. Er hat sich wohl gefühlt und ihm hat alles gut geschmeckt. Später brachte mir Jürgen Labenski sogar eine persönliche CD von dem Meister mit vielen Grüßen für die nette Bewirtung." Die große Maria Schell „war ein sehr, sehr angenehmer Mensch." Und ihr Bruder? „Der Maximilian Schell war ohne Starallüren, er kam gerne hierher. Für ihn musste es immer das *Wiener Schnitzel* sein. Das war die Leibspeise seiner Schwester Maria."

Ein besonderes Kunstwerk ist in einem Gästebuch versteckt: Ilya Kabakov, dessen „Rotem Waggon" im Landesmuseum Wiesbaden ein eigener Raum gewidmet ist, zeichnete Helene als „Engel, der über allem schwebt" über zwei Seiten.

Das Erfolgsgeheimnis von 50 Jahren internationaler Gastronomie in Wiesbaden? „Wir haben immer alles möglich gemacht. Wenn ein Gast sagte, ich esse keine Erbsen und Karotten, dann bekam er halt einen Salat. Keine Klöße? Dann eben Kartoffeln oder Reis oder Nudeln. "

Ehre, wem Ehre gebührt. Zum 100-jährigen Bestehen des „Weißenburger Hofs" bekam Helene Martin Anno 2013 die Goldene Stadtplakette. Ihr persönliches Gold-Jubiläum wurde 2014 gewürdigt durch eine Urkunde der Industrie- und Handelskammer Wiesbaden.

Eine selten praktizierte Ehrung bekam die Gastwirtin zum Finale im Weißenburger Hof vom Ortsbeirat Mitte. Ortsvorsteher Michael Bischoff, Westend-Bub und Helenes „Institution" langjährig verbunden, hat ihr das „Wiesbadener Stadtsiegel" aus dem 13. Jahrhundert übergeben. Helenes geliebte Orchideen gehörten natürlich auch zur Auszeichnung.

Biebricher Urgestein

Josef Merkel

Gibber Ehrenbürger
Ehrenbrief des Landes Hessen
Bürgermedaille in Bronze
Geboren am 2. September 1916 in Biebrich am Rhein
Gestorben am 14. Juli 2019 in Wiesbaden-Biebrich

„Ich bin ein Biebricher – ich bin kein Wiesbadener!" Josef Merkel war ein Mann der klaren Worte und machte mit dem typischen Zungenschlag gleich zu Anfang seine Herkunft deutlich. „Geboren bin ich am zweiten September 1916, also an dem Tag, an dem das letzte Mal das Sedan-Fest gefeiert wurde mit Böllerschüssen. Die Familie meiner Mutter lebte seit 1850 in Biebrich. Mein Großvater hatte ein Tünchergeschäft."

Bis an sein Lebensende lebte der rüstige Senior in Biebrich, zuletzt im Katharinenstift, und hielt sich „internett" immer auf dem Laufenden.

Familiär sah sich Josef Merkel als „Nachkömmling", der 20 Jahre nach seinem ältesten Bruder zur Welt kam – mitten im Ersten Weltkrieg.

Die Erinnerungen an seinen Vater Franz – „der war als Schneidermeister auf Wanderschaft" – klangen wie ein Märchen aus der Sammlung

Diese Auszeichnung war ihm wichtig: Josef „Jupp" Merkel mit der Urkunde, die ihn als Gibber Ehrenbürger ausweist.

der Brüder Grimm. „Während der Besatzungszeit hat mein Vater für französische Offiziere viel genäht. Ein handgenähter Frack war seine Spezialität. Er saß früher immer mit gekreuzten Beinen auf dem Tisch." Dieses Bild hatte der Zeitzeuge noch vor Augen. Seine Schwester Gretel war in Vaters Fußstapfen getreten und wurde Damenschneiderin.

Der Biebricher Bub ging in die Freiherr-vom-Stein-Volksschule. „Damals gab's noch keine Bücherfreiheit und die Eltern mussten Schulgeld zahlen." Die folgende Anmerkung leitete der Senior mit Fingerschnipsen als Zeichen für „Pinke-pinke" ein: „Zum Gymnasium fehlte es hier."

Der Familienmensch Merkel freute sich über „acht Enkel und acht Urenkel", war stolz auf seine Kinder Annegret, Ursula, Clemens und Angela, denen er höhere Schulbildung ermöglichen konnte.

Selbstverständlich hatte sich der Vater „bei allen vier Kindern im Elternbeirat, teils als Elternbeiratsvorsitzender, engagiert – in der Pestalozzischule und im früheren Biebricher Gymnasium. Die Wilhelm-Heinrich-von-Riehl-Schule war ein ganz moderner Bau damals." Das „hessische Gymnasiumsystem" ging ihm gegen den Strich: „Gesamtschule mit Förderstufe, Hauptschule, Realschule und Gymnasialzweig – das hat mir nicht gepasst." Josef Merkel schlug eine Brücke über den Rhein: „Meine älteren Töchter waren in Mainz bei den Englischen Fräuleins auf der Maria-Ward-Schule." Seine Entscheidung ließ sich der Vater etwas kosten: „Ich musste Fahrt und Schulgeld bezahlen."

Der Zeitzeuge war als kaufmännischer Lehrling zur Großhandelsfirma Adolph in die Rheingaustraße gekommen: „Hier wurden technische Öle und Fette verkauft, auch Riemenwachs für Treibriemen und Asbestplatten."

Dass Josef Merkel eine treue Seele war, verstand sich für ihn von selbst. Über 85 Jahren war er Mitglied der Kolping-Familie Biebrich. „Mit 14 ging man in den Jünglingsverein, später in den Gesellenverein. Das gehörte sich einfach so. Direkt nach dem Krieg wurde Kolping Biebrich mit einem Kaplan neu gegründet und uns war klar – wir müssen uns nicht nur in der Kolpingfamilie engagieren, wir müssen auch nach außen gehen", berichtet der Kolpingbruder, der als Kassenprüfer amtierte.

Beruflich wollte der junge Mann gar zu gerne „in ein technisches Büro" und heuerte als 18-Jähriger an bei den Chemischen Werken Albert, „zuerst in der Fabrikation mit Blick aufs technische Büro." Der Tip eines Freundes brachte ihn zum Gaswerksverband Rheingau – „da gab es 20 Mark mehr" – in das Büro auf dem Industriegelände. „Zum Gaswerk haben damals Biebrich und Schierstein gehört, Frauenstein, und Niederwalluf. Früher haben die Leute ihre Gasrechnung sehr oft bar bezahlt im Büro auf Rechnung. Ein Bote las bei ihnen daheim ab und hat kassiert oder sie kamen zu uns ins Büro."

Szenen aus Alt-Biebrich, mit kleinen landwirtschaftlichen Gehöften und vielen Pferden, vom alten „Rheinadel" und von ausgetüftelten Manövern am „Biebricher Hafen" ließ Jupp Merkel lebendig werden. „Die Kohleschiffe wurden morgens ab sechs Uhr mit dem Bagger auf Loren abgeladen am großen Kalle-Kran. Die Hauderer [Kleinbauern mit einem

Pferd, d.A.] waren die Transporteure. Am Schlosspark standen ja damals noch Bauernhäuser. Die Hauderer kamen aufs Werk gefahren und wurden erst gewogen, bevor sie abkippen durften. Die Schiffe wurden zuerst geeicht vom Eichmeister. Das mußte alles schnell gehen, sonst mussten die Schiffer Lagegeld bezahlen."

Ein Gaswerksverband und Kohlen? Der ausgebildete Finanzbuchhalter, der als Mitglied der Deutschen Angestellten-Gewerkschaft für das Gaswerk in der Tarifkommission saß, kann das erklären: „Das Gas wurde durch stark erhitzte Kohlen erzeugt in geschlossenen Kammeröfen. Schieber auf – und es kam Koks heraus. Der Koks wurde zerkleinert und in verschiedenen Größen an die Kohlenhändler verkauft, teils als Werksverkauf."

1938 wurde der junge Mann zum Arbeitsdienst eingezogen. „Ich musste ein Jahr dienen, dann kam die Wehrpflicht und dann kam der Krieg". Der brachte den Pferdenarren zur Kavallerie. „Ich komme von der Reiterei, hab' mit drei anderen Biebricher Buben im Tattersall an der Bergkirche das Reiten gelernt. Es gab nur eine Möglichkeit, in Biebrich zu reiten. Unser Reitplatz war der Schlossplatz – da, wo jetzt der Turnierplatz beim Reitturnier ist." Im Reit- und Fahrclub e. V. mit seinem 1949 von Wilhelm Dyckerhoff und Gemahlin Veronika Dyckerhoff (→ S. 73) wieder belebten Internationalen Pfingstturnier war Josef Merkel geraume Zeit nicht nur als Kassenwart aktiv. „Wir haben die Pferde vom Zug am Bahnhof Biebrich West geholt und zu den Bauern in die Scheune gebracht", erinnerte sich der Senior an eine „extra breite Rampe für die Pferde." Plastisch hat er auch noch die Züge vor Augen. „Es waren immer sechs Rösser in einem Waggon angekettet. Rechts und links waren es je drei und in der Mitte gab es Heu und Getränke-Eimer. Tür auf – und wir konnten links und rechts die Köpfe sehen. Die Turnierpferde zu den Bauern in die Scheune führen – das war der Anfang vom Reitturnier in Biebrich."

Mit Pferden hatte es der junge Biebricher auch im Krieg zu tun. „Vor den Panzern mussten wir mit den Pferden durch die Wälder." Der Kavallerist einer Aufklärungseinheit wurde nach Rußland in die Nähe von Moskau verschlagen und nach Frankreich, Kriegsverwundung und Lazarett inklusive. Als US-Kriegsgefangener wurde er „an die Engländer übergeben" und verbrachte bis 1948 vier Jahre in Nordirland und Mittelengland. Lakonisches Fazit: „Das war meine Jugend."

Mit 32 Jahren war der Kriegsheimkehrer wieder in Biebrich und hatte Glück. „Ich konnte ins Gaswerk auf meinen Platz in der Buchhaltung zurück. Meine Ausbildung hab' ich als eine Art Fernstudium beim Gabler-Verlag weitergemacht, die einzige Möglichkeit, weiterzukommen. Die Lohnabteilung für das gewerbliche Personal von rund 70 Leuten und die Tageskasse kam als Aufgabenbereich dazu", erinnerte sich Jupp Merkel. „Dann ging es mehr los mit den Banken."

Zum Finanzbuchhalter weitergebildet, blieb er dem Gaswerksverband Rheingau („2009 aufgelöst und in der ESWE aufgegangen") bis ins Pensionsalter treu. Aber: „Ich bin zwei Jahre früher in Pension gegangen. Während meines Urlaubs wurden die Hauptbuchhaltung und Anlagebuchführung in der Abteilung Buchführung an die BOG Frankfurt abgegeben. Es hat mit den Computern nicht so geklappt, wie ich mir das vorgestellt habe", erklärte Zeitzeuge Merkel kurz und bündig. Freiwilliges Engagement zog sich nicht von ungefähr durch sein Leben. „Unsere Familie war immer bekannt für das ehrenamtliche Engagement in Biebrich. Mein Bruder Robert war Rotkreuz-Sanitäter, mein Bruder Adolf war gewählter Kreistagsabgeordneter, als Biebrich selbständig war und noch nicht zu Wiesbaden gehörte." Jupp Merkel war ein zehnjähriger Steppke, als die Stadt Biebrich am Rhein am 1. Oktober 1926 mit Schierstein und Sonnenberg nach Wiesbaden eingemeindet wurde.

Sportlich war der Zeitzeuge schon immer. „Mit zehn wurde ich Handballer und Mitglied im Deutschen Jugendkraft Verband Biebrich", erzählte er. In den sechziger Jahren wurde Jupp Merkel dann Mitglied beim TT Rot-Weiß Biebrich, war später lange Jahre Vorsitzender und ist dem Verein als förderndes Mitglied treu geblieben.

Der Zeitzeuge bekannte seinen „Sprachfehler" mit einem Lächeln: „Ich konnte nirgendwo Nein sagen." Das galt bei dem vielseitig Interessierten auch mit Blick auf die „Gibber Kerbegesellschaft 1909 e. V.", der das Biebricher Urgestein seit 1960 als Mitglied treu verbunden war. Gleiches galt für die „Arbeitsgemeinschaft Biebricher Vereine und Verbände e. V.", die jährlich das Mosburgfest veranstaltet.

Josef Merkel war nun wahrlich kein „Lautsprecher", dennoch war ihm bewusst: „Mein Wort galt etwas." Ehrenmitglied bei „Haus & Grund", war er „in den fünfziger Jahren Kassenprüfer und später zweiter Vorsitzender" und hatte schon als junger Biebricher an der Jahreshauptversammlung des Haus- und Grundeigentümerverbandes teilgenommen: „Ich habe dort den Gaswerksverband vertreten." Josef Merkel, seit 1949 Ehemann von Marianne Leber, einer Verwandten von Minister Schorsch Leber, war selbst „automatisch" Mitglied bei Haus und Grund geworden durch das familieneigene Haus in der Gaugasse mit integriertem Laden. „Das Lebensmittelgeschäft hat meine Frau geführt."

Die Gemahlin war ebenso wie er in der Kirchengemeindejugend Herz-Jesu aktiv. „Ich bin noch heute ein praktizierender Katholik. Als Kind bin ich immer in die St. Marienkirche. Geheiratet hab' ich meine Marianne aus Oberdiefenbach in der Herz-Jesu-Kirche in Biebrich-Mosbach." Die enge Verbindung zur Kirche wird durch ein Bild an der Wand neben seinem Bett dokumentiert mit der Aufschrift: „Andenken an die 1. Heilige Kommunion". Das Thema Kirche hatte sich dem Biebricher Bub schon früh eingeprägt: „Der Gottesdienst war Pflicht für die Engländer. Die gingen alle 14 Tage sonntags in die Oranier Gedächtniskirche mit einem Festzug."

Kirchliches Engagement zeigte Jupp Merkel auch als Kassenprüfer beim Gesamtverband der katholischen Kirchengemeinden Wiesbadens. Stadtdekan Werner Bardenhewer (→ S. 27) – „ein einmaliger Prediger" – war damals Vorsitzender des Gesamtverbandes. Mit Biebrich ist Wiesbaden eine Stadt am Rhein geworden. Und mit dem Rhein stand der Zeitzeuge auf Du und Du, wenn er als Käpt'n auf dem Wasser war: „Ich hatte eine kleine Jolle, ein Segelboot im Rheingau."

In Biebrich, das gerne als „Versailles am Rhein" tituliert wird und wo Goethe bei Hofe im Schloss die Glückwünsche zu seinem 65. Geburtstag entgegennahm, war der Zeitzeuge bekannt wie ein „bunter Hund". Beliebt war Josef Merkel im Kiez nicht von ungefähr. Dem „Verschönerungs- und Verkehrsvereins Biebrich am Rhein 1870" war er seit einer Ewigkeit zugetan, war „zuerst als Vertreter vom Gaswerk dort". Mit der Pensionierung war sein Engagement keineswegs beendet.

„Ehrenamt hab' ich kreuz und quer gemacht", schmunzelte Jupp Merkel, „zum Beispiel im Verwaltungsrat der Herz-Jesu-Kirche, der heute Kirchenvorstand heißt. Das Herz-Jesu-Heim, das Altenheim neben der Kirche, wurde damals von den Dernbacher Schwestern geführt. Die Oberin habe ich in der Verwaltung unterstützt." Wenn es um Reparaturen und andere „Kleinigkeiten" ging, war er mit Rat und Tat zur Stelle. Mal ging es um eine Kanalverstopfung, mal war „etwas mit dem Dach" oder es streikte ein Roll-Laden: „Wir ha'm nicht gleich die großen Handwerker geholt. Wir ha'm von uns aus geguckt, was los ist, und ich hab' gemacht, was so angefallen ist. Ich hab' mich auch darum gekümmert, dass ein Telefon in jedes Zimmer kam", erinnerte sich der handwerklich Versierte an die günstige Gelegenheit: „Die Feuerwehr hatte einen neuen Graben für die Leitungen der Feuermelderanlagen, da konnte ich auch gerade die Telefonleitungen legen lassen und wir haben die teuren Erdarbeiten gespart."

Ganz selbstverständlich blieb der Senior in „seinem Wohnquartier" und zog 2000 nach dem Tod von Ehefrau Marianne in das Toni-Sender-Haus – „das war damals ganz modern". Später zog er um in das ihm wohlvertraute Katharinenstift. „Fast 20 Jahre war ich engagiert im Katharinenstift. Heimleiterin Streck hatte mich gefragt: ,Jupp, könnteste helfen?' Und ich konnte natürlich gerne." Beim Bericht über die „in den Neunzigern" eingeführten Spaziergängen schwang Begeisterung über die Idee mit. „Montags sind wir ab 15 Uhr mit allen Rollis zwei Stunden im Schlosspark unterwegs gewesen." Als Zweiter Vorsitzender in den Freundeskreis des Katharinen-Stifts involviert, war das Biebricher Urgestein auf dem Mosburgfest der AG Biebricher Vereine und Verbände aktiv: „Wir haben in einem großen Wagen Kartoffelpuffer und Kaffee verkauft. Der ganze Erlös ging an das Katharinenstift."

Das kontinuierliche und vielfältige Wirken „hinter den Kulissen" blieb nicht unbemerkt. Den Biebricher Ehrenteller hatte ihm Günter Noerpel als langjähriger Vorsitzender der „Arbeitsgemeinschaft Biebricher Vereine und Verbände" überreicht. Die Bürgermedaille der Landeshauptstadt Wiesbaden in Bronze war ihm vom damaligen Oberbürgermeister Achim Exner schon am 5. Dezember 1986 verliehen worden. Der Ehrenbrief des Landes Hessen, unterzeichnet von Ministerpräsident Roland Koch, datiert vom 18. Dezember 2006 und kam gerade recht zum 90. Wiegenfest.

Seinen 100. Geburtstag feierte der Biebricher zünftig mit einer richtigen „Großfamilie". Auch der frühere Stadtdekan Werner Bardenhewer ist neben dem Geburtstagskind auf dem Foto zu sehen. „Die Arbeitsgemeinschaft Biebricher Vereine und Verbände" hatte ihrem langjährigen Kassenprüfer einen zünftigen Empfang mit „großem Bahnhof" spendiert.

Zu seinem eher seltenen Wiegenfest wurde dem 100-jährigen „Seppel" nun wirklich eine spezielle Auszeichnung zuteil. „Sein" Verein hatte sich was einfallen lassen und es war ihm eine besonders wichtige Urkunde. Der Biebricher Bub wurde offiziell zum „Gibber Ehrenbürger" deklariert mit den Worten: „In Würdigung für über Jahrzehnte lange Treue zum Verein und für verdienstvolles Wirken ernennen wir Josef Merkel zum Gibber Ehrenbürger. Dank und Anerkennung des Vereines Gibber Kerbegesellschaft 1909 e.V. – Biebrich-Mosbach, im September 2016." Der Gibber Kerbegesellschaft hielt er zu dieser Zeit schon fast 60 Jahre die Treue. Über einen „Auftrag" freute sich der Zeitzeuge mit strahlenden Augen: „Ich soll nächstes Jahr das Fass ansteche – des macht doch sonst der OB!"

Auch die Einladung zum 101. Geburtstag war liebenswert bodenständig formuliert. „Für Essen und Trinken ist gesorgt – bis es all ist."

Ein reiselustiges Leben voller Farben

Christa Moering

Malerin, Galeristin und bisher einzige Ehrenbürgerin
Geboren am 10.12.1916 in Beesenstedt
Gestorben am 09.06.2013 in Wiesbaden

„Wenn ich male, lebe ich in dem Gegenstand, den ich male. Malerei bedeutet absolute Konzentration." Christa Moering wirkte während der Arbeit total versunken und hatte sich bis ins hohe Alter ihr mädchenhaftes Strahlen erhalten. Kunst war ihr Lebenselixier.

Als Tochter des Superintendenten im Schatten der Uta am Dom zu Naumburg aufgewachsen, war sie von Schönheit der Kunst und dem „geistigen Ausdruck der Dinge selbst" geprägt.

Einblick in ihr malerisches „Nähkästchen" gewährte die Zeitzeugin gerne. Meistens war sie morgens zum Malen aufgelegt und meinte: „Wenn ich nicht male, dann bin ich krank." Sie arbeite nach der „Hoelzel-Methode", die ihr „wie ein Farbgespräch" sei: „Jedes Detail wird bewusst komponiert." Auch auf Sprachbilder verstand sie sich und nutzte das Mittel der Komposition „leichtsinnig, also mit leichtem Sinn". Christa Moering war seit 1996 die erste und bislang einzige Ehrenbürgerin der Landeshauptstadt. Offenherzig bekannte sie Über-

Christa Moering ließ sich auch in ihrem „Alterssitz" das Malen nicht nehmen.

raschung und Freude über die Auszeichnung: „Ich hatte mehr Angst als Vaterlandsliebe" im Vorfeld der Feier. „Frau Ehrenbürgerin" ging nur von einem Jahr Dauer der Würdigung aus, ähnlich wie bei einer Stadtschreiberin. Oberbürgermeister Achim Exner konnte die Malerin dann doch von der Ehrung auf Lebenszeit überzeugen.

Christa Moering war die erste Galeristin in Wiesbaden. Auf ihrer Initiative beruht auch die Freie Kunstschule, die sie 1972 mit dem Galeristen Paul Zuta gründete. Wolfgang Becker kam als Dritter hinzu.

1978 war Christa Moering als eine von wenigen Künstlerinnen mit dem Bundesverdienstkreuz gewürdigt worden. Im November 2008 wurde der zentrale Quartiersplatz im Herzen des Künstlerinnen-Viertels als „Christa-Moering-Platz" von Oberbürgermeister Dr. Helmut Müller in Anwesenheit der Namensgeberin eingeweiht. 2009 wurde zudem ein mit 5000 Euro dotiertes Stipendium der Stadt Wiesbaden, das jährlich einer Künstlerin zugesprochen wird, nach Christa Moering benannt.

Die schon früh erkennbar Begabte hatte ihre „fröhliche, ungetrübte Jugend" im Beesenstedter Pfarrhaus schon als Kind auf 94 linierten Seiten in Schreibheften notiert. Wie die 2002 bei einem Umzug wieder entdeckten „Erinnerungen aus Beesenstedt mit Bildern und Photographien von Christa Moering für Vater und Mutti zu Weihnachten 1929" belegen, war schon die Dreizehnjährige eine eigen-willige Persönlichkeit. 80 Jahre später notiert die Autorin über das Zeitzeugnis einer längst vergangenen Idylle: „Die Ereignisse sind tief in mir wie ein Bilderbuch zum Aufschlagen."

Sensible Beobachtungen, gepaart mit trockenem Humor, sind anschaulich geschildert. Es deutet sich literarisches Talent an, das sich allerdings nur in den Tagebüchern spiegelt. „Man muß eine klare Entscheidung fällen", resümierte die Malerin nicht ohne Bedauern.

In Beesenstedt bei Halle an der Saale im weltoffen toleranten Elternhaus mit sechs Geschwistern aufgewachsen, „stand" der Vater hinter der 20-Jährigen, die als eine von wenigen Frauen „den Drang zur freien Malerei" ausleben konnte. Statt das Abitur abzulegen, ließ sie sich von ihrem Onkel Friedrich Ackermann an die Kunstgewerbeschule Stettin vermitteln. Die „ausgeklügelte Hoelzel-Methode, die von der Goetheschen Farbenlehre ausgeht", lernte die aufstrebende Künstlerin dort bei ihrem Lehrer Vincent Weber kennen. Den lotste sie später als Leiter der Werkkunstschule nach Wiesbaden. Vincent Weber blieb ihr immer ein „Seismograph für Qualität". Adolf Hoelzel galt ihr als „Pionier der Abstraktion", dem sie zeitlebens verpflichtet blieb. Nach Stettin folgten die Kunstakademien Leipzig und Berlin.

Ihre Studienzeit im geheim blühenden Geist des Weimarer Bauhauses während der NS-Zeit unter Hitler? „Das war wie ein Ritt über den Bodensee." Lehrer und Studierende waren „eine verschworene Gemeinschaft." Es brauchte Mut in Nazideutschland, um „entartete Kunst" zu schätzen und sie gar zu unterrichten.

Beklemmende Erfahrungen voller Angst blieben der Malerin unvergessen, wie sie in ihrem Tagebuch über ihren „Weg zu den Bildern" festgehalten sind. Die Reichspogromnacht war für die 22-jährige Studentin in Leipzig ein „bis ins Innerste gehendes Schockerlebnis." Die Zeitzeugin erlebte eine aufgebrachte Menschenmenge, die „Judenfahrer" schrie und versuchte, ein Auto in den Fluss zu stürzen. Christa Moering schilderte im Gespräch auch den trüben Novembertag darauf: „Die wüsten Gesichter, die in ihrer Grausamkeit und Hintergründigkeit aus einem Hexensabbat von Goya hätten stammen können, waren wie vom Erdboden verschluckt. Aber die Leipziger ließen sich nicht den Mund verbieten", erinnerte sich die Zeitzeugin mit Zitaten aus dem Gedächtnis: „Na, das nächste Mal tragen alle Juden ihren eigenen Kopf unterm Arm und sagen, sie hätten ihn sich selbst abgeschnitten."

Mit Studienkameradin Karen, der „begabtesten Malerin und einzigen Jüdin der Akademie", ging sie „total erschrocken" zur brennenden Synagoge. „Ein Schock" war der Blick aus dem Fenster der Akademie gewesen auf das brennende Gotteshaus. Das Schicksal ihrer rothaarigen Freundin „mit den wunderschönen großen Bleistiftzeichnungen" habe sie leider aus den Augen verloren.

In Kriegszeiten wurden ihre Aquarelle in der Tradition von Nolde und Schmitt-Rottluff zu Tauschwaren für Lebensmittel. Eine wichtige Persönlichkeit war für sie auch ihr Schriftlehrer Rudo Spemann: „Er war im Dritten Reich sehr mutig." In der Berliner Schau „Entartete Kunst" sah sie Werke ihr nahestehender Kunstrichtungen wie Expressionismus, Impressionismus, Kubismus. Von 1942 bis 1945 studierte Christa Moering an der Städelschule Frankfurt. Durch den Maler Alo Altripp (bürgerlich:

Festempfang im Rathaus für Wiesbadens bisher einzige Ehrenbürgerin: OB Dr. Helmut Müller und Tochter Christiane Moering-Haiges gratulieren Jubilarin Christa Moering zum 95. Geburtstag.

Friedrich Schlüssel), der Jawlensky persönlich kannte, kam sie in die Region. Bei Jawlensky habe sie „den Schlüssel für eine eigene Bildsprache" gefunden, erinnerte sich die Zeitzeugin. Ein Jagdhaus im Taunus wurde zum Treffpunkt einer familienähnlichen Gemeinschaft von Kunstschaffenden der Sparten Musik und Malerei.

1950 wurde Wiesbaden ihr Wohnort. Nach kurzer Ehe mit Alo Altripp kämpfte sich die alleinerziehende Mutter mit Tochter Christiane durch: „Sie wurde von mir zum Bahnhof gebracht und fuhr im Trupp mit den Kindern vom Museumsdirektor zur Waldorfschule nach Frankfurt", erinnerte sich die Malerin gerne an Dr. Clemens Weiler, den damaligen Chef des heutigen Landesmuseums für Kunst und Natur. Auch Hanna Bekker vom Rath half ihr beim Start in Wiesbaden: „Hanne hatte eine meiner ersten Ausstellungen im Kunstkabinett durchgeführt." Mit der Sammlerin aus Hofheim „und ihrem Blauen Haus mit seinen herrlichen Kunstschätzen" war die Familie lange vertraut. Schon im Elternhaus war die Geschichte von Hanna Bekkers Perlenkette kursiert. „Sie soll das Schmuckstück gegen einen Punkt-Punkt-Komma-Strich eingetauscht haben", schmunzelte Christa Moering. Die Rede war immerhin von einem echten Jawlensky.

Sozialen Aspekten fühlte sich die Pfarrerstochter immer verpflichtet und von Gemeinschaften war sie überzeugt. Folgerichtig gründete Christa Moering 1950 die „Gruppe 50", die ausdrücklich an keine Richtung gebunden ist. Ausstellungen einzelner Mitglieder und der ganzen Gruppe wurden in vielen Ländern von Europa, in Israel, China und Ägypten realisiert. Die Erinnerung an Russland ließ sie strahlen: „Unsere Ausstellung im Achmatova-Museum St. Petersburg war ein richtiges Abenteuer!" Zum Jubiläum „50 x 60 Jahre" zeigte die „Gruppe 50" eine große Schau in beiden Foyerflügeln des Rathauses und stellte parallel zum 80. Geburtstag der Städtepartnerschaft Wiesbaden-Klagenfurt in Kärnten aus.

Auch nach ihrem Umzug in das Seniorenheim der Nassauischen Blindenfürsorge tagte die „Gruppe 50" jeden Monat einmal bei Christa Moering. „Das Malen ist mein höchstes Gut" war ihr Credo und das ließ sich die Künstlerin zeitlebens nicht nehmen.

Über 50 Jahre schrieb die Malerin Tagebuch und arbeitete nach Kräften bis zuletzt in ihrem Altersdomizil an der Riederbergstraße.

Erkennbar professionell mischte sich Christa Moering auch hier ihre Farben, erschuf mit ein paar Pinselstrichen eine Welt und strahlte: „Ich male meine Bilder ohne Kontrolle einfach drauflos." Für einen fachlichen Plausch war sie immer zu haben: „Malerei ist mein Leben." Doch schwang vor dem Hintergrund ihres zweiten Talents Literatur, das sie wenig entfalten konnte, auch Wehmut mit.

1958 bekam Wiesbaden in einem früheren Pferdestall nahe des St. Josefs-Hospitals die erste Galerie. An den Wänden in der Martinstraße 6 zeigten noch nicht arrivierte Kreative ihre Werke. So setzte die Malerin ihr Herzensanliegen um, junge und unbekannte Kunstschaffende zu fördern. Sie fühlte sich ihrem „6. Sinn für Begabungen" verpflichtet, engagierte sich mit Leidenschaft und war mit ihrer Malschule von prägender Bedeutung für ganze Generationen. Das legendäre „Atelier Moering" bezog später die frühere Kutscherwohnung im Obergeschoss. Hier tropfte Regenwasser durch die Dachluke. Mit dem ihr eigenen Humor nannte die Malerin das Phänomen „eine Dusche für meine Tochter."

Vom Bonner Presseamt gebeten, unterstützte die Künstlerin ihren Malerfreund Miron Sima („Im Angesicht eines traurigen Symbols") bei seinem „Buch über den Eichmann-Prozess". Das Redigieren der Opferaussagen „hat mich unendlich bereichert."

Aus Einladungen in jüdische Familien entwickelte sich manche enge Freundschaft. In ihrer Galerie habe sie „möglichst oft" jüdische Kunstschaffende präsentiert: „Ich habe das auch als Pflicht, als kleine Wiedergutmachung angesehen."

Etwa 1967 schuf Christa Moering eine fröhliche Folge großer Fische mit wassersprühendem Neptun als Illustration der Kochbrunnen-Kolonnaden. Bedauerlich und heute nicht mehr nachvollziehbar, dass dieses heitere Kunstwerk irgendwann übermalt wurde.

Reisen war ihr immer schon notwendiger Ausbruch. „Die Reisen haben mir Energie gespendet." Bali und Israel, Island, Indien, Marokko und 1988 die DDR „auf den Spuren Gerhart Hauptmanns" markieren Spuren im „farbenreichen" Werk der großen alten Dame der Malerei. Stipendien führten sie nach Perugia und Tunesien. Eine für sie typische Reaktion war der Trip nach Italien: Das 1000 D-Mark-Geschenk einer Amerikanerin setzte Christa Moering stante pede in eine Fahrkarte nach Rom um. Dort packte sie ihre Pinsel aus und blieb, solange die Lire reichten. Die Insel Ibiza wurde ihr zur „zweiten Heimat".

Zum 95. Geburtstag richtete die Wahlheimatstadt Wiesbaden ihr einen festlichen Rathaus-Empfang aus. Parlaments-Chef Wolfgang Nickel erklärte Christa Moering zur „Botschafterin mit kultureller Wirkung für die Stadt."

Oberbürgermeister Dr. Helmut Müller gratulierte: „Als Sie Wiesbaden zum Wohnort nahmen, war es eine glückliche Stunde für die Stadt. Ihre Werke sind bei uns Klassiker – voll Dynamik und Farbigkeit." Die Ehrenbürger Rudi Schmitt, Dr. Jörg Jordan und Professor Dr. Joachim Jentsch, Kulturdezernentin Rose-Lore Scholz und Amtsvorgänger Peter J. Riedle gaben neben Weggefährtinnen der „Gruppe 50" und angereisten Kunstschaffenden der Jubilarin die Ehre.

Christa Moering hatte 1946 ihrem Tagebuch anvertraut: „Ich möchte malen, schreiben, dichten, singen, bildhauern, Filme regissieren, selber schauspielern, Kinder haben und soziale Organisationen entwerfen."

Eine Tochter aus widerständigem Pfarrhaus

Bettina Mumm, geborene von Bernus

Tochter des „Bekenntnispfarrers"
an der Bergkirche Franz von Bernus
Geboren am 10. Juli 1923 in Dillenburg an der Lahn

„Wehret den Anfängen!" Zeit ihres Lebens wird Bettina Mumm diesen Appell beherzigen und weitergeben. Die Pfarrerstochter war ganze zehn Jahre alt, als auch in Wiesbaden „braune Zeiten" anbrachen, die für kurze Zeit trügerische Hoffnung verbreiteten: „Als Hitler 33 an die Macht kam, waren fast schlagartig keine Bettler mehr da – wie auch immer das zuging." Die „ganzen Schwärme von Bettlern" standen ihr noch vor Augen, die im Pfarrhaus der Bergkirche „mit Brot und mit Essenskarten für die Volksküche am Boseplatz" versorgt wurden.

„Aus der Not hat Hitler sein Sprungbrett gemacht und viele Leute waren neugierig, ob er Besserung bringt", erinnerte sich Bettina Mumm. „Mein Vater hat da noch gedacht: Jetzt kommt was Besseres. Also „national-sozial" – das konnte was sein, das hat auch der Niemöller in Berlin zuerst gedacht. Doch nach einem Vierteljahr war mein Vater „bedient", weil an jedem vierten Geschäft ein Schild hing *Hier sind Juden unerwünscht*. Da war schon ganz klar die Front gegen Juden zu sehen. Dann kam der Röhm-Putsch und mein Vater war klar gegen Hitler. Ich bin zwar jetzt noch ein Kind, aber das hab' ich mitgekriegt. Als Schulkind konnte ich die Schilder ja lesen."

Das Schild am Kleidergeschäft Baum in der Webergasse wurde von der Pfarrersfamilie nicht beachtet. „Das war ein angesehenes Geschäft, so anständige Leute. Wir haben da gekauft, wir Kinder bekamen da Kleider. Wir Geschwister waren mit deren Kindern befreundet."

Offen bekannte die Zeitzeugin, „am Anfang bei den Fackelzügen dabei gewesen" zu sein. Doch schnell habe sie mit dem Vater gefühlt, „das ist nicht das Richtige. Und dann die Hugenotten-Einstellung der Eltern, die sind Widerständler gewesen. Dann kam es schon ziemlich bald, dass die Kirche sich geteilt hat in widerständige und sehr angepasste Teile. Es kam der Eindruck, die Masse passt sich an."

Der couragierte Seelsorger Franz von Bernus bot den braunen Machthabern mutig die Stirn und machte die Bergkirche zum Zentrum der Bekennenden Kirche (BK) in Wiesbaden. Zum Netzwerk des Widerstandes gehörte Pastor Martin Niemöller, der den „Pfarrernotbund" gründete: „Das war der Anfang der Bekennenden Kirche", erinnerte sich Bettina Mumm an den Wegbegleiter ihres Vaters. Der Pastor von Berlin-Dahlem hatte sich vom U-Boot-Kommandanten des Ersten Weltkrieges zum Nazi-Gegner gewandelt und war in den Konzentrationslagern Sachsenhausen und Dachau als „persönlicher Gefangener Hitlers" eingekerkert.

Seine letzte Predigt – zwei Tage vor der Gestapo-Verhaftung – hielt der spätere Wiesbadener Ehrenbürger am 29. Juni 1937 in der Bergkirche zum Bibelwort: „Man muss Gott mehr gehorchen als den Menschen." Thomas Mann publizierte die Niemöller-Predigten in den USA und präsentierte den Menschen, „der sich nicht hinter dem elenden Fetzen seiner Neutralität versteckt" und nicht zusehe, „wenn Andere ans Kreuz geschlagen werden."

Eine Selbstverständlichkeit für Bettina Mumm, am 14. Januar 2017 den Gedenktag „Streiten für den Menschen" zu Martin Niemöllers 125. Geburtstag und den „Gesichtern des kirchlichen Widerstands" mit zu erleben. „Nach seiner Freilassung im Sommer 1945 kam Martin Niemöller nach Wiesbaden und hat seine erste Nacht in Freiheit in meinem Elternhaus verbracht. Mein Vater war ihm in Freundschaft verbunden und er war öfter Übernachtungsgast bei uns in der Lehrstraße." Im Niemöller-Tagebuch lautet die Notiz: „20. Juni, Mittwoch, Wiesbaden. Den ganzen Tag gewartet. Um 4 ½ Fuchs: Ich bin frei... Jedenfalls 5 h bei Pf. von Bernus u. Familie. Abends gepackt usw. ½ 12 zu Bett."

Zeitzeugin Mumm nahm auch bei bekannten Namen kein Blatt vor den Mund: „Ein Wiesbadener Pfarrer sagte zu meinem Vater: ‚Sie gehören auf den politischen Misthaufen.' Der Mann ist nachher sehr berühmt geworden. Pfarrer Borngässer war nachher selber *kontra* gegen die Nazis und ist ins Zuchthaus gekommen. Er war ein kämpferischer Mann."

Ein „Kernstück" des Widerstandes in Wiesbaden datierte die Zeitzeugin auf „etwa 1935" und erzählt: „Da war der Landesbischof Ernst-Lud-

14. Januar 2017 im Gemeindehaus der Bergkirche: Pfarrerstochter Bettina Mumm, geb. von Bernus, kommt am Gedenktag zu Martin Niemöllers 125. Geburtstag in den Franz-von-Bernus-Saal.

wig Dietrich gekommen und der andere nassauische Landesbischof hieß August Kortheuer (1868-1963), ein sehr ordentlicher Mann. Die „Deutschen Christen" haben den Kortheuer aus dem Amt gedrängt. Der neue Landesbischof Dietrich, ein sehr gebildeter Mann, war zuvor Pfarrer an der Marktkirche. Er war eitel genug, seine Chance wahr zu nehmen und wurde Landesbischof. Das bedeutete, die Kirchenvorstände wurden nicht mehr demokratisch gewählt, sondern die in der Partei waren auch im Kirchenvorstand. Gegen die undemokratische Kirchenleitung hat sich mein Vater sehr gewehrt, was schon sehr gefährlich war. Es war alles andere als Frieden in der Kirche, was doch sehr weh tut. Das hab' ich bei meinem Vater gespürt als Kind und ich dachte, er ist so tapfer wie der Apostel Paulus und lässt sich nicht unterkriegen. Er hat gesagt, es ist die Pflicht eines Christen, klar zu widersprechen."

Dass Missliebige verhaftet wurden und in KZ verschwanden, blieb auch in der Lehrstraße nicht verborgen. „Da war schon Angst da bei dem kleinen Mädchen." Die Bergkirche war der Hort des Widerstandes und Franz von Bernus galt der NS als „der gefährlichste Pfarrer". Der mutige Geistliche stand unter Kuratel: „Die Gestapo hat mindestens einmal im Vierteljahr ohne Voranmeldung das ganze Haus durchsucht. Alle Schränke wurden aufgemacht, aber sie haben die Schriften gegen die Nazis nie gefunden. Die waren im Schreibtisch meines Bruders versteckt."

Das „Haus zu den Bergen" neben dem Tattersall, in dem Lehrlinge – „schwer erziehbare Jungen" – lebten, war für kirchliche NS-Gegner ein wichtiger Konspirations-Ort: „Da hatten sie die Druckmaschine der Bekennenden Kirche im Keller. Die hatten die Post übernommen, auch die aus dem Ausland."

Ihr Vater war „überhaupt nicht angstbeherrscht", betonte die Tochter. „Er war ein fröhlicher Pfarrer und man hat gemerkt, dass er die frohe Botschaft von Herzen verkündet hat. Die jungen BK-Vikare durften nicht an einer staatlichen Uni studieren. Die wurden bei uns im Wohnzimmer von meinem Vater, manchmal auch von Martin Niemöller, in Bibelkunde geprüft."

Den 9. November 1938 hatte die Pfarrerstochter noch deutlich vor Augen. In der Webergasse kam sie auf dem Weg zur „höheren Töchter-Schule", dem Lyzeum am Schlossplatz, morgens gegen acht Uhr nicht mehr weiter. „Alles war voller Menschen. Ein Rowdy hat mit einer Art Bumerang die schönsten Schiffsmodelle im Reisebüro zerschmissen und das Schaufenster zerschlagen. Ich dachte, da is' jemand aus dem Gefängnis losgelassen. Da standen Uniformierte, die Hände an der Hosennaht, ohne was zu tun und haben zugeguckt. Die wollten damit sagen: das ist ein Volksaufstand. Wir haben damit nix zu tun." Die Zeitzeugin empörte sich: „Eine reine Lüge! Ich sage auch, wenn es heißt: ‚Wir haben von nix gewusst!' immer: Das kann für meine Schule nicht stimmen. Da waren von einem auf den anderen Tag die jüdischen Schülerinnen weg. Das haben wir doch gemerkt. Wir haben aber – dazu muss ich mich bekennen – nicht genug geforscht: Wir hätten fragen sollen: Wo seid ihr denn jetzt?"

Am 9. November kamen die Schülerinnen natürlich zu spät ins Lyzeum: „Der Mathelehrer, ein alter Nazi, bekam einen Wutanfall, weil wir stehen geblieben waren. Aber wir konnten ja nicht weiter. Er war zutiefst enttäuscht von den Nazis. Von da an war er kein Nazi mehr, was er aber nicht so zeigen durfte."

Empört berichtete die damalige Lyzeums-Schülerin von der Lehrerin, die ihre Klasse auf den Balkon schickte und sie zynisch zum Voyeurismus nötigte: „Sie sagte zu uns: ,Das müßt Ihr sehen! Das werdet Ihr nie vergessen!' Das stimmt. Die lodernden Flammen der brennenden Synagoge am Michelsberg habe ich nie vergessen. Nach der Schule ging ich über die Wilhelmstraße nach Hause. Ein jüdisches Schmuckgeschäft war total zerstört, alles lag auf der Straße und die SS stand dabei als Bewachung. Es sollte nach *Aufstand des Volkes* aussehen und kein Schmuck gestohlen werden. Sehr raffiniert. Ich habe auch gesehen, dass Geschäfte eingeschlagen wurden und Steine auf die Juden geworfen wurden und war da sehr erschüttert."

Mit dem brennenden Gotteshaus am Michelsberg war es nicht getan. Die Fünfzehnjährige, deren Fenster zur Lehrstraße hin lag, durchwachte angstvolle Stunden. „Ich konnte nicht schlafen in der Nacht. Da kamen Lastwagen auf den Lehrplatz, einer nach dem anderen. Das Pfandbüro der Stadt war in der Lehrstraßen-Schule, direkt neben dem Pfarrhaus. Es hat geklappert wie Metall. Ich kann es natürlich nicht beweisen, aber es klang, als wäre das ganze Silber der Juden abgeholt wurde. Es war eine sehr unruhige Nacht. Meine Eltern kamen aus ihrem Zimmer nebenan, weil ich so gezittert habe, dass mein Bett geklappert hat. Am nächsten Tag wurde ich zum Hausarzt geschickt. Dann mussten meine Mutter, meine Schwester und ich 14 Tage in den *Schnee-Urlaub*, damit ich mich wieder beruhigte."

Tief berührt berichtete die Zeitzeugin vom Rundschreiben der Bekennenden Kirche nach der „Reichspogromnacht". Alle Pastoren wurden am Buß- und Bettag zum Protest von der Kanzel herab aufgefordert. Die Gefahr drohender Haft wurde nicht verschwiegen. „Vater hat die ganze Familie zusammengerufen und uns gefragt, soll ich das lesen von der Kanzel? Wir alle haben gesagt: ,Du musst das lesen', besonders meine Mutter. Am 9. November sind Gotteshäuser in Brand gesteckt worden."

Als Pfarrer von Bernus auf die Kanzel stieg, war die Bergkirche „knüppeldick voll", erfuhr die Tochter hinterher, „das war wie eine Demonstration und sehr mutig von der Bekennenden Kirche. Sie haben *Eine feste Burg* gesungen und Vater hat das *Vaterunser* gebetet. Vater kam nicht nach Hause. Er wurde direkt nach dem Gottesdienst verhaftet – vom Staatsanwalt, das war sehr wichtig." Später habe ihr Vater erklärt „Der Staatsanwalt war mein Glück, denn der musste sich an die Regeln der Justiz halten, anders als die Gestapo." Bettina Mumm beschrieb den Staatsanwalt als „gebildeten Mann", der dem Häftling von Bernus riet, sich einen „guten Anwalt" zu suchen. „Vater wählte Dr. Hans Buttersack, der viel für Juden getan hatte. Anwalt Buttersack setzte sich sehr tapfer ein und brachte es fertig, dass der Papa nicht ins Gefängnis kam. Er ist später selber verhaftet worden, weil er die Juden verteidigt hat." Dr. Hans Buttersack starb 1945 im KZ Dachau.

Es freute die Pastorentochter, dass die Räume des Bergkirchen-Gemeindehauses Persönlichkeiten des NS-Widerstandes gewidmet wurden. Der Große Saal trägt den Namen Franz-von-Bernus-Saal, der Nachbarraum würdigt Kirchenvorsteher Dr. Hans Buttersack.

Schon 1938 hatte die Schülerin „Angst, dass es Krieg gibt." Ich kam gerade vom BDM-Arbeitsdienst auf dem Land. Beim Arbeitsdienst waren zwei Mädchen, die waren total Anti-Nazi – eine war die Enkelin von Generaloberst Beck, der beim 20. Juli dabei war. Die beiden haben einen solchen Antinazi-Einfluss ausgeübt, dass die Führerin gar nix mehr gesagt hat."

Die Konfirmation im Jahr 1939 war ein prägendes Erlebnis für das Nesthäkchen der Familie von Bernus. „*Die Freude am Herrn ist eure Stärke*, das war mein Konfirmationsspruch und ich bin stolz darauf, dass mein Spruch auch das Thema für die Predigt meines Vaters wurde."

Bettina von Bernus, die 1925 als Zweijährige mit den Eltern und vier älteren Geschwistern ins Pfarrhaus der Bergkirche kam, war bewusst: „Mein Leben ist sehr von den Nazis beeinflusst." Die Reifeprüfung konnte sie 1942 absolvieren: „Zum Abi habe ich meinen Siegelring bekommen und gedacht, jetzt bist du frei und kannst nach Paris auf die Kunstschule." Pustekuchen. „Es kam ein Brief von den Nazis und fünf Tage nach dem Abitur musste ich schon im Lager sein."

Aber: „In jeder freien Minute habe ich gezeichnet. Mein fester Entschluss war, Kunst zu studieren." Hat an der renommierten Städel-Schule für kurze Zeit geklappt. Nach der dritten Prüfung war Schluss mit lustig. Vermutlich hatte ihre Feststellung: „Die Juden sind nicht alle Schweine" die Tour vermasselt. „Ich war negativ aufgefallen." Es folgten zwei Semester Kunstgeschichte in Würzburg bei Professor Gerstenmeyer: „Der ließ durchblicken, dass er in Richtung 20. Juli gedacht hat."

Um der NS-Studentenschaft zu entkommen, gab sie ihr Studium auf. Meldung beim Arbeitsamt Wiesbaden – „um nicht als fahnenflüchtig zu gelten." In der Militärschneiderei in der Dotzheimer Straße hab' ich sehr gut nähen gelernt, die Uniformen wurden im Akkord geflickt." Dann Arbeitseinsatz in der Uniformabteilung der Theater-Schneiderei in maroder Kulisse. „Die Kuppel war eingestürzt, die Fenster kaputt und es war bitterkalt. Neben mir saß eine berühmte Schauspielerin. Die Künstlerinnen waren zu klug, um Nazi zu sein. Wir waren dienstverpflichtet und mussten weiße Winteruniformen nähen für Russland." Die Zeitzeugin hatte „blutig geschwollene Finger."

An die Bombennacht vom 2./3. Februar 1945 erinnerte sich Bettina Mumm mit Grauen: „Wir haben einen Schutzengel gehabt." Ihre Familie konnte mit Nachbarn „im tiefen alten Keller des Pfarrhauses" überleben. „Wir alle hatten Angst. Aber es war still im Keller, obwohl wir die Einschläge hörten. Vater hat ganz ruhig ein Märchen erzählt und das *Vaterunser* gesprochen. Es war ein furchtbarer Feuersturm. Wir konnten kaum atmen, uns ging fast die Luft aus."

Der „Riesenbunker am Römertor" und der Bunker in der Webergasse waren bekannt. „Alle Keller waren verbunden. Ein paar Ziegelsteine weg und dann konnten sie von Keller zu Keller bis zum Kurhaus fliehen und sind nicht erstickt, obwohl die Webergasse brannte."

In der Nachkriegszeit war die Pastorentochter engagiert als Gemeindehelferin und Gemeindepädagogin. Auch die Hochzeit mit Bernhard Mumm – der um „die Hand der Bettina" angehalten hatte „im Artilleriefeuer" – Geburt und Erziehung der vier Kinder wären Stoff für eigene Geschichten.

Den Schneid hat sich die sympathisch agile Zeitzeugin nie abkaufen lassen. Auch ihre Passion ließ sich Bettina Mumm nie nehmen und schwang bei jeder Gelegenheit Zeichenstift oder Aquarellpinsel. Ihre farbenfrohen Werke wurden ab Mitte der Achtzigerjahre ausgestellt. Hier schließt sich der Kreis zu zwei weiteren Zeitzeuginnen der „erzählten Geschichte/n". Waltraut Ackermanns (→ S. 9) Filmdoku „Wiesbadener Bilderbogen" führte in die Galerie der Malerin Christa Moering (→ S. 149), die zu dieser Zeit Arbeiten von Bettina Mumm zeigte.

Die Malerin Bettina Mumm beeindruckt mit zierlich elegantem Strich. Leisen Humor atmen ihre Aquarelle und Radierungen, die sich als „Träumereien" Ende 2016 in der Kerckhoff-Klinik Bad Nauheim zeigten. Von ferne scheint Malerkollege Janosch zu winken. Ein Drachenboot ist mit munterem Getier und einem Clown bevölkert. Ein Frosch schwingt das Tanzbein und spielt auf der Querflöte zur Pirouette der weißen Maus mit schwingenden Volants auf. Die goldbraune Samtpfote hat alles im Blick. Das Wasserfahrzeug „schwimmt" auf knallroten Rädern an Land und wirkt wie eine Arche Noah.

Zur bibelnahen „Drachenbot-Arche" würde ein Zitat des Bergkirchen-Pastors Franz von Bernus passen: „Mein Vater sagte gern: ‚Wer mit Jesus geht, ist sein Bruder – ob er schwarz ist oder weiß'." Diese Überzeugung zu leben, war für Tochter Bettina eine Sache der Familien-Ehre.

Theater-Legende „hinter den Kulissen"

Dr. Dietlinde Munzel-Everling

Langjährige Geschäftsführerin und Schriftführerin der Gesellschaft der Freunde des Staatstheaters Wiesbaden e.V.
Voll-Juristin und Kulturhistorikerin
Trägerin der Goldenen Bürgermedaille der Stadt Wiesbaden
Geboren am 24. März 1942 in Schwiebus in der Mark Brandenburg

„Wir sind eigentlich aus Hessen", sagte Dr. Dietlinde Munzel-Everling, die während des Krieges 1942 in Schwieben in der Mark Brandenburg geboren wurde.

Die Wahlwiesbadenerin war als „Seele" der „Theaterfreunde" bekannt und hatte sich buchstäblich über Jahrzehnte hinweg mit Herzblut um das Theater verdient gemacht. Für ihr rund 30-jähriges Wirken als Schriftführerin und Geschäftsführerin „einer der größten Theater-Fördervereine in ganz Deutschland" wurde die Zeitzeugin am 4. Dezember 2014 feierlich mit der Wiesbadener Bürgermedaille in Gold geehrt.

Die Tagespresse beschrieb die Unermüdliche als „das Herz des Fördervereins". In der Laudatio ist die Geehrte „die Seele der Organisation". Dr. Munzel-Everling kümmerte sich nicht nur um die Betreuung der Geschäftsstelle an mehreren Tagen die Woche, um Spielplan begleitende Einführungsveranstaltungen, um die Erstellung und den Versand der informativen Mitgliederrundschreiben, um die Pflege der Mitgliederkartei und um die Mitgliedsausweise. Auch die Kontaktpflege zur Leitung des Staatstheaters war ihr Metier. Sämtliche Abrechnungen, die Sonderveranstaltungen des Theaters und der Jahresausflug in den Rheingau waren ihre Obliegenheiten. Ihre Unterstützung „ganz besonders älteren und behinderten Mitgliedern gegenüber" wird in der Laudatio besonders betont. Ihr „offenes Ohr für die Bitten und Nöte der Mitglieder, für die sie die bestellten Eintrittskarten persönlich bereithält", wird gewürdigt. Sie habe „es geschafft, ihre Aufgaben vorbildlich mit Leben zu füllen." Das zitierte „Ohr" für „ihre" Mitglieder ist ein „Markenzeichen" von Dr. Munzel-Everling, der von allen Seiten ein großes Herz attestiert wird.

Der Begriff „hinter den Kulissen" scheint maßgeschneidert für die vielseitig kenntnisreiche Voll-Juristin, die in Frankfurt am Main zum „kleinen Kaiserrecht" promovierte und durch Heirat nach Wiesbaden kam.

Durch das passionierte Sammeln historischer Postkarten mit dem Musentempel im Fokus schließt sich der Kreis für die leidenschaftliche Kulturhistorikerin. Mit ihrem geschulten Scharfblick wurde sie immer wieder fündig und kann rare „Schätze" zeigen. Eine Ansicht mit Schlossplatz und Marktkirche bietet den „Blick nach dem Hessischen Staatstheater" vom Marktbrunnen aus quer rüber zum Theater. Auch ein Notgeld-Gutschein über „2 Millionen Mark" (gültig bis 31. Oktober 1923) zeigt das Theater als Motiv – allerdings den ausgebrannten Bau.

Die Wahlwiesbadenerin ist ein Quell an Geschichte(n) zum Thema Musentempel und Gesellschaft. Die Ära Claus Leininger war für die Theaterexpertin der absolute Höhepunkt ihrer langjährigen Erfahrung: „Der Intendant kam in jede Vorstellung und guckte, was im Hause lief. Er wollte sich um sein Haus kümmern und hatte einen Blick für Qualität und ein gutes Händchen. Für Wiesbaden waren das Sternstunden."

Zum 100-jährigen Bestehen des Wiesbadener Hauses war Theaterlegende Claus Leininger Intendant und zeigte sich von einer Idee angetan: Die Gesellschaft der Theaterfreunde legte ein echtes Seidentuch mit einem historischen Staatstheater-Dekor auf, das heute ein rares Sammlerstück darstellt.

Mitte der achtziger Jahre begann „ihre" Ägide. Das Rundschreiben Nr. 8 vom 18. November 1985 gab die Wahl von Dr. Dietlinde Munzel-Everling zur Schriftführerin und Geschäftsführerin der Gesellschaft bekannt. „Der Vorsitzende und mein Chef war damals Professor Dr. Joachim Jentsch."

Es waren die Zeiten der Eleganz, als die Geschäftsführerin ihr Amt antrat. Das „Internationale" der Festspiele im Wonnemonat wurde nicht nur in punkto Gastspiele großgeschrieben. „Zu den Maifestspielen gehörte neue Garderobe mit langem Abendkleid, ein Friseurbesuch und teure Karten für das Große Haus beim betuchteren IMF-Publikum einfach dazu." Die Zeitzeugin schmunzelte: „Das angeblich papierlose Büro war noch nicht erfunden und ich habe alles auf einer IBM-Schreibmaschine mit Kugelkopf aufs Papier getippt." Ihre aktuelle „Schreibmaschine" hat einen Bildschirm und kommt ohne Papier aus.

In ihrer Zeit als Geschäftsführerin der Gesellschaft der Wiesbadener Theaterfreunde lag der Kulturhistorikerin Dr. Dietlinde Munzel-Everling das Gästebuch besonders am Herzen.

Dr. Dietlinde Munzel-Everling

„Unsere Geschäftsstelle war 1985 ein Büro im ersten Stock des Kur- und Verkehrsvereins Wiesbaden. Als die Blauen Kuromnibusse ihre Geschäftsstelle aufgaben, zogen wir um in den repräsentativen Raum mit dem großen Schaufenster mit Blick auf die Wilhelmstraße. Unsere Herkunft als legales Kind des Kur- und Verkehrsvereins dokumentiert sich im historischen Doppel-Logo, das die Embleme der beiden Institutionen vereint. Die Gesellschaft führt die beiden Masken im schwarzweißen Emblem."

2012 durfte ein spezielles Jubiläum gefeiert werden unter der Devise: „Unsere Gesellschaft wird 81, bzw. 50 Jahre alt!" Auch das Jubiläum-Feiern hatte mit der Person Dr. Munzel-Everling zu tun. „Als Rechtshistorikerin habe ich ein ausgeprägt historisches Bewusstsein, das mich veranlasste, über runde 30 Jahre die Unterlagen über die Gesellschaft zu sammeln und zu bewahren. Mein gründliches Studium der historischen Dokumente führte 1988 zum Wiederauffinden des ersten Gästebuches in der Registratur des Theaters. Das Gästebuch wurde am 30. April 1963 begonnen und bis 1966 fortgeführt, danach war es verschwunden." Genosse Zufall war mit im Spiel, als Dr. Munzel-Everling das schmerzlich vermisste Zeitdokument in der Registratur des Theaters aufstöberte. „Ab dem Neujahrsempfang 1989 wurde es bei Premieren und festlichen Veranstaltungen ausgelegt", machte die Zeitzeugin aus ihrer Genugtuung keinen Hehl. „Unser Mitglied, die Graphikerin Jutta Hornack, zeichnete die Illustrationen bis 2006, das Mitglied Christel Benecke führte es bis Mitte 2011 fort, ehe ein neues Gästebuch ausgelegt wurde." Dieses Gästebuch ist mit all seinen Zeichnungen, eingeklebten Bildern und den teilweise sogar „illustrierten" Autogrammen ein eigenes Zeitdokument, ein Schmankerl über alle Spartengrenzen der Bühne.

Zeitzeugin Dr. Munzel ist auch wertvolles Material aus der „Gründerzeit" der Gesellschaft zu verdanken. „Durch meinen allseits bekannten Sammeleifer erhielt ich alte Original-Programme und Bilder sowie eine Einladung zu einem *Künstlertreffen* Anno 1931." Ein Zufallsfund im Hessischen Hauptstaatsarchiv Wiesbaden hatte die Erforschung der Gründerzeit ins Rollen gebracht. „Durch Staatsorchester-Hornist Helmut Fintl, der die historische Einladung zu einem *Künstlertreffen am Freitag, 24. Juni 1931 im Großen Saal des Kurhauses* in alten Noten fand, und durch die akribische Recherche des Mitgliedes Johannes Burghardt konnten Gründung, beziehungsweise Wiedergründung dokumentiert werden", erzählte Dr. Munzel-Everling.

Vorhang auf zum ersten Akt – die Gründung der Gesellschaft. Wie sich herausstellte, hatte im Dezember des Jahres 1930 die „Arbeitsgemeinschaft zur Förderung des Kur- und Fremdenverkehrs" unter Leitung von Stadtrat Heinrich Glücklich mit Verweis auf „ständige Etatkürzungen und die allgemeine wirtschaftliche Notlage" beraten über die „Bespielung der beiden Häuser des Theaters". Resultat: Am 22. April 1931 wurde im Hotel Metropole in der Wilhelmstraße 8 durch 21 Vereine die „Gesellschaft der Freunde des Staatstheaters Wiesbaden" gegründet. „Zweck der Gesellschaft war die Werbung für das Theater bis hin zur

Einflußnahme bei den Behörden, um es in seiner bestehenden Form zu erhalten. Ausdrücklich wurde in der Satzung die Nichteinmischung der Gesellschaft in die Belange des Theaterbetriebs festgeschrieben." Der gut informierten Zeitzeugin ist auch der erste Sitz der Gesellschaft bekannt: „Es war das Büro des Kaufmännischen Vereins in der Friedrichstraße."

Vorhang auf zum zweiten Akt – die Wiedergründung in Zeiten des Berliner Mauerbaus: Anno 1962 brachen mit dem neuen Intendanten und Brecht-Anhänger Helmut Drese neue Zeiten an in der „Opernstadt" Wiesbaden. Der Kur- und Verkehrsverein unter Vorsitz von Carl Ritter und Kulturausschuß-Leiter Dr. Artur Kalischek wurde initiativ und lud am 11. September 1962 zum Intendanten-Vortrag „Lebendiges Theater" ins Hotel Rose ein. Dr. Kalischek regte per Aufruf die Gründung einer „Gesellschaft der Freunde des Staatstheaters" an und 32 Anwesende haben spontan unterzeichnet. Im Vortragsaal des Landesmuseums wurde am 20. September 1962 die Gesellschaft gegründet, die mit Wirkung vom 19. November 1962 im Vereinsregister eingetragen ist. Die Gesellschaft hat einen satzungsgemäßen Beirat, „dem Persönlichkeiten aus Stadt und Land sowie gewählte Mitglieder angehören."

Die Zeitzeugin fand heraus: „Die Gesellschaft wuchs rasch und hatte 1963 bereits 476 Mitglieder, darunter sehr viele Jugendliche."

Die Wahlwiesbadenerin gibt auch einen persönlichen Eindruck aus den Sechzigern wieder. Frankfurt galt als aufstrebende Metropole. Und die Landeshauptstadt? „Wiesbaden wirkte eher altertümlich und langweilig, weil den Russen nachgetrauert wurde, die nicht mehr kamen." Kunstpause. „Heute liebe ich diese Stadt und bin froh, wenn ich auf dem Heimweg von Vorträgen oder Ähnlichem wieder in die S-Bahn nach Wiesbaden steige."

Die promovierte Rechtshistorikerin wurde nicht von ungefähr als „die Seele" der Gesellschaft angesehen. „Beziehungspflege wurde bei mir immer groß geschrieben." Jedes der 10 Rundschreiben im Jahr war spürbar mit Herzblut formuliert und fütterte die Mitglieder mit Informationen rund um das Theater, blickte zudem weit über den Tellerrand hinaus. Das Mitglieder-Rundschreiben gab „Veranstaltungen anderer Vereinigungen" kenntnisreich breiten Raum – sei es die Kulturvereinigung Volksbühne e.V. oder die Mittelrheinische Gesellschaft, der Wiesbadener Orchesterverein oder der Interkulturelle Salon der Friedensinitiative „Frauen in Schwarz kreatief" mit Sopranistin Mary Lou Sullivan-Delcroix (→ S. 243) aus dem Hinterhof-Palazzo oder das Fest des Stadtarchivs Wiesbaden mit Theaterlegende Zygmunt Apostol (→ S. 21).

Aus Sicht des Publikums machte schon der erste Blick von draußen in das große Schau-Fenster – im Vorbeiflanieren, aus dem Bus oder Pkw – klar: hier dreht sich alles um die Bretter, die die Welt bedeuten. Aktuelle Prospekte, Spielzeitpläne und Programmhefte lagen zum Mitnehmen aus und eine gut gefüllte Bücherkiste lud zum Stöbern ein. Drinnen in der Geschäftsstelle standen Theater-Produkte und herrliche alte Vinyl-Schallplatten zum Verkauf. Auch die Funktion als Anlaufstelle und informeller „Treffpunkt" darf nicht unterschätzt werden. „Dreimal die

Woche vormittags und Donnerstag nachmittag war geöffnet bei uns." Wichtig war der Geschäftsführerin, die sich ehrenamtlich bis zu 40 Stunden pro Woche für „ihre" Gesellschaft einsetzte, immer „der soziale Aspekt. Die Gesellschaft hat einen sozialen Auftrag. Auch mit kleiner Rente muß ein Theaterbesuch möglich sein. Älteren Personen, die abends wegen der Dunkelheit ungern das Haus verlassen, wollten wir einen Theaterbesuch ermöglichen. Wir haben unseren Mitgliedern mit preiswerten Karten den Zugang zu ausgewählten Arbeitsproben und Generalproben angeboten und Vorzugspreise für diverse Konzerte. Auf den Theaterfesten wirken wir auch mit. Es ist gute Tradition, dass wir mit einem eigenen Stand beteiligt sind."

Die Gesellschaft hat sich immer wieder buchstäblich „verdient" gemacht und übergab beispielsweise im April 2010 einen Spendenzuschuss von 12.000 Euro für ein Cembalo. „Unser Vorsitzender hat die Spende damals als „Sahnetüpfel" bezeichnet." Dr. Bernd Kummer wusste die harmonische Zusammenarbeit mit seiner Geschäftsführerin sehr zu schätzen und betonte gerne: „Ohne sie geht es nicht".

Dr. Munzel-Everling berichtete auch von einer „sichtbaren" Benefizaktion: „Dank der großzügigen Sonderspende unserer Gesellschaft konnte das neue Mobiliar für das prachtvolle Foyer angeschafft werden." Auch das kam nicht von ungefähr, lobte die Expertin „das gute Bildungsbürgertum" der Landeshauptstadt. „Wir haben hier in Wiesbaden eine sehr intensive Bindung zum Theater. Unsere Gesellschaft fördert das Verständnis für das Theater in allen Sparten. Wir bieten Einführungsveranstaltungen und Diskussionsforen, wir laden zu unserem *Schauspielforum* mit dem Vorsitzenden ein und veranstalten Premierenfeiern zu neuen Produktionen im Großen und im Kleinen Haus."

Mit „ihren" jahrzehntelang betreuten Mitgliedern kannte sich die Geschäftsführerin dank ihres engen persönlichen Kontaktes natürlich aus: „Dieses spezielle Wir-Gefühl mit der Aussage: ‚Das ist mein Theater' hat mich motiviert zu meinem Einsatz. Vor allem fasziniert mich heute noch das oft belächelte und herablassend beurteilte Wiesbadener Publikum. Unsere Mitglieder sind gebildet, oft musikalisch versiert und setzen sich mit den Aufführungen auseinander."

Der Neujahrsempfang mit einem Glas Sekt im Prunkfoyer war traditionell das Dankeschön des Theaters für die Unterstützung der Gesellschaft. „Intendant Claus Leininger führte mit GMD Professor Siegfried Köhler (→ S. 130) den künstlerischen Auftakt im Großen Haus ein", wusste die Zeitzeugin. Als durchaus glamourös sind ihr die Neujahrsempfänge früherer Jahre noch gegenwärtig – und was hinter den Kulissen gemunkelt wurde, natürlich auch: „Das Abendpersonal sprach gerne vom *Fest der toten Tiere* und die Nerzcapes wurden nicht an der Garderobe abgegeben. Es war auch zu schön. Die feinen Damen waren alle frisch onduliert."

Ein typisches Merkmal des Wiesbadener Publikums ist für Dr. Munzel-Everling die unverbrüchliche Treue: „Es werden langjährige Freundschaften gepflegt zu Yvonne Naef oder Johann Werner Prein und anderen. Und wir sind oft den Publikumslieblingen an andere Häuser hinterhergefahren. Beispiele sind Schauspieler und Regisseur Dirk Dieckmann oder der frühere Ballettdirektor Ben van Cauwenbergh, Ballettintendant in Essen."

Einen weiteren Vernetzungs-Effekt hat die Gesellschaft auch: „Theaterfreunde und Theaterfreundinnen sind überall. Oft war schon die Mitgliedschaft bei uns der Einstieg in die Stadt für neu Hinzugezogene." Nicht zu vergessen: „Wiesbaden war oft ein perfektes Startbrett und hat immer wieder sehr gute Leute hervorgebracht", erinnerte Dr. Munzel-Everling gerne an Sopranistin Sue Patchell, die an der MET New York sang.

Über die legendäre Carla Henius, von Intendant Claus Leininger nach Wiesbaden gelotst, um eine „musik-theater-werkstatt" aufzubauen, erzählt die Zeitzeugin mit besonderem Gusto. Kaum gegründet, bekam das Publikum der neuen musik-theater-werkstatt „Schöne Neue Musik" einer hochkarätigen „Gesangsgruppe" auf die Ohren. Als „Wiesbadener Opernkapellmeister" wurden die Stimmakrobaten Anthony Jenner, Wolfgang C. Müller, Raimund See, Paul Harris und Samuel Bächli bejubelt. GMD Professor Siegfried Köhler war der Sechste im Bunde der *Meistersinger von Wiesbaden*.

Unvergesslich blieb der Zeitzeugin die Premiere von Mauricio Kagels „Staatstheater" am 30. September 1988 in exzellenter Besetzung: Rosemarie Schubert, Lisa Griffith, Heidrun Kordes, Albert Dohmen, Espen Fegran und Roberto Sacca sangen und spielten, Kapellmeister Samuel Bächli stand am Pult. Komponist Kagel tauchte höchstselbst auf einer Probe im Foyer auf und war des Lobes voll. Und das Publikum war von dem köstlichen Vergnügen hin und weg.

Auch die Zeitzeugin ist quasi „weg" – von ihren arbeitsintensiven Vorstands-Ämtern in der Gesellschaft der Theaterfreunde. „Als Geschäftsführerin der Theaterfreunde-Gesellschaft habe ich nach 30 Jahren meine Demission eingereicht. Ich wollte endlich mehr Zeit haben für meine wissenschaftlichen Projekte, Editionen, Vorträge." An den spannenden Projekten hat die Zeitzeugin parallel zu ihrem Engagement für die Theaterfreunde gearbeitet und konnte gut vernetzt viele Überschneidungen nutzen.

„Die Rechtsikonografie hat viele kunstgeschichtliche Aspekte." Die Rechtshistorikerin hat sich wissenschaftlich mit dem Roland-Mythos in Europa befasst und einen erstaunlichen Bezug zu Wiesbaden gefunden, wie in ihrem Buch „Rolande" und auf der interaktiven CD-ROM „Rolande der Welt" zu erfahren ist. Der Siegfried, der ein Roland war: Der Patriotismus trieb im Ersten Weltkrieg die seltsame Blüte einer hölzernen „Nagelfigur", oftmals Roland genannt. „Die durch das Nageln hereingeholten Gelder" sollten „die Sozialkassen auffüllen", wusste die Zeitzeugin. „Die Nagelfigur in Wiesbaden war ein *Siegfried*, der 1915 feierlich in einem Pavillon enthüllt wurde. Er ist etwa 5 Meter groß und noch erhalten, die eisernen Nägel sind verrostet." Der „eiserne Siegfried" mit dem geflügelten Helm befindet sich heute im Depot des Stadtmuseums der Landeshauptstadt. Der Bezug zum Theater? Der „Wiesbadener Roland", der 1899 auf einem Theater-Bühnenbild in Erscheinung trat, ist inzwischen verschollen. Ehrensache ist für die Zeitzeugin die Mitgliedschaft im „Richard-Wagner-Verband Wiesbaden". Gleiches gilt für den „Verein für Nassauische Altertumskunde und Geschichtsforschung", für die „Mittelrheinische Gesellschaft zur Pflege der Kunst e. V." sowie für den Verein „Mattiaca". Ihren breit gefächerten Interessen frönt Dr. Dietlinde Munzel-Everling auch künftig nach Kräften.

Ausflüge nach Absurdistan mit Unerhörtem für Stielaugen und Ungesehenem für gespitzte Ohren

Ben Patterson

Fluxuspionier
Kulturpreisträger der Landeshauptstadt Wiesbaden
Geboren am 29. Mai 1934 in Pittsburgh
Gestorben am 25. Juni 2016 in Wiesbaden

„Fluxus ist wie ein großes Schiff, mit dem man einen schönen Ausflug macht." Ben Patterson muss es ja wissen. Käpt'n Ben machte auf seinen Schiffstouren immer Station in Absurdistan, um den Landratten Unerhörtes für Stielaugen & Ungesehenes für gespitzte Ohren zu offerieren.

Ein Amerikaner in Wiesbaden. Ben P. als Wahlwiesbadener? „Der Täter kehrt an den Tat-Ort zurück." Der Weitgereiste bekannte sich mit breitem Schmunzeln zur „homebase" in der hessischen Landeshauptstadt, die so praktisch mitten im Rhein-Main-Gebiet und in Flughafennähe gelegen ist. Nicht zufällig hatte sich der Avantgardist für sein „Home of Fluxus" das Westend als farbigsten Kiez der Stadt ausgesucht. Passte perfekt zur interdisziplinären Kunst, die in ihrer intermedialen Breite der Zeit weit voraus war: „Als Fluxus 1962 die Bühne in Wiesbaden besetzte, gab es den Begriff Performancekunst noch nicht." Gerade mal 50 Jahre später ist Performancekunst Unterrichtsfach an Kunstschulen

Ben Patterson arbeitet in seinem Westend-Atelier seinen „Fluxus-Parcours" aus.

und Fakultät an Kunstakademien rund um den Globus, amüsierte sich der Altmeister des subtil ironischen Humors. Seine „Selbstinterviews" macht ihm so schnell niemand nach.

Rückblende: „Neue Musik" war gestern, hieß es 1962 bei ein paar Jungen Wilden, die nicht dem Existentialismus frönten. Die wollten nur spielen. Daraus wurde dann „eine kleine Nachtmusik" mal anders mit martialischen „Piano Activities". Der Clou: „Ich denke, ich habe die Originalpartitur von Phil Corner nie gesehen", bekannte Ben Patterson.

Der studierte Kontrabassist war von New York nach Frankfurt gekommen, besuchte Joe Jones in Wiesbaden-Erbenheim und lernte über Emmett Williams, Redakteur der Militärzeitung „Stars and Stripes", den Litauer George Maciunas kennen, der auf der Airbase Erbenheim stationiert war. Graphiker Maciunas sah sich als in der Wolle gefärbter Künstler und plante die Zeitschrift „Fluxus", litauisch „Freiheit". 1962 wurde er Urvater der intermediären Kunstbewegung. Es scheint, „dass Fluxus am Anfang vom Militär der Vereinigten Staaten gesponsert wurde. Unser größter Gönner war das Militär", amüsierte sich Ben Patterson.

Auf dem inzwischen legendären Plakat war zu lesen: „Fluxus – Eine internationale Zeitschrift Neuester Kunst, Antikunst, Musik, Antimusik, Dichtung, Antidichtung etc." Die Herren Künstler waren in feinen Zwirn gewandet und enterten munter die Bühne im altehrwürdigen „Städtischen Museum Wiesbaden". Hammer und Säge, Steine und ein Kuhfuss waren ihre feinsinnigen „Instrumente". Dann gingen die *Fluxus Fest-*

„Play it again - Piano-activities" wie vor 50 Jahren: Die Fluxusurväter Phil Corner, Ben Patterson, Eric Andersen und Geoffrey Hendricks mit „bad girl" Alison Knowles im Museumssaal - der Wiege von Fluxus.

spiele Neuester Musik als buchstäblich „unerhörte" Provokation über die Bühne der heiligen Hallen. Der Vortragssaal des Museums wurde zur Geburtsstätte und Keimzelle der weltweit anarchischen Kunst. Ein Violonist am Staatsorchester Wiesbaden war „not amused" und kratzte mit einem Pfeifenreiniger das kultverdächtige „Die Irren sind los" auf das Plakat vor dem Museum. 50 Jahre später bekannte sich der Geiger zu dieser Protestaktion.

Fluxus bot sogar eine Steilvorlage für das „närrische" Wiesbaden. Der Fassenachtszug 1963 zeigte einen Wagen, auf dem tapfere Mannen mit einer immensen Säge ein Piano halbieren.

Ein halbes Jahrhundert nach dem weltweit ersten „Festum Fluxorum" war die Wahlheimat von Ben P. frei von „Wahrnehmungs-Hindernissen" und der Zeitzeuge sah sich von Dr. Alexander Klar, Direktor des Landesmuseums Wiesbaden, zum „Godfather of Fluxus" gekürt. Anno 2012 war der Bachelor of Art in Musik und Master in Bibliothekswissenschaften, von 1972 bis 1974 Vize-Kulturkommissar für Kultur der Stadt New York, Kulturmanager und mit vielen Wassern gewaschen, Spiritus rector des Gold-Jubiläums in Wiesbaden. Die Devise „Occupied by Fluxus" galt allüberall. Auf der Wilhelmstraße lud Ben P. auf der Strecke vom Museum zum Nassauischen Kunstverein (NKV) open air zum *Identical-Lunch* ein nach Alison Knowles. Chefkuratorin Valerie Cassel Oliver vom Contemporary Arts Museum Houston war persönlich mit von der Partie. Rund um das Landesmuseum mit Fluxus-Pavillon und großer

Fluxuslegenden beim historischen Wiedersehen am Originalschauplatz Museum Wiesbaden: Ben Patterson und Willem de Ridder.

Schau im Gebäude sowie im NKV, der von Ben P. auf allen Ebenen in Szene gesetzt war samt *Patterson-Spielraum*, ging es rund mit Überraschungsgästen. Schirmherr der Retrospektive im Happening-Modus war Kevin Milas, US-Generalkonsul in Frankfurt.

Im „Fluxusjahr" 2012 war die Geburtsstadt komplett „im Flux". Ben Patterson als Mann der ersten Stunde wurde der „Kulturpreis der Landeshauptstadt Wiesbaden" zuteil, was er im Zug auf dem Weg nach Genua per Telefon erfuhr. Die Würdigung war ihm zuvor nicht wirklich bekannt.

Wer zuletzt lacht ... „The times have changed." Schmunzelnd erinnerte Ben P. im Gespräch an kommunale Querelen, die 50 Jahren zuvor einen Bürgermeister fast das Amt gekostet hätten. „Heute bekomme ich dafür den Kulturpreis." Im Rathaus der Landeshauptstadt wurde dem „Grandseigneur der Avantgarde", dieser Ehrentitel feierlich verliehen. Der Preisträger wartete mit einer Überraschung auf und definierte sein Leben in der Wahlheimat Wiesbaden erstmals öffentlich als „back to the roots". Im Rheingau sei seine Urahnin mütterlicherseits geboren – sie stammte vermutlich aus Rüdesheim, hatte er herausgefunden.

Natürlich waren die 1962er *Festspiele Neuester Musik* „viel mehr als eine Klavierzertrümmerung", auch wenn im Jubiläumsjahr „jeder ein Klavier zertrümmern wollte, in Mannheim, Wien und Wiesbaden." Einst mischten sie erst das beschauliche Wiesbaden auf und dann die globale Kunstwelt. „Jetzt sind wir selbst Establishment!" Die „Fluxus-Gala" setzte noch einen drauf. „Jetzt kommt das, worauf Sie 50 Jahre gewartet haben!" grinste „Zeremonienmeister" Ben P. im prall vollen Museumssaal. Dann rückte er mit den quietschfidelen Anarcho-Oldies Phil Corner – „ich war vor 50 Jahren Gott sei Dank nicht dabei" – und Eric Anderson, Willem de Ridder, Geoffroy Hendricks und „bad girl" Alison Knowles einem alten Konzertgeflügel mit schwerem Gerät zu Leibe. „Piano Activities 2012" eben. Und Bens „Paper Piece" war die „Sinnsation" pur. Das Publikum spielte hemmungslos mit, war total aufgekratzt und amüsierte sich wie Bolle.

Man(n) gönnt sich ja sonst nix. Zum 75. Wiegenfest hatte der Avantgardist mit Keith Rowe und Rhodri Davis als „a bunch of older bad boys" dem Publikum im NKV ein fluxives Concerto der Spitzenklasse beschert. Und gemeinsam mit dem renommierten Harfenisten Davis kredenzte Ben P. als Finale der Goldenen Jubiläumsfestspiele im September 2012 im Caligari zu original *Fluxusfilms 1966* Augen-Klänge und Ohren-Bilder. Die beiden freien Radikalen zelebrierten ein phantastisches Concerto zu stummen Shorties von Yoko Ono, Maciunas & Co. und ließen in gekonnter Dramatik die Stille ihren meditativen Charme entfalten. Augenscheinlich „unkaputtbar", rundete Ben P. im Wonnemonat Mai 2014 auf zarte 80 Lenze auf und wurde gebührend gefeiert im NKV. Hier ist seit 2007 sein Environment „Ben's Bar – Why people attend Bars: To Be Seen, To Be Heard, To Be There als Dauerleihgabe permanent installiert. Der Künstler konnte auch Botticelli und hatte 1990 für die New Yorker Gruppenschau *Fluxus Closing In* das Enviroment mit Objekten der New Yorker Canal Street kreiert. Als „Re-Inkarnation" holte Ben P. seine Installation aus dem Lagerhaus in Soho nach Wiesbaden zum Jubiläum „40 Jahre Fluxus und die Folgen".

Zum 80. Wiegenfest richtete der NKV Ben P. eine zünftige Celebration aus mit „großem Bahnhof", tönender Geburtstagstorte, überraschenden Performances. Ehrengast war Jeffrey M. Hill vom US-Generalkonsulat Frankfurt.

Sich selbst hatte der Protagonist des bahnbrechenden internationalen Netzwerks eine mobile „Dr. Ben's Fluxus Medicine Show" gegönnt. „Ich wollte noch mal zum Fuji San, das hatte ich ihm vor zehn Jahren versprochen." Seine „80th Birthday Tour" atmete einen Hauch von „Fluxus da capo 1992". Subversiven Mediziner-Charme hatte schließlich schon die „Clinic" von „Dr. Ben". Im Obergeschoss der Villa Clementine bekam damals „alles" eine Diagnose und wurde mit Fluxus behandelt. Auf seiner Jubiläums-Tour, die ihn an wichtige Stationen der künstlerischen Vita und – wie zum 70. Geburtstag – auf den Fuji San führte, zog der wandernde Wunderheiler durch die Lande. Sein Wundermittel war Quellwasser aus dem Brunnen des Museums Wiesbaden (!), das von Medizinmann Ben mit „akustischen Frequenzen" bestrahlt worden war. „Leidende" befreite das Wasser von mentalen Blockaden gegen über zeitgenössischer Kunst.

Ehre, wem Ehre gebührt, war 2010 die Devise. Das Contemporary Arts Museum Houston/Texas ließ sich nicht lumpen und würdigte den Fluxus-Pionier mit der *Retrospektive Ben Patterson 1960 – 2010*. Die großformatig angelegte Ausstellung gastierte 2011 im Studio Museum Harlem, New York. Die Schau konnte auf einen besonderen „Besucher"

Fluxiver Jubiläums-Spaß in der Beletage des Nassauischen Kunstvereins: Chefkuratorin Valerie Cassel Oliver vom Contemporary Arts Museum Houston/Texas in action mit Fluxusgründer Ben Patterson.

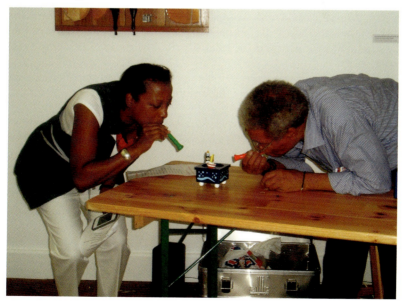

verweisen. Barack Obama begann hier seinen Wahlkampf zur zweiten Amtsperiode als US-Präsident. Unter dem Titel „Benjamin Patterson: Born in the State of FLUX/us" bespielte die große Retrospektive dann 2012 alle drei Etagen des NKV. Versteht sich von selbst: Aus einem „Beweisfoto" mit Barack Obama hatte Ben P. im NKV-Treppenhaus ein fluxistisches Kunstwerk gemacht. In den US-Nationalfarben war auf der Wand zu lesen: „Der Präsident stiehlt mir die Show".

Seit dem furiosen Jubiläumsjahr gehört die interaktive Patterson-Installation „Blame it on Pittsburgh" zum Sammlungsbestand im Museum Wiesbaden. Auf Plexiglastafeln bilden Fotos, Dokumente und Protokolle aus 20 Psychoanalyse-Sitzungen eine berührende Collage. Im abgedunkelten Raum lässt sich die Künstler-Vita mit Hintergründen von Rassendiskriminierung und politischen Unruhen nur mit einer Taschenlampe „erhellen".

Keineswegs zufällig ist Zeitzeuge Patterson Erfinder und Kurator des weltweit einzigartigen „Museums für das Unterbewusstsein". Dessen Eingang liegt auf dem Michelsberg – nicht in Wiesbaden, sondern in Okandukaseibe, Namibia. Im Juli 1999 weihte Ben Patterson eine Museums-Filiale am Strand von Tel Aviv ein. „Heavens Gate" wurde interaktiv beim Wort genommen an der geschichtsträchtigen „Jerusalem Beach".

Seit dem Goldenen Fluxusjubiläum haben Aquae Mattiacorum als europäische Filiale einen Zugang zu diesem „tiefenwirksamen Museum". Alles fließt. Die Niederlassung vor dem NKV wird vom Salzbach-Kanal unterspült und ist treffend gewählt – die Kupferplatte ist eine Reinkarnation des früheren Gullydeckels. „Negative Menschen denken: Den Abfluss heruntergespült und weg! Aber ich denke: In den Rhein und von dort aus in die Welt."

Gründungsdirektor Patterson schrieb als „Grundrechte" die unantastbare „Würde des Unterbewusstseins" und „das Recht auf freie Meinungsäußerung" fest. Benehmen muss sich das gespendete Unbewusste schon, sonst fliegt es raus aus dem Museum. Ordnung muss sein.

Auf seiner Geburtstagstour 2014 kamen noch zwei Filialen im Museum of Contemporary Art Tokyo / Japan und in der Fondation du doute, Blois/Frankreich dazu.

Fluxus ist immer aktuell. Alles fließt ... Mit Ben Patterson gesprochen: „In the beginning there was fluxus (and no copyright), thus: In the end there will be fluxus (and no copyright)".

Unser Mann für Olympia und den Sport für alle

Professor Hans-Jürgen Portmann

Architekt, Diplom-Ingenieur
Bundesverdienstkreuz
Hessischer Verdienstorden am Bande
Ehren-Vorsitzender des Turnvereins Breckenheim 1890 e.V.
Vorsitzender der Stadtgruppe Wiesbaden der Deutschen Olympi-
schen Gesellschaft
Geboren am 7. März 1935 in Berlin-Tempelhof
Gestorben am 7. August 2019 in Wiesbaden

„Es gibt kaum ein beglückenderes Gefühl, als zu spüren, dass man für andere Menschen etwas sein kann." Das Zitat von Dietrich Bonhoeffer nimmt sich wie das Lebensmotto aus von Professor Hans-Jürgen Port-mann. Der Wiesbadener Stadtgruppen-Vorsitzende der Deutschen Olympischen Gesellschaft und Ehrenvorsitzende des Turnvereins Bre-ckenheim war ein Ehrenamtler der guten alten Schule.

Im Grunde hat der gebürtige Berliner – als Kleinkind mit Eltern und Zwillingsbruder Klaus-Dieter nach Wiesbaden gekommen und in der Dienstwohnung auf dem Kasernenhof an der Schiersteiner Straße „sehr

Professor Hans-Jürgen Portmann wurde 1941 in die Knaben-Volksschule an der Lorcher Straße eingeschult, wie sein Zeugnis dokumentiert.

behütet" aufgewachsen – ein Leben für den Sport geführt. „Sport lag in der Familie und gehörte immer zum Leben dazu."

Der waschechte Sportsmann war in diversen Funktionen jahrzehntelang aktiv. Der Diplom-Ingenieur erzählte vom Kinderturnfest 1947, als er „24. Sieger" war: „Da fing die Karriere an", die in der Leichtathletikabteilung des Sportvereins Wiesbaden SVW und mit Training im Kleinfeldchen weiterging, bis um 1950 das Stadion an der Berliner Straße wieder zur Verfügung stand. „Als Mittelstreckler bin ich von 400 Meter bis 3000 Meter Hindernis alles gelaufen, die Würfe waren nichts für mich", sagt der Bezirksjugendmeister über 400 Meter von 1953, der im selben Jahr auch Bezirksjugendmeister war mit der olympischen Staffel. 1956 wurde der junge Läufer Bezirksmeister 400 Meter Hürden. „Im Hochsprung war mein Bruder besser", merkte der Leichtathlet neidlos an. Die Mutter hatte die Zwillingsbuben 1946 angemeldet beim Turnerbund in der Schwalbacher Straße. „Die war so breit wie die Oranienstraße, vorne war das Kino und hinten die Turnhalle."

1941 in die „Knabenvolksschule" an der Lorcher Straße eingeschult, wurde der 15-jährige Schüler 1950 Sportreferent der Schülermitverwaltung des staatlichen Gymnasiums und Oberschule für Jungen (der späteren Dilthey-Schule) im Gebäude der Gutenberg-Schule. 1953 wurde er auch Sportreferent des Stadtschülerrings. „Damals lag der Schulsport noch in Schülerhand."

Wettkämpfe gab es 1950 nicht, auch kein Staatliches Schulamt. Also organisierte Hans-Jürgen Portmann mit anderen sportbegeisterten Jugendlichen in eigener Initiative Wettkämpfe mit hessischen Schulen in Darmstadt, Gießen, Weilburg, Kassel in Leichtathletik, Handball, Fußball und Tischtennis. In Wiesbaden wurden „Parkläufe" durch Düreranlagen, Kurpark und Nerotal und Stadtmeisterschaften aus der Taufe gehoben. Mit seiner Erfindung des „Sportgroschens", der pro Nase erhoben wurde, verdiente sich der pfiffige Gymnasiast erste Meriten. „Wir konnten mit den 120 Mark im Monat Handballspiele auf die Beine stellen. Die fanden in der ungeheizten Schlossreithalle statt, die heute der Sitzungssaal des Landtages ist. Die Tischtennis-Stadtmeisterschaften haben wir in der Schule am Boseplatz, heute Platz der deutschen Einheit, durchgeführt." Die Devise hieß: „Sport macht Schule – Schule macht Sport".

Selbstredend ging es auch für den Architekturstudenten an der Technischen Hochschule Darmstadt sportlich weiter. Der Student wurde Sportreferent des ASTA, Vorsitzender der Akademischen Turnverbindung Darmstadt und Vizepräsident des Allgemeinen Deutschen Hochschulsportverbandes, richtete Deutsche Hochschulmeisterschaften aus in Disziplinen wie Leichtathletik, Schwimmen, Wasserball, Hallenhockey und Volleyball Studentinnen.

„Sportstättenbau" war das Metier des Diplom-Ingenieurs, der als abgeordneter Ober-Baurat im Kultusministerium mit Minister Ludwig von Friedeburg an den Fachhochschulgesetzen mitgearbeitet hat und zum Gründungs-Dekan des Fachbereichs Architektur ernannt wurde: „Der Ober-Baurat wurde umgewandelt in den ersten Professor, der nahtlos vom Ministerium zur Fachhochschule in Darmstadt wechselte", schmunzelte der Zeitzeuge, der auch am Sportinstitut der Universität Frankfurt am Main tätig.

Der Experte für Sportstättenbau war zwölf Jahre lang Mitglied im DIN-Normenausschuss „Hallen für Sport und Spiele". Sein Urteil zur Sporthalle am Platz der Deutschen Einheit: „Diese Halle ist überdimensioniert. Für das hier ausgegebene Geld hätte die Stadt zwei bis drei normale Sporthallen bauen können. Der Sport braucht vernünftige, funktionale Hallen."

Ein Magnet der nachhaltig erfolgreichen Art ist das „Breckenheimer Modell", das Professor Portmann mit kreativem Weitblick entwickelt hat. Dem unermüdlichen Ehrenvorsitzenden des Turnvereins Breckenheim 1890 e.V. war Nachwuchsförderung immer ein Anliegen. Am Herzen lagen dem Impulsgeber „vor allem die Bildungsprojekte für die Kinder des 1890 gegründeten Turnvereins wie Kinderatelier, Kinder-Akademie und „KinderBildungsZentrum KiBiZ" mit Kinderbibliothek und PC-Plätzen. Die Ferienspiele als Initiative der Deutschen Sportjugend und des TV gab es bei uns schon, als Viele noch gar nicht an solche Programme gedacht haben." Seit über 35 Jahren sind die ideenreichen Ferienspiele ein Dauerbrenner. Das Programm wurde vom Initiator immer aktualisiert, erschien vor dem Ferienprogramm der Kommune. Der Bogen spannte sich vom Porzellan-Bemalen bis zur Hip-Hop Tanzparty.

Hans-Jürgen Portmann, mit dem Gemeindesiegel Wiesbaden-Breckenheim ausgezeichnet, wurde 2017 nach 44 Jahren als TVB-Vorsitzender mit einer zünftigen Feier in „seiner" Sport- und Kulturhalle Breckenheim verabschiedet. Aber mit dem „Ruhestand" hatte der agile Ehrenvorsitzende wenig am Hut. Über 30 Jahren arbeitete der „sachkundige Bürger" als Ehrenbeamter der Landeshauptstadt Wiesbaden in der Sport- und Freizeitkommission mit, amtierte 21 Jahre als Vorsitzender des Sportkreises Wiesbaden. Über das außerordentlich vielseitige, auch in hohem Alter unverminderte Engagement legten zahlreiche Würdigungen Zeugnis ab. „Ich hab' alles bekommen, was man so kriegen kann. Aber das ist nicht so entscheidend", schmunzelte das Ehrenmitglied der Bundesmusikkapelle Strassen in Osttirol und Ehrenmitglied im Jodelchörli Lehn in Escholzmatt / Schweiz.

Seine Wahlheimatstadt Wiesbaden würdigte ihn mit der Bürgermedaille in Gold und der Sportplakette der Landeshauptstadt. Auch die Schützenplakette in Bronze wurde ihm zuteil: „Die Plakette wurde mir als Wiesbadener Sportkreisvorsitzender bei einem Besuch des Wiesbadener Schützentages überreicht", berichtete der Zeitzeuge, vom Landessportbund Hessen zusätzlich mit dem Heinz-Lindner Preis ausgezeichnet.

Der Verdienstorden der Bundesrepublik Deutschland wurde ihm 1990 von Oberbürgermeister Achim Exner im Rathaus überreicht. 2003 folgte das Bundesverdienstkreuz am Bande. Das Land zeichnete Professor Portmann mit dem hessischen Verdienstorden am Bande, dem Ehrenbrief des Landes Hessen und der Sportplakette des Landes Hessen aus.

Ein Unikat einer Auszeichnung hatten die Jüngsten im TVB für den beliebten Chef gebastelt. Mit strahlendem Lächeln nahm Professor Portmann sein „BUNTES Verdienstkreuz" von den Kindern entgegen. „Verdient" hatte sich der warmherzige Zeitzeuge sein „BUNTES Verdienstkreuz" durch das bahnbrechende Pilotprojekt „Bewegte Kinder im sozialen Dreieck Kindergarten – Grundschule – Turnverein Breckenheim": Das Soziale Dreieck ist ein visionär innovatives Patenschaftsmodell, das bundesweit kopiert wurde und sich vom „genialen Streich" zum „nachhaltigen" Projekt entwickelt hat. „Seit 1973 besteht eine Patenschaft mit der Grundschule Breckenheim. Durch die Kooperation mit der KiTa Breckenheim war das Soziale Dreieck 1988 komplett." Der Erfinder war mit dem Breckenheimer Modell der Zeit weit voraus.

Dass der TVB auch sportlichen Bezug zu Wisibada als Stadt des Wassers lebt, ist eine revolutionäre Idee des Visionärs Portmann: „Ich hatte eine wöchentliche Schwimmbadfahrt für die Breckenheimer Kinder in das Hallenbad Wiesbaden eingerichtet mit riesigem Anklang. Doch vereinslose Kinder waren aus versicherungsrechtlichen Gründen vom kostenlosen Schwimmbus ausgeschlossen. Der TVB-Vorstand stimmte meinem Patenmodell zu und der Schwimmbus fährt bis heute."

Das Patenschaftsmodell wurde erweitert durch die Beschäftigung von Zivis im Modellversuch *Zivildienst im Sport*, von Sportstudierenden der Universität Mainz und einen Sportlehrer auf ABM-Basis. Als erster Verein in Hessen beschäftigte der TVB Jugendliche im Freiwilligen Sozialen Jahr.

Ein Turnverein, der „Bewegung" in mehrfachem Sinne kreativ versteht und auch außerhalb des Sports lebt? Der TVB macht's möglich. „Vereinskinder üben soziales Handeln. Alle Schülerinnen und Schüler sind während der Grundschulzeit beitragsfreies Mitglied im Turnverein.

Seit 1983 bieten wir ein Kinder-Kunst-Atelier an. Seit 1998 arbeitet der Turnverein zusammen mit der Kindertagesstätte Wiesbaden-Breckenheim im Rahmen der Aktion Sportjugend Hessen *Mehr Bewegung in den Kindergarten*. Und 2004 haben wir die Kinder-Akademie im TV Breckenheim gestartet." Der Gründervater hielt es mit einem gewissen Albert Einstein und dessen Behauptung: „Ich habe keine besondere Begabung, sondern bin nur extrem neugierig." Der Turnverein wollte Kindern mehr bieten als Laufen, Springen, Werfen. „Wir wollen Kinder neugierig machen, ihr Wissen bereichern, ihre schöpferischen Fähigkeiten fördern."

2006 wurde das „KinderBildungsZentrum KiBiZ" eingerichtet mit einer Leihbibliothek und vier PC-Plätzen und Laptops für Kinder. „Einen Laptop steuerte die Staatskanzlei bei." Mit dem Hessischen Leseförderpreis ausgezeichnet, ist die Leihbücherei offen für Kinder ab drei Jahren (!) und mit rund 1700 Sach- und Kinderbüchern als „Wissens-Bibliothek" ausgestattet. Die Mal- und Töpferkurse wurden von der „Aktion Mensch" gefördert als „Kunst mit Kurzen". Der Brennofen ist eine Spende des Hessischen Wirtschaftsministeriums.

Internationales Engagement als Übung in sozialem Handeln: Eine „Ocotal-Gruppe" von Grundschule und KiBiZ hatte von 2011 bis 2016 direkte Verbindung geknüpft „zu den Kindern in Wiesbadens Partner-

stadt in Nicaragua und unterstützte die Kinderbibliothek Las Abejitas."
Nachwuchsprobleme hat der TVB mit seinen rund 1000 Mitgliedern
nicht. „Freiwilliges Engagement erfolgt, weil es Spaß macht. Wer Frei-
räume gibt, hat im Verein keine Nachwuchssorgen." Der TVB-Chef
kannte seine Pappenheimer: „Junge Leute haben nicht den Zwang,
etwas zu machen." Der „alte Fuchs" wusste um den Wert des eigenen
Vor-Bildes: „Ich habe keine festen Vorgaben und sage: Ihr seid erwach-
sen, Ihr seid selbst verantwortlich. Ich stehe nicht dauernd hinter Euch.
Nur, wenn etwas nicht funktioniert, dann reden wir. Je freier wir sie rum-
laufen lassen und selbst eine Art Vorbildhaltung vorleben, auch in
Pünktlichkeit und Ordnung, umso besser. Es darf nicht in Zwang aus-
arten."

Der so ungewöhnlich aktive TVB heimste, oft zusammen mit der
Grundschule, zahlreiche Trophäen ein. „Ich denke hier insbesondere an
die großen Preise wie Deutscher Sportjugendpreis, Deutscher Schul-
sportpreis oder der Goldene Stern des Sports, den uns Bundespräsident Joachim Gauck persönlich überreichte."

Professor Portmann könnte auch als „unser Mann für Olympia" bezeichnet werden. Der agile Zeitzeuge war etwa 1960 Mitglied der Deutschen Olympischen Gesellschaft geworden, die als „gutes Gewissen
des deutschen Sports" gilt. 1965 zum geschäftsführenden Vorsitzenden
der Stadtgruppe Wiesbaden der DOG gewählt und ein rundes Dutzend
Jahre in Amt und Würden, machte ihn die Stadtgruppe 1979 zum Vorsitzenden – die Initialzündung der Zusammenarbeit mit dem staatlichen
Schulamt für die Landeshauptstadt Wiesbaden. „Ich hab' bei der Olympischen Gesellschaft die Arbeiten gemacht, die sonst keiner macht."
Die Rede ist von „Ausrichtung der Schulsportwettkämpfe und Ehrungs-
veranstaltungen" für das Staatliche Schulamt. Die DOG-Ehrungen der
Wiesbadener Schulen für die Teilnahme und Leistungen bei „Jugend
trainiert für Olympia" waren eine Portmann-Erfindung. „Über ein Punk-
tesystem werden die Teams der Schulen bewertet bei den Stadt-, Re-
gional-, Landes- und Bundesentscheiden. Die Stadt Wiesbaden stellte
für die Ehrung den Rathaus-Festsaal zur Verfügung. 1988 konnte ich
ein vergleichbares Wertungssystem mit Ehrungen für die Teilnahme und
Leistungen der Wiesbadener Grundschulen bei deren Stadtentscheiden
einführen." Wichtig: Jedes teilnehmende Kind bekam eine Teilnahme-
Urkunde persönlich überreicht. Mit der Stadtgruppe Wiesbaden richtete der DOG-Chef über 25 Jahre die Ehrungen für den Sportab-
zeichen-Wettbewerb der Schulen und Vereine aus.

Der regionale *Aktionstag OlympJa 2012* zur Olympia-Bewerbung der
Rhein-Main-Region wurde vom TVB auf Initiative des Chefs als großes
Sportereignis der Wiesbadener Schulen mit Prämiierung ihrer Olympia-
Maskottchen ausgerichtet. Was sich an (bürokratischem) Arbeitsaufwand hinter den Kulissen verbirgt, ermessen Außenstehende nur
schwer. Doch die Deutsche Olympische Gesellschaft wusste das Engagement zu schätzen und verlieh Professor Portmann die „Ehrenplakette
für besondere Verdienste um die Förderung des Sports im Sinne der
Olympischen Idee" der Spitzenkategorie Gold.

Prof. Hans-Jürgen Portmann

„Neben" dem Sportsmann war immer wieder der erfahrene Architekt Portmann gefragt, der die Gebäude-Entwürfe für den Kindergarten Breckenheim verantwortet und für das sogenannte „Vereinshaus". In dieses Bürgerhaus sind die Räume der Freiwilligen Feuerwehr sinnträchtig integriert. Sein spezielles Expertenwissen war auch gefragt seitens der Industrie- und Handelskammer Wiesbaden, für die Professor Portmann 25 Jahre als Bausachverständiger für Schäden an Gebäuden auf Achse war. „Natürlich habe ich mit meinen Studenten auch einige Entwurfsaufgaben für Wiesbadener Projekte bearbeitet. Der Vorsitzende des Ausschusses für Freizeit und Sport hatte sich bei mir die Entwurfsmappe mit neuen Ideen für das Stadion Berliner Straße – heute *Helmut Schön-Sportpark* – geholt mit studentischen Entwürfen aus dem Jahr 2000."

Besonders am Herzen lag dem einfallsreichen Wahl-Breckenheimer der Schulneubau auf dem südlichen Teil Sportplatzes als Ortsrand-Abschluss des Vorortes und die Umgestaltung des Sportplatzes zur multifunktionalen Sportanlage. „Auf den weitgehend brachliegenden Platz soll wieder Leben kommen durch die neue Grundschule mit einer *behüteten Freizeitanlage*, die wie eine Sporthalle ist ohne Wände und Dach." Dass seine Vorstellungen nach Zustimmung des Magistrates die jahrelangen Widerstände des Ortsbeirates im Februar 2018 überwinden konnten und in eine Beschlussvorlage mündeten, spricht für den langen Atem des „Langstrecken-Kämpfers". Die Äußerung eines Mitgliedes zum Sinneswandel des Stadtteilgremiums sprach dem Zeitzeugen aus dem Herzen: „Wir entscheiden im Sinne der Kinder."

„Zufällige"
Spaziergänge durch gefahrvolle Zeiten

Dr. Enno von Rintelen

Gynäkologe
Geboren am 9. November 1921 in Berlin
Gestorben am 16. Oktober 2013 in Wiesbaden

„Der Zufall ist, wenn der liebe Gott inkognito bleiben will." Der hoch angesehene, frühere Gynäkologe Dr. Enno von Rintelen bezieht sich auf ein Bonmot von Albert Schweitzer. Doch das Zitat ist auf sein eigenes, ungemein spannendes Leben gemünzt, das seiner Meinung nach Stoff für ein Drehbuch sein könnte. Unter dem Titel „Tod und neues Leben – seine *Spaziergänge* durch eine gefahrvolle Zeit" hatte der Mediziner das vorwiegend weibliche Publikum im voll besetzten Erzählcafé der Volkshochschule mit Einblicken in seine Vita fasziniert.

In persönlichem Gespräch wurde klar: die Formulierung „gefahrvolle Zeiten" war wörtlich zu verstehen. Dr. Enno von Rintelen war Spross einer preußischen Generalsfamilie mit der Herkunftsbezeichnung der Stadt Rinteln an der Weser und dem Adelsprädikat von Kaiser Wilhelm II., im Volksmund „Willem Zwo" genannt: „Großmutter konnte gravieren und so kamen siebenzackige Krönchen auf's Besteck." Der Enkel war noch Jahrzehnte später amüsiert.

Dr. Enno von Rintelen verhalf „mehr als 3000 kleinen Menschen" auf die Welt.

„Ich geh auf die 100 zu, auf die 200 verzichte ich." Verschmitzter Humor, gepaart mit zugewandt jugendlicher Ausstrahlung waren „Markenzeichen" des renommierten Fachmediziners, der auch ein begnadeter Erzähler war. Schon sein Geburts-Tag biete Historie auf, machte der Zeitzeuge klar: „Robespierre wurde enthauptet, der deutsche Kaiser hatte abgedankt. Adolf Hitler probte mit dem Marsch auf die Feldherrenhalle den Aufstand, kam nach missglücktem Putschversuch in Haft, wo er sein Buch *Mein Kampf* schrieb. Die *Reichspogromnacht* war 1939 und die Berliner Mauer fiel 1989. Und am 9. November bin ich zudem geboren."

Anno 1921 kam „der kleine Kerl" in Berlin-Charlottenburg als viertes Kind seiner Mutter zur Welt, die nicht im Wochenbett starb, wie er bis zum 60. Lebensjahr glaubte, sondern drei Monate später. „Der kleine Kerl hat die gleichen leuchtend blauen Augen wie seine Mutter", schrieb der Vater, von Beruf Bankbeamter mit dem Spitznamen „der alte Chamberlain", in sein Tagebuch. Mit strahlenden Blauaugen und breitem Lächeln konnte sich „Enno-Nein" im Zeitzeugengespräch den Spitznamen so gar nicht erklären. Der Knabe wuchs mit sieben Geschwistern und „Tante Friedel", der zweiten Frau des Vaters, auf. Berufsbedingt erlebte die Familie ständige Ortswechsel. „Von Berlin ging es nach Görlitz, Chemnitz, Leipzig." Hier brachte sein „perfektes Sächsisch" das 12-jährige Talent zum Schultheater, bevor die preußische (!) Familie 1933 nach München umzog: „Dort bekamen wir die bayrische Staatsangehörigkeit, hatten also zwei Staatsbürgerschaften." Als bester Sammler des „Winterhilfswerks für arme Frierende" durfte der Knabe einen Rundflug über die Stadt erleben. „Dass in Wirklichkeit auch die Aufrüstung unterstützt wurde, erfuhr ich erst viel später." Der wie seine Brüder „schlechte Schüler" kam ins Internat nach Ettal: „Die Zeit an der Klosterschule hat mich sehr geprägt, denn der Mut zu eigener Meinung in der Zeit des *Dritten Reiches* stand auf dem Lehrplan", berichtete der Zeitzeuge plastisch.

Wie es beim Besuch der Winterolympiade 1936 nicht zum Händedruck des „Führers" mit dem Klosterschüler von Rintelen kam, ist eine aufschlussreiche Episode. „Die Nazis suchten unter den Buben Freiwillige, die den Schnee festtreten mussten", der zuvor in Lastwagen zu den Sprungschanzen gebracht worden war. „Hinter mir stand Pater Simon, ehemaliger Offizier aus dem Ersten Weltkrieg, in seiner Kutte, was der *Führer* als Provokation ansah. Hätte er uns frei die Hand gegeben und die Weltpresse hätte die Bilder gedruckt, hätten alle gesagt: So schlimm ist er doch gar nicht. Aber er war so schlimm!" Enno von Rintelen musste den Tod seines zweitältesten Bruders Heinz gleich zu Beginn des Krieges, beim Einmarsch in Polen, verkraften.

Wie Zeitzeuge von Rintelen nach dem Notabitur 1940 „auf Staatskosten nach Russland" reiste, wie er auf dem Feldzug „mit der Hand an einem Panjewagen – eine kleine Kutsche mit einem Pferd – schlafend" marschierte und wie er beim Zurückholen eines (toten!) Kameraden in den Schützengräben bei Berditschew einen „Heimatschuss" im rechten Knöchel bekam, sind Lebensstationen mit Schutzengel-Charakter. Ein

solch geflügeltes Wesen hatte offenbar in der zum Lazarett umfunktio-
nierten Kirche von Lublin Dienst. Bevor die vorgesehene „Amputation
rechts unterhalb vom Knie" erfolgte, las der Generalarzt – ein Chirur-
gieprofessor aus Berlin – bei der Visite den Namen von Rintelen auf der
Schiefertafel des Verwundeten. „Sind sie verwandt mit dem General
von Rintelen?" Antwort: „Das ist mein Onkel." Generalarzt-Kommando:
„Verband aufmachen!" Dem Generalsneffen Enno blieb die Bein-Am-
putation erspart. Der Verwundete wurde verlegt ins Lazarett Saarbrücken, gesundete und konnte in der Studentenkompanie München
Medizin studieren bis zum Vorklinikum.

„Jetzt wurde ich vom jüngsten Bruder meines Vaters, dem Philoso-
phen Fritz-Joachim von Rintelen, adoptiert, weil Professorenkinder
ohne Gebühren studieren konnten."

Der Onkel war ein Freund von Professor Huber, Gründer der *Weißen
Rose*, und Adoptivsohn Enno war schnell mit Willi Graf befreundet: „Ich
nannte ihn Nomi." Durch sein Mitwirken im Studienkreis der Weißen
Rose kannte Enno auch die Geschwister Scholl gut. Doch Fritz-Joachim
sah die Führung der Weißen Rose als „nicht genügend realitätsbezo-
gen" an, fürchtete um das Leben der Mitglieder und riet zur Trennung.
„Kurz darauf wurde der Kreis entdeckt und mein Freund wurde hinge-
richtet. Eine Tatsache, die mir heute noch zu schaffen macht. Ich durfte
wieder überleben."

„Onkel Fritze" war 1946 Gründungs-Mitglied bei der Wiedereröffnung
der Johannes-Gutenberg-Universität in Mainz. Der Zeitzeuge legte dort
1948 sein medizinisches Staatsexamen ab. Beim Start ins Berufsleben
war wieder „der Zufall" am Werk – „diesmal in Gestalt eines peruanischen Besuchers bei meinem Onkel." Der junge Arzt führte Honorio
del Gado durch den Rheingau. Der Gast aus Peru war Kultusminister
seines Landes, revanchierte sich sofort und lotste Enno von Rintelen
nach Südamerika.

Mit einem „kreativen" Umweg über den Titicacasee, nach Bolivien in
4000 Metern Höhe, auf englischem Schiff über den See und von dort
per Eisenbahn nach Peru, hatte die abenteuerliche Tour eine ganze
Woche gedauert. Gerade frisch „revolutioniert", hatte das Land jetzt
einen anderen Kultusminister, doch Honorio del Gado ermöglichte dem
jungen Mediziner das Bleiben im Lande. Und der Mediziner lernte, dass
auf 3600 Metern Höhe die Flöhe sterben. In den Kinos von Lima hatte
er sich jedes Mal solche Quälgeister geholt.

In diesen „prägenden Jahren" lernte der Gynäkologe als „Intern, also
Mädchen für alles" neben Spanisch auch Quechua, die alte Sprache
der Inka. „Gringo" von Rintelen hatte die Begrüßung noch parat:
„Amajuja, amaqueja, amsuja". Auf gut Deutsch: „Du bist kein Dieb. Du
bist kein Mörder. Du bist ein anständiger Kerl!"

Enno von Rintelen war tätig für die amerikanische Copper-Corpora-
tion – mit ihren silber- und vanadium-fördernden Minen „ein Staat im
Staate". Der junge Mediziner brachte „europäische Gynäkologie mit"
und führte in Peru eine wichtige medizinische Neuerung ein – die Saug-
glocke.

Bei seiner ersten Entbindung war er „ungeheuer verblüfft" über die Indianerin, die aus dem Fenster geklettert war, „um unter einem Baum ihr Kind zu bekommen! Danach kam sie wieder durch das Fenster mit ihrem neugeborenen Baby in die Klinik zurück. Wenn ich an einige Geburten hier in Wiesbaden denke ..." Breit lächelnd erinnerte sich „der Doktor", der nur alle sechs Wochen in die Hauptstadt Lima durfte. Und: „Ich lernte, mit den unmöglichsten Operationen und Komplikationen fertig zu werden, was mir später in der Praxis sehr geholfen hat."

Sein Gehalt steckte er in Aktien einer peruanischen Brauerei, die von einem Flüchtling aus Schlesien gegründet worden war. Die Entscheidung zahlte sich viel später beim Hausbau in Wiesbaden aus.

Beim erneuten Ablegen des medizinischen Staatsexamens „Rivalidation del Titulo" an der Universidad Libre Lima Peru war der Prüfer im Fach Frauenheilkunde verblüfft. Auf die Frage nach dem „Bracht'schen Handgriff" konnte der Prüfling diese Vereinfachung der Entbindung einer Steißlage gut erklären und bekannte dann, „Professor Bracht sei mein Onkel, der Bruder meiner Mutter." Kaum zu glauben für den Prüfer.

Seinen Facharzt wollte Enno von Rintelen in den USA erwerben, doch Anträge mussten von Deutschland aus gestellt werden. „Also zurück nach Mainz, wieder unbezahlte Tätigkeiten, bis ich dann in Wiesbaden in den Städtischen Frauenkliniken Bahnholz angestellt werden konnte – zunächst als Assistent, dann als Oberarzt."

Der erfahrene Gynäkologe führte „moderne Methoden ohne Bauchschnitt" ein und praktizierte äußerst erfolgreich. „Wiesbaden wurde zu meiner längsten sesshaften Station – seit 1956!", lächelte der humorvolle Mediziner.

Immerhin rund 3000 „kleinen Menschen" habe er im Verlauf seiner Berufstätigkeit – „meine Berufung" – auf die Welt geholfen. Als Geburtshelfer habe er „großen Wert auf gute Vorbereitung der Geburt" gelegt. In seinem großen Wartezimmer bot er Gesprächsrunden für Schwangere an: „Es heißt ja Wehen, weil es wehtut."

Dr. Enno von Rintelen hat sich lange Jahre bei den Rotariern engagiert und wurde zum Ehrenmitglied des Partnerclubs Orléans ernannt.

Und geheiratet hat er auch – die deutsche „Puschkina", eine Ururenkelin des „russischen Goethe" und Nachfahrin des Zaren Alexander II., geborene Gräfin von Merenberg. „Meine Frau, damals noch Medizinstudentin, lernte ich zufällig auf einem Hochzeitsempfang gemeinsamer Freunde im Hotel Rose, heute die Staatskanzlei, kennen." 1962 ließ sich der Facharzt für Frauenheilkunde nieder mit eigener gynäkologischer Praxis und Belegbetten im Rot-Kreuz-Krankenhaus, deren Mitarbeiterin Schwester Herta ihn 30 Jahre lang bis zum Ende seiner Niederlassung begleitete. Medizinstudentin Clotilde von Merenberg arbeitete in den Semesterferien als Praxishilfe in der Taunusstraße 2 gegenüber dem Capitol-Kino mit. An den Abriss des Gebäudes und den Beginn der Bauarbeiten zum Raiffeisen-Hochhaus auf dem Gelände am Hang konnte sich der Zeitzeuge noch bestens erinnern. Später hatte der äußerst beliebte Gynäkologe seine große Praxis in der Parkstraße 15 A.

Im „Notfall" war Dr. Enno von Rintelen in ein paar Minuten den Berg runter von der Richard-Wagner-Straße in die Klinik gekommen und hatte es auch zur Praxis nicht weit. „Ich musste ja immer erreichbar sein." Und mitten im Examen brachte am Morgen nach einer Prüfung Gemahlin Clotilde den Stammhalter Alexander Enno 1966 zur Welt mit Vater Ennos Hilfe. Der zweitgeborene Filius Georg Nicolaus „hat so lange auf sich warten lassen, bis wir im Urlaub auf der Insel Lanzarote Sonne nachgeholt hatten." Profundes Berufskönnen war bei Sohn Gregor gefragt, der zunächst im April 1972 auf die Welt kommen wollte – „was sehr gefährlich geworden wäre". Der findige Papa machte dem vorwitzigen Sprössling „mit einer Schleife nach Shirodkar das Herausgleiten unmöglich." Auch dessen „Versuche ab Mai immer wieder mit verfrühten Wehen" konnten gebremst werden durch ein neues Medikament, das noch nicht offiziell auf dem Markt war. Die Infusionen waren an Skiern aufgehängt. „Am Sonntag, den 13. August durfte er dann", genehmigte der Vater als erfahrener Gynäkologe die Geburt und der dritte Sohn erblickte das Licht der Welt.

Mit seiner Frau Cloti – „nach alter Väter Sitte erzogen" – hatte Enno von Rintelen vereinbart, „dass die wichtigen Dinge in unserer Ehe ich entscheide und die nicht so wichtigen sie. Es gab aber kaum wirklich Wichtiges."

Dr. Enno von Rintelen mit Gattin Clotilde auf dem Russischen Friedhof an der Grabanlage von Gräfin Olga Alexandrowna Merenberg, geborene Prinzessin Jurjewskaja (1873-1925), und deren Bruder Fürst Gregorij Alexandrowitsch Jurjewskij (1872-1913), Kinder des Zaren Alexander II. und Großmutter und Großonkel von Clotilde von Rintelen.

Dass alle Familienmitglieder seinem tag- und nachtaktiven Beruf Verständnis entgegenbrachten, rechnete er seiner Ehefrau und den Söhnen hoch an: „Unser ganzes Familienleben hatte sich nach dem Geburtenkalender gerichtet."

Bis 1996, also bis zum 75. Lebensjahr, war der passionierte Gynäkologe im Dienst – „immer sehr gerne". Sein Nachfolger in der Praxis sei ihm mit viel Glück „fast in den Schoß" gefallen. „Zunächst habe ich sehr gelitten, aufhören zu müssen", bekannte Dr. Enno von Rintelen offen. Eine ungestörte Nachtruhe lernte er später zu schätzen. „Nachts um 3 Uhr ertönte kein: ‚Herr Doktor, bitte schnell in den Kreißsaal' mehr."

Allerdings fehlte ihm eines sehr: „Ich kann nicht mehr, wenn mir etwas zu viel wird, sagen: Ich muss jetzt noch Visite machen."

Tanzlegende zwischen Modern Dance & Tango

Gabriel Sala

Gründer und Leiter des „Café Tango"
am Staatstheater Wiesbaden
Gründungsmitglied des Wuppertaler Tanztheaters Pina Bausch
Geboren am 21.7.1942 in Buenos Aires / Argentinien

Tango ist laut Enrique Santos Discépolo „ein trauriger Gedanke, den man tanzen kann." Für Gabriel Sala, die ewigjunge Tanzlegende, ist der Tango Lebenseinstellung: „Der Tango ist ein wichtiges Kapitel der Kultur- und Sozialgeschichte. Die Musik ist stark in meinen Wurzeln verankert ob Tango, Milonga oder Kreolenwalzer." Als vielseitig qualifizierter Tänzer hat Gabriel Sala „alles getanzt" – klassisch und neoklassisch, auf Spitze und Folklore, Modern Dance natürlich auch.

„Ich bin sehr preußisch", bekennt der Argentinier, der seit 1974 in der hessischen Landeshauptstadt lebt. Der Wahlwiesbadener mit dem Charakterkopf und dem einzigartig selbstironischen Charme macht aus seinem Stolz keinen Hehl: „Ich habe nie eine Vorstellung ausfallen lassen und habe niemals eine Doppelbesetzung gebraucht."

Der „Wintermensch" stammt „aus uralter katalanisch großbürgerlicher Familie Barcelonas". Aber „nie im Leben" habe er sich, wie es familiäre Tradition vorsah, im Hotelgewerbe oder auf Medizin-Gebiet tummeln mögen. Immer schon hat der Junge mit dem Vornamen eines Erzengels

Der charismatische Vollbluttänzer Gabriel Sala hat auch Schauspiel studiert.

„tänzerisch improvisiert", erinnert er sich. Prompt sagte ein Freund voraus, der Knabe werde Tänzer oder Komiker. „Meine Mutter war eine Theaterratte, sie war mein Ansporn und meine Inspiration", bekennt der Zeitzeuge, den die Hamburger Mentalität an Buenos Aires erinnert. Das Familienabonnement ließ sich mit Zarzuela, der spanischen Operette, als Animation nutzen. Der Abiturient absolvierte unter einem „Künstlernamen" parallel ein Schauspielstudium, reiste nach Paris und studierte in seiner Heimat klassischen Tanz. „Es war hart und mühsam." Mit Begeisterung widmete sich der Jungstar unter Renate Schottelius dem Modern Dance, was ihm bei Pina Bausch sehr zugute kam. Sein erstes Engagement trat er am Teatro Maipo Buenos Aires an.

„Ich bin eine alte Theaterratte!" strahlt der ewig junge Vollbluttänzer charmant. Ballettfans sind die geradezu charismatischen Auftritte des Charakterstars unvergesslich. Nach seinem Vortanzen „an einem kalten Novembertag 1969" wurde der Argentinier prompt engagiert. „Das Mitglied ist für alle am Theater gepflegten Kunstgattungen und für das Kunstfach Solotänzer angestellt", ist im Dienstvertrag festgeschrieben. „Am 16. August 1970 hat meine Laufbahn in Wiesbaden begonnen. Meine Absicht war, ein Jahr Erfahrung im klassischen Ballett zu bekommen." Alfred Erich Sistig war der Intendant, Imre Keres Ballettdirektor. Chefdramaturg war Dr. Rainer Antoine, später Intendant in Ludwigshafen. Der Neuzugang debütierte als „Hilarion" in „Giselle", der „Tybald" in „Romeo und Julia". folgte.

„Wiesbaden glänzte während der Maifestspiele, die Kantine war jeden Tag mit *großen Namen* besetzt", schwelgt der charismatische Zeitzeuge mit leuchtenden Augen. Sein „Zauberer" in „Schwanensee" brachte ihm den Durchbruch und wurde in der Presse als „Höhepunkt der Maifestspiele" bezeichnet – auf Augenhöhe mit der renommierten Kompagnie von Maurice Béjart aus Brüssel. Chapeau.

Die argentinische Solotänzerin Teresa del Cerro „verriet" ihm, eine Choreographin namens Pina Bausch werde zukünftig Ballettdirektorin des Staatstheaters Wuppertal. „Ich hatte nicht die geringste Ahnung, wer Pina Bausch war, was sie gemacht hatte", schmunzelt Gabriel Sala. „An einem regnerischen Tag, grau und duster" fuhr er nach Essen-Werden in die Folkwang-Schule. „Ich sah an dem Tag des Vortanzens eine Aufführung mit Choreographien von Pina, wo sie selbst auch tanzte. Das hat für meine Improvisation und das Vortanzen geholfen, denn ihre Stilrichtung war mir *sehr* bekannt."

Gabriel Sala schmunzelt: „Ich wollte kein kollektives Vortanzen. Ich saß unauffällig auf einem Stuhl und sah einem verschwitzten Tänzer zu. Anschließend stellte ich mich bei Pina vor."

Seine Improvisation – Modern Dance „im ziemlich dunklen Ballettsaal, ohne Musik" – brachte ihm einen Kuss von Pina ein und einen Gastvertrag als Solotänzer für die gesamte Spielzeit: „Es gibt viele gute klassische Tänzer, aber wenig so gute moderne Tänzer."

Dieser Ritterschlag von Pina Bausch machte den Argentinier zum Gründungsmitglied des Wuppertaler Tanztheaters. Die Arbeit mit Pina Bausch und ihre Choreographie „Fritz", der Dreiteiler „Rodeo" von

Agnes De Mille und „Der grüne Tisch" von Kurt Jooss machten großen Spaß. Und das persönliche Erleben der Legende Jooss „war die ersehnte Verwirklichung eines großen Wunsches." Imre Keres kam zur Premiere. „Er versuchte, mich zu überreden, nach Wiesbaden zurück zu kommen", erzählt Zeitzeuge Sala, der damals zum Pendler „zwischen zwei Welten" wurde mit zahlreichen Fahrten zwischen Wuppertal und Wiesbaden.

„Iphigenie auf Tauris" war Pina Bauschs erstes abendfüllendes Tanzstück. „Es war ein großartiges Werk, aber wir spielten in einem fast leeren Zuschauerraum", erinnert sich Gabriel Sala traurig an das Wegbleiben des Ballettpublikums.

Nach etlichen Auftritten („Gajaneh" in Wiesbaden und Schweinfurt, „Dreispitz" von Clara Gora in Wiesbaden) und einer Aufstockung der Gage wurde der Umworbene dann Erster Solotänzer unter Roberto Trinchero. Den Ballettdirektor aus Saarbrücken hatte er dem neuen Intendanten Peter Ebert ans Herz gelegt. Ein Vertragsangebot des Ballet Rambert London, das er in den Maifestspielen trainiert hatte, war von Gabriel Sala abgelehnt worden. „Schön war es, wieder hier zu sein. Wiesbaden wurde mein Vertrauens-Ort."

Später wurde er Mitglied der Ballettdirektion. „Ich erfand das *Mobile Theater* und fuhr durch die Schulen in Wiesbaden, aufs Dorf und außerhalb, um für das Theater zu werben. Ich zeigte Tanzbeispiele mit meiner Begleiterin Petra Westermann und anderen Solokräften. Und ich schleppte in meinem VW-Variant Requisiten und kleine Möbel heran."

Auch die drei Jahre der Theater-Restaurierung hat Gabriel Sala noch präsent. „Ich freute mich auf einen neuen Ballettsaal, einen größeren. Auch der Zuschauerraum sollte abgestuft werden und die Bühne nicht mehr schräg, sondern flach sein. Stellwerk und Ton sollten direkt mit dem Zuschauerraum verbunden sein. Auch das Kleine Haus, das Studio Souterrain, das Foyer, die neuen Büros, die Werkstätten sollten modifiziert, neu gebaut und neu gestaltet werden. Es verging kein Tag, ohne auf der Baustelle nachzuschauen."

Das Theater wurde auf mehrere provisorische Spielstätten verteilt: „Das Ufa-Kino am Park (heute Caligari) diente dem Schauspiel, sporadisch fanden hier auch Kammerballette statt. Das Walhalla-Kino wurde ganz nett restauriert und renoviert, da wurde Musiktheater gebracht, Oper und Ballett. Die Ballettproben fanden in der früheren Rheumaklinik schräg gegenüber der Marktkirche statt. Da waren auch die Kantine und die Maskenbildnerei", gibt Gabriel Sala zu Protokoll. Die Schauspielproben gingen im Penta-Hotel (heute Dorint) über die Bühne.

„Die Bedingungen waren nicht ideal", übt sich der Zeitzeuge in Understatement.

„Im Walhalla konnte das Publikum die Füße der Tänzerinnen und Tänzer nicht sehen. Geduscht haben wir in Containern, die waren häufig überschwemmt. Der ständige Wechsel von Proben- und Aufführungsstätten setzte uns besonders im Winter enorm zu." Spezielle Herausforderung war der Bühneneingang mitten in der Rotlichtzone. Tänzer

wurden zur Eskorte ihrer Kolleginnen, um sie durch das „Straßenpubli-
kum" aus Prostituierten, amerikanischen GIs „und neugierigen Männern
aller Nationalitäten" zu geleiten. „Viele Abonnements wurden gekün-
digt, die Leute mochten die Ersatz-Spielstätten nicht. Wir mussten um
Publikum werben. In Theaterkostümen gingen Ensemblemitglieder aus
dem Ballett, dem Schauspiel und der Oper in die Fußgängerzone. Wir
tanzten auf einer provisorischen Bühne am Marktplatz. Ich tanzte nach
der Musik von Pink Floyd auf dem Zebrastreifen der Wilhelmstraße."
    Oberspielleiter Helge Thoma, später Intendant in Augsburg, bot Ga-
briel Sala die erste große Tango-Inszenierung an. Vier Spielzeiten wurde
die furiose „Tango"-Produktion in Wiesbaden, auch in Darmstadt gezeigt und war immer ausverkauft. „Heute ist unser Theater das einzige
Staatstheater Europas, in dem der Tango als kulturelles Phänomen und
soziales Ereignis gepflegt wird." Und Gabriel Sala als ältester Profi auf
den Brettern verkörpert mit dem Tango eine Art „6. Sparte" am Wiesbadener Musentempel.
    Das Angebot des designierten Intendanten Claus Leininger (damals
Gelsenkirchen), mit dem ihn später eine langjährige Freundschaft verband, kam Mitte der Achtziger für Gabriel Sala völlig überraschend:
„Kannst du dir vorstellen, ab der Spielzeit 1986-87 die Ballettleitung zu
übernehmen?" Der Zeitzeuge bekennt: „Das war ein Wendepunkt in
meinem Leben." Zum ersten Vortanzen kamen 150 Tänzerinnen und
Tänzer zu ihm. „Ich habe einen großen Teil der früheren Kompanie
übernommen."
    Gabriel Sala macht aus seinem Herzen keine Mördergrube und nimmt
auch bei eigenem Misserfolg kein Blatt vor den Mund. Sein zweiter Ballettabend geriet im Gegensatz zu seinem erfolgreichen Dauerbrenner
„Tango" zum Flop. Ursache war eine Mischung von Fremdverschulden
und intuitiven Fehlentscheidungen. „Der Skandal war perfekt." Die Be-
denken des Verwaltungsdirektors in punkto Weiterbeschäftigung des
Co-Direktors Sala, der mit der folgenden Spielzeit in die Unkündbarkeit
treten würde, ließen den Intendanten kalt. Doch auf das Kündigungs-
angebot von Gabriel Sala „reagierte Claus Leininger so sauer, wie ich
ihn selten erlebt habe." Der begnadete Tänzer erweist sich im Gespräch
als ebensolcher Schauspieler und lässt den legendären Theaterchef Leininger körpersprachlich geradezu im Raum „erscheinen". Gabriel Sala
blieb und lernte Pierre Wyss schnell als „interessanten, mutigen Cho-
reographen" zu schätzen. Großes Vergnügen bereitete ihm die Rolle
des Dr. Schön in „Lulu Szenen", den er dann auch unter Ballettdirektor
Wyss in Braunschweig und Karlsruhe tanzte.
    In der Ära von Ballettdirektor Ben van Couwenbergh war er dessen
Persönlicher Mitarbeiter, überzeugte in „Das schlechtbehütete Mädchen" ein weiteres Mal und überraschte in der Tango-Operita „Maria
de Buenos Aires" als ausdrucksstarker Sprecher. Auf seine „Entdeckun-
gen" für Ben van Couwenberghs Compagnie ist Gabriel Sala zu Recht
stolz. Die Rede ist von Ausnahmetänzer Dimitri Simkin, dessen Sohn inzwischen weltweit tanzt, und der international preisgekrönten Primaballerina Daniela Severin.

„Ich bin nicht zum Tango gekommen – der Tango ist zu mir gekommen." Gabriel Sala ist das aufs Wort zu glauben. Zu sehen, zu hören und zu spüren ist innere Leidenschaft. „Don Tango" zeigt das tänzerische Bewegungsritual zwischen Mann und Frau, lässt sein komödiantisches Talent Funken sprühen und bricht das Pathos durch Witz. Der Facettenreichtum des sentimental-dekadenten oder auch sehnsuchtstrunkenen Tangos und der schwungvollen Milongas scheint unerschöpflich. „Tango ist wie eine Pranke, die sich in unser Leben gekrallt hat."
Keineswegs zufällig wurde die Spielzeit 2005/06 am Stadttheater Gießen mit seinem Tanzstück „Tango" (Musik: Astor Piazzolla / Carlos Gardel) in der Sala-Regie und Choreografie furios eröffnet.
Auch als ebenso beliebter wie kenntnisreicher Tangolehrer behelligt Gabriel Sala die Wissbegierigen nicht mit theoretischer Tanztechnik wie Kopfhaltung, Körperachse, Spannung der Körpermitte, Tiefe der Hal-

Tango als Lebenselixier: „Don Tango" Sala mit Moering-Preisträgerin Desiree Lehmann-Alvarez auf der Bühne des Großen Hauses im Staatstheater Wiesbaden.

tung, Beinlinie, Belastung, Fußtechnik & Co. – charmant und mit sprühendem Witz zeigt er es lieber.

Nur „eckiges Geschiebe von manierierten Paaren in possierlichem Wiege- und Knickschritt"? Ist der Tango – wie G. B. Shaw formulierte – „ein vertikaler Ausdruck horizontaler Absichten"? Jedenfalls hat die breite Palette der „Fluchtdroge" im Musentempel zu Wiesbaden ihr angestammtes Domizil. Tanzlegende Sala, für ihr kultiges Tanzstück „Tango" mit dem Fürst- von-Thurn-und-Taxis-Förderpreis gewürdigt, unterrichtet immer wieder sonntags am Vormittag eine eingeschworene Fangemeinde. An der Gutenberg-Universität Mainz nimmt er einen Lehrauftrag wahr.

Sein Goldenes Bühnenjubiläum als Tänzer, der auch als ausgebildeter Schauspieler bella figura macht, zelebrierte Gabriel Sala im voll besetzten Kleinen Haus des Musentempels und feierte 30 Jahre Ballettabend „Tango" als Milonga gleich mit. Und Prominenz wie die argentinische Generalkonsulin Ines Suarez de Collarte gab der Tanzlegende die Ehre, auch Intendant Dr. Manfred Beilharz gratulierte seinem Zugpferd.

Am 18. Dezember 2003 hatte das „Café Tango" höchst erfolgreiche Premiere im Anschluss an die Aufführung der Tango-Operita „Maria de Buenos Aires" von Astor Piazzola und Horacio Ferrer. Die vom Publikum und den Medien gefeierte Wiesbadener Inszenierung von Ballettdirektor Ben van Cauwenbergh war seinem persönlichen Mitarbeiter zu verdanken. „Don Tango" hatte sich mit leidenschaftlicher Ausdauer in Argentinien stark gemacht und die Aufführung wurde genehmigt. Die poetisch bildstarke Operita durfte ausschließlich in argentinischer Originalfassung „Lunfardo" mit deutschen Übertiteln als Ballett aus dem Geiste des Tangos gezeigt werden. Die prägende Erzählerfigur des Duarte als Tänzer und als brillanter Sprecher mit sonorer Stimme war ein Kabinettstückchen von Gabriel Sala.

Der Mythos lebt! 10 Jahre „Café Tango" unter der künstlerischen Leitung des preisgekrönten Tänzers Gabriel Sala und Organisatorin Beate Kronsbein wurden als Tangonacht „Buenos Aires de ayer y de hoy" („Buenos Aires gestern und heute") lustvoll zelebriert. Das Theaterfoyer in festlicher Illumination war die authentisch wirkende Kulisse tanguero á la Buenos Aires. Ensembles wie „Grupo Arrabal" oder Orquesta Tipica Ciudad Baigon" aus Argentinien waren gerne zu Gast. Beim „Café Tango Spezial" schufen besondere Gäste wie Tango-Sängerin Ana Forell mit Musikern aus Argentinien und Europa zünftige Atmosphäre für Auge, Ohr und Tanzbein.

Fridays for Tango! Sein „Salon Tango" mit dem südamerikanischen Esprit hatte sich schnell Kultstatus erarbeitet beim Publikum aus der ganzen Rhein-Main-Region und begeisterte im Malersaal beim „argentinischen Fest", lud in den Schlachthof und in die Walkmühle ein.

In Kooperation mit dem Generalkonsulat wurde der 200. Unabhängigkeitstag der Republik Argentinien im Kleinen Haus und im Foyer zelebriert mit dem „Ensemble Del Diablo y del Angel". Bei „Wiesbaden tanzt" ist Zeitzeuge Sala auch gerne mit von der Partie. Gabriel Sala, der auch mit runden 80 Lenzen noch virtuos auf der choreographischen

Klaviatur des authentischen Tangos tanzte, bescherte in seiner Tango-Show einen unvergesslichen Coup. Das „Urgestein" der Pina Bausch-Truppe legte als Überraschung ein furioses Solo in Modern Dance aufs Parkett.

Im Jubiläumsjahr 2019 des Musentempels meldete sich der Zeitzeuge unter dem Titel: „50 Jahre Gabriel Sala in 125 Jahren Wiesbadener Theater" zu Wort. „Tanzen als Beruf geht mit Berufung einher. Und Talent, Konsequenz und Liebe dazu bringen ewige Freude, so dass sich Routine oder gar ein Sabbatjahr ausschließen. So verstehe ich Theater."

Für den charismatischen Tänzer mit der ewig jungen Ausstrahlung ist noch lange nicht Schluss mit lustig. „Ruhestand ist ein schrecklicher Ausdruck! Ich bin ein beweglicher Mensch." Seit mehr als 35 Jahren unterrichtet Gabriel Sala Modern Dance im „Westside Studio". Der Lehrauftrag „Bewegung und Tanz" an der Musikhochschule der Mainzer Gutenberg-Universität ist eine Sache der Ehre.

Gabriel Sala verkörpert die Weisheit von Plato: „Tanz ist die Kunst, die die Seele des Menschen am meisten bewegt."

Breitensport, „Sprudel" und schnelle Schrift

Kurt Schellin

Ehrenvorsitzender der
Wiesbadener Carneval-Gesellschaft „Sprudel" von 1862 e. V.
Dacho-Mitbegründer,
Geboren am 25. Juni 1927 in Karolinenhorst,
Bezirk Stettin / Pommern
Gestorben am 19. November 2018 in Wiesbaden

Rita Schellin, geb. Aigner

Sprudel-Ehrenmitglied
geboren am 11. Oktober 1938 in Wiesbaden
Gestorben am 13. Februar 2019 in Wiesbaden

Wenn Sport und Steno eine „sprudelnde" Allianz eingehen, kann die Rede nur vom vierfarbbunt närrischen Paar Kurt und Rita Schellin sein. Zwei Räume ihres Domizils waren „nur für die Vereine da, mit rund 500 Ordnern, fast 3000 Bildern und etwa 200 Filmkassetten", stellte Kurt Schellin fest. Die Wohnung in der Marcobrunnerstraße diente auch als Adresse der „Sprudel"-Geschäftsstelle. „Doch wir rechnen nichts ab, das haben wir nie gemacht!" Das vielfältig engagierte Ehepaar, das 2018 runde 60 Jahre verheiratet war, lebte das Ehrenamt aus innerer Überzeugung. „Denn das ist Humor: Durch die Dinge durchsehen, als wenn sie aus Glas wären." Stammt von Kurt Tucholsky und wurde von Kurt Schellin und seiner Angetrauten Rita als Devise geschätzt.

Der gebürtige Pommer, den es nach den Kriegswirren über mehrere Stationen 1950 nach Wiesbaden verschlug, war ein stenografierend sportlicher Jokusjünger der guten alten Schule. Der gut 90-Jährige war das letzte lebende Gründungsmitglied der DACHO Wiesbaden. Seine Fassenachts-Orden konnte das „Sprudel"-Urgestein nur noch in Hunderten zählen.

Lampenfieber war für den Hans Dampf in vielen Gassen ein Fremdwort: „Mein Mundwerk hat schon immer gut funktioniert", gab der bekennende „Pole aus Stettin" den Schelm. Passt schon: „Meinen ersten Auftritt hatte ich als Schüler mit acht Jahren". Und nicht nur das. „Mit acht bekam ich meine erste Mignon-Schreibmaschine, mit zehn habe ich mich für Stenografie interessiert und sie mir selbst beigebracht. Mit elf habe ich mein erstes Gedicht geschrieben."

Steno, Sport & „Sprudel" galt auch für die Gemahlin. Rita Schellin, geborene Aigner, war ein Wiesbadener Eigengewächs. „Meine Mutter sagte immer, ich sollte unbedingt Steno und Schreibmaschine lernen", erinnerte sich die ausgebildete Rechtsanwalts- und Notargehilfin. Die gehorsame Tochter folgte 1953 dem mütterlichen Rat, ging zum Stenografenverein 1879 Wiesbaden, wurde von Kurt Schellin unterrichtet. Ehe und Familiengründung folgten. Das Schnellschrifttalent mit dem

Rekord von 280 Silben und 480 Anschlägen pro Minute auf der Schreibmaschine wurde Fachlehrerin für Maschineschreiben und gewann in
den nächsten Jahrzehnten jede Menge Preise. Kein Wettbewerb war
vor Rita Schellin sicher – ob national oder international. An Weltmeis-
terschaften nahm das Vorstandsmitglied des Stenografenvereins auch
mit Erfolg teil. Der Deutsche Stenografenbund würdigte die Zeitzeugin
1979 mit höchsten Meriten und verlieh ihr den Ehrenbrief mit Gold-
nadel. Rita Schellin wurde 1987 sogar zur Betreuerin der jugendlichen
Teilnehmerinnen und Teilnehmer am Unesco-Wettschreiben in Wien berufen.

Ihre sportliche Seite lebte die Kampfrichterin (ab 1974) und Sport-
abzeichenprüferin (ab 1979) natürlich in „ihrem" TBW – dem Turnerbund Wiesbaden – aus und ihre drei Goldenen Sportabzeichen (1982
bis 1984) waren eine Sache der Ehre. Ausgezeichnet mit der Bronze-
und Silberehrennadel des Hessischen Leichtathletikverbandes war sie
auch.

Keine Frage, wo Rita Schellin ihr Faible für närrische Umtriebe aus-
lebte – im „Sprudel", wo sonst? Als seien die Obliegenheiten der Ge-
schäftsführung nicht genug, gab das „Sprudel"-Ehrenmitglied (seit
1993) auch das Goldkehlchen als singender „Sprudel"-Clown in der
Rostra. Gelebte Reiselust: Die Geschäftsführerin zeichnete lange Jahre

Stenografenvereins-Vorsitzender Kurt Schellin im homeoffice an seiner geliebten
IBM-Typenrad-Schreibmaschine.

für akribische Organisation und Durchführung von „sprudelnden" Touren in Deutschland und Europa sowie einmal nach Kanada verantwortlich.

„Im *Sprudel* ist Fastnacht am schönsten!" war das närrische Doppel überzeugt. „Bedauerlicherweise haben viele Menschen mit dem Ehrenamt *nichts am Hut*. Die erste Frage lautet meistens: ‚Was bekomme ich dafür?' Schade und traurig!" Kurt Schellin war überzeugt: „Eine Gemeinschaft ohne die Menschen, die sich ehrenamtlich für andere einsetzen, wäre arm!"

Der „sprudelnde" Präsident Schellin enterte die Rostra stets in feinem schwarzem Zwirn mit Zylinder und weißem Schal, frönte dem Versdichten und Komponieren. Seine Hommage an die Wahlheimat besingt „Wiesbaden, meine Heimatstadt, am Taunus und am Rhein..."

Ob als Kanzler oder Protokoller in der Bütt oder als Vorsitzender – Kurt Schellin wusste das Zepter tüchtig zu schwenken und hielt die Regie-Fäden immer fest in der Hand. Aber nicht ohne Gattin Rita!

Auch das Thema Sport wurde bei den Schellins in Großbuchstaben geschrieben: „Meine Frau und ich gehören seit 1974 dem Turnerbund Wiesbaden an, in dem unsere Söhne Rolf und Ulf bereits seit 1971 Mitglied waren." Das Elternpaar war ab Mitte der Siebzigerjahre Kampfrichterpaar und nahm Prüfungen ab für das Sportabzeichen, die Söhne wurden 1982 Sportabzeichenprüfer. Der langjährige Leichtathletik-Breitensportwart Kurt Schellin amtierte 17 Jahre lang als Kreiskampfrichterwart im Leichtathletikkreis Wiesbaden und war mit seiner Frau „fast jede Woche im Einsatz". Sportplätze, Hallen und die Strecken von Straßen- und Crossläufen kannte er wie seine Westentasche. „Dass die ganze Familie Schellin alle Sportabzeichen erwarb und die 1964 geborenen Zwillingssöhne ausgezeichnete Sportler und in vielen Disziplinen sehr erfolgreich waren, kann getrost zur Kenntnis genommen werden", meinte der Ehrenamtler alter Schule.

In der Ägide Schellin führte der TBW als erster Verein die Aktion Sportabzeichen in Zusammenarbeit mit dem Wiesbadener Tagblatt ein. Das ging nicht ohne gereimte Zeilen ab aus der Feder eines gewissen „Kurt Sch.", der als TBW-Vorsitzender die Einladung mit einer Portion Wissbadener Zungenschlag würzte.

Natürlich eine Sache der Ehre – das Goldene Sportabzeichen hatte der Zeitzeuge mehr als 25-mal absolviert. Seine Wahlheimatstadt Wiesbaden verlieh ihm die Sportplakette, und nicht zu vergessen: „Zehn Mal habe ich das Bayerische Sportabzeichen absolviert." Alles kein Zufall. Der Bub war schon früh sportbegeistert, hatte sich in der väterlichen Schmiede eigenhändig einen Diskus aus Blei gegossen. Dem Wehrdienst mit 16 folgten Fronteinsatz und Kriegsgefangenschaft, die Arbeit als Landarbeiter in der Lüneburger Heide. Als Bauarbeiter verdingte sich Kurt Schellin von 1948 bis 1950 in Essen und radelte als „Narr in Lauerstellung" von seinem Domizil bis in die Fastnachtshochburg Köln. In der Wahlheimat Wiesbaden wurde er dann durch einen Lehrer endgültig zum aktiven Jünger von Narrengott Jokus und Mitglied im altehrwürdigen „Sprudel".

Der närrische Büttenredner war auch ein Schnellschreiber. Seine Talente in Steno und Maschineschreiben führten ihn zur DAK Wiesbaden, machten ihn zum stellvertretenden Geschäftsführer. Später avancierte er zum Leiter der Arbeitsgruppe Unfall der Landesgeschäftsstelle Rheinland-Pfalz/Saar in Mainz. Seinem Job blieb er 40 Jahre lang treu bis zur Pensionierung und war 12 Jahre lang engagiert im Personalrat. Bei beruflichen Gerichtsterminen staunte mancher Richter nicht schlecht über die rekordreif schnelle Schellin-Schrift. Aber das ist eine andere Geschichte.

Anno 2015, mit 88 Lenzen, gab das „Sprudel"-Urgestein nach 38 erlebnisreichen Jahren seit seinem Amtsantritt 1977 das närrische Zepter des Vorsitzenden ab an Volkmar Rasch aus dem Katzeloch. Doch den Ehrenvorsitz ließ er sich nicht nehmen und betonte den sozialen Touch seiner närrischen Gesellschaft: „Wir gehen in die Heime und bieten auch *Sozialsitzungen* in den Einrichtungen der Stadt. Ich lege Wert darauf, dass wir in acht Altenheime gehen vom Robert Krekel-Haus der Arbeiterwohlfahrt über das Kapellenstift und Seniorenstift Dr. Drexler bis zum Hildastift und der EVIM-Altenhilfe im Katharinenstift in Biebrich. Alles wird ehrenamtlich gestemmt mit jeweils rund 50 Mitwirkenden. Wir wollen alten Menschen, die nicht mehr auf der Sonnenseite des Lebens stehen, eine Freude bereiten." Ganz klar: Für Schunkelstimmung war gesorgt.

Kurt Schellin betonte mit Stolz: „Beim *Sprudel* sind 75 Prozent der Mitgliedschaft aktiv tätig, ob im Vorstand oder im Komitee, in der Bütt oder in den Arbeitsausschüssen." Die vereinsinterne Jugend- und Berufsförderung von Tanzgruppe bis Rednerschulung war Herzenssache des Ehrenvorsitzenden. Vielfach engagiert, stand der Zeitzeuge für „Synergieeffekte" und erzählte: „Als Vorsitzender des Stenografenvereins machte ich es möglich, dass die Mädels der Tanzgarde und ihre Angehörigen kostenlos an den Lehrgängen in Stenografie und Maschinenschreiben teilnehmen konnten." Maschinenschreiben klingt nach „Old School", doch ohne Tastatur kommt auch ein Smartphone nicht aus.

Rita Schellin ließ es weiterhin sprudeln als Geschäftsführerin und Beisitzerin des ältesten Wiesbadener Traditionsvereins der närrischen Zunft. Dass sich der „Sprudel" auch außerhalb der Fünften Jahreszeit nicht auf die faule Haut legt, war der Zeitzeugin ein Anliegen: „Wir treffen uns einmal monatlich zum Stammtisch, feiern Oktober-Fest und Nikolaus, Kampagnen-Eröffnung und den Dezember-Stammtisch mit Viergänge-Menü. Unser Heringsessen hat Tradition."

An Auszeichnungen wie dem Goldenen Vlies und dem Ehrenbrief des Landes Hessen mangelte es im Hause Schellin nicht. Den beiden „Sprudel"-Ehrenmitgliedern wurde der Verdienstorden der IG Mittelrheinischer Karneval e.V. verliehen. Den Verdienstorden des Bundes Deutscher Karneval/BDK in Gold (Kurt Schellin: mit Brillanten) und den Stadtorden der Landeshauptstadt Wiesbaden bekam das Paar auch.

Dacho-Mitgründer Kurt Schellin war zugleich Ehrenmitglied und wurde mit der Dacho-Ehrenplakette gewürdigt. IHM wurde die Bürgermedaille in Silber verliehen von der Wahlheimatstadt, und SIE wurde

Rita und Kurt Schellin

von IHRER Geburtsstadt mit der Bürgermedaille in Bronze geehrt. Kurt Schellin freute sich zudem über sein Bundesverdienstkreuz am Bande und den Ehrenbrief des Deutschen Stenografenbundes in Gold. Der hoch dekorierte Fassenachter wurde nicht müde, zu betonen: „Bei uns gibt es keine Bezahlung. Viel Freizeit wird geopfert. Unsere *Sprudel*-Sitzungen werden fast ausschließlich mit eigenen Kräften bestritten." Wichtig waren ihm auch die seit über 25 Jahren durchgeführten Reisen „in Eigenregie, verbunden mit kulturellen Besichtigungen und Veranstaltungen."

Ehre, wem Ehre gebührt – der älteste Fastnachtsverein durfte ein seltenes Jubiläum feiern. Zum 150-jährigen Wirken zelebrierte der „Sprudel" als Senior der Wiesbadener Karnevalsvereinigungen im Restaurant „Alt Wiesbaden" eine akademische Feier. Stadtverordnetenvorsteher Wolfgang Nickel gab sich die Ehre und übergab als Erster Bürger der Landeshauptstadt dem Langzeit-Vorsitzenden für den immerjungen „Sprudel" die Goldene Stadtplakette.

Kurt Schellin erinnerte an Franz Fritsch, der in seiner 1959 publizierten „heiteren Chronik über die letzten 100 Jahre der Kurstadt und ihres Karnevals" unter dem Titel „lachendes, lockendes, lebensfrohes Wiesbaden" drei „sprudelnde" Epochen notierte. Die Rede war von der 1862 durch den späteren Kurdirektor Ferdinand Hey'l und Mitstreiter gegründeten „Gesellschaft", dann von der „Großen Narrenzunft" der Jahre 1949 bis 1958 und reichte bis zur „Wiesbadener Carneval-Gesellschaft Sprudel 1862 e.V.", in der die Narrenzunft aufging.

„Der *Wiesbadener Carneval-Club WCC 50* ging nach acht Jahren Wirken 1958 in der *WCG Sprudel* auf. Alles sprudelt: Der erste große Fastnachtszug Wiesbadens Anno 1887 war ein Werk des *Sprudels* zum 25-jährigen Bestehen", erzählte Kurt Schellin und hatte die Historie aus dem Gedächtnis parat. Das klang im Gespräch fast so, als wäre der passionierte Narr dabei gewesen. Dass der „Sprudel" Anno 1950 in die Wartburg an der Schwalbacher Straße einlud, wusste der Zeitzeuge plastisch zu erzählen. Und die „Wiedergründung des *Sprudels* wurde am 8. Februar 1958 in der „dicht besetzten Rhein-Main-Halle mit 2400 Leuten, mit dem Meenzer Dr. Willy Scheu und Sitzungspräsident Werner Wörle (→ S. 279) in der Rostra" zünftig zelebriert. Der Karnevalist schwelgte in Erinnerungen. „Wir haben einen 100-jährigen auf die Bühne geholt und dann ging es los. In den Jahren darauf hat der *Sprudel* jeweils drei tolle Tage in der Rhein-Main-Halle gefeiert."

Die Gründung der DACHO ging „am 19. Oktober 1950" über die Bühne und ist mit ihren öffentlichkeitswirksamen Folgen eine Story für sich. Es schloss sich schon hier ein Kreis zum Fassenachts-Urgestein Werner Wörle, der ab 1954 Dacho-Präsident war.

Die DACHO-Gründung war die Folge der Fastnachts-Erfahrungen des Jahres 1949. Abgesandte von elf Wiesbadener Fastnachtsvereinen setzten sich gemeinsam an einen Tisch im Restaurant Happel und redeten Tacheles. Resultat: In der Wartburg, wo in der Folge närrische Sitzungen und Maskenbälle stattfanden, wurde der „Wiesbadener Karneval 1950 e. V." aus der Taufe gehoben. Als „Dachorganisation Wiesbadener Karneval 1950 e.V." organisiert die Interessengemeinschaft bis in die Gegenwart hinein den närrischen Lindwurm. Der Fassenachts-Sonntagszug ist quasi die „Fremdensitzung auf der Straße". In der Session 1958 rollte ein „Närrischer Paragraphenstrauß" durch die Straßen der hessischen Metropole.

Ein spektakulärer Brückenschlag über den Rhein und die Landesgrenzen war dieser Sonntagszug außerdem: Das Komitee des Mainzer Narren-Clubs MNC und das Komitee der Mainzer Husarengarde MHG waren in Wiesbaden mit von der närrischen Partie.

Und noch ein Schmankerl: Kaum zu glauben, aber glaubhaft versicherte Historie: Tatsächlich wurde ein Jahr zuvor, also 1957, erstmals

„Sprudel"-Ehrenvorsitzender Kurt Schellin und „Sprudel"-Ehrenmitglied Rita Schellin nutzten – vielfach ordensgeschmückt – ihre Wohnung als „Sprudel"-Geschäftsstelle.

und bislang einmalig der Schulterschluss gewagt. Es ging eine gemeinsame Fassenachtssitzung der „Großen Narrenzunft" und des „Mainzer Narrenclubs" in der Gudd Stubb der Hessen-Hauptstadt über die Bühne. Das Narrenschiff ging im Kurhaus zu Wiesbaden vor Anker!

Die Rostra des „Sprudels" wurde aber schon in der Kampagne zuvor von einem närrischen Duo der Spitzenklasse geentert. Die Stadtoberhäupter Dr. Erich Mix aus Wisibada und Franz Stein aus Meenz lieferten sich in der Bütt ein goldisches Zwiegespräch unter dem Motto: „Rechts und links des Rheins – in der Narrheit eins." Ein 3-fach donnerndes Helau!

Sein ganz persönlicher Umgang mit der Definition von „rechts und links des Rheins" hatte den Pfiffikus Kurt Schellin fast mal hinter Gitter gebracht. Und das kam so: Der Neuwiesbadener wollte am 16. April 1950 die Einweihung der heutigen Theodor-Heuss-Brücke mit Oberbürgermeister Hans-Heinrich Redlhammer aus Wiesbaden, dessen Amtskollegen Franz Stein aus Mainz und dem eigens angereisten Bundespräsidenten Theodor Heuss unbedingt persönlich erleben. Und die Herren in edlem Zwirn mit Zylinder und Amtskette wollte er natürlich selber fotografieren. Der junge Vorwitz lief also munter über die provisorische Patton-Brücke nach Mainz rüber und mogelte sich an der Polizeiabsperrung vorbei. Der Rhein war seit 1946 Landesgrenze und mitten auf der neuen Stromquerung konnte Kurt Schellin tatsächlich ein Bild mit dem legendären „Papa Heuss" schießen. „Um ein Haar wäre ich verhaftet worden", grinste der Zeitzeuge jungenhaft verschmitzt. In seinen Erinnerungen hielt der 22-Jährige „die ersten Wagenkolonnen über die neue Brücke" schriftlich fest und notierte: „Als die erste Straßenbahn zur Kasteler Seite fährt, fahre auch ich mit. Anschließend ging es nach Wiesbaden zurück. Als Erinnerung kaufe ich mir die Mainzer Brückenplakette." Diese Straßenbrücke wurde Ende Dezember 1967 nach dem 1963 verstorbenen ersten Bundespräsidenten Theodor Heuss benannt.

Dem „Stenografenverein 1879 Wiesbaden e.V." als „Verein zur Pflege von Kurzschrift und Maschinenschreiben" war der Zeitzeuge schon 1950 beigetreten. 1959 absolvierte Kurt Schellin die staatliche Lehrerprüfung, war Prüfer und Werter im Deutschen Stenografenbund sowie bei Steno-Weltmeisterschaften – und seit 1986 durchgängig Vorsitzender.

Wie praktisch: Die „schnelle" Schrift ist gut für's elf Minuten „lange" Protokoll in der Bütt. Das wusste der versierte Büttenredner natürlich und bekannte verschmitzt: „Block und Bleistift liegen immer auf dem Nachttisch, damit ein nächtlicher Geistesblitz nicht verloren geht". Es „blitzte" wohl ziemlich oft, denn „Protokoller" Schellin las runde 25 Jahre lang der Politik die Leviten.

Bis in die Gegenwart wurde ihm für seinen Unterricht von „Ehemaligen" ein gutes Zeugnis ausgestellt: Er höre immer wieder: „Sie waren streng, aber durch Sie haben wir die Prüfung geschafft." Der Zeitzeuge hatte einen Plan: „Ich wollte immer, dass sie was lernen bei mir!" Auch seine spätere Frau Rita – „sie saß vorne in der 1. Reihe" – wurde nicht geschont: „Wenn sie mit ihrer Nachbarin geschwätzt hat, habe ich sie drangenommen. ‚Frollein Aigner, lesen Sie mal, was Sie geschrieben haben!' Und dann musste sie eben vorlesen."

Bei dieser Art „Vorlesen" ist es nicht geblieben. Ihr späterer Gatte hatte sie schnell mit dem „Bütten-Virus" infiziert und das Paar „sprudelte" gemeinsam im Vorstand und in der Rostra. „Die anderen Vorstandsmitglieder hatten immer wieder den Verdacht, dass in unserem Wohnzimmer die Vorstandssitzungen weiterliefen", lächelte die Beisitzerin.

Für Kurt und Rita Schellin war Aufgeben nie eine Option – schon gar nicht bei schwerem Wellengang für das Narrenschiff. Nach der Flutkatastrophe in Hamburg im Jahr 1962 kam es für den „Sprudel" ganz dicke. „Wir mussten unsere drei tollen Tage absagen, aber trotzdem an die Stadt die Steuern zahlen und blieben auf 15.000 Mark sitzen", berichtete Zeitzeuge Schellin. „Aber wir haben uns wieder hochgerappelt."

Auch zu Beginn des 21. Jahrhunderts, als der närrische Nachwuchs rar gesät war, machte Familie Schellin unverdrossen weiter, bis „ihr" Verein wieder auf festem Boden stand. Und was Kurt Schellin sagte, galt auch für seine Rita: „Der Fassenacht bleibe ich ewig verbunden."

Eine Weltbürgerin aus Polen als Säule im christlich-jüdischen Dialog

Miriam Schmetterling, geb. Offner

Ehrenvorsitzende der Gesellschaft für Christlich-Jüdische Zusammenarbeit in Wiesbaden
Trägerin der Goldenen Bürgermedaille der Landeshauptstadt Wiesbaden
Geboren am 31. August 1924 in Lemberg / Polen
Gestorben am 19. September 2017 in Wiesbaden.

„Ich bin eine Wiesbadenerin und eine gebürtige Polin", betonte Miriam Schmetterling. „Ich habe in Südafrika gelebt, wo meine Tochter Astrid zur Welt kam. Mein Sohn Dori Alexander ist ein *Darmstädter Heiner*, er ist in Darmstadt geboren und mein Enkel Rafael in London. Ich bin eine Weltbürgerin."

Nein, mit schlampiger Recherche hatte Miriam Schmetterling so gar nichts am Hut. Ein Artikel, der sie fälschlich als „die Ukrainerin" bezeichnet hatte, ging ihr noch Jahre später deutlich gegen den Strich. „Mein Kopf ist noch sehr gut, er arbeitet noch sehr", schmunzelte die über 90-jährige Wahlwiesbadenerin. Klarstellung war der rüstigen Zeitzeugin wichtig. „Ich bin eine Jüdin. Meine Eltern wurden in Österreich unter der k.u.k -Monarchie geboren. In unserem Elternhaus standen hebräische Bücher neben deutschen Büchern im Regal. Ich bin mit mehreren Sprachen und mit der deutschen Kultur aufgewachsen." In Hessen war Miriam Schmetterling seit den späten Sechzigern zuhause: „Wiesbaden, das ist meine Heimatstadt." Wie kam sie in die Dreililienstadt? „Es sind alles Zufälle. Mein Mann Arie war promovierter Chemiker bei Hoechst und hat Niederlassungen in Südafrika und Indien aufgebaut. Ich habe in Darmstadt an der TU mehrere Semester ein Studium Generale absolviert." Aufblitzender Humor würzt das Gespräch: „Als *Doktorarbeit* war ich schwanger mit meinem Sohn. Ich habe also *mit Glanz und Gloria* promoviert!" Der Arbeitgeber von Dr. Ari Schmetterling hatte die Familie nach Wiesbaden gebracht: „Nach 10 Jahren Ausland hat uns die Firma Hoechst die Wohnung angeboten. Wir sind Anfang 1968 mit unseren Kindern Astrid und Dori nach Wiesbaden gezogen."

Kindermund tut Wahrheit kund. Die amüsierte Mutter belegt diese Volksweisheit mit einer Äußerung ihrer fünfjährigen Tochter über die neue Heimat Wiesbaden: „Astrid sprach englisch und meinte: It's very nice here, like Durban. It's different, but the same beautiful." Heute lebt Tochter Astrid, die am Oberstufengymnasium Moltkering ihre Abiturprüfung abgelegt hat, in London. Astrid Schmetterling lehrt Kunstgeschichte am Goldsmith College der University of London. Filius Dori, ebenfalls in London ansässig, ist in der pharmazeutischen Industrie tätig. Auf dessen Sohn war die Großmutter besonders stolz. Enkel Rafael bestand sein Abitur mit Auszeichnung und studierte Ingenieurwesen an der Elite-Universität Cambridge.

Kaum in Wiesbaden, wollte sich die Zeitzeugin engagieren: „Schon 1968 bin ich mit meinem Mann Arie in die Gesellschaft für Christlich-Jüdische Zusammenarbeit in Wiesbaden eingetreten." Mehr als 10 Jahre lang war sie jüdische Vorsitzende in der Nachfolge ihres Mannes, später Beisitzerin im Vorstand der GCJZ. Ihr außergewöhnlicher Einsatz wurde mit der GCJZ-Ehrennadel gewürdigt.

An die „Woche der Brüderlichkeit", die zum 60. Geburtstag des Grundgesetzes das Motto trug „1949 – 2009. Soviel Aufbruch war nie", erinnerte sie sich gerne. Die GCJZ hatte Büchner-Preisträgerin Mirjam Pressler eingeladen, die im Rathaus-Festsaal von Parlaments-Chefin Angelika Thiels herzlich begrüßt wurde. Mit Dr. Helmut Müller, Rudi Schmitt und Prof. Dr. Joachim Jentsch erwiesen drei Oberbürgermeister dem Festakt die Ehre.

„Geschichten verbinden die Vergangenheit mit dem, was heute ist und morgen sein wird. Fakten bleiben blutleer, ohne Farbe, ohne Geruch und Geschmack, wenn sie nicht durch Menschen erklärt und mit Leben erfüllt werden." Im Jahr ihres 90. Geburtstages wurde der agilen Zeitzeugin mit der Bürgermedaille in Gold eine besondere Ehrung ihrer Wahlheimatstadt zuteil. „Durch ihren kontinuierlichen und unermüdlichen Einsatz bereichert Frau Schmetterling die vielfältige Kulturlandschaft Wiesbadens und trägt so in besonderem Maß zur Entwicklung des deutsch-jüdischen Dialoges bei." Miriam Schmetterling, die auch mit der Jugend-Begegnungsstätte Anne Frank zusammengearbeitet

Mirjam Schmetterling zeigt ihrer aus London angereisten Tochter Astrid eine gedruckte Erinnerung: Eine polnische Zeitung hatte auf der Titelseite über das Wiedersehen der Zeitzeugin mit ihrer Retterin Josefa Tracz in Warschau berichtet.

hat, meinte zu ihrem Anliegen schlicht: „Ich habe es immer gern getan. Ich fand es schon früh wichtig, mich zu engagieren."

Die Laudatio unterstrich ihren langjährigen Einsatz für den Religionen verbindenden Dialog. „Seit Ende der sechziger Jahre ist sie Mitglied und seit Mitte der neunziger Jahre Vorstandsmitglied der Deutsch-Israelischen Gesellschaft / DIG. Sie engagiert sich, die Freundschaft zum Staate Israel und die Verständigung zwischen Deutschen und Israelis zu vertiefen und zu intensivieren."

Heinz Rosenberg, Vorsitzender des Freundeskreises Kfar Saba e.V., nutzte die Gelegenheit, dem zeitweiligen Vorstandmitglied „für jahrelanges unermüdliches Wirken" zu danken. „Ist doch mit Ihnen eine Frau ausgezeichnet worden, die in allen Bereichen ihrer Tätigkeit stets für das Verständnis gegenüber Andersdenkenden eingetreten ist. Insbesondere die reibungslose Zusammenarbeit zwischen den Religionen war und ist Ihr Ansinnen. Auch das Zusammenleben von Juden und Christen in Deutschland nach den Schrecken der NS-Diktatur ist Ihnen ein großes Anliegen, dem Sie sich mit ganzer Kraft widmen."

Ihre Aktivitäten im christlich-jüdischen Dialog verbanden die Generationen: „Frau Schmetterling hat viele Jahre als Zeitzeugin Gespräche mit Schülern und Jugendlichen geführt, in evangelischen und katholischen Kirchengemeinden über jüdische Religion und Kultur referiert und so das Kennenlernen und gegenseitige Verständnis der Religionsgemeinschaften in besonderem Maße gefördert."

Mit trockenem „Referieren" war es bei Miriam Schmetterling nie getan. Interessierte wurden beispielsweise beim Tag der Offenen Tür in der Synagoge von ihr mit anschaulich geschilderter Geschichte der jüdischen Gemeinde beschenkt. „Die Menschen waren müde von der Wanderung. Sie waren gezeichnet von der Flucht und sie waren ausgezehrt von den Schrecken, die ihnen widerfahren waren." Der Blick richtet sich auf die ersten Monate und Jahre jüdischen Lebens nach 1945. Schon zum Chanukkafest 1946, kurz vor Weihnachten, gründete sich in den kriegsbedingt maroden Räumen in der Friedrichstraße eine neue jüdische Gemeinde.

Seit Ende der achtziger Jahre engagierte sich Miriam Schmetterling im „Förderkreis Aktives Museum", Vorgänger des „Aktiven Museums Spiegelgasse" und im Gesprächskreis „Halomdim" (die „Lernenden"). Für das „Aktive Museum" war sie oft auf Achse. „Ich finde es sehr wichtig, dass die Kinder wissen, zu was Menschen fähig sind." Kinder und Jugendliche dankten es ihr in rührenden Briefen. „Wir haben es uns, bevor Sie da waren, nicht halb so schlimm vorgestellt", schrieb ein Schulkind der sechsten Klasse. Andere schrieben: „Mich haben Worte von Ihrem Gespräch bewegt." – Ich fand es interessant zu hören, wie Sie auf engstem Raum überlebt haben." – „Ich danke Ihnen für das neue Wissen, was vor unserer Zeit passiert ist."

Miriam Schmetterling hat geantwortet: „Es war für mich ergreifend, zu erleben, wie stark Euch der Inhalt meiner Ausführungen beeindruckt hat. Ich kann verstehen, dass für Euch all das Schreckliche nicht nachvollziehbar ist, denn ich selbst, die das alles erlebt und überlebt habe, frage mich oft „wie war es möglich?!" Für mich ist es wichtig, solange ich noch Kraft habe, einen kleinen Beitrag zur Bekämpfung der Fremdenfeindlichkeit, des Rechtsextremismus und Antisemitismus zu leisten. Es ist auch wichtig, zu erzählen, dass es Menschen gab, die Mut und Zivilcourage hatten, um anderen zu helfen. Ich hoffe, daß Eure Bemühungen zur Verteidigung unserer Demokratie sich nicht nur an einem *Projekttag* erschöpfen werden und ich wünsche Euch viel Erfolg."

Unter dem Titel „Es ist schwer, dort zu leben, wo alle tot sind" berichtete Miriam Offner aus dem polnischen Lemberg, dass sie als älteste von vier Töchtern eines Bankiers in einem traditionell religiösen jüdischen Elternhaus aufwuchs. „Damals lebten in Lemberg zu einem Drittel Polen, Ukrainer und Juden friedlich miteinander, wir hatten ein kulturell sehr reiches Leben. Ich besuchte das jüdische Gymnasium und habe im Sommer 1941, ein paar Tage vor dem Einmarsch der Deutschen in Lwów/Lemberg, mein Abitur gemacht und meine Papiere an der Universität für Medizin eingereicht."

Hitler war schon am 1. September 1939 in Polen einmarschiert. „Als Lemberg unter deutsche Herrschaft kam, sind wir plötzlich rechtlos geworden. Wir durften keine Tiere mehr halten. Es wurden Wohnungen ausgeräumt und Männer in Lastwagen abtransportiert." In zehn Tagen verschwanden 50.000 Menschen. Mit ihrer Familie wurde Miriam Offner von Nachbarn „ungefähr eine Woche" in einem Kellerverschlag versteckt – „zum Hinfallen war kein Platz." Danach kamen die Eltern und die drei jüngeren Schwestern in das Ghetto von Lemberg. „Wir waren sieben Personen. Nur ich lebe noch."

Überleben war nur mit Hilfe der örtlichen Bevölkerung möglich, stellte Miriam Schmetterling klar. „Sie waren echte Helden. Die waren sehr mutig und hatten viel Courage."

Das Mädchen Miriam Offner wurde von einem Polen zur Familie ihres späteren Mannes Arie nach Kopyczynce gebracht. Dort hatte sie die couragierte Familie von Marian, Sanitäter in der Arztpraxis von Aries Vater, zehn Monate lang versteckt. Marians Schwiegereltern waren das Hausmeisterpaar der Stadthalle im Zentrum des Ortes. Mit Arie, dessen Eltern und einer dreiköpfigen Zahnarztfamilie kauerte Miriam im Taubenschlag über der Hausmeisterwohnung.

„Wir waren die Eingemauerten im Rachen des Löwen." Denn genau gegenüber der Stadthalle waren SS und die ukrainische Polizei stationiert. Im Dachstuhl überlebten die sieben Versteckten in Todesangst brütende Hitze und klirrende Kälte. Damit aus dem Taubenschlag kein verräterisches Geräusch zu hören war, übte die 15-jährige Hausmeisters-Tochter Josefa über Stunden hinweg Chopin auf dem Klavier. Das ging so bis zur Befreiung durch die Rote Armee Ende März 1944. „Meine Herrschaften, Sie können rauskommen", waren die erlösenden Worte von Marian.

„Von denen, die uns gerettet haben, die Familie Tracz mit drei Kindern, lebt noch die Tochter Josefa. Im Frühling 2007 haben wir uns in Warschau wiedergetroffen. Das war ein ergreifender Moment. Der Urenkel der Retter, Mattheus, wohnt seit 3 Jahren bei meiner Tochter

Astrid", freute sich Miriam Schmetterling über diesen „Enkel" und fragte: „Ist das nicht schön, so eine Freundschaft?"

Wahlwiesbadenerin Schmetterling war auch am Staatstheater Darmstadt gefragt. „Sie haben uns gestern als Zeitzeugin von Ihren eignen grausamen Erfahrungen erzählt", schrieb ihr eine Zuhörerin. „Das war nicht selbstverständlich, war mutig von Ihnen und schwer – und wichtig für uns (...). Es betrübt mich, dass nur so wenige Zuhörer gekommen waren. Ich schäme mich für meine eigene Generation (Jg. 1927) – und noch viel mehr für die Generation davor. Meinen Kindern und Enkeln erzähle ich von Ihnen und auch, wie es mit dem Wegschauen war – und ist. Niemand kann sich hinter den Worten verstecken: ‚Wir haben nichts gewusst!' Jeder Erwachsene konnte damals wissen, wenn er es nur wollte, sogar mancher Jugendliche. Das ist meine persönliche Erfahrung. (...). Wir müssen weiterhin überaus wachsam sein. Ich werde Ihre Geschichte, Sie und alle die anderen nicht vergessen."

Intendant Professor Gerd-Theo Umberg bedankte sich „für Ihren persönlichen Einsatz, mit dem Sie die Gesprächsrunden zu unserer Vorstellung *Das Tagebuch der Anne Frank* bereichert haben, sehr herzlich."

Die Zeitzeugin wurde nicht nur in ihrer Gemeinde für ihren trockenen Humor geliebt. Einen zur Situation passenden jüdischen Witz hatte sie immer parat. „Erzählen" wäre zu kurz gegriffen. Schauspielerisch begabt, stellte Miriam Schmetterling ganze Szenen dar. „Ich will immer Brücken bauen und den Dialog führen und ich liebe den jüdischen Witz." Schelmisches Augenzwinkern als Kommentar. Auch das Nachbarschaftshaus in Biebrich schätzte die fachkundige Referentin, die Hintergrund und Ablauf jüdischer Feste gern erklärte: „Die zwei Schabbatkerzen beziehen sich auf die Weisungen im Gebot „Du sollst den Schabbat heiligen und ehren" und werden von der Frau des Hauses entzündet. Die Wochenfeste sind Pessach (zu Ostern), Schawuot (zu Pfingsten) und Sukkot, das Laubhüttenfest, im September. Das Los-Fest Purim findet im Februar oder März statt, das Lichterfest Chanukka im November/Dezember. Mitte Januar wird Tubi Schewat, das „Neujahr der Bäume", gefeiert."

Auch Freimaurer interessierten sich für die jüdischen Feiertage und so brachte Miriam Schmetterling den Brüdern der Johannisloge „Humanitas zu den drei Lilien" im damaligen Logendomizil Hotel Oranien die jüdischen Feste näher. In seinem Dankschreiben versicherte der Meister vom Stuhl: „Sie können die schöne Gewissheit haben, einen mächtigen Baustein zum gegenseitigen Verstehen gesetzt zu haben."

An der multimedialen Präsentation „Zu Hause?" war die Wahlwiesbadenerin aktiv beteiligt. Im Jahre 2006 feierte die Jüdische Gemeinde ein Doppeljubiläum: Zum Chanukkafest 60 Jahre zuvor hatte sich die Jüdische Gemeinde Wiesbaden wieder gegründet und 20 Jahre später wurde die neu erbaute Synagoge in der Friedrichstraße eingeweiht.

Die Ausstellung „Zu Hause?" gab in Fotografien, Filmen, Dokumenten und historischen Exponaten Einblicke in über 60 Jahre jüdisches Leben in Wiesbaden. Im Rathausfoyer waren unzählige blaue Stühle aufgetürmt als Symbol der Sesshaftigkeit. Als Vorstandsmitglied der

Deutsch-Israelischen Gesellschaft war die Zeitzeugin in einem Film zu erleben, den sie persönlich vorstellte. „Pessach ist das Fest der Freiheit. Wein ist das Getränk der freien Menschen." Mit der rituellen Funktion des Seder-Tisches machte sie vertraut. Auch, wenn es um Ausstellungen wie „Masada" im Jahr 2012 ging, war sie zur Stelle.

Das kulturelle Leben in ihrer Geburtsstadt Lemberg, „eine Großstadt mit Wiener Flair", habe Ähnlichkeit gehabt mit Wiesbaden, meinte die Zeitzeugin. Die Villa Clementine mit ihrer Lage am Warmen Damm erinnerte Miriam Schmetterling an die Oper in Lemberg, auch die Theater der beiden Städte waren für sie vergleichbar. Nur äußerst ungern hat sie aus gesundheitlichen Gründen ihre Aktivitäten eingeschränkt.

Ein historisch und kulturell engagierter Jurist

Georg Schmidt-von Rhein

Landgerichtspräsident a. D.
Mitglied des Staatsgerichtshofs des Landes Hessen a. D.
Vorstandsvorsitzender der Casino-Gesellschaft Wiesbaden a. D.
Gründungsmitglied des Wiesbadener Lions-Clubs Dreililien
Mitglied der Magistratskommission zur Weltkulturerbe-Bewerbung
Geboren am 5. September 1936 in Wiesbaden

„Kultur und die Erforschung der Geschichte der Gesellschaft liegen mir am Herzen", bringt Georg Schmidt-von Rhein sein Credo auf den Punkt. Der Zeitzeuge mit dem Faible für Klartext war lange Jahre Vorstandsvorsitzender der Casino-Gesellschaft Wiesbaden, eine der ältesten bürgerlichen Vereinigungen der hessischen Landeshauptstadt.

Es verstand sich für den Zeitzeugen von selbst, dass die altehrwürdige Institution, von ihm seit 2003 geleitet, den 200. Geburtstag als rauschendes Jubiläum zelebriert hat: „Wir haben zu einem Festakt eingeladen und zu einem Tag der Offenen Tür, zu einem Kammerkonzert und zum Festball mit historischen Tänzen der vergangenen zwei Jahrhunderte", berichtet Georg Schmidt-von Rhein. „Eine Casino-Reise führte uns an die Wurzeln unserer Geschichte in die Toskana, wo sich schon im 17. Jahrhundert – lange vor Gründung der berühmen englischen Clubs – die ersten Gesellschaften Kultur und Geselligkeit gewidmet haben."

Zum Festakt war Bundestagspräsident Prof. Dr. Lammert eigens aus Berlin angereist. Der hessische Kultusminister Prof. Dr. Ralph Alexander Lorz gratulierte ebenfalls. Bürgermeister Arno Goßmann überraschte mit einer besonderen Auszeichnung, die in dieser Version erstmals verliehen wurde. Georg Schmidt-von Rhein nahm die Stadtplakette in Gold mit vier Brillanten entgegen. Schon 1991 wurde das Wirken der Casino-Gesellschaft mit einer Wiesbadener Stadtplakette geehrt. Die Industrie- und Handelskammer Wiesbaden würdigte die Casino-Gesellschaft zum Jubiläum mit der IHK-Ehrenplakette.

Die Gesellschaft zeigt seit ihrem Jubiläum noch deutlicher Flagge mit der Bezeichnung: „Das Forum für Kultur, Geschichte und Geselligkeit". Die Institution benennt damit „die drei Elemente, die das Leben dieser Gesellschaft prägen", erklärte der damalige Vorsitzende. „Mit der Kultur einer Gesellschaft steht und fällt das Leben des Einzelnen, der Familie sowie die gesamte Struktur eines Staates", machte der historisch und kulturell versierte Jurist klar. „Erst der Beginn des 20. Jahrhunderts hat allen bewusst gemacht, dass die Kultur eigentlich die wichtigste Rolle in dem Dreiklang der Werte zu spielen hat: cultura, die Pflege von Körper und Geist, prägt das menschliche Miteinander jeweils auf ihre Art."

Georg Schmidt-von Rhein ist ein echt „Wissbadener" Eigengewächs und will mit der Casino-Gesellschaft „das kulturelle Erbe Wiesbadens stärken und bewahren." Dem Zeitzeugen liegt „die Bedeutung der im Laufe der Stadtgeschichte geschaffenen und bis heute erhaltenen Kunstwerke" am Herzen. Ihm ist „das Bewusstsein, dass unsere städtische Kultur ein Teil der europäischen Kultur ist", wichtig. Die Casino-Gesellschaft ist Mitglied in der Kongress-Allianz Wiesbaden und Mitbegründerin der Kulturinitiative Wiesbaden sowie eines der Gründungsmitglieder der Wiesbaden-Stiftung.

„Die Geschichte kann eine gute Lehrmeisterin sein", davon ist Georg Schmidt-von Rhein überzeugt. Und so hatte sich die Casino-Gesellschaft 200 Jahre nach dem Beginn des Biedermeiers Anno 1815 mit der facettenreichen Ausstellung „Wiesbaden – Die nassauische Residenzstadt im Biedermeier" zur „Geschichte" ihrer Stadt zu Wort gemeldet. Schirmherr war Seine Königliche Hoheit, Großherzog Henri von Luxemburg, Herzog zu Nassau.

Im Vorfeld richtete die Gesellschaft im September 2013 gemeinsam mit dem Stadtmuseum Wiesbaden und dem Verein für Nassauische Altertumskunde und Geschichtsforschung eine Fachtagung aus. In der Ausstellung wurden 2015 hochkarätige Exponate präsentiert, die als Höhepunkte in Malerei, Musik und Literatur den Wandel in der Gesellschaftsstruktur demonstrierten. Im Begleitprogramm luden Fachvorträge und Konzerte zur Zeitreise in die „Kurstadt Wiesbaden" ein – als Biebrich der „Vorhafen" von Frankfurt war, Heinrich Heine in seinem „Wintermärchen" den „Nebeljungenstreich" kommentierte und „Kur-

Als Vorstandsvorsitzender der Casino-Gesellschaft Wiesbaden verbrachte Georg Schmitt-von Rhein viel Zeit in der hauseigenen Bibliothek.

bzw. Badeinspektoren" für den reibungslosen Kurbetrieb in Wiesbaden sorgten.

Im Jahr 2006 hatte Kurator Schmidt-von Rhein angeregt, das Jubiläum des 200 Jahre zuvor gegründeten Herzogtums Nassau stilvoll und umfänglich zu würdigen. Als deutsch-französischer Kulturbrückenschlag der besonderen Art machte die großräumige Präsentation von sich reden. Die Casino-Gesellschaft hatte unter dem Titel „Napoleon und Nassau" eine faszinierende Schau der Gründungsphase des Herzogtums erarbeitet. Wiederum unter Schirmherrschaft des Großherzogs Henri von Luxemburg sowie des Ministerpräsidenten Roland Koch boten über 400 Originale in stilvoll authentischem Ambiente spannende Einblicke in das Leben um 1800.

Der Zeitzeuge führte gern durch die Säle und gab informative Blicke „hinter die Kulissen". Ein eigener Saal war dem nassauischen Rheingau und dem Aufbruch in eine neue Zeit mit der Auflösung des Erzbistums Mainz und der Gründung des Herzogtums Nassau von Napoleons Gnaden gewidmet. „Zweimal weilte Imperator Napoleon persönlich in Mainz und Biebrich". Folgen der Säkularisation wurden in der Schau am Verfall der Zisterzienserabtei Kloster Eberbach deutlich. Mehr als 5000 Interessierte kamen und waren schon beim Eintritt in den Spiegelsaal dem Jetzt entrückt. „Sie bestaunten gut erhaltene Münzen, Gesetzbücher, Grafiken, Karikaturen und Landkarten, Waffen, Möbel, der Thronsessel, Alltagsgegenstände und Kunstwerke". Goethe und Heinrich Heine waren vertreten, auch Zar Alexander I. und Bernhard von Clairvaux.

Spezielle Faszination ging von einem wertvollen historischen Dokument aus – die „Rheinbundakte" wurde hinter Glas gezeigt. Die Originalunterschrift von Napoleon war auf der Urkunde in bräunlicher Tinte nach immerhin 200 Jahren noch erstaunlich gut zu entziffern (wie sich die Autorin erinnert). Zeitzeuge Schmidt-von Rhein hob noch ein weiteres Dokument hervor: „Den Vertrag über die Abtretung von Castellum mattiacorum (Kastel) und Kostheim vom März 1806 mit dem Siegel des *Empereur des Français* konnten Interessierte mit eigenen Augen begutachten."

Dass Georg Schmidt-von Rhein mit seinem Engagement am Puls der Zeit ist, illustriert auch der Slogan: „Aus Geschichte(n) Zukunft entwickeln". Der Zeitzeuge ist ein passioniertes Gründungsmitglied der Bürgerinitiative „Haus der Stadtkultur und Stadtgeschichte". Gemeinsam mit dem früheren Stadtentwicklungsdezernenten und Staatsminister a.D. Dr. Jörg Jordan, mit Alt-Oberbürgermeister Achim Exner, Professor Franz Kluge und Schulleiter Dr. Gerhard Obermayr plädierte er dafür, „das Alte Gericht für öffentliche Nutzungen zu erhalten und die Zerlegung des Bau- und Kulturdenkmals durch den Einbau kaum bezahlbarer Wohnungen zu verhindern." Nicht zufällig trat die Bürgerinitiative im Domizil der Casino-Gesellschaft an die Öffentlichkeit. „Das Alte Gericht ist ein Gebäudejuwel aus dem späten 19. Jahrhundert und selbst ein Teil Wiesbadener Geschichte. Der Widerständler und spätere Oberbürgermeister Georg Buch war hier eingekerkert, es gab Hinrichtungen", betont der Zeitzeuge. „Das Kulturdenkmal und Erbe der Baukultur darf nicht zerstört werden. Nach sechs Jahren Leerstand sollte es ein Haus mit der Strahlkraft vielfältiger Nutzung und lebendiger Stadtkultur inklusive Stadtmuseum im Alten Gericht werden."

Der Zeitzeuge berichtete von „mehr als 6000 Unterschriften" im Vorfeld der Podiumsdiskussion „Wohnen oder Visionen", zu der das Publikum in die Casino-Gesellschaft in hellen Scharen strömte. Hausherr Schmidt-von Rhein warnte als Mitglied der Magistratskommission zur UNESCO-Welterbebewerbung vor den Negativfolgen und betonte: „Jede Stadt hat ein Stadtmuseum, außer Wiesbaden." Das am Tag des Denkmals 2016 als „sam" eröffnete „Stadtmuseum am Markt" wird von der Bürgerinitiative kritisiert als „10-Jahresprovisorium" und als „fensterloses Schaufenster Wiesbadener Stadtgeschichte".

Ein durchaus bedeutender Teil der Stadthistorie ist die Wiesbadener Casino-Gesellschaft selbst, die als „Juristische Person nassauischen Rechts" am 22. März 1816 genehmigt wurde. Friedrich August, Herzog von Nassau-Usingen, gefiel sich dabei als Protektor der betont unpolitischen Institution. Die Gesellschaft hatte sich in der Gründungssatzung verpflichten müssen, „dem Zwecke der Durchführung geselliger, wissenschaftlicher und kultureller Veranstaltungen" zu dienen. „Am 23. August 1815 fand im Gasthaus *Zum Adler* in Wiesbaden die konstituierende Versammlung zur Gründung der Wiesbadener Casino-Gesellschaft statt." Zehn Jahre nach Entstehen des Herzogtums Nassau hatte der zweite Anlauf zur Gründung geführt. „Der Herrscher wollte politischen Forderungen vorbeugen und entsandte sein komplettes Offizierscorps als Mitglieder. Bis zur Mitte des 19. Jahrhunderts konnte die Casino-Gesellschaft ihren ursprünglichen Gründungsgedanken nicht umsetzen."

Georg Schmidt-von Rhein verweist historisch versiert auf den Drang des aufstrebenden Bürgertums nach Freiheit und mehr gesellschaftlicher Geltung als Folge von Aufklärung und Französischer Revolution. Die Lesegesellschaften in Paris waren Vorbild und das bürgerliche Bildungsideal wurde in Wiesbaden ernst genommen. Von „Daily News" über „Le Figaro" bis zum „New Yorker" lagen im Lesekabinett 40 Tageszeitungen, 35 Wochenblätter und ein Dutzend Monatshefte und 16 Jahrbücher zur Lektüre aus.

Das 1805 gegründete „Lesemuseum" von Hofbuchhändler Ludwig Schellenberg geht als Vorläufer der Casino-Gesellschaft durch. Deren Anfänge gingen eher bescheiden im Hause des Hofrates Groll im Eckhaus Neugasse / Mauergasse über die Bühne. Der Zusatz „Casino" (italienisch für „kleines Haus", Gesellschaftshaus zum Lesen und Spielen) galt für viele bürgerliche Gesellschaften. Dass in einem „kleinen Haus" gerne dem Glücksspiel gehuldigt wurde, brachte den Spielbanken das Synonym „Casino / Spielcasino" ein.

Schon im Gründungsjahr der Wiesbadener Casino-Gesellschaft erzwang der enorme Lesehunger vieler höherer Beamter des Herzogtums den Umzug in größere Räume im Hause des Müllers Herber in der Friedrichstraße. Sogar von „Lesewuth" war die Rede damals. Wie der

Zeitzeuge erzählt, erwarb die Gesellschaft Anno 1855 mit dem Mala-
partschen Haus nach mehreren Umzügen ein eigenes Domizil, das 1872
abgerissen wurde. Wilhelm Bogler errichtete am selben Ort einen Neubau, der sich am Villenbau italienischer Renaissance orientierte. Von
wegen „kleines Haus". Die 1874 erbaute Repräsentanz der Casino-Gesellschaft an der Friedrichstraße ist mit ihren drei Geschossen als Re-
präsentationsbau ein Kleinod der Neo-Renaissance.

Auf gut alt wissbadenerisch heißt es: „Mer strunze nit, mer hunns",
was dem Auge an prunkvollem Ambiente geboten wird. Für die höchst
aufwändige Restaurierung samt stilvollem Ausbau der Dachetage mit
Tageslichtfenstern trug Georg Schmidt-von Rhein Sorge. Eine Augenweide ist schon das imposante Foyer. „Das Herzstück ist der Herzog
Friedrich-August-Saal mit prächtiger Malerei von Kaspar Kögler." Ge-
prunkt wird mit dem Spiegelsaal, dem klassizistischen Speisezimmer,
dem stilechten Clubzimmer und der gemütlichen Club-Lounge. Eine
Kegelbahn und einen Weinkeller gibt es auch. Neben Banketten und
Bällen werden festliche Casino-Diners angeboten mit fachkundig refe-
rierten Themen.

Das Lesen früherer Zeiten „hat sich verlagert auf Diskussionsrunden
wie den seit 2009 bestehenden Goethe-Arbeitskreis, der alle zwei Monate tagt", berichtet dessen langjähriger Leiter Schmidt-von Rhein. Der
Arbeitskreis „Wirtschaft, Kultur und Politik" trifft sich, der Geselligkeit
frönt der „Dämmerschoppen".

Mehr als 300 Mitglieder hat die Wiesbadener Casino-Gesellschaft, die
seit einer Satzungsänderung im Oktober 1994 auch weibliche Mitglieder aufnimmt. Etwa 20 Prozent der Mitgliedschaft sind Frauen. Der elo-
quente Zeitzeuge ist seit 1965 Mitglied der Gesellschaft: „Wir
repräsentieren Bürgerinnen und Bürger, die Geselligkeit pflegen wollen
und wissen, dass es Verantwortung auch für Andere gibt." So war das
Golfturnier im Jubiläumsjahr 2016 ein Benefiz-Turnier „zugunsten der
Dr. Kern-Stiftung, die sich für die Förderung der Jugend einsetzt."

Tagungen, Empfängen, Vorträgen und dem Casino-Forum bietet die
Casino-Gesellschaft die stilvolle Kulisse. Unter dem Titel „Als die Mauer
fiel" ging im November 2009 ein prominent besetztes Erzählcafé der
Hessischen Staatskanzlei über die Bühne mit Staatsminister Stefan
Grüttner und mit Ruth Wagner, beim Mauerfall Ministerin für Wissen-
schaft und Kunst.

In den „heiligen Hallen" findet eine breite Palette von Veranstaltungen
statt. Mehrfach war das Deutsche Filminstitut DIF jeweils im April zu
Gast. Die Casino-Gesellschaft wurde zum Festivalzentrum von „Go
East – Festival des mittel- und osteuropäischen Films". Eine Woche lang
wehte mit Filmen und internationalen Gästen ein Hauch von Berlinale
durch das denkmalgeschützte Gebäude.

Die Räume der Casino-Gesellschaft avancierten auch zum Domizil
einer Loge. Der älteste Verein der Landeshauptstadt, die Freimaurerloge „Plato zur beständigen Einigkeit Nr. 125 im Orient Wiesbaden" –
gegründet 1778 im Schloss zu Biebrich – zelebrierte ihr Jubiläum des
225. Stiftungsfestes im Oktober 2003 im historischen Interieur. Zum

Festakt reiste Jens Oberheide als Großmeister der „Großloge der Alten, Freien und Angenommenen Maurer / AFAM aus Deutschland" eigens aus Berlin an. Für die „Tempelarbeit" war der Spiegelsaal als „Tempel" dem Ritus entsprechend ausgestattet worden.

Publikumswirksame Ausstellungen wie „Angelika Kauffmann – Malerei und Mythos" im Jahr 2012 über Goethes prominenteste römische Künstlerbekanntschaft („ein Weib mit wirklich ungeheurem Talent"), von Herder gerühmt als „die vielleicht kultivierteste Frau Europas", könnten als „Spezialität" des Zeitzeugen bezeichnet werden.

Georg Schmidt-von Rhein ist mit dem Maler Hans Bossung als Herausgeber hervorgetreten mit Büchern über „das alte Wiesbaden" und „Wiesbadens ländliche Idylle", über „den romantischen Rheingau" sowie über „Wiesbaden und seine Nachbarn".

Hoch verdient ist der einsatzfreudige Vorstandsvorsitzende der Casino-Gesellschaft mit höchsten Meriten versehen. Für vielfältige Verdienste ehrte ihn 2003 das Bundesverdienstkreuz erster Klasse. 2006 würdigte ihn seine Geburtsstadt mit der Bürgermedaille in Gold. Im selben Jahr wurde ihm zudem eine außergewöhnliche Ehre zuteil. Georg Schmidt-von Rhein wurde der Orden de Mérite d'Adolphe de Nassau in Luxemburg verliehen.

Das Jurastudium hatte dem bewusst parteilosen Zeitzeugen mit den breit gefächerten Interessen „viele Optionen" geboten. Der Richter am Oberlandesgericht Frankfurt sammelte Erfahrungen auch in der Justizverwaltung, wurde 1983 zum Präsidenten des Landgerichts Limburg berufen. Hier gründete er Mitte der Achtziger Jahre die „Gesellschaft für Recht, Wirtschaft und Politik", blieb bis 1995 Vorsitzender. Georg Schmidt-von Rhein initiierte auch die „Gesellschaft für Reichskammergerichtsforschung Wetzlar e.V." und ist deren Gründer, der von Beginn an als Vorstandsvorsitzender amtierte. „Zwei Jahre später, also 1987, konnte das Reichskammergerichts-Museum in Wetzlar mit eigener Forschungsstelle eröffnet werden. Die beiden Institute sind wie das Städel Museum oder das Deutsche Literaturarchiv Marbach Mitglied im Arbeitskreis selbständiger Kulturinstitute", freut sich der Jurist über das hohe Ansehen der Forschungsstelle weit über Deutschland hinaus. Sein Engagement wusste die Kommune 2007 mit dem Kulturpreis der Stadt Wetzlar zu würdigen.

„Ich wollte alle zehn Jahre etwas anderes machen", formuliert Georg Schmidt-von Rhein seine Maxime. Auch als Präsident des Landgerichts Darmstadt (1995 bis 2001) blieb der ideenreiche Zeitzeuge seiner Devise treu und initiierte dort mit umfangreicher Planung das moderne Justizzentrum: „Hier konnte eine Kombination sanierter Altbauten mit Neubauten verwirklicht werden."

Wichtig war dem Zeitzeugen auch sein ehrenamtliches Engagement als Mitglied des Verfassungs- und Verwaltungsgerichts der Evangelischen Kirche in Hessen und Nassau (EKHN) in Darmstadt (1979 – 2001). Mitglied und Vorsitzender im Justizprüfungsamt des Hessischen Justizministeriums und Mitglied des Staatsgerichtshofs (1987 – 2001) war der vielseitige Jurist außerdem.

Den Lions-Club „Wiesbaden Drei Lilien" hat der Zeitzeuge 1987 als Gründungsmitglied in Schloss Biebrich mit aus der Taufe gehoben, war zeitweilig dessen Präsident und Clubmaster.

Georg Schmidt-von Rhein hat sich als Vorsitzender der Arbeitsgruppe, welche die entsprechende Satzung erarbeitet hat, sehr um die Einrichtung des Gestaltungsbeirates Wiesbaden verdient gemacht. Und Initiator und Gründungsmitglied des „Vereins zur Förderung des Stadtarchivs Wiesbaden e.V." ist der so vielseitig engagierte Zeitzeuge übrigens auch.

Weltweit rasierender Barbier und klingender Hochkaräter

Eike Wilm Schulte

Hessischer Kammersänger
Ehrenmitglied des Staatstheaters Wiesbaden
Träger der Goethe-Plakette des Hessischen Ministeriums für Wissenschaft und Kunst, Charakter-Bariton
Geboren am 13. Oktober 1939 in Plettenberg/Westfalen

Er gilt als „ein Sänger zum Anfassen" und ist ein Publikumsliebling. Ein weltweit „rasierender Barbier" nicht nur „von Sevilla" ist der Könner des Belcanto auch. Unter stehenden Ovationen und etlichen Bravorufen tut der Hessische Kammersänger Eike Wilm Schulte es nicht. Doch Starallüren sind dem Bariton aus Westfalen fremd, die hat er – auch in „höherem Mittelalter" – nicht nötig. Seinen „lockeren Humor" hat er sich bewahrt und legt ihn auch dem sängerischen Nachwuchs dringend ans Herz: „Lasst Euch nicht von irgendwelchen Regisseuren oder Intendanten den Humor nehmen! Die Stimme sollte primär sein."

Charakterbariton Eike Wilm Schulte wurde seit 60 Jahren als erster Träger mit dem Ehrentitel „Kammersänger" in Hessen gewürdigt.

Eike Wilm Schulte hat allen Grund zum Strahlen: „Ich habe mit allen Berühmtheiten der Welt des Gesanges aus meiner Generation gesungen."

Er ist ein Baritöner von Weltruf, bei allem Pendeln zwischen den Großen Häusern von USA bis Japan erfreulich bodenständig geblieben und bekennt sich schnörkellos zur hessischen Landeshauptstadt. „Wiesbaden ist mein Hauptwohnsitz, weil ich Wiesbaden einfach für eine der schönsten Städte Deutschlands halte", sagt der Globetrotter, den es immer wieder gern in seine Wohnung „in Kurparknähe" zieht. Das Faible für seine Wahlheimatstadt entdeckte Eike Wilm Schulte als „Tourist" und Weinliebhaber, der den Rheingau besuchte und sich in Wisibada umsah. Kurhaus, Spielbank sowie das „Schiffchen" der Altstadt waren touristische Stationen und das historische Wiener Kaffeehaus im Herzen der Stadt bot ansprechendes Ambiente und Labsal. „Das Café Maldaner kennen sie alle, ob Japaner oder Amerikaner – alle wollen sie da rein."

Apropos Rheingau und „Schnudedunke". Der ewig jugendliche Ausnahmebariton kann auch „in vino veritas", versteht sich auf Genre übergreifende Inszenierungen der Sparte Weinseligkeit und gastierte damit auch schon beim Richard-Wagner-Verband in München. „Es prüfen die kundigen Zungen den Wein ..."

Im Frühjahr 2018 hatte der Rebenfreund zur musikalischen Weinprobe „Dichtung, Musik, Gesang und Wein vom Rhein" in das Prunkfoyer des Wiesbadener Musentempels geladen. „Wenn man getrunken hat, weiß man das Rechte", wurde der alte Geheimrat, der Wiesbaden zweimal beehrte, zitiert. Eike Wilm Schulte, von Wiesbaden aus rund um den Globus „rasierender Barbier", mochte Goethe nicht widersprechen. Das Ehrenmitglied des Staatstheaters begrüßte sein „weinseliges Publikum" als Experte und stellte edle Tropfen vor.

Das genussvolle Sternstündlein betörte mit hinreißend „familiärer Atmosphäre" wie in alten Zeiten von Intendant Claus Leininger, war im Publikum zu hören. Mit Peter Janowsky und Joachim Bauscher gaben gleich zwei frühere Staatstheater-Verwaltungsdirektoren dem kenntnisreichen Schnudedunker und seinem exzellenten Ensemble mit Konzertpianistin Erika LeRoux und Sopranistin Anne Gehrmann die Ehre. Auch die augenzwinkernd ausgewählten Texte von Hesse und Heine, Heinz Erhard und Wilhelm Busch trafen ins Schwarze. Der Gastgeber brillierte stimmlich wie szenisch, geizte nicht mit Zugaben und wünschte: „Der Wein zerstreue unsere Sorgen." Mit diesem Trinklied aus Thomas Ambroises „Hamlet" rundete sich ein Kreis. „In Deutschland habe ich den ersten *Hamlet* gesungen", erzählte der Kammersänger im Gespräch.

In der „Tannhäuser"-Inszenierung von Wagner-Enkel Wolfgang lernte der Wahlwiesbadener „einen der konservativen Regisseure" kennen. „Er ist für mich der letzte große Opernintendant. Seine Regie war immer der Musik und dem Gesang entsprechend und die Personenbeziehung stimmte." Der Charakterbariton wurde für seinen ausdrucksstarken Wolfram von Eschenbach gefeiert und betont: „Ich will einen richtigen Sänger auf der Bühne, der Wagner nicht falsettiert." Der

Name Schulte steht in Fachkreisen für Spitzenleistung, auch auf dem Grünen Hügel, beispielsweise als „Heerrufer" in Werner Herzogs „Lohengrin"-Version. Überhaupt ist die Palette „seiner" Festspiele enorm breit gefächert und reicht von Münchens Opernfestspielen, den Luzerner Festwochen und dem Beethoven-Fest Bonn über die Bayreuther Festspiele bis zu den Salzburger Osterfestspielen. Hier bleibt als besonders prägnant sein „Klingsor" in Peter Steins „Parsifal" in Erinnerung mit den Berliner Philharmonikern und Claudio Abbado am Pult.

Sein „Amfortas" in „Parsifal" wurde auch in London (Prom-Concert) und der Opera Santiago de Chile bejubelt. Das Wagner-Festival zog den Belcanto-Star nach Osaka, und „Die Krönung der Poppea" brachte ihn zum Flandern-Festival in die Wiesbadener Partnerstadt Gent. Mahlers 8. Symphonie führte zum Tanglewood-Festival in die USA. Mit dem Brahms-Requiem und Orffs „Carmina Burana" beim Rheingau-Musik-Festival blieb der Zeitzeuge in räumlicher Nähe seiner Wahlheimat. Bedeutende Partien in den Internationalen Maifestspielen Wiesbaden sind bravouröse Stationen seiner Karriere. Runde 15 Jahre blieb Eike Wilm Schulte in der Hessischen Landeshauptstadt. Intendant Alfred Erich Sistig hatte ihn 1973 engagiert. Das Wiesbadener Haus stand damals im Ruf eines „Sängertheaters".

In Sachen „Vorleben" weiß der ausgebildete Industriekaufmann (Elternwunsch) zu berichten von Hochschulreife und klassischem Klavierunterricht „vom 7. bis zum 17. Lebensjahr". Der Klavierlehrer riet zum Gesangsstudium. Eine Sondergenehmigung machte das Hochschul-Vorstudium (Schloss Morsbroich und Mozarteum Salzburg) für den knapp 20-Jährigen möglich. Das Musikstudium in Köln mit dem Hauptfach Gesang in den Meisterklassen der Professoren Clemens Glettenberg und Kammersänger Josef Metternich war „in kürzester Zeit von vier Jahren geschafft." Im letzten Semester kam das Erstengagement an die Deutsche Oper am Rhein Düsseldorf. Der Anfänger überzeugte „mit dem Sprung ins kalte Wasser" der anspruchsvollen Partie des Sid in Benjamin Brittens „Albert Herring". An den Städtischen Bühnen Bielefeld folgte ein Riesenpensum mit 25 großen Partien in drei Jahren für den Spezialisten des lyrischen italienischen Fachs.

Nächste Station Wiesbaden. Der „Grandseigneur mit der Ausnahmestimme" schwelgt in Erinnerungen: „Nach dem Vorsingen am Staatstheater Wiesbaden saß ich lange auf der Wilhelmstraße im Café Blum und blickte auf den Warmen Damm und das Theater. Ich habe gedacht, diese Stadt hat ein unglaublich kulturelles Flair, hier will ich gerne mal wohnen. Das ist geglückt und ich bin geblieben." Seine Treue zum Musentempel am Warmen Damm von 1973 bis 1988, wo er sein Repertoire um 56 Partien erweiterte, ist mit dem Namen von Professor Siegfried Köhler (→ S. 130) verbunden: „Ich bin wegen Sigi Köhler länger als geplant in Wiesbaden geblieben und dann aus der Unkündbarkeit wieder zurück ins Erste Fach nach Düsseldorf." Einen Bezug zu Wiesbaden gab es auch hier über Intendant Horres. „Kurt Horres hat ein Herz für Sänger und liebte Wiesbaden. Der Regisseur hat hier viel inszeniert, auch den ganzen Volker David-Kirchner-Zyklus mit Sigi Köhler am Pult."

Der pfiffige Schulte-Papageno in der Zauberflöten-Version von Nikolaus Lehnhoff („ein sehr anstrengender Regisseur") im spektakulären
Pop-Art-Bühnenbild der jungen Amerikanerin Suzan Pitt unter dem Dirigat von GMD Köhler trug zum Erfolg der Produktion als „beste Inszenierung des Jahres 1983" bei. Doch macht der Ausnahme-Bariton aus
seinem Herzen keine Mördergrube. Sein unbestechliches Urteil: „Mir
persönlich war alles ein wenig zu bunt und aufwendig, wodurch Mozarts
Musik nicht immer primär erschien." Erschwerend kamen Ablenkungen
hinzu durch „Verwandlungen, Zeichentrickfilme und Umbauten". Der
Kammersänger war not amused: „Es ärgerte mich schon, dass während
meiner Auftrittsarie im Hintergrund ein Trickfilm lief." Es kommt also
durchaus vor, „dass dem Sänger durch eine ungewöhnliche Regie die
ganze Partie verleidet wird."

An die „große Zeit" des Wiesbadener Hauses erinnert sich der Bühnenprofi mit Wonne: „Wagners *Ring* konnte doppelt besetzt werden
mit eigenen Kräften (!) aus dem Haus!" Von der Ära Köhler schwärmt
der Zeitzeuge geradezu: „Als Generalmusikdirektor hat Sigi Köhler Raritäten und unbekannte Opern einstudiert und sie im Kurhaus und im
Theater konzertant oder szenisch aufgeführt. Frisch komponierte Werke
von Volker David Kirchner haben wir uraufgeführt." Unter dem legendären GMD brillierte er 1978 bei der Wiedereröffnung des Großen
Hauses als Sixtus Beckmesser in Wagners „Meistersingern". Er hat keinen Vergleich zu fürchten.

Dass der Wahlwiesbadener selbst ein veritabler „Meister-Sänger" ist,
belegt eine hohe Auszeichnung. Als erster Sänger seit 60 Jahren wurde
Eike Wilm Schulte im Herbst 2010 von Staatsministerin Eva Kühne-Hör-
mann zum „Hessischen Kammersänger" ernannt. „Ich habe in Wiesba-
den sieben Intendanten *überlebt* und zu diesen kommt Placido
Domingo, der mich zu seiner Lohengrin-Inszenierung nach Los Angeles
verpflichtet hat", gab der Geehrte launig zu Protokoll, als Intendant Dr.
Manfred Beilharz im Hessischen Staatstheater ihm die offizielle Ehren-
Urkunde überreichte. Die von der Landesregierung verliehene Goethe-
Plakette für sein Lebenswerk, höchste Würdigung des Hessischen
Ministeriums für Wissenschaft und Kunst, hatte den weitgereisten
Opernsänger schon Anno 2008 zum musikalischen „Botschafter Hes-
sens" gemacht. Die Plakette ist eine besondere Freude für den Geehr-
ten, der von Schubert vertonte Goethelieder schon lange in seinem
Liedrepertoire hat: „Goethe ist mein Lieblingsdichter."

Als „reisender Vokalist" ist der Zeitzeuge sicher nicht falsch tituliert.
„Meine internationale Karriere ging los mit dem *Heerrufer* im *Lohengrin*
von Bayreuth und sie lief wie im Traum". Alle großen Häuser – Scala di
Milano, Tokio, Hongkong, Wien, Tallin, Montreal, in den USA-Hotspots,
Paris, London, Barcelona, Madrid holten den Kammersänger für wich-
tige Partien. Beispiel Big Apple. „Hier war ich 16 Jahre lang ständiger
Gast an der Metropolitan Opera New York. GMD James Levine wollte
mich unbedingt an der Met. ‚Ich brauche dich für's Wagner-Fach!',
meinte James und nahm mich nach Israel mit zu vielen Konzerten." Sein
Sixtus Beckmesser wird unisono gerühmt. Das Feuilleton spricht von

„Glanzleistung" und einer „brillanten Interpretation in Spiel, Gesang, Mimik und Pantomime, die immer wieder Sonderbeifall erhielt." Das Publikum lobt nicht minder: „Sie haben uns zu Silvester ein herrliches Geschenk gemacht. Stimme, Textverständlichkeit, Vortragskunst, präzise Komik, Bühnenpräsenz – Beckmesser, keiner besser!" Eine Geigerin aus Hamburg schoss den Vogel ab und komponierte einen „Walzer für Becki" als „kleine Spielerei" für den Wahlwiesbadener. Die Komponistin betont: „Dieses Liedchen besteht aus Ihrer Wiesbadener Telefonnummer und Ihrem Namen. Das übliche System habe ich auch auf die Buchstaben übertragen. Die Beckmesser-Quarten durften natürlich nicht fehlen."

„Der Neue Merker Wien" rühmte den „jugendlichen" Opernsänger, der – tags zuvor 78 geworden – „gezeigt hat, welches Potenzial in einer gut sitzenden Stimme ein Leben lang abrufbereit schlummern kann."

Der Kammersänger backstage: Ohne Probe kann auch Eike Wilm Schulte nicht auf den Bühnen der Welt brillieren.

Attestiert werden Empathie, Zwischentöne, Wandlungsfähigkeit und Charme bei rasantem Tempo in italienischer wie deutscher Diktion. Und das unter erschwerten Bedingungen vor Fachpublikum und Koryphäen wie Anja Silja und Ortrun Wenkel. Die illustre Gottlob Frick-Gesellschaft hatte unverhofft ohne Protagonisten dagestanden. Eigentlich „nur" Gast, wurde Eike Wilm Schulte mit einem bravourösen Blitz-Auftritt zum Retter des Festaktes. Er „überraschte das verdutzte Publikum" mit prächtig fokussierten Spitzentönen und imponierender Arienkunst.

Der klingende Hochkaräter sieht seinen Beruf als Berufung und gibt schlicht zu Protokoll: „Singen, dazu auf der Bühne ganz verschiedene Menschen und ihre Schicksale darstellen zu können, sehe ich als Berufung an. Enorme Selbstdisziplin, stimmliche Qualität und schauspielerische Begabung ermöglichen es, Charaktere auf der Bühne zu entwickeln. Darin liegt der große Reiz und auch eine Herausforderung."

Der sympathisch bodenständige Experte der guten „alten Schule" ist auf den Bühnen der Welt zu Gast, im Herzen von Wiesbaden „daheim" und er nimmt beim qualitätsbewussten Blick hinter die Kulissen kein Blatt vor den Mund. „Falsche Rücksichten habe ich nicht nötig." Der Zeitzeuge kennt sich bestens aus: „Ich war überall Solistensprecher an den Theatern." Mit anderen Kapazitäten seiner Zunft ist sich der Kammersänger einig: „Am Theater haben wir heute fast nur noch Schauspiel-Intendanten und Regisseure, die von Musik nichts verstehen. Wir sollten erfahrene Sänger in diese Position bringen. Um ein Dreispartensystem auszufüllen, sollte ein Schauspieldirektor engagiert werden."

Bei Namen ist der Ausnahme-Bariton diskret, redet dennoch Tacheles: „Wenn man von einem Regisseur zu hören bekommt, dass ihn die Musik überhaupt nicht interessiert, grenzt das doch schon an einen Skandal. Das Gleiche gilt für einen Regisseur, der mit einem Reclam-Textheft in der Hand Regie führt. Was glauben Sie, wie oft Sänger bei Gastspielen einem Regisseur das Reclamheft über die jeweilige Oper während der Bühnenproben aus der Hand gerissen haben. Da lachen ja die Hühner!" (Und es schweigt des Sängers Höflichkeit.)

Für die Nachwuchsförderung hat der „Sängervater" ein Händchen und gibt zu Protokoll: „Konzerte mit dem Kinder- und Jugendchor des Hessischen Staatstheaters habe ich sehr gerne gemacht. Ich fand es immer dringend notwendig, Kinder und Jugendliche in die Klassik hineinzubringen und zu fördern!"

Sein soziales Engagement kann sich sehen lassen. „Ich war schon Spielbariton und lyrischer Bariton, Kavaliers-Bariton und Wagner-Bariton. Heute habe ich eine neue Position dazubekommen und bin Benefiz-Bariton", schmunzelt Eike Wilm Schulte. Den Ankauf einer neuen Kirchenglocke hat er gefördert und er trat für die Wiesbadener Aktion „Ihnen leuchtet ein Licht" in der Marktkirche auf. Ein Bariton mit großem Herz ist der Kammersänger auch und stellte die Einnahmen aus dem Benefizkonzert zu seinem Jubiläum „40 Jahre auf den Bühnen der Welt" den karitativen Institutionen UNICEF, Zwerg Nase und Advena-Hospiz zur Verfügung. Der Benefizgala für Unicef hat sich der klingende Hochkaräter auch nicht verweigert. „Für meine Privatkonzerte habe ich extra einen Flügel gekauft, das erspart den Veranstaltern die horrenden Leihgebühren."

Der Charakterbariton ist seit 1993 Ehrenmitglied des Staatstheaters Wiesbaden und sich nicht zu schade, ein Chorkonzert zum umjubelten Finale der Spielzeit aufzuwerten. „Flieg, Gedanke!" Der Musentempel traf mit „berühmter Opernchöre und Arien" voll ins Schwarze. Bravorufe und stehende Ovationen ohne Ende gab es für die Zelebration der Hohen Kunst des Belcanto. Das Publikum war komplett aus dem Häuschen. Das Schmankerl der klangvollen Kostbarkeiten ließen sich auch langjährige Freunde und Weggefährten nicht entgehen wie Kulturpreisträger Professor Siegfried Köhler (→ S. 130) und der frühere Staatsminister Dr. Herbert Günther (→ S. 102).

Markenzeichen sind passionierte Kontur der schönen großen Stimme, warm timbriert, mit beneidenswerter „Alterslosigkeit" und noblem Duktus. „Eike Wilm Schulte als Kurvenal singt heute noch manch jüngeren Kollegen souverän an die Wand", oder schlicht „Schöngesang in Perfektion" ist in Kritiken zu lesen.

Das Goldene Bühnenjubiläum von Eike Wilm Schulte wurde im Dezember 2015 mit einem furiosen Gala-Konzert im Großen Haus des Staatstheaters Wiesbaden und mit gebührend „großem Bahnhof" zelebriert. Kultusminister Professor Dr. Alexander Lorz, der frühere GMD Professor Siegfried Köhler sowie der legendäre Kammersänger und Tenor René Kollo als befreundeter Kollege gaben dem Jubilar die Ehre.

Zubin Mehta findet die 50-jährige Bühnentätigkeit „unglaublich!" Der Stardirigent meint: „Seine fabelhafte musikalische Leistung und seine wunderbare Bühnenpräsenz bereichern jede künstlerische Zusammenarbeit und ich freue mich jedes Mal, mit ihm zu musizieren."

Spezielle Bedeutung kommt dem Lob unter Kollegen zu, besonders von einem Sänger derselben Stimmlage wie Wolfgang Brendel, der dem „Geisterboten" der „Frau ohne Schatten" an der MET attestierte: „(...) machtest du die starke, aber wenig umfangreiche Rolle zu einer Hauptrolle, indem du sie von unten bis oben herauf beispielhaft ausgeglichen und dazu kräftig (wie es sein muss) gesungen hast – wobei ich die Betonung auf *gesungen* legen möchte". Auch sein „einfach großes Komödiantentum" lobt der Kollege und fügt den Ritterschlag hinzu: „Du hast nicht so lange gut singen können, weil du dich geschont hast, sondern weil du immer ehrlich und RICHTIG gesungen hast. Deshalb geht es heute noch."

Dem Nachwuchs schreibt Eike Wilm Schulte, auch aus der Erfahrung als Dozent der Musikhochschule Frankfurt, ins „Notenbuch" klare Worte: „Beim Gesang kommt es auf ein gesundes Laientimbre an, das durch Technik im Vokalausdruck verschönert wird. Dann braucht es große Musikalität. Sängerische Ausstrahlung lässt sich nicht lernen. Ein Sänger muß wissen, für welches Fach er geeignet ist. Wer mit 25 schon den Wotan singt, geht in ein paar Jahren unter."

Der Charakterbariton betont: „Ich habe immer darauf geachtet, in meinem Fach zu singen." Er war so frei und klug, im Alter von 26 Jahren die Partie des Scarpia in der „Tosca" abzulehnen.

„Ich fragte den Intendanten: Wollen Sie Geld mit mir verdienen oder soll ich mich entwickeln? Und dann war es entschieden."
Der Wahlwiesbadener sagt: „Ich möchte nicht mehr so viel machen und lehne manchmal ab." Eike Wilm Schulte, der unverwüstliche Belcanto-Hochkaräter, ist immer noch rund 250 Tage im Jahr auf Achse.

Menschliche Wärme als Herzenssache und Lebensaufgabe

Margarete Maria Apollonia Schürmann, geborene Heim

Langjährige Leiterin des Männerwohnheims der Heilsarmee
Mitgründerin der Arbeitsgemeinschaft christlicher Kirchen Wiesbaden
Geboren am 19. Juni 1930 in Pforzheim

Hans-Jürgen Schürmann

Leiter des Männerwohnheims der Heilsarmee
Vorsitzender des Schaustellerverbandes Wiesbaden
Geboren am 7. Oktober 1956 in Frankfurt/Main

„Hier ist ein Zuflucht-Ort. Egal, wo jemand herkommt, welche Weltanschauung er hat und welche Lebensgeschichte er mitbringt – wir nehmen ihn einfach so an", sagt Margarete Schürmann schlicht. Und genau so unpathetisch spricht die Zeitzeugin über ihre „Berufung".

Dank mit Blumen: Margarete Schürmann und Sohn Hans-Jürgen stellen seit vielen Jahren dem deutsch-amerikanischen Frauenclub für den Charity-Spring-Basar den Keller des Heilsarmee-Männerwohnheims als „Stauraum" zur Verfügung.

Umschweife sind der langjährigen Leiterin des Männerwohnheims der Heilsarmee fremd. Die Wahlwiesbadenerin ist eine fast preußisch wirkende Majorin mit großem Herzen und unerschütterlich positiver Lebenseinstellung. Offiziell zwar schon seit über 25 Jahren in den „Ruhestand" verabschiedet, ist die Zeitzeugin wie eh und je aktiv. Einen „Posten besetzen" ist ihre Sache zeitlebens nie gewesen. Die Offizierin der Heilsarmee arbeitet „auf dem Vorposten der West-Division", wie es im Sprachgebrauch der Heilsarmee heißt. Gemeint ist das Wohn- und Übernachtungsheim für Männer in der Schwarzenbergstraße, das gegenüber dem Hallenbad liegt und nahe dem Autobahnzubringer.

Auf diesem Vorposten engagiert sich die warmherzige Zeitzeugin seit 1970 und lebt ihren „Glauben zum Anfassen" aus – mit Leib und Seele. Die Uniform ist mehr als Berufskleidung, sie dient als Schutz in verantwortungsvollem Dienst, sie ebnet gesellschaftliche Unterschiede ein und sie verweist auf Christus.

Ihrer Wahlheimatstadt Wiesbaden blieb das außergewöhnliche Engagement der Zeitzeugin für eine durchaus schwierige Klientel nicht verborgen. Folgerichtig und hoch verdient war Margarete Schürmann 1979 für ihren aufopferungsvollen „Einsatz zum Wohle der Menschen am Rande unserer Gesellschaft" mit der Silbernen Bürgermedaille der Landeshauptstadt Wiesbaden geehrt worden.

2010 dann hatte der deutsch-amerikanische und internationale Frauenclub Wiesbaden im Rathaus dafür plädiert, Margarete Schürmann zum 80. Geburtstag mit einer hohen Auszeichnung zu würdigen. „Sie ist ständig vor Ort, um den Außenseitern und sozial Ausgegrenzten unserer Gesellschaft eine Unterkunft, menschliche Wärme und Ansprache zu gewähren", begründete Sigrid Erfurt als PR-Referentin des Serviceclubs mit einem Lob ihre Anregung. Schon seit rund 20 Jahren stellt die Heilsarmee-Majorin für den Benefiz-Frühlingsbasar des Frauenclubs den dringend benötigten Lagerraum zur Verfügung, ohne Bürokratie und ohne Kosten. Stadtverordneten-Vorsteher Wolfgang Nickel und Oberbürgermeister Dr. Helmut Müller überreichten Margarete Schürmann die Goldene Bürgermedaille feierlich im Rahmen des „Wiesbadener Abends", der im Dezember 2010 im Rathausfestsaal über die Bühne ging. In der Laudatio wurde neben den von ihr geleiteten Andachten, Versammlungen und seelsorgerischen Gesprächen auch „die Hilfestellung jeglicher Art für die Wohnsitzlosen" gerühmt. Zudem bewohne die rüstige Zeitzeugin auch nach ihrer offiziellen Verabschiedung in den „Ruhestand" die im Männerwohnheim integrierte Dienstwohnung „und ist somit immer verfügbar".

Diese Formulierung ist im Tatsinne wörtlich zu verstehen, schließlich erfordert die Kombination von Übernachtungs- und Wohnheim die persönliche Bereitschaft rund um die Uhr.

Im Jahr 2015 wurde das hohe gesellschaftliche Engagement der 85-Jährigen mit dem Bundesverdienstkreuz am Bande gewürdigt. Und 2022 erhielt sie die „Wiesbadener Lilie" für ihre Verdienste um das Wohl der Wiesbadener Bürgerinnen und Bürger. Denn auch mit über 90 Jahren, die ihr nun wirklich nicht anzusehen sind, ist die bewunderns-

wert agile Zeitzeugin tagsüber nach wie vor im Büro des Männerwohnheims anzutreffen.

Das Wiesbadener Heim ist bundesweit die größte Einrichtung der
Heilsarmee und betreut rund 45.000 wohnsitzlose Männer pro Jahr. Seit
1957 gibt es das Männerwohnheim in der hessischen Landeshauptstadt. Dass ein Haus der Heilsarmee über Jahrzehnte hinweg von den-
selben Personen geleitet wird, ist einzigartig im Land.

„Ab Mai 1970 sind wir hier in Wiesbaden. Mein Mann Ernst-Edwin und
ich bekamen den Marschbefehl in Frankfurt. Mit *leichtem Gepäck*
waren wir hier sofort einsatzfähig." Klingt lapidar und einfach, war es
aber so gar nicht. Immerhin waren in den Jahren 1957 bis 1970 vier verschiedene Heimleiter im Haus. Bevor Familie Schürmann 13 Jahre nach
Gründung der Einrichtung die Verantwortung übernahm, sah das Ganze
nicht nach Erfolgsprojekt aus. Die Vorgänger hatten nach kurzer Zeit
um ihre Versetzung aus Wiesbaden gebeten.

Im Regelfall haben entsprechende Häuser 50 bis 80 Betten. Das Haus
in der Schwarzenbergstraße 7 weist erheblich größere Dimensionen
auf. „Wir haben hier 210 Betten, davon sind 80 Betten der Durchgangs-
bereich für wenige Nächte", erklärt Margarete Schürmann. „Es sind
hier eigentlich zwei Heime in einem mit komplettem Küchenbetrieb.
Wir sind also wie ein kleiner Hotelbetrieb für Arme – 365 Tage im Jahr",
sekundiert Sohn Jürgen Schürmann.

Der Junior trat in die Fußstapfen der Eltern und leitet seit 2002 das
Haus in der Schwarzenbergstraße. Dem jetzigen Wohnheimleiter macht
so schnell keiner der „Schlafgäste" und Langzeitbewohner im Haus
etwas vor: „Ich weiß, wie das ist in einer Baracke und bei 20 Grad minus
im Zelt." Der Zeitzeuge ist gelernter Maler und Lackierer. Und er kennt
als Panzer-Richtschütze aus seiner Bundeswehrzeit die „heimtypischen
Abläufe".

Beim gemeinsamen Rundgang durch das Haus und die Baracken kom-
mentiert er mit Blick auf Kuscheltiere, Fußball-Fan-Schal und TV in den
wohnlich ausstaffierten Zimmern: „Die sind alle sehr findig. Es sind ja
auch nicht alle von der Straße. Manche Männer haben eine sehr kleine
Rente, die schätzen die Rundumversorgung wie im Hotel bei uns doch
sehr."

Der Begriff „Rundumversorgung" ist wohl noch untertrieben. Denn
dass die unermüdliche Zeitzeugin ihr Herz auf dem rechten Fleck hat,
ist beispielsweise in der Osterzeit nicht zu übersehen. Jedem „ihrer"
Schützlinge hat Margarete Schürmann etwas Süßes ins Nest gelegt.
Ganz selbstverständlich und mit viel Liebe zum Detail werden die christlichen Feste hier begangen. Kamen früher die Heimbewohner frisch ra-
siert und sauber gekleidet und guckten freudig, reagieren
angesprochene Herren heute auf die freundliche Einladung eher indif-
ferent: „Mal sehen. Weiß noch nicht, ob ich komme."

Keine Frage: Eine Idylle war es hier nie. Doch Wahlwiesbadenerin
Schürmann lässt sich nicht beirren und ein Nachtrauern angeblich
„guter alter Zeiten" liegt ihr sowieso fern. Immer treffen hier Männer
verschiedenster Charaktere, Temperamente und Biografien aufeinan-

der – manchmal prallen sie auch zusammen. Die Unterbringung „nach Harmonie" der Bewohner in den Übernachtungs- und Wohnräumen erfordert eine gute Portion Fingerspitzengefühl. Auch das Sozialverhalten ist im Laufe der Jahre ruppiger geworden. „Früher haben sich mal zwei der Männer geprügelt, danach die Wunden geleckt und alles war wieder in Ordnung – wie Sandkastenspiele", blickt die Zeitzeugin zurück. „Heute ist es nicht mehr so friedfertig." Die geradlinige Heilsarmee-Majorin hat schon selbst manchen Undank „weggesteckt" und weiß es einzuordnen. „Wenn böse Worte fallen, weiß ich doch, wer es sagt." Ein Lamento ist von ihr nicht zu hören: „Wir kommen klar."

Und doch musste auch schon mal die Polizei gerufen werden – „aber sehr selten, so ein bis zweimal im Jahr". Resolutes Eingreifen war zuweilen gefragt, auch der eine oder andere Rausschmiss war nicht zu vermeiden. Eine Messerstecherei gab es auch einmal in einem Zweibettzimmer. Ein – von außen betrachtet – nichtiger Anlass ließ einen Schlafgast ausrasten: „Es ging um einen Lichtschalter", erzählt die gläubige Christin und meint: „Das passiert halt mal. Da müssen wir dann handeln, die Polizei holen und Hausverbot erteilen." Nicht erst seit dieser unangenehmen Episode war Margarete Schürmann die fragile soziale Balance im Hause klar: „Wir sind immer in Habachtstellung. Sie müssen ja immer mit allem rechnen." Dass sie schon zweimal dem Tode entronnen ist, verschweigt die couragierte Zeitzeugin nicht. Ruhig und wie nebenbei schildert die Heilsarmee-Majorin die Attacke, die ihr Leben bedrohte: „Ein Mann wollte mich erwürgen. Er hatte Wut auf eine *Marianne*. Da wusste ich, er meinte ja nicht mich und habe von einer Anzeige abgesehen."

Auch als eine Fensterscheibe von einem tobenden Bewohner zu Bruch geschlagen wurde, verstand sie: „Das sind Menschen, die Hilfe brauchen." Jürgen Schürmann nickt und bestätigt: „Wir sind die letzte Instanz und sollen alles regeln." Einig sind sich Mutter und Sohn Schürmann im Fazit: „Das hat es früher in der Form nicht gegeben."

Die Zeitzeugin zieht lakonisch das Fazit: „Die Schlafgäste haben enorme Ansprüche entwickelt. Sie sind ein Spiegelbild der Gesellschaft. Sie kennen alle ihre Rechte. Ihre Pflichten kennen sie nicht mehr."

Einen eigenen Beitrag zur Resozialisierung haben die Schürmanns mehrfach ganz bewusst geleistet, indem sie einstige „Schlafgäste" als Arbeitskräfte im Haus anstellten. „Das war als Sprungbrett gedacht. Aber ein Großteil blieb dann lange Jahre hier." Ob das heute noch möglich wäre?

Die Klientel hat sich geändert, stellen Mutter und Sohn Schürmann fest. „Der klassische Tippelbruder von früher wird seltener. Die Männer werden älter und das gesunde Mittelmaß fehlt." Auch stadtbekannte Originale wie den „Knoblauchkönig", der seine Hymnen auf die stark riechende Knolle mit einer Kaffeetasse in der Hand und den Staubmantel überm Arm lautstark in der Fußgängerzone hielt und heute als Skulptur in der Kleinen Schwalbacher Straße steht, gibt es nicht mehr. „Der frühere Opernsänger war ein ganz lieber Mensch", erinnert sich Margarete Schürmann an diesen Bewohner eines Einzelzimmers(!).

Einem Mitbewohner waren die Knobloch-Ausdünstungen von Waldemar Reichardt nicht zuzumuten.

Doch generell ist das Haus eine Zuflucht für die Allgemeinheit und bietet jedem Bedürftigen ein Obdach: „Ausdünstungen sind kein Kriterium, jemanden abzuweisen. Jeder, der kommt, kann hier schlafen. Wir sind immer bereit, zu helfen", stellt Margarete Schürmann klar. „Hier vereinsamt keiner, es guckt immer mal jemand nach ihnen. Aber sie müssen sich alle selbst versorgen können."

Das Männerwohnheim ist allerdings keine Pension und kein Pflegeheim. „Gehe dem Geringsten nach" ist die Handlungsmaxime, die von der Klientel durchaus gerne nach eigenem Gusto ausgelegt wird. „Die Anspruchshaltung ist gewachsen. Manche sehen uns als Manager, als Privatbetreuer und als Privatsekretär an für ihren Schriftverkehr", erklärt Jürgen Schürmann und schmunzelt. „Selbstverständlich leisten wir hier alles kostenlos und unentgeltlich."

Das eigene Leben zu strukturieren, kriegen viele der Kunden nicht mehr auf die Reihe. „Heute sind von 10 Männern mindestens sechs in Betreuung, ob es Sozialarbeit, Bewährungshilfe oder andere Betreuung ist." Das wirft andere Probleme auf als vor einigen Jahren.

„Früher waren Wohnsitzlose oft ausgebildete Kräfte, hatten eine gewisse Allgemeinbildung und einen Beruf gelernt wie Koch oder Handwerker. Manche Männer fanden sogar Arbeit als Tagelöhner. Bei uns riefen öfter Speditionen oder Baufirmen an, um Aushilfen anzuheuern", erinnert sich die Zeitzeugin.

„Heute haben die meisten Männer keine Berufsausbildung, viele haben nicht mal einen Schulabschluss. Viele sind psychisch angeschlagen, oft sind sie drogenabhängig oder im Methadonprogramm. Und manche leben aus der Mülltonne", berichtet Sohn Jürgen. „Heute ist die Klientel oft ohne Motivation oder gar nicht einsatzfähig." Auch ein aktuelles Beispiel hat der Zeitzeuge parat. Ein Gastronom suchte kürzlich einen Fensterputzer – und wurde hier nicht fündig. Ganz klar – früher wäre das anders gelaufen.

Doch Jammern ist keine Option. Die Heilsarmee wurde mit dem Motto „Suppe, Seife, Seelenheil" bekannt. „Das Motto signalisiert noch heute: Wir haben den ganzen Menschen im Blick, wie er von Gott geschaffen wurde – Körper, Seele und Geist." Margarete Schürmann ist sich bewusst: „Am 5. Mai 1899 hat die Heilsarmee in Wiesbaden das Feuer des Heiligen Geistes eröffnet." Die Vorgeschichte dieser etwas anderen Armee, die weltweit in über 120 Ländern für Arme, Notleidende und Bedrängte aktiv ist, führt nach London.

„Solange Frauen weinen, wie sie es jetzt tun, will ich kämpfen; solange Kinder hungern wie jetzt, will ich kämpfen; solange Männer ins Gefängnis gehen, will ich kämpfen; solange noch ein Mädchen am Straßenrand wartet, will ich kämpfen; solange noch eine Seele im Dunkel ist, ohne das Licht Gottes, will ich kämpfen!" Methodistenprediger William Booth gründete mit seiner Frau Catherine 1865 die „Ostlondoner christliche Mission". 1878 wurde sie umbenannt in „Heilsarmee". Die Gemeinden hießen nun „Korps". Die hauptamtlich Engagierten wurden

„Offiziere" genannt und die Mitglieder „Heilssoldaten". Männer und Frauen haben gleiche Rechte und Pflichten. Alleinige Richtschnur ist die Bibel. „Heute ist die Heilsarmee auf allen fünf Kontinenten, in 126 Ländern der Erde engagiert", erklärt Margarete Schürmann.

1886 begann die soziale Arbeit in Deutschland, 1897 eröffnete die Heilsarmee das erste Mädchenheim. Männerheime, Kinderheime, ein Wöchnerinnenheim, Hospize und ein Altenheim folgten. „In der NS-Zeit konnte sie mit Einschränkungen und unter Auflagen weiterarbeiten. Direkt nach dem Krieg engagierte sich die internationale Heilsarmee beim Wiederaufbau und hat Flüchtlingen geholfen. Sie ist Mitglied im Diakonischen Werk der Evangelischen Kirche, der Vereinigung Evangelischer Freikirchen und der Deutschen Evangelischen Allianz", berichtet die Zeitzeugin.

Der Heilsarmee-Geistlichen war es ein Anliegen, sich 1984 mit Ehemann Ernst-Edwin an der Gründung der „Arbeitsgemeinschaft Christlicher Kirchen ACK Wiesbaden" zu beteiligen „nach dem Vorbild des lokalen Kirchenrates in der englischen Partnerstadt Tunbridge Wells." Am ACK-Jubiläumsfest „Geistreich" zum Abschluss der weltweiten Gebetswoche für die Einheit der Christen 2014 waren Margarete und Jürgen Schürmann auf dem Schlossplatz aktiv mit einem Info-Stand. Selbstverständlich kam die charakteristische Korpsfahne der Heilsarmee in den symbolträchtigen Farben blau-rot-gelb zum Einsatz: „Blau steht für die Reinheit des Herzens, das vorherrschende Rot symbolisiert das Blut Jesu und sein Erlösungswerk, der gelbe Stern in der Mitte steht für das Feuer des Heiligen Geistes." Auch das Wappen der Heilsarmee greift auf biblische Symbole zurück: „Im Mittelpunkt steht das Kreuz, an dem Jesus Christus starb. Die Sonne verweist auf Licht und Sonne des Heiligen Geistes. Der Buchstabe *H* steht für das *Heil*. Die Schwerter sind das Symbol für den Kampf gegen das Böse. Und die Krone zeigt die Krone des Lebens, die Gott all denen gibt, die bis zum Ende treu bleiben."

Ihr Engagement als Majorin der Heilsarmee, zu der sie durch Ehemann Ernst-Edwin Schürmann kam, wurde Margarete Heim nicht an der Wiege gesungen. 1930 in Pforzheim geboren, war die neunjährige Tochter aus katholisch-evangelischer „Mischehe" mit der Familie in das kriegsgefährdete Frankfurt gezogen, bevor sie bis 1944 nach Oberbayern in die Kinderlandverschickung kam. Den Vater verlor sie in Stalingrad. „Die Zeit hat uns geprägt", sagt Margarete Schürmann über Krieg und Nachkriegszeit. Als „eine der letzten Trümmerfrauen" zog sie „teilweise verkohlte Balken aus Häusern", um Lebensmittelkarten zu bekommen. „Es gab in den Trümmern ja nichts zu essen. Ich war geschwächt und bin umgekippt nach ein paar Wochen".

Im Januar 1949 zog es die sozial eingestellte junge Frau als Au-pair-Mädchen zu Familien mit mehreren Kindern nach Bristol und Beckenham bei London. Im April 1950 kam Margarete zurück, um ihrer schwer an Krebs erkrankten Mutter bis zu ihrem Tode beizustehen. Ihrer sieben Jahre jüngeren Schwester konnte die damals 20-Jährige das Waisenhaus ersparen: „Helga durfte bei mir bleiben." Eine Weile arbeitete die

Zeitzeugin, inzwischen geschult in Stenografie und Schreibmaschine, im Frankfurter Architekturbüro Heil und als Sekretärin im Delikatessen-Unternehmen Lacroix. Ehemann Ernst-Edwin Schürmann, mit dem Margarete bis zu seinem Tod 2004, als er „zur Herrlichkeit befördert" wurde, über 52 Jahre in harmonischer Ehe verheiratet war, gab ihrem Leben eine andere Richtung. „Das ist mein Platz, den Gott für mich vorgesehen hat", sagt die herzenswarme Zeitzeugin über ihre „Berufung", die sie konsequent lebt. „Ich bin ein glücklicher und zufriedener Mensch", sagt die Mutter von Ute, Sieglinde und Jürgen Schürmann.

Mit ihrem Eintritt in die evangelische Freikirche im Mai 1956 wurde die Zeitzeugin zur „Heilsarmee-Soldatin" und verpflichtete sich im „Gelübde des Heilssoldaten" zum Verzicht auf irdische Reichtümer. Alkohol, Tabak, Drogen und Glücksspiel sind genauso tabu wie Pornographie und Okkultismus. Nach einer dreijährigen Ausbildung ähnlich der einer Pastorin wurde die ordinierte Geistliche zur Salutistin, dann stieg sie auf zur Auxkapitänin, zur Vollkapitänin und wurde im Offiziersrang zur Majorin der Heilsarmee. Offenherzig bekennt Margarete Schürmann sich zum Einstieg in den aufopferungsvollen Sozialdienst, der Liebe wegen: „Ich hab mich anfreunden müssen mit dem aktiven Dienst." Ehemann Ernst-Edwin Schürmann war als Heilsarmee-Leutnant in Frankfurt-Sachsenhausen der Leiter des „Schifferbunkers" mit 600 Plätzen für nicht sesshafte Männer.

Im Mai 1970 dann das Novum: „Wir waren keine Offiziere, wurden aber beide gefragt!" Die Eheleute Schürmann sagten „Ja!" und so kam die knapp Vierzigjährige mit dem „Marschbefehl" und „leichtem Gepäck" nach Wiesbaden. Die Töchter blieben in Frankfurt, Hans-Jürgen kam in Wiesbaden auf die Adalbert-Stifter-Schule, assistierte soweit möglich auch immer nach Kräften im Haus.

Offiziell leitet Hans-Jürgen Schürmann seit 2002 die Wiesbadener Einrichtung. Dies ist eine weitere Novität, denn Heimleiter Schürmann übernahm als „Erbhof" das Engagement auf dem „Vorposten" der Heilsarmee, erklärt er mit leisem Schmunzeln.

Genau genommen, befindet sich seine Mutter „eigentlich seit dem 31. Oktober 1996" im Ruhestand. „Aber ich habe einfach weitergemacht und erst 2002 die Verantwortung abgegeben", lächelt die Majorin a. D., die den Filius weiterhin nach Kräften auf allen Ebenen unterstützt. Wie gesagt, ohne formale Verantwortung.

Erst nach mehreren Gesprächen und eher nebenbei erwähnt die bescheiden auftretende Zeitzeugin, dass ihr am 13. Februar 2015 eine hohe Ehre zuteil wurde: In feierlicher Zeremonie hatte Regierungspräsidentin Brigitte Lindscheid in Darmstadt Margarete Schürmann das Verdienstkreuz am Bande des Verdienstordens der Bundesrepublik Deutschland an das Revers ihrer Uniform geheftet. Die Urkunde trägt die Unterschrift von Bundespräsident Joachim Gauck.

Ein Blick hinter die Kulissen des Männerwohnheims, dessen Pforte 24 Stunden am Tag besetzt ist, lässt das Ausmaß des Engagements erahnen. Im Haus sind 16 Personen in Voll- und Teilzeit beschäftigt. „Von wegen Entbürokratisierung, wir haben jetzt drei Bürokräfte." Es geht um Buchführung, Lohnbuchhaltung, Rechnungswesen, Spendenkonten und allgemeinen Schriftverkehr, alles muss professionell erledigt werden. „Es gibt im Speiseraum bei uns drei Mahlzeiten – Frühstück, Mittag und Abends. Einen *Kiosk* an der Pforte haben wir auch", erläutert Heimleiter Schürmann und führt durch das Haus und die Baracken. Die Organisation des Küchenbetriebs mit Essenausgabe für immerhin rund 30.000 Mahlzeiten im Jahr muss gemanagt werden. Es spricht für das Arbeitsklima im Haus, dass der Koch schon seit über 30 Jahren den Kochlöffel über die Töpfe schwingt. Der gesamte Einkauf, die Magazin- und Lagerhaltung sowie das Controlling gehören zur Obliegenheit der Heimleitung, ebenso die Führung von Wäschemagazin, Kleiderkammer und die jeweilige Ausgabe. „Die Bettwäsche wird alle 14 Tage gewechselt."

Mit zwei Krankenhausbetten ist auch an mögliche Patienten gedacht. „Wir schieben niemanden aus dem gewohnten Umfeld ab", betont Margarete Schürmann.

Manch einer der Langzeitbewohner hat einen Klinikaufenthalt hinter sich und wird im Haus weiter gepflegt. Zu einem betagten Bewohner, der vor 30 Jahren hier Zuflucht fand und auf den Rollstuhl angewiesen ist, kommt zweimal die Woche der Pflegedienst. „Die Männer haben hier mehr Freiheiten als im Altenheim." Heimleiter Schürmann macht auch auf einen weiteren Vorteil der Bewohner aufmerksam: „Sie sind hier polizeilich gemeldet."

Unter der Ägide Schürmann wurde das Gebäude 1986-87 kernsaniert, die Baracken mit Duschen ausgestattet, neben Vierbettzimmern wurden Zweibettzimmer eingerichtet. Seit 2018 sind die Baracken Geschichte: Das Provisorium fand nach drei Jahrzehnten Nutzung sein Ende. Dafür bekommt das Männerwohnheim zwei Neubauten mit 56 Plätzen.

Beim Rundgang durch den denkmalgeschützten Altbau zeigt sich auch eine zusätzliche Option der Einrichtung, die der Öffentlichkeit nicht unbedingt bekannt ist: „Das Haus ist für Katastrophenfälle ausgelegt als Lazarett, verfügt wie eine Klinik über breite Türöffnungen und einen funktionstüchtigen Schwesternruf." Wohnheimleiter Schürmann gewährt auch einen Blick in das sogenannte „Katastrophenzimmer", ausgestattet mit 16 Doppelstockbetten, Tischen und Stühlen. Der komplett eingerichtete Raum hat seine Einsatzbereitschaft schon bewiesen. „Nach einem Hausbrand kam eine Familie mit zwei Kindern hier unter, das geht mal für ein paar Tage." Zeitzeuge Schürmann erzählt von einem „liegengebliebenen Reisebus", dessen Besatzung hier Unterschlupf fand.

Schürmann Junior legt zu seinem ambitionierten Dienst im Wohnheim noch ehrenamtliches Engagement als rühriger Vorsitzender des Schaustellerverbandes Wiesbaden an den Tag. Doch das ist eine andere Geschichte.

In ihrer Grundeinstellung sind sich Zeitzeugin Margarete Schürmann und Sohn Hans-Jürgen Schürmann einig: „Ich will dienen und nicht verdienen."

Ein deutscher Inder in Wiesbaden und ein Kriegskind aus Stettin

Suresh Soni

Geboren am 8. August 1946 in Kalkutta / Indien

Hannelore Soni, geborene Langmann

Geboren am 21. Mai 1938 in Stettin

„Ich bin ein deutscher Inder in Wiesbaden." Und eine persönliche „Kulturbrücke" ist Suresh Soni aus Kalkutta auch, wie eine Urkunde der Wiesbaden-Stiftung nahelegt. Mit einer Spende zur Finanzierung der Pflanzkübel vor dem Kurhaus hatte Suresh Soni die Aktion „Wiesbaden blüht auf" unterstützt und damit zum 100. Geburtstag von Wiesbadens „Gudd Stubb" seine Verbundenheit mit der Stadt gezeigt.

Genosse Zufall hat mit seinem Engagement jedoch nichts zu tun. Schließlich war Suresh Soni von den späten Siebzigern an bis zum rauschenden Abschiedsempfang im Sommer 2011 runde 35 Jahre lang in mehreren leitenden Positionen die „Gute Seele" des Kurhauses. Das hatte Kaiser Willem Zwo der Überlieferung nach zum „schönsten Kurhaus der Welt" geadelt.

„Niemals geht man so ganz..." Ehrensache, auch im sogenannten „Ruhestand" hat Suresh Soni die Hände nicht in den Schoß gelegt. Ziemlich nahtlos hat er weitergemacht – am Empfang der „schönsten Spielbank

Suresh Soni kam 1977 der Liebe wegen aus Kanada und blieb in Wiesbaden: Das Rückflugticket blieb ungenutzt

der Welt im schönsten Kurhaus der Welt." Bis ins Jahr 2018 hinein galt es für ihn an den Wochenenden, die Gäste willkommen zu heißen, nach dem Ausweis zu fragen und auf die Kleiderordnung hinzuweisen. Und natürlich war auf beiden Seiten die Wiedersehensfreude groß, wenn Stammgäste „ihren" Gastgeber erblicken. „Und manchmal kamen Gäste von einem Konzert im großen Thiersch-Saal extra zur Spielbank rüber, um mir *Hallo* zu sagen. Und wie es meine Art ist, umarmten wir uns dann oft."

Auch ehrenamtlich war der agil wirkende „Pensionär" weiter auf Achse. Mit Herzblut ist Suresh Soni Karnevalist. Ehefrau Hannelore, aushilfsweise im Kurhaus-Servicebereich tätig und ein aktives „CCW-Gummibärchen", hat ihn so richtig „angesteckt". Von großen Kurhaus-Events wie der Dacho-Prunksitzung, der CCW-Kostümsitzung und der CCW-Riesling-Gala waren dem Chef der Servicekräfte närrische Umtriebe schon vertraut. „Zum 50. Geburtstag hat mir CCW-Sitzungspräsident Klaus Groß die CCW-Narrenkapp aufgesetzt", schmunzelte der begeisterte Narr, der auch dem Elferrat der Narrenzunft 1950 Erbenheimer Brummer angehört.

Hannelore Soni war bei der Brummer-Prunksitzung als Service-Kraft engagiert und sehr erfolgreich. „Danach wurde ich von Edith Schön zu den Brummer-Sitzungen in Erbenheim angeworben für einige Jahre", erinnerte sich die Zeitzeugin mit ihrem hinreißend strahlenden Lächeln.

Suresh Soni mischt beim Carneval Club Wiesbaden im Schelmenrat mit und ist als Goldkehlchen bei den „CCW-Gartenzwergen" aktiv. Der Zeitzeuge wurde als Ehrenmitglied und „Komitäter" des CCW mit dem „Stadtorden" gewürdigt.

Als Spendensammler ist er auch aktiv. Seit 2012 sammelt Suresh Soni eigeninitiativ mittels selbst produzierter Anstecknadeln für die Aktion „Ihnen leuchtet ein Licht". 2014 bekam er während der Weinwoche mehr als 3000 Euro zusammen. Seit 2011 schenkt er am Benefiz-Weinstand des Wiesbadener Kuriers edle Tropfen aus.

„Um was für ältere Leute zu tun", mischt Suresh Soni als stellvertretender Kreis-Vorsitzender in der Senioren-Union Wiesbaden mit und ist Mitglied im Seniorenbeirat der Landeshauptstadt Wiesbaden. Der Zeitzeuge gehört dem Ortsbeirat Erbenheim an. Vorstands-Mitglied der CDU Erbenheim ist er auch. 2013 verlieh ihm Oberbürgermeister Dr. Helmut Müller für seine langjährigen Verdienste die Bürgermedaille in Bronze.

Mit verträumten Augen sinnierte der Weitgereiste: „Durch meine Arbeit im Kurhaus konnte ich so viele verschiedene Menschen kennen lernen und hatte immer einen guten Draht zu allen Gästen. Ich habe sehr viel erlebt und eigentlich nur gute Erinnerungen." Suresh Soni kennt sie alle. Er hat die Prominenz aus Politik, Kultur, Sport und Gesellschaft „hinter den Kulissen" erlebt und auch mal ohne Schminke gesehen.

Von der Filmlegende Audrey Hepburn, die als UNICEF-Botschafterin zur Benefiz-Gala ins Kurhaus kam, schwärmte er geradezu: „Eine tolle Frau!" Auch Gemahlin Hannelore Soni war bei der „Bambi"-Verleihung als Garderobiere hinter den Kulissen dabei und bestätigte lächelnd: „Das war wirklich eine tolle Frau!"

Hannelore Kohl war Suresh Soni „sehr sympathisch". Auch Michail Gorbatschow und Dr. Angela Merkel hat der Zeitzeuge hautnah erlebt. Stargeigerin Anne-Sophie Mutter verblüffte ihn mit Bodenständigkeit: „Sie hatte Lust auf ein Bier und fragte, ob ich ihr ein Glas davon besorgen könnte." Und ob er konnte. „Das Bier war herrlich! Vielen Dank", schrieb die Musikerin in sein Gästebuch. Mit ihrem Kollegen Nigel Kennedy hat er 1993 nach der Probe auf dem Kies vor der Kurparkmuschel Fußball gekickt: „Der war ganz locker und lieb."

Beim Namen Peter Ustinov erhellt ein strahlendes Lächeln das Gesicht des Zeitzeugen: „Der war so ein humorvoller Mann, offen, witzig und einfach sympathisch." Von der herzlich warmen Ausstrahlung des Dalai Lama, den er bei den Veranstaltungen rund um dessen 70. Geburtstag im Kurhaus und im Kurpark Wiesbaden umsorgte, schwärmte Suresh Soni noch immer: „Den Dalai Lama habe ich an der Hand zu seinem

Aktiv närrisches CCW-Paar: Suresh Soni singt als Goldkehlchen bei den „Gartenzwergen", und Hannelore Soni engagiert sich bei den „Gummibärchen".

Sessel auf der Bühne geführt." Ein privates Foto dokumentiert diese Erinnerung.

Auch der Hochadel wusste den „Gastgeber" zu beeindrucken. Fürstin Tatiana von Metternich-Winneburg, hat er als „ganz dezent" in Erinnerung: „Sie war eine ganz feine Lady, ohne Allüren oder Sonderwünsche." Gemahlin Hannelore Soni bestätigte: „Wir haben im Hause Metternich auf Schloss Johannisberg von der Firma Steigenberger aus das Catering durchgeführt."

Ein Star-Tenor auf Rädern: Eine Herausforderung spezieller Art war ein Goldkehlchen der Spitzenklasse. Suresh Soni als Mann von Stil merkt lediglich an: „Luciano Pavarotti war wirklich ein bisserl schwierig." Der Maestro gab hinter den Kulissen die kapriziöse Diva. Er weigerte sich kategorisch, auf Schusters Rappen auch nur ein paar Schritte durch die historische Wandelhalle des Kurhaus-Foyers zu gehen: „Pavarotti wollte nicht laufen, er wollte partout kutschiert werden." Also wurde auf die Schnelle eigens ein Caddy-Car herbeigeschafft – für die wenige Meter lange Strecke bis zur Drehtür. Der exaltierte Opernstar war zum Glück damit zufrieden. In Sichtweite des Publikums schaffte es der gewichtige Barde dann doch, auf eigenen Füßen die Open-Air-Bühne vor dem Kurhaus am Bowling Green zu entern. Der Auftritt war gerettet. Weitere Details hüllt Suresh Soni in den Mantel des Schweigens. Mit freundlicher Langmut gesegnet, ist der Wahlwiesbadener zwar ein Quell der Anekdoten, doch immer diskret.

Seine Karriere war dem in Kalkutta geborenen Hindu aus der Khateri-Kaste nicht an der Wiege gesungen worden. Die Mutter stand dem Berufswunsch von Filius Suresh eher skeptisch gegenüber und meinte „Wie sieht das denn aus, im Hotel Fremde bedienen?" Doch der Vater, Regierungsbeamter für die Druck- und Papierindustrie, stärkte ihm den Rücken und war stolz auf seinen Sohn und dessen exzellenten Abschluss der Hotelfachschule Neu Delhi. Bevor Wiesbaden zum Lebensmittelpunkt wurde, machte Soni Junior Station bei der Expo 70 in Osaka/Japan sowie im Hotel Steigenberger Mannheim, Interconti Wien, Holiday Inn in Hamilton bei Toronto/Kanada und im Holiday Inn-Headoffice City of London, das in Ontario/Canada residiert (nicht in Großbritannien). 1978 wurde Suresh Soni Chef de Rang im Nassauer Hof unter F&B-Manager Karl Nüser. Im selben Jahr holte Gastronomiedirektorin G. Andrée, die „rechte Hand" von Spielbank- und Gastronomiepächter Carol Nachman, den Zeitzeugen als Chef de Rang zur Spielbank-Gastronomie.

Zehn Jahre lang war der Wahlwiesbadener Serviceleiter der Kurhausgastronomie Steigenberger für Bankett und Catering. Einheimische erinnern sich: Von 1980 bis 1990 waren Egon Steigenberger, Ignaz Bubis & Carol Nachman gemeinsam Pächter der Spielbank und der Gastronomie.

Dann lotste Henning Wossidlo den feinsinnigen Inder ins Kurhaus als Veranstaltungsleiter vom Dienst. „Event-Supervisor" Soni wurde mangels Planstelle in den Kurbetrieben über die Firma WISAG Sicherheit & Service Hessen angestellt.

Stoff für ein Drehbuch bieten seine Erlebnisse rund um den Globus inklusive Kennenlernen seiner großen Liebe Hannelore Langmann. Die Schöne war „ein Kriegskind aus Stettin", das in Idstein zur Schule ging und später im Mannheimer Steigenberger Hotel arbeitete. In der Kaffeeküche traf die junge Frau eines Tages auf Suresh Soni, der gerade die verschiedenen Stationen des Hauses durchlief. „Ich dachte: ‚Was macht denn Roberto Blanco hier?'", schmunzelte die Zeitzeugin. Klar, Hannelore Soni hat auf Anhieb das schicksalhafte Datum parat. „Das war am 18. März 1972!"

Natürlich war Anbandeln unter Hotelangehörigen, zwischen denen es „gefunkt" hatte, nicht gut gelitten. Das aber tat der indisch-deutschen Beziehung nun so gar keinen Abbruch. „Als Suresh nach Wien ging, bin ich ihm hinterher und konnte einen Job in der *Sacherstube* finden", freute sich Hannelore Langmann über ihren „Sechser im Lotto". Ende 1977 kam Suresh aus Canada zu Hannelore nach Bad Schwalbach, um hier Weihnachten zu feiern. Einem Job in Wiesbaden war er nicht abgeneigt, sprach also in einer Nobelherberge vor. Dort, im Nassauer Hof, wurde allerdings keine Silvesteraushilfe gesucht. Doch Karl Nüser als Chef de Rang machte ihm ein Angebot, das er nicht ablehnen konnte: Im Januar 1978 könne er als Bankettkellner anfangen. „Und es hieß – die Arbeitserlaubnis besorgen wir." Ein Telefonat mit Hotelchef Karl Stadler in Toronto machte alles klar: „Ich hab' gesagt, bitte verkauft mein Wohnungsinventar. Ich komm' nicht zurück." Suresh Soni kam, fühlte sich wohl und blieb. Den Rückflug nach Canada hat er nie angetreten: „Ich hab' mein Rückflugticket noch."

Suresh Soni hatte als „Seele des Kurhauses" einen guten Draht zu allen Gästen.

Gemahlin Hannelore Soni ergänzt: „Am 22.7.77 haben wir in Bad Schwalbach geheiratet." 1983 ist der Vielgereiste deutscher Staatsbürger geworden. Der Wiesbadener Oberbürgermeister Rudi Schmitt half über bürokratische Hürden.

Ein Blick in das persönliche Soni-Album mit unzähligen Fotografien und Autogrammen könnte Neid auslösen. Das Who is Who ist vertreten, Berühmtheiten strahlen im Dutzend. Beckenbauer trifft Nana Mouskouri trifft Rudolf Nurejew trifft Montserrat Caballé trifft Yehudi Menuhin trifft Peter Ustinov. „Der ist ein ganz netter klasse Typ, mit dem ich in der Garderobe richtig gut über Nehru und Indira Ghandi reden konnte und von Begegnungen mit Henry Kissinger."

Der besondere Clou ist ein Foto vom September 1988, das „zwei Brüder" zeigt. Zu sehen sind Roberto Blanco und Suresh Soni, denen eine gewisse „Familien"-Ähnlichkeit nicht abzusprechen ist. Hannelore Soni amüsierte sich köstlich: „Die Zwei sehen doch wirklich aus wie Geschwister!"

Ein Foto mit einer „Boygroup" ist Suresh Soni besonders lieb und wert: „So was hat's noch nie gegeben!" Die Swing-Legenden Paul Kuhn, Max Greger und Hugo Strasser sind hier einmal ungewohnt leger zu sehen – ohne das obligate Sakko oder den feinen Smoking. Damit nicht genug. „Komm her, Bub!" hatte „Paulchen" Kuhn fröhlich zu Suresh Soni gerufen. Und schon war aus dem Star-Trio ein Quartett mit Inder geworden.

An die „russischen Filmtage" und „100 Jahre Kino" im November 1995 erinnert ein Bild mit Filmlegende Christopher Lee – „der war sehr umgänglich." Auch ein anderer „Großer" war backstage äußerst pflegeleicht. Im persönlichen Umgang mit dem blinden Startenor Andrea Bocelli wurde dem freundlichen Serviceleiter dessen Sehbehinderung zuerst überhaupt nicht bewusst. „Ich hab' nicht gemerkt, dass er blind ist." Mit dem „so sympathischen" Sänger, der von dessen Bruder begleitet wurde, verstand er sich auf Anhieb bestens.

Offiziell als Service-Objektleiter betitelt, war Hotelkaufmann Soni im Kurhaus Wiesbaden verantwortlich für Gala-Diners und Bankette, Kongresse, Bälle und Empfänge. Der Mann für alle Fälle teilte das Personal ein, war zuständig für Pförtner, Hostessen und Garderobendamen. „Ich war Ansprechpartner und Koordinator der Kongress- und Veranstaltungsabteilung der Kurbetriebe, der Gastronomie Käfer's und der jeweiligen Veranstalter gewesen", erläuterte er seinen Aufgabenbereich. Und er war ein stilvoller „Gastgeber" für alle Gäste. Das Problem, das Suresh Soni nicht ebenso freundlich wie diskret lösen könnte, muss erst noch erfunden werden. Ob es um verspätetes Kommen oder verlorene Tickets, um ein gerissenes Kleid oder die fehlende Krawatte, um Sonderwünsche oder um schnelles Handeln in brenzliger Situation ging – Suresh Soni half auf der Stelle.

Dass der „Löwe"-Geborene mal die Krallen ausgefahren oder die Contenance verloren hat, ist kaum vorstellbar. Doch Ehefrau Hannelore versicherte glaubhaft mit strahlendem Lächeln: „Suresh ist ein echter Löwe!" Ministerpräsident Roland Koch bedankte sich mit der Anmerkung „Persönlich" ausdrücklich in einem offiziellen Schreiben für „kurzfristig und unbürokratisches" Agieren „recht herzlich". Dank Suresh Sonis „spontaner Mitarbeit" sei der gut funktionierende, reibungslose Ablauf der Feierlichkeiten zum 3. Oktober 1999, die erstmals in Wiesbaden stattfanden, „mit Ihr Verdienst" gewesen.

Exklusive Empfänge der Hessischen Landesregierung im Biebricher Schloss, die er für die Kurhausgastronomie Steigenberger dort betreute, blieben dem Zeitzeugen plastisch in Erinnerung. Und über eine Begegnung in Biebrich freute er sich ganz besonders: Hohe Ehre hatte ihm Indiens Präsident Shri R. Venkataraman bei seinem Besuch dort erwiesen. „Der Präsident hat mir ein Autogramm geschenkt!". Soni Suresh strahlte noch immer. Auch für private Gästebetreuung war der passionierte „Gast-Geber" mit Gemahlin Hannelore immer die ideale Besetzung, wie ein Beispiel illustriert. Im Umfeld der feierlichen Verleihung des Carol-Nachman-Preises im Kurhaus lud der „Rheuma-Papst" Professor Dr. Klaus Miehlke die Preisträger mit Begleitung zum privaten Diner in seine Villa: „Wir haben das Catering durchgeführt und hatten sogar die Hausschlüssel", betonte Hannelore Soni mit charmantem Lächeln das große Vertrauen, das in die Eheleute Soni gesetzt wurde.

Kein Wunder, dass der feinsinnige Inder für sein unermüdliches Engagement mit der „Krone der Höflichkeit" gewürdigt wurde: Die Nadel trägt übrigens die Nummer 111 und schließt damit den Kreis zu den „närrischen Umtrieben" von Suresh und Hannelore Soni.

Ich will wirken in meiner Zeit ...

Professor Dr. Hanns Wolf Spemann

Bildhauer, Hochschullehrer,
Kulturpreisträger der Landeshauptstadt, Gründungsmitglied des
Berufsverbandes Bildender Künstlerinnen und Künstler Wiesbaden
e. V. (BBK) und des Bellevuesaal-Vereins, Mitinitiator der Kunst-
arche Wiesbaden
Geboren am 3. Juli 1931 in Frankfurt/Main

„Ich will wirken in meiner Zeit..." ist frei nach Käthe Kollwitz die Maxime
von Professor Dr. Hanns Wolf Spemann.
  Mit dem renommierten Bildhauer Professor Spemann eint die Maler
Johannes Ludwig und Arnold Gorski das Anliegen der„Kunstarche
Wiesbaden", die sich nach mehrjähriger Vorarbeit der drei Initiatoren
als eingetragener Verein konstituierte. Mit diesem 2012 eröffneten Archiv für das Lebenswerk von Bildenden Künstlerinnen und Künstlern
aus Wiesbaden soll der Schwund an Kulturgut gestoppt werden. Das
kollektive Bildgedächtnis der Stadt mit Skizzen, Tagebüchern, Autographen, Akten, Fotografien, Archiven und vergleichbaren Materialien soll
für die Nachwelt gesammelt, erschlossen, katalogisiert und bewahrt
werden. Eigene Ausstellungen und Publikationen werden realisiert. Zu
Forschungszwecken stehen die Werke zur Verfügung.
  „Kunst ist die Niederschrift des Lebens. Sie muss bewegt werden,
damit sie uns bewegt", wird im Flyer des eingetragenen Vereins Kunstarche Wiesbaden erklärt. Einige gestiftete Originale von Vincent Weber
bildeten den „Grundstock" der Kunstarche, die ihr Domizil in den früheren Artothekräumen gefunden hat. Das Logo der Kunstarche, die Vignette „Baue die Arche noch einmal, Noah!" aus dem Jahr 1988, ist
das erste Geschenk von Professor Spemann an die Kunstarche. Das Sig-
net zeigt eine Arche, von einem sich auffächernden Bogen schützend
umwölbt. Die „Kunstarche" bekam 2022 den Kulturpreis der Landeshauptstadt Wiesbaden.
  Mehrfacher Wettbewerbsgewinner, blickt der bescheiden auftretende
Zeitzeuge auf mehr als 40 Einzelausstellungen und über 30 Ausstel-
lungsbeteiligungen im In- und Ausland (Frankreich, Italien, Belgien,
Finnland, Niederlande, Türkei) zurück. Der Bildhauer, der auch ein Dutzend Grabmäler geschaffen hat, setzte in seiner Wahlheimatstadt Wiesbaden durch prägnante Arbeiten bleibende Zeichen. In Schierstein ist
sein Gedenkstein ein Mahnmal und stete Erinnerung an die 1938 zer-
störte ehemalige Synagoge. Für die jüdische Gemeinde Wiesbaden
schuf er das Relief „Gewalt" mit Schrifttafel als Gedenkstätte im Hof
der Synagoge Friedrichstraße. Auf dem Gräberfeld der Diakonie-
gemeinschaft Paulinenstift Wiesbaden auf dem Nordfriedhof steht die
über zwei Meter hohe Bronzeplastik mit dem Titel „Hände und Kreuz"
aus dem Jahr 1975. Wer von der Wilhelmstraße zum Wochenmarkt
geht, wird seit Dezember 2010 von der überlebensgroßen Bronzesta-

tue seiner „Sizilianischen Marktfrau" neben der Industrie- und Handelskammer „begrüßt". Die Statue wurde von Silke Reiser gestiftet und
fand nach dem Ankauf durch den Kur- und Verkehrsverein Wiesbaden
ihren Standort in der Karl-Glässing-Straße. Die stark abstrahierte
Schöne trägt einen Handabdruck ihres Schöpfers auf dem Rücken und
ist, wie Professor Spemann bei der Übergabe an die Öffentlichkeit
schmunzelnd bekannte, eine Hommage an die kraftvoll natürliche Eleganz süditalienischer Frauen. Im „Nizza des Nordens" sesshaft geworden, erinnert die Sizilianerin ihren Schöpfer an einen Motorradtrip des
jungen Mannes in den Süden.

In der oberen Rathaus-Etage hat die hintersinnige „Josephslegende"
mit vier „Köpfen" des 10 Jahre älteren Mataré-Schülers Joseph Beuys –
mit dem sich Wolf Spemann intensiv auseinandersetzte – ihren Standort. In der Marktkirche zieht die Spemann-Krippe aus Lindenholz das
Augenmerk auf sich, lädt zu meditativer Versenkung ein – und das nicht
nur zur Weihnachtszeit. Vor der Kirche Maria Aufnahme in Erbenheim
ist die kinetische Bronze „Narr und Tod, Lachen und Weinen" des Bildhauers ein beeindruckender Blickfang.

Eines seiner Lieblingswerke – die sinnlich runde Schwimmplastik
„Leda" aus dem Jahr 2014 – ist auf der Suche nach der Mitte. Zum Bedauern des Zeitzeugen schwamm die Augenweide aus Epoxidharz
anno 2007 nur einen Sommer lang auf dem Weiher am Warmen Damm.
Zu seinem 75. Geburtstag hatte Professor Spemann eine Retrospektive
an vier Orten der Landeshauptstadt veranstaltet – in Rathaus und Bellevuesaal, der Galerie Winter und am Warmen Damm. Seine „Sizilianerin" war damals schon mit von der Partie: „Sie blickte vom Ufer auf die
Leda im Teich am Warmen Damm", erinnert sich (nicht nur) der Zeitzeuge. „Die Leda zeigt wesentliche Merkmale meiner Arbeit der letzten

Kulturpreisträger Professor Hanns Wolf Spemann gewährte einen Blick in seine Bild-
hauer-Werkstatt.

30 Jahre", erläutert der Bildhauer. „Sie verbindet den Versuch der Optimierung einer stark abstrahierten menschlichen Form, kombiniert mit der Form der Schwingen des Schwans der griechischen Mythologie mit einer von der Natur gegebenen Kinetik. Das Symbol der Beziehung zwischen Wasser und Leben wird in Bewegung gesetzt durch Wind, denn die Figur ist so verankert, dass sie sich schon bei leichtem Luftzug dreht." Ihr Schöpfer meint: „Ich würde sie gerne wieder auf dem Teich sehen."

Immerhin: Bei der Einweihung der „Kunstmole" im Schiersteiner Hafen im Sommer 2009 mit ausgesuchten Werken von Mitgliedern des Bundesverbandes Bildender Künstlerinnen und Künstler Wiesbaden (BBK) wirkte die „Leda" allein durch ihre plastischen Formen, da die Kinetik durch Wind und Wasser entfiel. Die ausdrucksstarken Arbeiten des Kulturpreisträgers waren zur Premiere der Open-Air-Ausstellungsplattform ganz selbstverständlich erste Wahl. Was auch für sein „Hermenpaar" aus Eiche gilt, das Dualität thematisiert und auf der neuen Kunstmole ebenfalls zum Ertasten einlud. „Das Hermenpaar ist die höchste Abstraktion, die ich bei einem Menschenpaar erreichen konnte."

Von Dr. Friedhelm Häring (Oberhessisches Museum in Gießen) treffend charakterisiert als „lehrender Bildner und bildnender Lehrer" ist der Wiesbadener Kulturpreisträger seit Jahrzehnten künstlerisch und kulturpolitisch auf vielen Ebenen engagiert. Professor Spemann war von 1980 bis 1982 ein äußerst rühriger Vorsitzender und 1987 Vizevorsitzender des von ihm mitgegründeten BBK. Das Gründungsprotokoll vom 18. Juni 1955 „im Vortragssaal des Neuen Museums Wiesbaden" liest sich wie die Auflistung der Bildenden Künstler, die damals die kommunale Szene geprägt haben.

„In einer Gesellschaft, in der alle Gruppen sich lautstark zu Worte melden, müssen auch Kunstschaffende verbal vertreten sein." 1980 rief Professor Spemann die „Wiesbadener Kunstgespräche" ins Leben, die er bis 1982 geleitet hat. Auf seine Initiative hin schrieben die Stadtwerke Wiesbaden den ESWE-Kunstpreis aus zur Förderung der lokalen Kunstszene, der sechs Mal vergeben wurde.

An der unvergessenen Ausstellung „Krankheit und Tod" in der früheren Klinik im Nerotal – inzwischen restauriert und Domizil der Kleinkunstbühne „thalhaus" – wirkte der Zeitzeuge durch eine psychiatriekritische Arbeit mit. Die „geschlossene Station" mit drei „Köpfen" aus hoch gebranntem Ton, jeweils in ein verchromtes Messingband eingeschnürt, erzeugte Beklemmung. Der assoziierte „Elektroschock" wird in der Psychiatrie beschwichtigend „Elektrokrampftherapie" genannt.

1986 sah es für die Kunst wieder einmal düster aus. „Der Bellevuesaal sollte als Ausstellungsort ein Ersatz für die Brunnenkolonnade sein, wurde aber geschlossen", erinnerte sich der Zeitzeuge. Tatenlosigkeit war keine Option. Engagement war das Gebot der Stunde. Mit Helmut Schulze-Reichenberg und anderen Kunstschaffenden wurde Professor Spemann aktiv. Gemeinsam gründeten die Unermüdlichen den Bellevuesaal-Verein. Der Name „Verein für künstlerische Projekte mit gesellschaftlicher Relevanz e.V." hatte Signalwirkung. „Der Bellevuesaal muss bleiben!" war das Anliegen, das die Presse als berechtigt erkannte und gerne aufgriff. Die Initiative hatte Erfolg und der Bellevue-Saal wird nach wie vor vom Verein erfolgreich „bespielt".

In Frankfurt geboren, ist Zeitzeuge Spemann natürlich mit Mainwasser getauft und hat die ersten zwei Grundschuljahre in Frankfurt erlebt. Sein Vater, Professor an der Pädagogischen Akademie Frankfurt, hatte von 1933 bis 1938 Arbeitsverbot. Die Familie zog nach Kassel. Im Oktober 1943 mussten alle „kinderreichen Familien" Kassel verlassen und Wolf Spemann war knapp zwei Jahre im Kinderlandverschickungslager (KLV). Seine Familie kam in das Dorf Wernswig bei Homberg/Efze, wo er sein Abitur machte. Durch Großvater Hans (nobelpreisgekrönter Professor für allgemeine Zoologie) und seinen Vater (Biologe und Physiker) wurde sein naturwissenschaftliches Interesse früh geweckt. Für das künstlerische Element stand Onkel Rudo Spemann als bekannter Schriftdesigner und Kalligraph.

Als „Künstler" will der Zeitzeuge nicht angesprochen werden. „Er ist meiner Ansicht nach, angefangen von Kurt Schwitters über Beuys bis zu vielen Fehlinterpretationen dieser Beiden, inzwischen ein verdorbener Begriff. Deshalb nenne ich mich ungern Künstler – ich nenne mich Bildhauer."

Mit Nofretete fing es an: „Mein Vater hatte einen Originalabguss, mit dem bin ich aufgewachsen." Schon als Achtjähriger modellierte der Junge die schöne ägyptische Regentin – in etwa 10 Zentimeter Größe. Ein Bildhauer in Kassel gab „ein paar entscheidende Hilfen."

Kunst ist dem Bildhauer Spemann, der erste „professionelle" Kontakte mit der Praxis in einem Tischlereipraktikum bekam, schlichtweg „Lebensmittel". Nach dem Krieg hatte der Vater eine Werkstatt für Kunsthandwerk gegründet, die sieben Personen ernährte. Gymnasiast Wolf arbeitete mit „bis zur Unterprima halbtags nach der Schule, und ich schnitzte, was die Kundschaft verlangte."

Die Kundschaft wollte Kasperleköpfe und anderes Spielzeug. Auch handgeschnitzte Holzknöpfe waren sehr begehrt.

Den Abiturienten hatte ein Steinmetz-Praktikum in seinem Berufswunsch bestärkt. Die erste Phase seines Studiums führte an die Wiesbadener Werk-Kunstschule im heutigen Kunsthaus auf dem Schulberg. Dozent für Bildhauerei, der ihm das Begreifen der Plastik als Formsprache vermittelte, war Erich Kuhn. „Er lehrte uns vor allem das *technische Handwerk* und ein wenig auch das *geistige Handwerk* der Bildhauerei." Auch ein Praktikum in der Firma Dyckerhoff (Zement, Beton, „Kunststein") gehörte zur Ausbildung.

Nach der mit Auszeichnung bestandenen Abschlussprüfung (analog dem Fachhochschul-Diplom) folgte die Klasse des international bekannten Bildhauers Professor Ewald Mataré an der Kunstakademie Düsseldorf. Hier war das „geistige Handwerk" zu lernen – an „simplen Gegenständen" wie einem selbstgeschnitzten Holzlöffel oder einer Vase aus Ton, was anfangs irritierte. Es ging um „Proportionen, die den Funktionen der Gegenstände entsprechen mussten. Proportionslehre, das heiß bei Mataré nicht nur, eine Ahnung vom Goldenen Schnitt zu haben."

239

Für den Experten Spemann muss ein Bildhauer allerdings „weit mehr als nur Talent mitbringen und Techniken erlernen." Schließlich seien „Religionen, Wissenschaften und Künste, also Musik, Darstellende Kunst, Bildende Kunst und Dichtung, die drei Säulen, auf denen Kultur ruht. Sie bestimmen ihre weitere Entwicklung."

In punkto „künstlerischer Wahrheiten" stellt der Professor klar: „Immer geht es darum, für die jeweilige Gegenwart eine neue, zeitgemäße Formsprache zu finden. Die Formsprache soll das Maß der Zeit erfüllen und zum Ausdruck bringen, in der sie geschaffen wird."

Der Bildhauer hatte nach seinem Zweitstudium am Fachbereich Erziehungswissenschaften der Universität Frankfurt seine Dissertation bei Professor Dr. Hans-Michael Elzer geschrieben. Nach dessen plötzlichem Tod wurde Professor Dr. Dr. h.c. Günther Böhme (→ S. 40) sein Doktorvater. Die 1984 als Buch publizierte Promotionsarbeit trägt den Titel: „Plastisches Gestalten – Anthropologische Aspekte".

In der Goethestadt Frankfurt nahm der Zeitzeuge von 1975 bis 1993 eine Professur wahr für „Kunstpädagogik / Plastik und Design", die Studierenden nutzten seine Dissertation als Lehrbuch. Und mit dem Tag seiner Pensionierung verlagerte sich sein Schwerpunkt – „sofort ins Atelier".

Seit 1957 mit der Geigerin Doris Wolff-Malm verheiratet, ist Professor Spemann Wahlwiesbadener und im eigenen Bildhaueratelier in der auf dem Geisberg gelegenen Villa aus dem 19. Jahrhundert tätig.

Ein Besuch im Spemann-Skulpturengarten, zum Wohnhaus der Familien Spemann und Wolff-Malm gehörend, wird zum „Seh-Gang" und offeriert eine beeindruckende Zeitreise durch das künstlerische, immer auch sozialkritische Schaffen ab 1953. Das Berühren der Skulpturen ist ausdrücklich erlaubt. „Meine Arbeiten sollen dazu beitragen, dass Menschen sich ihres Tastsinnes wieder stärker bewusstwerden, weil wir an einer Überbetonung des Seh-Sinnes leiden." Schon in seiner Dissertation hatte Professor Spemann den Tastsinn als den nachhaltig wirkenden „Sinn der Mitte" bezeichnet.

Der Mensch im Verwobensein mit Raum und Zeit ist unübersehbar sein Thema, das sich in der unverwechselbaren Handschrift zeigt – nicht nur den Augen, sondern auch den tastenden Fingern. Kein Zufall, sondern in die Tat umgesetztes Anliegen seiner „Direktkunst", die seinem ersten Katalog parallel zu einer Wanderausstellung von 1987 bis 1989 – im Frühjahr 1989 zu Gast im Kunsthaus Wiesbaden – den Titel gab. „Direktkunst meint künstlerisches Handeln mit dem Ziel, gleichzeitig mehrere Sinne des Menschen anzusprechen und indirekt wirkende Medien auszuschalten."

Das zentrale Thema der Plastik des 20. Jahrhunderts „Statik oder Kinetik" hat Professor Spemann in einem sinnträchtigen Symbol variiert. Sicher hat er das Rad nicht neu er-funden, doch hat er es für sich entdeckt. Aus „objets trouvés" (gefundene Objekte) wie Wagenrädern, Industriemüll oder Gebrauchsgegenständen wurden faszinierende kinetische Skulpturen wie das „Lebensrad" oder der „Totentanz". Das gewichtige „Keltenrad" aus weißem Marmor wirkt erstaunlich filigran.

Der Bildhauer kann auch anders, wie seine ästhetisch reizvolle Installation „Laubrad" als Teil der „Kunst im Weinberg" auf dem Neroberg zeigte.

„Hand, Blüte und Stier: Die Pflanze in sich ahnen, das Tier in sich spüren und menschlich handeln." Zu jedem Jahreswechsel bedachte der Zeitzeuge einen ausgewählten Personenkreis mit einem Weihnachts- oder Neujahrsgruß in Form einer Vignette. Die Motive wie der um eine Strophe erweiterte „Sonnengesang" des Franz von Assisi „Lob sei Dir, du mein Herr, durch unseren Bruder, den Wald" wirken wie Marksteine seines Weges. Zugleich lassen sich Motive wie „Mensch bleiben im Getriebe" aus dem Jahr 1989 als Zeitzeugnis deuten. Die Vignette aus dem Jahr 1989 trägt den Titel: „Baue die Arche noch einmal, Noah!" und wurde zum Symbol der Kunstarche Wiesbaden.

Das kulturpolitische Engagement des zurückhaltenden Zeitzeugen war 1998 mit der Wiesbadener Bürgermedaille in Silber gewürdigt worden. 2001 wurde Professor Spemann hoch verdient mit dem „Preis zur Förderung des kulturellen Lebens der Landeshauptstadt Wiesbaden" ausgezeichnet. Sein enormes Langzeit-Engagement als kritischer Kunstschaffender und sich aktiv einmischender Bürger fand damit Anerkennung.

Kulturpolitisch hat der kritische Geist auch vor den Toren der Landeshauptstadt wichtige Akzente gesetzt. Professor Spemann wirkte seit 1965 als Vorstandsmitglied der Klingspor-Spemann-Stiftung Offenbach, die alle zwei Jahre den Rudo Spemann-Preis juriert. Die umfangreichen Bestände des Klingspor-Museums für internationale Buch- und Schriftkunst umfassen auch den von der Familie überlassenen Nachlass des Schriftdesigners Rudo Spemann. Das Vorstandsamt hat 2012 Tochter Ruth übernommen, diplomierte Bühnenbildnerin und Leiterin der Requisite am Staatstheater Darmstadt. Der älteste Sohn Thomas ist Jurist. Der jüngste Sohn Alexander ist Heldentenor am Staatstheater Mainz und debütierte auch als Komponist („Fürchtenich, oder: Einer, der auszog, das Fürchten zu lernen").

Für das vielfältige Engagement des Zeitzeugen steht auch sein Wirken als Vorsitzender der Arbeitsgemeinschaft Friedhof und Denkmal e. V. (AFD), Eigentümerin des Zentralinstituts und des Museums für Sepulkralkultur in Kassel, in den Jahren 1991 bis 1995. Professor Spemann ist zudem ein Gründungsmitglied der „Gesellschaft für eine Glaubensreform e.V.", die sich Ende 2012 über konfessionelle Grenzen hinweg auf Initiative von Professor Dr. Klaus-Peter Jörns konstituierte.

Der ganzheitlich betrachtete Mensch steht im Mittelpunkt. In seinen Arbeiten wendet sich Professor Spemann deutlich gegen Verlogenheit. Er prangert „das Verbrechen der Verharmlosung" von Atomenergie an und verabscheut jede Form von Gewalt. Der Zeitzeuge scheut unbequeme Wahrheiten nicht – so wie bei seiner Bronzeplatte der „Welt- und Pseudoreligionen". Auch die Spemann-Arbeit aus dem Jahr 2002 ist hochaktuell: „Das Heilige Land – Auge um Auge, Zahn um Zahn – bis beide blind und zahnlos sind." Aus dem Jahr 1966 stammt seine prophetisch anmutende Vignette: „Die Bibel sagt: Es kamen drei Weise aus dem Morgenland. Wir sagen: Es kamen drei Heilige Könige. Der Volksmund sagt: Es kamen zwei Weiße und ein Farbiger..."

Und geradezu hellsichtig nimmt sich die kritische Formulierung aus, die Professor Wolf Spemann in seiner Promotionsschrift Mitte der Achtziger Jahre publizierte: „Immer häufiger schieben sich Medien verschiedener Art zwischen den Menschen und die Dinge."

„Vielsaitigkeits-Künstlerin" mit großem Herz

Mary Lou Sullivan-Delcroix

Sopranistin, Gesangspädagogin M.A. Boston/USA
Fulbright-Stipendiatin
DAAD-Stipendiatin Musikhochschule Hamburg
Staatsexamen für Musik & Anglistik, Gutenberg-Universität Mainz
Leiterin der Werkstatt für Gesang,
Spiel und Sprache im Hinterhof-Palazzo
Geboren am 14. Oktober 1945 in Hartford / Connecticut

Eine Amerikanerin in Wiesbaden. „Alles muss möglich sein" für Mary Lou Sullivan-Delcroix, die ihr Credo mit Passion lebt. Für eine kleine Sternstunde ist der temperamentvolle Rotschopf mit der humoristischen Ader und dem Faible für Literatur immer wieder gut. „Lesen ist für mich essentiell – ob Hesse, Tschechow oder Turgenjew, Fontane, oder Emily Dickenson." Die mehrfach akademisch diplomierte Künstlerin aus Connecticut sprüht vor Einfällen und ist mit ihrem „Hinterhof-Palazzo" eine „Westend-Ikone".

Die charismatische Sopranistin kann mit frei strömender Stimme und natürlicher Ausstrahlung scheinbar mühelos „auf dem Atem singen" und sorgt für Gänsehaut pur. Ihr Metier hat sie in den USA und Europa von der Pike auf gelernt und studiert. Als Nachwuchs-Pianistin erklärte

„Alles muss möglich sein": Sopranistin Mary Lou Sullivan-Delcroix und ihr Hinterhof-Palazzo sind eine beliebte Institution im Westend.

sie mit zarten sieben Lenzen während einer familiären Weihnachtsfeier in Hartford: „Ich werde Sängerin!" An verschiedene Bühnen-Auftritte mit der theaterbegeisterten Familie im Somers Playhouse erinnert sie sich plastisch, an frühen Gesangs- und Schauspielunterricht auch. Als Zwölfjährige hörte sie Beethovens „Eroica" und ihr war klar: „Ich möchte dahin, wo diese Musik herkommt. Das hat mich so berührt."

Die Zeitzeugin bekennt: „Von klein auf hatte ich Sehnsucht nach Europa." Kein Wunder. Mütterlicherseits kam „der Uropa aus der Gegend von Hannover". Opa August und Oma Anna Midden waren aus Rotterdam: „Ich hab' noch von Oma Anna, die gerne Stollen gebacken hat, im Ohr ‚lekker is mir alles und unbehauen' bei schlechtem Benehmen." Mary Lou, Tochter eines Credit-Managers und einer stimm- und klavierbegabten Hausfrau, hat mit Phillipp O'Sullivan und Elizabeth Fury aus Kenmare / Country Kerry irische Vorfahren. „‚We dropped the O in the ocean', sagte Opa Phillip immer."

Gesang studierte die Zeitzeugin am New England Conservatory of Music in Boston bei Lotte Lehmann, Frederick Jägel und Stanislawski-Adept Boris Goldovsky, mit Bachelor und als Magistra Artium schloss sie ab: „Ich bekam hier wertvolle Impulse für die Opernbühne und für den Liedgesang." Durch ein Fulbright Stipendium („Ich habe im UN-Gebäude vorgesungen") kam die hochbegabte Maestra of Arts in Music nach Deutschland, als DAAD-Stipendiatin an die Opernklasse der Hochschule für Musik in Hamburg. Gesang studierte sie weiter bei Erna Berger, sang lyrische Sopranpartien in Deutschland, den USA, Luxemburg und Holland, gab Liederabende in Europa. Bei Großen ihres Fachs wie Magda Olivero (Meisterklasse Festspiele Barga) konnte sie ihr Können vervollkommnen. „Ich hatte das Glück, mit sehr guten Lehrerinnen und Lehrern zu arbeiten und in einem Meisterkurs von Gesangslegende Lotte Lehmann zu lernen."

Die „Fledermaus" wurde ihre erste deutsche Produktion, und die jüngste Rosalinde for ever mutierte zum gefeierten Dauerbrenner: „Die Partie der Rosalinde hab' ich am Hamburger Operettenhaus mehr als 100 Mal gesungen."

Das Diplom als Anglistin und Amerikanistin sattelte die Musikpädagogin nach ihrer Niederlassung in Wiesbaden an der Gutenberg-Universität Mainz noch obendrauf. In ihrer Diplomarbeit vergleicht sie die Gesangspädagogik von Manuel Garcia in Paris mit der von Julius Stockhausen in Frankfurt. „Ein Privatstudium bei Dietger Jacob in Köln brachte mir die Idee, ich könnte unterrichten."

Mary Lou ist als musikalische Botschafterin aus Wiesbaden auf vielen Bühnen zu Hause und mag es, wenn sich auf Liederabenden in der Alten und der Neuen Welt „ein Kosmos ohne Bühnenbild" zaubern lässt. Das begnadete Multitalent schätzt „die Spanne zwischen Spielen und Singen". Bei Auftritten der „Belcantina" in England, Holland, Luxemburg, Italien, Österreich, Dänemark, Polen und den USA atmet das Publikum mit. Liederabende führten sie an die Alte Oper Frankfurt, an die Royal Festival Hall London, in den Purcell Room London, zum Canterbury Music Festival und an das Mozarteum Salzburg. Konzertpianist

Alasdair Cameron aus Glasgow war mehrfach ein versierter Begleiter und im Hinterhof-Palazzo zu Gast.

Ovationen sind der Zeitzeugin sicher. Von „vibrierender Wandlungsfähigkeit und intensiver Präsenz", von einer „farbenreichen Vokalpalette", auch von stimmlicher Leichtigkeit und Reinheit „in jeder Tonlage" schreibt das Feuilleton. Eine „Lotte Lehmann-Stimme" wurde ihr nach einer Performance in Wien von Gesangsprofessorin Anneliese Seidenmann, einer Freundin von Gustav Mahler-Enkelin Alma Zsonay, bescheinigt. Von Lotte Lehmann persönlich hatte sie gelernt: „Tritt nicht wie ein Backfisch auf. Du hast eine wichtige Botschaft!"

Ihre „Werkstatt für Gesang, Spiel und Sprache" im „Hinterhof-Palazzo" ist ein über die Stadtgrenzen hinaus bekanntes Wiesbaden-Unikat. Hier trifft schon mal ein mozärtlicher Verdi auf Puccini, um sich mit Alma Mahler und Franzl Schubert zum Quartett zu verbünden. Das Ganze mündete in einer Geburtstags-Serenade für Gottfried von Einem, die im Hinterhof-Palazzo als kleines Sternstündlein über die Bühne ging. Mit der Hausherrin war Konzertpianistin Sigrid Jennes-Müller zu erleben. Mit perfektem Weaner Zungenschlag las Staatstheater-Schauspieler Gottfried Herbe aus der Komponisten-Autobiographie „Ich habe viel erlebt".

Autorin Lotte Ingrisch (1930-2022) war die Witwe des „feuerspeienden Hermelinbären" von Einem und mit Prinzipalin Mary Lou gut bekannt. „Lotte formuliert geistvoll witzig und hat eine liebenswert spirituelle Ader." Die renommierte Wiener Schriftstellerin kam der Einladung ins Westend gerne nach. Sie stellte ihr Buch „Die Erde" vor, lauschte voll Andacht der beseelten Interpretation der Gastgeberin, die mit vertonten Texten der Autorin betörte: „Nachdem ich seine Lieder gesungen habe, meinte Lotte zu mir: ‚Gottfried hat deinen Kehlkopf geküsst.' Das hat mich sehr berührt", freut sich die Zeitzeugin noch Jahre später über diese Würdigung aus berufenem Munde.

Manch hochkarätiges Gastspiel wurde im Palazzo gefeiert. Ganz große italienische Oper, Operette und klassische Calzone brachte das famose „Trio Partenope" aus bella Napoli. In ihrer Jubiläumsspielzeit „20 JA!re Hinterhof-Palazzo" zelebrierte die Prinzipalin mit der Vizevorsitzenden der Brahms-Gesellschaft Wiesbaden, Sigrid Jennes-Müller, eine spannende Zeitreise: „Sturmvogel – eine Annäherung an Komponistin Ethel Smyth".

Als eine „Wanderung" auf mehreren Ebenen sieht Mary Lou Sullivan-Delcroix ihr Sparten verbindendes Wirken. „Es war eine Vision und wurde Wirklichkeit", erzählt sie vom Start ihrer „Werkstatt für Gesang, Spiel und Sprache", die sie 1983 in der Walramstraße 17 ins Leben rief. „Die Werkstatt soll ein Ort des Schaffens und Erlebens sein für all diejenigen, die gern singen oder singen lernen wollen. Wie kann ich meine Singstimme voll entfalten? Atemtechnik, Ausbau der Resonanz und gesunder Stimmbandschluss führen zur Gesamtheit gesanglichen Ausdrucks. Ich denke, was ich singe und schon ändert sich die Farbe der Stimme." Fünf Jahre war die „Werkstatt" im alten Käselädchen in der Wellritzstraße daheim. Dann fand sich ein passendes Domizil mit Raum für eigene Aufführungen. „Ab 1996 hat die Werkstatt ihren Sitz wieder in der Walramstraße, nun mit der Hausnummer 35", betont die Wahlwiesbadenerin ihre Verbundenheit. „Mir gefällt das Westend mit seinen exotischen Geschäften, den alternativen Hofläden und Friseursalons, mit den individuellen Cafés, den gemütlichen Kneipen und der Szene rund um den Sedanplatz. Hier fühle ich mich wohl. Das ist mein persönliches Bermuda-Dreieck von Walramstraße, Wellritzstraße und Walramstraße", lächelt die Prinzipalin. „Ein bisschen Bohème-Flair wie in Greenwich Village" bescheinigt die Vielgereiste dem Kiez.

Als kulturelle Institution ist die „Werkstatt" im Hinterhof-Palazzo einzigartig in Deutschland. Kein anderer Kiez hat Ähnliches zu bieten. Von draußen kommt die Kulisse unscheinbar daher, drinnen betört ein New Yorker Loft mit barockem Flair und italienischem Charme in Sienagold und Samtrot. Der kristallene Kronleuchter heißt Puccini. Die Bel Etage regt mit Wohlfühl-Ambiente zu kultivierten Gesprächen an.

„Mein Ziel ist, Erfahrungen weiterzugeben, Impulse zu geben und meine Begeisterung für Gesang, Spiel und Sprache mit-zu-teilen. Ich sehe die Künste nicht als Freizeitbeschäftigung, sondern als „Königsweg zur Seele" an. Die Zusammenarbeit mit meinen Schülerinnen und Schülern bringt mir nicht nur Freude, sondern auch eine Vertiefung in die Themen, die meinem Leben einen Sinn geben. Mein Leben zirkuliert um die Pole Musik, Literatur und Bildende Kunst."

Die charmante Zeitzeugin bewegt sich zwischen „ihren" drei Ländern: Ihre amerikanische Heimat ist Connecticut „wo meine Wurzeln sind, Deutschland ist meine adoptierte Heimat, in der ich arbeite und lebe und Italien ist das Land der Sehnsucht und der Liebe."

Die Amerikanerin mit dem Faible für die Renaissance hat „lange über die deutsche Staatsbürgerschaft nachgedacht" und sich dann ganz bewusst dafür entschieden. „Deutschland ist meine zweite Heimat und das kulturelle Leben hier ist sehr reich. Ich wollte etwas dazu beitragen und Dankbarkeit zeigen. Heute sehe ich es als Bekenntnis zu meiner staatlichen Loyalität an. Ich bin demokratisch erzogen und werde immer meine amerikanischen Anteile positiv leben."

Umstandslos bekennt sich Mary Lou Sullivan-Delcroix zu ihrer Wahlheimat Wiesbaden, deren Kulturamt sie als Kultur-Botschafterin mit Regisseur Jürgen D. Schirrmacher und ihrem Projekt: „Liebe, Tod und Kaiserwalzer" in die polnische Partnerstadt Breslau-Wroclaw gesandt hat. „Von der Schönheit der Stadt Wiesbaden, der Jugendstilarchitektur, dem vielen Grün war ich gleich begeistert. Das Theater fand ich sofort bezaubernd!" Seit 1972 lebt sie mit ihrem aus München stammenden Ehemann Michael Delcroix (1935-2022) – elf Jahre lang Schauspieler am Staatstheater Wiesbaden und Regisseur der Opernklasse in der „Werkstatt" – hier. „Wir haben uns beide immer sehr wohlgefühlt in Wiesbaden. Ich mag diese kleine Großstadt. Sie bietet alles, aber ist nicht so hektisch."

Der „English Theater Workshop e.V." war eine frühe Erfindung der „Werkstatt"-Leiterin. Mit den „Fröhlichen Geistern", von Noel Coward fing es an. Das „Anny Lang-Heim" der Arbeiterwohlfahrt Unter den Eichen (inzwischen abgerissen) bot im November 1989 die Kulisse für die gefeierte Eigenproduktion „Blithe Spirit". Die „Geister" machten Furore und wurden in das „Weiße Haus von Wiesbaden" eingeladen. In der geschichtsträchtigen Soehnlein-Villa, wo in den späten Fünfzigern King Elvis im dortigen „Eagle-Club" Hüften und Stimmbänder schwang, residierte damals die amerikanische Militärverwaltung.

Die Zeitzeugin ist schon „querbeet durch Wiesbaden aufgetreten" – im Landesmuseum und in der Villa Clementine, im Schloss Biebrich, im Kurhaus und in Kirchen: Die katholisch erzogene Sopranistin lebt gerne die Ökumene. „Es gibt viele schöne Kirchen in Wiesbaden, in denen ich schon gesungen habe", zählt sie evangelische Gotteshäuser auf wie Bergkirche (Operngala mit Verdi-Arien) und Lutherkirche („mit diesem wunderschönen Jugendstil-Innenraum"), Thalkirche Sonnenberg und die Kirche in Bierstadt. Auch in der katholischen St. Elisabeth-Kirche trat sie auf, in der Bonifatiuskirche sang sie unter musikalischer Leitung von Gabriel Dessauer das Verdi-Requiem.

Als Gesangspädagogin baut sie auf Theorie und ihre profunde Erfahrung. „Im Opernensemble geht es um Gestaltung von Arien und Liedern. Ich sage oft: ‚Singe rein, aber nicht steril wie ein Kirchensänger.' Singen soll eine Freude sein!"

Auch Schauspiel kommt mit Improvisationen und szenischer Arbeit nicht zu kurz. „Ich biete Kunstschaffenden und Interessierten die Möglichkeit des Austauschs bei Konzerten und Lesungen. Das ist mein Künstlerforum."

Stimmbildung mit angehenden Bühnen-Profis betreibt sie auch und ist seit 1997 ein Stützpfeiler der Wiesbadener Schule für Schauspiel, von Kirchenmusiker Andreas Karthäuser am Piano begleitet. International erfahren, macht sie aus ihrem Herzen keine Mördergrube. „Kürzlich hörte ich von einem Nachwuchssänger den Spruch *Stütze ist von gestern*. Von wegen", schmunzelt die Expertin. „Stütze ist von vorgestern, von gestern, sie ist von heute und von morgen!" Koryphäen wie die legendäre Erna Berger, Star-Sopranistin Renée Fleming und Tenor Jonas Kaufmann beglaubigen die Expertise. Der Zeitzeugin ist dieses Faktum wichtig und sie wurde Autorin. „Stütze – Fluch oder Segen?" ist der Titel ihres Aufsatzes über die Atemstütze „für alle, die singen und singen lernen". Montserrat Caballé mit ihrer „sensationellen Atemtechnik" und dem sagenhaften Pianissimo konnte sie auf dem Bowling Green „live" hören. „Ich glaube, sie war wohl Mitte Siebzig, als ich ihre vorbildliche Gesangskultur erlebte. Wieder ein Beispiel für mich: Wer so lange so schön singen kann, macht etwas richtig!" Ein Zitat der Caballé macht klar: „Das Stützen der Stimme ist das A und O des Singens."

Mit Primadonna Magda Olivero, die als 63-jährige Tosca an der MET debütierte, erlebte Mary Lou am Rande der Toscana-Festspiele Barga eine unvergessliche Meisterklasse. „Ihre Anregung *auf der Luft* und mit *offenem Hals* zu singen, bleibt mir immer in Erinnerung."

Begeisterung steckt an. „Ich finde es in erster Linie beglückend, Menschen zur Kreativität zu verhelfen. Ich verlange viel. In einer Atmosphäre der Wärme und Offenheit wird in der Sache streng und diszipliniert gearbeitet mit effektiven Atem- und Stimmübungen." Es geht um das „Singen mit der ganzen Seele." Denn „die Stimme ist ein Geschenk der Götter."

Wie sieht es mit Lampenfieber aus? Das ist selbst einer „Vielsaitigkeits-Künstlerin" nicht fremd. „Das Lampenfieber beflügelt, aber ich öffne mich auch und bin verwundbar. Das sind wir unserem Publikum schuldig."

Wichtig ist der großherzigen Zeitzeugin ihre soziale Ader. Zu Mitwirkung bei Benefizveranstaltungen wie einem Konzert für die Waldorfschule muss sie nicht lange gebeten werden. Ihr ehrenamtliches Engagement kann sich sehen lassen. So stellte die Sopranistin ihr begnadetes Talent in der fünfstündigen „Benefiz Gala-Nacht für Sarajewo", im November 1995 ein ambitioniertes Projekt der „Frauen in Schwarz" um Gesine Werner, zur Verfügung. Unter Schirmherrschaft von Oberbürgermeister Achim Exner begeisterte das Goldkehlchen im prall gefüllten Chapiteau des Circus Flic Flac am Schlachthof mit Sigrid Jennes-Müller und Wolfgang Stifter am wohltemperierten Flügel.

Mit dem Konzert „Von Mahler bis Gershwin" bereicherte sie mit Wolfgang Stifter am Flügel im Roncalli-Haus das Sparten verbindende Gesamtkunstwerk der „Frauen in Schwarz Kreatief/Fisk" für „Benevolencija Bosnia". „Über Leben in Sarajewo" war dieser Benefizabend im November 1996 betitelt. „Der lange Weg vom Krieg zum Frieden" hieß die Benefizveranstaltung der femininen Friedensinitiative innerhalb der 7. Wiesbadener Büchertage im April 1997. Die Zeitzeugin machte mit Schauspielerin Christa Rockstroh und Konzertpianist Wolfgang Stifter den interdisziplinären Abend in der Stadtbibliothek Neugasse zum Erfolg.

In ihr Silberjubiläumsjahr 2008 startete sie mit der Interkulturellen SalonNacht für den Frieden „Geschärfter Blick & Zerbrochene Feder" der „Frauen in Schwarz Kreatief" in Kooperation mit dem Kulturamt der Landeshauptstadt. Zum Gedenktag für die Opfer des Nationalsozialismus ging in der Villa Clementine eine Femmage an Mascha Kaléko, Else Lasker-Schüler, Hilde Domin & Co. über die Bühne. Mary Lou Sullivan-Delcroix und Pianistin Sigrid Jennes-Müller widmeten sich Alma Rosé, der Nichte von Gustav Mahler.

Ein besonderes Gastspiel in der „Werkstatt" war im Jubiläums-Sommer 2018 auch kein Zufall. Im Rahmen der „Internationalen Wochen gegen Rassismus" gratulierte der Beethoven-Preisträger für Menschenrechte zum 35-jährigen Bestehen. Pianist Aeham Ahmad aus Yarmouk stellte seine Autobiographie „Und die Vögel werden singen" vor und berührte das Publikum mit seinem Tastenspiel.

Wie gesagt: „Alles muss möglich sein" für Mary Lou Sullivan-Delcroix – und das nicht nur zur Jubiläumszeit.

Ein „Papa" mit Herz bringt den Armen das Evangelium

Don Fausto Urgo

Pastor der Comunitá Cattolica Italiana
Geboren am 9. August 1946 in Montecatini
Gestorben am 13. April 2022 in Wiesbaden

„Das Herz ist wichtig. Ich bin Priester mit Leib und Seele." Dieses Bekenntnis ist Don Fausto Urgo aufs Wort zu glauben. Wer den Seelsorger kannte, konnte sich keinen besseren „Papa" vorstellen. Die Comunitá Cattolica Italiana Wiesbaden wusste es jedenfalls sehr zu schätzen, was sie an ihrem weit über Gemeindegrenzen hinaus bekannten Geistlichen hatte.

Montecatini Terme, Toscana-Bergdorf römischen Ursprungs wie „Aquae mattiacorum" und kontinuierlich seine Thermalquellen nutzend, ist der Geburtsort von Don Fausto. Der Priester aus dem zwischen Florenz und Pisa gelegenen Kurort, dem sein großes Herz für die Gemeinde anzusehen war, stammte aus sehr katholischem Elternhaus: „Jeden Sonntag sind wir alle in den Gottesdienst gegangen." Der Vater wurde als Militärangehöriger aus der Toscana nach Alessandria im Piemont versetzt, wo der Filius sein Abitur baute. „Als Kind wollte ich Arzt oder Priester werden", schmunzelte der Zeitzeuge im Gespräch. Es sollte auf jeden Fall ein Beruf sein, in dem er Menschen beistehen konnte: „Mit großer Freude habe ich mich entschieden, Priester zu werden."

Don Fausto Urgo hat im Pfarrbüro „seine Vorgesetzten" immer im Blick: Papst Johannes XXIII., „il papa buono", und Papst Franziskus.

Für gerade mal sieben Priester-Kandidaten wurde keine Fakultät eingerichtet, deutete der Zeitzeuge an. Also war er täglich – „außer Donnerstag" – um 6 Uhr auf Achse und pendelte nach Turin zur priesterlichen Fakultät. „Am 3. Dezember 1972 empfing ich in Alessandria die Priesterweihe und war dann 5 Jahre Kaplan in der Nähe von Alessandria", erinnerte sich der Geistliche. 1975 habe er seinen Bischof um Versetzung gebeten. „Mein Ziel war, in die Mission zu gehen, nach Afrika. Ich wollte eine Erfahrung machen in der Emigrationswelt." Der Bischof war von dieser Idee nicht gerade angetan. Doch zwei Jahre darauf genehmigte er die Versetzung – nicht nach Afrika, sondern in Richtung Norden.

Seit dem 15. September 1977 war Fausto Urgo in Deutschland. An seine Ankunft und die ersten Tage im Rhein-Main-Gebiet erinnerte sich Don Fausto noch ganz genau: „Der italienische Pater Salon holte mich in Frankfurt vom Zug ab und fuhr mit mir in die Delegazione, das Zentrum der italienischen Gemeinde, zu Monsignore Klara." Der Nachsatz „dort habe ich eine gute Suppe gegessen" wurde mit breitem Schmunzeln angefügt, was auf kulinarischen Genuss schließen ließ.

In die Landeshauptstadt ging es dann einen Tag später: „Am 16. September 1977 kam ich nach Wiesbaden, in das Büro Dotzheimer Straße 24". Das Gemeindezentrum der italienischen Gemeinde befand sich zu dieser Zeit im früheren Kolpinghaus. „Und schon meine zweite Nacht in Deutschland verbrachte ich in einem Zimmer des Pfarrhauses von Maria Hilf", erinnerte sich der Geistliche aus dem Süden, der einige Jahre dort wohnte.

Als Don Fausto in die Schiersteiner Straße „in eine normale Wohnung" zog, kam seine Mutter aus Italien und bot dem Priester als Haushälterin die nötige Unterstützung.

1980 ernannte der Limburger Bischof Wilhelm Kempf dann Don Fausto Urgo zum Pfarrer. „Wichtig sind die Leute, die es schwer haben, kranke, arme Leute." Ganz einfach formuliert der Priester sein Credo. Überzogen „geistliches" Pathos lag dem bodenständig wirkenden Seelsorger, der als „Papa" der italienischen Gemeinde geliebt wurde, so gar nicht.

Für die damals rund 6000 Seelen zählende italienische Gemeinde Wiesbaden war Don Fausto immer gerne der Hirte mit Herz, kümmerte sich um kleine und große Nöte. „Unsere Gottesdienste haben wir in der Maria Hilf-Kirche gefeiert." Den dort amtierenden Pfarrer Alfons Jung hatte der Zeitzeuge positiv in Erinnerung und schilderte ihn als „einen sehr progressiven Mann."

Der Neu-Wiesbadener fühlte sich schnell wohl in seiner neuen Heimat. Don Fausto wurde Mitglied in der Priestergemeinschaft, die sich regelmäßig trifft, und war Pfarrer Winfried Welzel immer dankbar: „Er war mir menschlich eine gute Stütze." Offenherzig bekannte der Geistliche: „Ich wollte nur drei Jahre bleiben – theoretisch. Aber von der Mentalität und der Offenheit der Kirche hier bin ich beeindruckt." Bestrebungen, ihn wieder nach Italien zu versetzen, konnte er abwehren: „Ich dachte – ich bleibe hier."

Eine wichtige Rolle spielte für ihn eine in Wiesbaden prägende Kirchen-Persönlichkeit: „Als ich kam, war Werner Bardenhewer (→ S. 27) Pfarrer von St. Bonifatius und Stadtdekan", erzählte der Zeitzeuge. Er schätzte den geistlichen Würdenträger, der als „Vater des Roncallihauses" gilt, schon damals als „sehr modern und aktiv" ein. „Was mich später sehr beeindruckt hat, ist sein großes Engagement in der Africa action. Als Pfarrer Bardenhewer in Rente ging, hätte er sich ja auch zur Ruhe setzen können." Es schließt sich zudem ein Kreis um die beiden Geistlichen, denn Werner Bardenhewer war zuvor Pfarrer in St. Andreas.

Die Gemeinderäume im Haus St. Michael bei Maria Hilf wurden von der italienischen Gemeinde rund 22 Jahre genutzt, bis das Bistum Limburg im Jahr 2005 die Räume aufgab. Die Comunità Cattolica Italiana fand ihr neues Domizil bei der Kirchengemeinde St. Andreas. „Wir sind beide unter einem Dach", freute sich Don Fausto über die herzliche Aufnahme und die gemeinsamen Aktivitäten mit der deutschen Gemeinde. „Wir feiern die Gemeindefeste zusammen."

St. Andreas könnte auch als Multikulti-Gemeinde bezeichnet werden, schließlich hat seit 2012 hier auch die philippinische katholische Gemeinde ihren Sitz. Im Sommer 2015 zelebrierte die 50 Jahre bestehende Gemeinde St. Andreas ihr Goldenes Jubiläum. „Den Tag der offenen Tür haben wir alle drei Gemeinden zusammen gefeiert. Gemeinsam führte der Chor von St. Andreas mit „il coro della comunità cattolica italiana" – dem italienischen Kirchenchor – ein Werk der Kirchenmusik auf. Die Italiener haben Nudeln gekocht. Die leckere Sauce wurde gestiftet von einem Gastronomen, der unserer Gemeinde angehört", berichtete der Geistliche.

„Hier ist mein Zuhause. In Italien ist es Urlaub." Don Fausto konnte als Überzeugungstäter gelten und bekannte: „Ich habe keine Sehnsucht mehr nach Italien – nur in den ersten fünf Jahren. Ich liebe Wiesbaden." Und doch ist er Italiener geblieben, der sich als Europäer sah.

Zu seinen seelsorgerischen Obliegenheiten habe immer auch die Betreuung von Gemeindemitgliedern außerhalb ihrer gewohnten Umgebung gehört: „Ich besuche auch oft Gemeindemitglieder am Krankenbett in einer Klinik." Generell war es für Don Fausto immer „wichtig, Menschen zu helfen, die kaputt sind und krank. Hoffnung will ich geben, wenn Menschen keinen Spaß mehr am Leben haben. Ich versuche zu helfen, dass sie Gott finden, der ein Freund, ein Compagnon ist und der uns alle gern hat."

Don Fausto hatte als Junge einen Priester erlebt, „der uns Angst gemacht hat." Er sagte immer: „Du kommst in die Hölle. Gott wird Dich strafen." Da hatte Don Fausto Urgo doch andere Glaubensvorstellungen. Er sagte: „Ich glaube an einen Gott, der Vater und Mutter ist. Das versuche ich, weiterzugeben."

Wohl keineswegs zufällig hingen zwei Fotografien an der Wand des Gemeindebüros am Kirchort St. Andreas. Die Fotos zeigen Papst Johannes XXIII. „il papa buono" („der gute Papst") und Papst Franziskus, der Angelo Giuseppe Roncalli im Jahr 2014 heiliggesprochen hat.

Das Zweite Vatikanische Konzil, am 11. Oktober 1962 von Papst Johannes XXIII. einberufen zu „pastoraler und ökumenischer Erneuerung" und von dessen Nachfolger Papst Paul VI. fortgesetzt, entsprach Don Faustos christlicher Überzeugung. „Die Gläubigen sollten mehr einbezogen werden und die Laien wurden gestärkt." Auch den amtierenden Pontifex und dessen Reformkurs verehrte er sehr: „Papst Franziskus hat gesagt: Wir müssen die Kirche aufmachen."

Von Bischof Franz Kamphaus schwärmte der Priester geradezu, schätzte ihn als Vorbild. „Der Bischof hat uns als ausländische Gemeinde sehr gern gehabt. Wir haben uns in der Vorweihnachtszeit mal zwei Tage in Hofheim getroffen", erinnerte sich Don Fausto und strahlte. Von Franz Kamphaus hatte er die Leitschnur übernommen: „Den Armen das Evangelium bringen." Sehr wichtig war ihm die Überzeugung: „An erster Stelle ist die Barmherzigkeit Gottes." Der Priester wusste schließlich aus langjähriger praktischer Erfahrung: „Die Menschen warten auf tröstende Worte, die ihnen guttun."

Die Gemeindereferentin des deutschen Kirchortes St. Andreas, Bernarda Westrup, schätzte Don Fausto sehr. Die Gemeindesekretärin Manuela Venné – die „alle Italiener" kennen – wurde von dem Geistlichen als „sehr hilfreich" gewürdigt.

Es freute Don Fausto sehr, dass die italienische Gemeinde in der Not zusammenhält. So wurde die Überführung eines verstorbenen Gemeindemitglieds nach Italien mit vereinten Kräften sichergestellt, weil die Familie die Kosten nicht alleine stemmen konnte. Auch als es um Erdbebenhilfe ging, war die italienische Gemeinde engagiert.

Seit September 2014 war Don Fausto zwar offiziell in Rente, „aber es kam kein italienischer Priester hierher." So blieb der bewundernswert agile Geistliche im „Unruhestand" noch für die Sakramente Taufe, Eucharistie und Trauung zuständig. Auch Beerdigungen nahm er noch vor. Für seine Predigten suchte er schon montags entsprechende Passagen in der Bibel, las sie gründlich und formulierte sie gut verständlich: „Ich predige sehr einfach und versuche, Impulse zu geben." In seinen Gottesdiensten, die sonntags um 11.30 Uhr begannen, nahm Don Fausto auch Erstkommunion und Firmung vor. Die Vorbereitung wurde durch eine Gemeindereferentin sichergestellt. „Es werden immer weniger Kinder, weil die älteren mit Schulkameraden in deutsche Gemeinden gehen", sinnierte der Geistliche. Diese Entwicklung sah er mit einem weinenden und einem lachenden Auge: „Das ist eine natürliche Form der Integration."

Seine Gebetsgruppe lag ihm am Herzen und der Geistliche hielt sie nach wie vor einmal im Monat ab: „Wir beten die Vesper und reden über Bibeltexte." Auch das Bibeltreffen alle 14 Tage war schon lange gute Tradition in der italienischen Gemeinde. Die Leitung ließ sich Don Fausto nicht nehmen: „Zum Abschluss wird immer gemütlich etwas Italienisches gegessen, nichts Besonderes, aber es ist gemütlich."

Wie es sich wohl für einen echten Italiener geziemt, liebte Don Fausto – natürlich Spaghetti. Aber auch der deutschen Küche konnte der Liebhaber herzhafter Schmankerln etwas abgewinnen. Es kam auch mal eine Bratwurst auf den Teller oder eine Gulaschsuppe. Das gemeinsame Mittagessen mit Priesterkollegen in der liebevoll „Boni" genannten St. Bonifatiusgemeinde war Dienstag und Freitag ein fester Termin im Kalender.

Wenn es um Musik ging, hatte Oper für ihn Priorität – neben Verdi durfte es auch mal Vivaldi sein, wenn es die „Vier Jahreszeiten" waren. Eine Leseratte war Don Fausto auch, ein Buch über Papst Franziskus war ihm interessante Lektüre. Und selbstverständlich war der Geistliche ein Tierfreund. Auch auf diesem Terrain ging es „multikulturell" zu, wie sein gemütvoller Vierbeiner bewies. Von der Abstammung her ein stolzer Spanier, war „Zar" als Geschenk des Pfarrgemeinderats zu Don Fausto gekommen.

Die zauberhafte Welt des Schwarzen Theaters
„Die Velvets"

Dana Bufková
geboren am 6. Februar 1939 in Ostrava/Mähren
Bedrich „Bedo" Hánys
geboren am 25. September 1939 in Vysoke Myto
Barbara Naughton
geboren am 30.12.1969 in Rhenen / Niederlande
„Die Velvets" sind Kulturpreisträger der Landeshauptstadt Wiesbaden

Mit „Schwarzem Theater" lassen sie die Puppen tanzen – in des Wortes schönster Bedeutung. Sie sind einfach puppenspiel-pantomimisch zauberhaft. Buchstäblich einmalig in Deutschland sind sie auch, die hinreißenden „Velvets" und wurden schon rund um den Globus gefeiert. Die „Samtenen" Dana Bufková-Hánysová und Bedrich „Bedo" Hánys haben sich mit Leib und Seele der „Schwarzen Muse" verschrieben.

Das weltweit renommierte Schwarze Theater hatte den „Preis zur Förderung des kulturellen Lebens in der Landeshauptstadt Wiesbaden 2009" erhalten. Die „Samtenen" fördern und bereichern inzwischen seit mehr als 50 Jahren mit ihrer poetischen Magie das Kulturleben in der Dreililienstadt. Im September 2017 wurde das Goldene Jubiläum gefeiert. Kulturdezernent Axel Imholz überbrachte die Stadtplakette in Bronze an die „Kulturbotschafter" ihrer Wahlheimatstadt. Hier ist ihnen engagiertes Mitwirken im Arbeitskreis Stadtkultur selbstverständlich. Eine Kulturbrücke zwischen Wiesbaden und Prag sind sie auch. Die buchstäblich einzigartige Exzellenz ihrer Kunst des „Schwarzen Theaters" war in den Jahrzehnten ihres internationalen Wirkens immer wieder durch hochkarätige Auszeichnungen gewürdigt worden. An Festivals in Frankreich (Charleville-Mézieres), Israel (Jerusalem), Österreich (Wiesbadens Partnerstadt Klagenfurt), Italien (Arezzo), Polen (Torun), Norwegen (Bergen) und in Portugal (Porto) nahmen sie erfolgreich teil und räumten Preise ab.

Beim Festival Atti Unici in Arezzo wurden 1980 ihre „Animazione mimica" ausgezeichnet. Die Jury rühmte „die Präzision und Originalität der szenischen Darstellung nicht nur wegen der raffinierten technischen Mittel (das allein hätte schon für ein hohes Urteil ausgereicht, entsprechend dem künstlerischen Niveau der Gruppe), sondern auch wegen des lebendigen, emotional ansprechenden überragenden Ausdrucks. Die Jury berücksichtigte besonders die geistreiche Art szenischer Verwandlungen, die subtile inhaltliche Verflechtung der einzelnen Szenen". Hervorgehoben wurden „Einmaligkeit, Originalität und Konsequenz der Aussage".

Der Mainzer Oberbürgermeister Jockel Fuchs hatte ihnen 1980 den „Mainzer Pfennig für Verdienste im kulturellen Leben der Stadt Mainz" verliehen. Zum Goldjubiläum bekamen die Einzigartigen das gute Stück vom Mainzer Bürgermeister Günter „Günni" Beck erneut überreicht.

„Dies Bildnis ist bezaubernd schön..." Im Rahmen der Verleihung des Karlspreises der Stadt Aachen an Präsident Vaclav Havel hatten sie die Ehre einer Galavorstellung ihrer Adaption der „Zauberflöte" im Theater der frühmittelalterlichen Kaiserstadt.

Und sogar in das Goldene Buch ihrer Heimatstadt an der Moldau durften sich Bedo und Dana eintragen. Eine Ehre mit „Wiesbaden-Bezug". Die „Velvets" waren mit ihrer hinreißenden „Zauberflöte" 1990 auf der Bühne der Laterna Magica im Nationaltheater Prag mit drei Vorstellungen zu Gast. „Wir hatten Oberbürgermeister Achim Exner und Kulturstadträtin Margarete Goldmann zu unserem Gastspiel eingeladen und beide kamen tatsächlich nach Prag", erzählt der „Velvets"-Gründer. „Als sich der Oberbürgermeister in das Goldene Buch eintragen sollte, sagte Achim Exner aber plötzlich: Ich bin nicht hier als OB. Ich bin zu Eurem Gastspiel hier eingeladen und ich möchte, dass Ihr Euch auch hier eintragt. Und so kamen die Velvets aus Wiesbaden in das Goldene Buch der Stadt Prag."

Beim Festakt zur Kulturpreisverleihung raunte es hingegen vernehmlich: „Na endlich" im Festsaal. Die hessische Landeshauptstadt würdigt schließlich seit 1981 verdiente Kulturschaffende mit dieser Ehrung. „Großer Bahnhof" mit den beiden früheren Stadtvätern Rudi Schmitt (Wiesbadener Ehrenbürger) und Achim Exner sowie Mitgliedern aus Landtag, Stadtparlament und Magistrat. Kulturpreisträger wie Professor

Bedrich Hánys, Barbara Naughton und Dana Bufkova mit den beiden Puppen, die den „Kleinen Prinzen" seit 1978 in der Kult-Inszenierung der Velvets verkörpern.

Dr. Wolf Spemann (→ S. 236) gaben sich die Ehre, auch langjährige Wegbegleiter und Unterstützer hinter den Kulissen wie Karlheinz Bischoff,
Technikdirektor a. D. vom Staatstheater Wiesbaden. Ute Schatz, frühere
Tonchefin des Musentempels und bei fast allen Velvets-Produktionen
für den Tonschnitt verantwortlich, gratulierte persönlich. Ebenso Tech-
nikinspektor Ludovicus Schmitz vom Staatstheater. „Er hat uns mit technischen Lösungen und in punkto Dekorationsherstellung oft geholfen,
ohne es an die große Glocke zu hängen", berichtete das Paar.

Alle Gäste der Zeremonie wurden von den „Velvets" berührt mit der
live gespielten Schlüsselszene aus ihrer Kult-Inszenierung „Der kleine
Prinz". Die annähernd lebensgroße, von Hand gebaute Figur – für Dana
Bufková „wie ein eigenes Kind", das als „Familienmitglied" bei den
„Velvets" daheim sein Domizil hat – wurde zum Leben erweckt. Der
schöne Rotpelz durfte als Dialogpartner nicht fehlen. Vom Fuchs lernt
bekanntlich der Kleine Prinz das zum geflügelten Wort gewordene:
„Man sieht nur mit dem Herzen gut." Seit 1978 (!) steht der bei Klein
und Groß beliebte Dauerbrenner durchgängig auf dem Spielplan der
„Velvets". Im Rathausfestsaal war das Publikum überrascht und entzückt.

Mit ihrer unvergleichlichen, seelenvollen Kunst lassen die „Velvets"
seit 1970 in Wiesbaden die Puppen tanzen. Sie „zaubern", selbst unsichtbar, mit Licht und erzeugen Magie. Bei dem Festakt im Februar
2010, natürlich mit Musik von Antonin Dvořák, zeigte sich das Stadt-
oberhaupt als Fan: „Sie sind ein Glücksfall für Wiesbaden und ein
prächtiger Edelstein der Theaterkunst". Dr. Helmut Müller bekannte,
besonders die hinreißende „Zauberflöte" liege ihm am Herzen. „Die
Identität stiftende Substanz ist die unverwechselbare künstlerische
Handschrift der *Velvets*. Sie bieten einen *anderen* Blick. Die so eröffnete
Sicht auf die Realität inspiriert zu neuen Interpretationsmöglichkeiten."
Dana Bufková und Bedo Hánys würden für ihr Lebenswerk, das phan-
tasievolle „Experimentallabor", ausgezeichnet, stellte der Oberbürgermeister fest.

Die Jury betonte, dass die „Velvets" künstlerische Maßstäbe gesetzt
hätten und dass sie den Nachwuchs fördern in Schultheatergruppen,
die Elemente des „Schwarzen Theaters" nutzen. Bedo Hánys, Master
of Arts der University of Maryland, unterrichtet als Gastdozent an privaten und staatlichen Schulen das Fach Pantomime.

Ein Langzeitfan und fördernder Wegbegleiter hielt während des Fest-
akts eine anrührende Laudatio aus persönlicher Sicht: Der frühere Kulturdezernent Peter J. Riedle sah in ihnen „ein echtes Kontrast-
programm zu unserer aktuellen Gesellschaft, die möglichst knallig und
bunt ist und in der Effekthascherei um ihrer selbst willen oft den Maß-
stab setzt." Der Laudator lobte „den Blick auf Wesentliches, auf die
Nachhaltigkeit, den Blick über den eigenen Horizont. In einer Gesellschaft, in der wir uns dusselig talken, und trotzdem kein Wort miteinander geredet haben, bieten die *Velvets* etwas ganz Altmodisches, aber
trotzdem höchst Aktuelles." Laudator Riedle war „froh", dass er „den
Lebenswillen der *Velvets*" ab 1993 weiter befördern konnte und sie

1996 die Spielstätte in der Schwarzenbergstraße beziehen konnten. Trotz vieler Widrigkeiten haben sie nicht aufgegeben, ihre Kunst weiterzugeben und sich dabei an die Maxime des Fuchses im „Kleinen Prinzen" gehalten: „Du bist zeitlebens dafür verantwortlich für das, was Du Dir vertraut gemacht hast."

Der Laudator richtete den Blick auch auf die Weitergabe der Führung im Familienteam: „Heute gibt es einen Stabwechsel an die Tochter Barbara Naughton, die sich aufmacht, in ihrer Quasi-Heimatstadt ein weiteres kulturelles Highlight auszubauen." Karl Valentins Erkenntnis „Kunst ist schön, macht aber viel Arbeit" münzte Peter Riedle in einen Appell um: „In diesem Sinne: Ran an die Arbeit!"

Wie Bedo und Dana im Gespräch erzählten, war der Schulrektor und spätere Kulturdezernent Peter J. Riedle ein Hausnachbar der Familie, als sie 1975 in die Eltviller Straße zogen: „Barbara wuchs quasi mit den Riedle-Töchtern auf, sie gingen gemeinsam auf die Leibnizschule und wir sind dem Ehepaar Bärbel und Joachim Riedle heute noch dankbar für ihre mehr als nachbarschaftliche Hilfe." Ohne viel Federlesens und erfrischend unbürokratisch hatte der Rektor der Adalbert-Stifter-Schule den dringend benötigten Proberaum und die erforderliche Lagerfläche für den Fundus im Keller „seiner" Schule zur Verfügung gestellt und wurde so zum Retter in der Not. Auch als Kulturstadtrat ließ der Pädagoge die Velvets nicht im Regen stehen und setzte sich für sie ein.

In seinen Dankesworten bekannte sich Kulturpreisträger Bedo Hánys zu „Hingabe und Leidenschaft", mit der die „Velvets" seit ihrer Gründung 1967 „dem Licht folgen auf der symbolhaften Gratwanderung der Menschen zwischen Licht und Dunkelheit." Der „Geist des Hauses" bleibt und das Credo der Velvets ist weiterhin gültig: „Wir wollen Trost

Zu den „Samtenen" gehört seit 1995 auch Branko Stanic aus Sarajewo.

und Hoffnung spenden. Wir wollen mit leisen Tönen Assoziationen wecken und zur Seele sprechen. Wir halten das in plakativ lauten Zeiten für wichtig, aber es ist nicht einfach zu finden." Und der Erkenntnis von Albert Einstein halten die „Samtenen" die Treue: „Phantasie ist wichtiger als Wissen, denn Wissen ist begrenzt."

Mit Beginn der Herbst-Spielzeit 2011 übernahm Tochter Barbara die Leitung und hat das Spektrum mit neuen Facetten der darstellenden Künste erweitert – im Geiste der „Velvets" natürlich. „Ich will die Arbeit meiner Eltern würdigen, dadurch, dass ich sie weiterführe."

Durch die Erweiterung der Genres stehen jetzt ausgewählte Gastspiele auf dem Spielplan: Nationale und internationale Gastspiele der Sparten Musik, Tanz, Gesang, Satire und Lesung sind im Programm vertreten. In Wiesbaden exklusiv sind Schmankerl zu erleben wie die bundesweit begehrte Heinz Erhardt-Revue „Noch 'n Gedicht" mit Thorsten Hamer.

Eine musikalisch-literarische „Reise" brachte die TV-bekannte Schauspielerin ChrisTine Urspruch retour nach Wiesbaden. Ein „weihnachtlich-unweihnachtliches" Programm kredenzte die Bühnenkünstlerin, die Einheimischen noch als Caliban in Shakespeares „Sturm" erinnerlich ist aus ihrer Zeit am hiesigen Staatstheater. Im Theater an der Schwarzenbergstraße darf es auch mal ein Chansonabend sein oder eine veritable Rilke-Hommage mit Zdenka Procházková, Grande Dame und Burgtheaterstar aus Prag.

Das „Velvets-Theater" ist eine Institution und die zweite Generation bringt ausgesprochen langjährige Erfahrung ein. „Sie war ein richtiges Bühnenkind", erzählten die Eltern über Barbara, die am Tag vor Silvester 1969, im holländischen Rhenen geboren ist. Aber das ist eine andere Geschichte.

„Isch bin e Wissbadener Mädsche!" strahlt die Velvets-Tochter und gibt eine Kostprobe auf gudd Hessisch. „Barbara stand buchstäblich von Klein auf mit uns auf der Bühne. Als knapp Zehnjährige war sie an den Städtischen Bühnen Mainz, wo wir von 1975 bis 1984 als künstlerisch eigene Sparte agierten, die „Alice im Wunderland". Später war sie dann auch noch die Dorothy im „Zauberer von Oz", berichtet Vater Bedo stolz über die ersten Bühnenerfolge der hochtalentierten Tochter. „Intendant Dietrich Taube war richtig begeistert und hat spontan ihre Gage erhöht", ergänzt Mutter Dana. Ganz bewusst schlugen alle Velvets-Produktionen immer auch eine Brücke über den Rhein und begeisterten als Gastspiele im Kleinen Haus des Staatstheaters Wiesbaden.

Die Tochter war schon als Fünfjährige fit in Stepdance und Ballett. Barbara gehörte ab 1986 zur Showtanzgruppe Weber, gründete zwei Jahre später ihre eigenen Playback-Showtanzgruppe „Fast Forward".

Prompt wurde das Team mit Barbaras Choreografie im Jahr darauf Deutscher Meister 1989. Nach dem Abitur stand ihre Mitwirkung im Jugend Club Theater (heute Junges Staatsmusical) am Staatstheater Wiesbaden an bei „Zazou und die Swingboys". An der renommierten Hamburger „Stage School of Music and Drama" absolvierte sie ein Studium mit Schwerpunkt Musical. Ein rundes Dutzend Jahre konnte sie in zahlreichen Musical-Produktionen Bühnenerfahrung sammeln. In der „Rocky Horror Picture Show" am Staatstheater Kassel verkörperte sie als Janet eine der Hauptfiguren.

Nachwuchssorgen bei den „Velvets"? Nicht die Spur. Die dritte Generation tummelt sich schon eifrig hinter den Kulissen. Lena Valentina Naughton wächst deutsch-englisch-tschechisch auf und entzückt die stolzen Großeltern als „aufgewecktes Kind".

Rückblende

Alles auf Anfang. Es waren einmal zwei auf dem Gebiet von Theater, Pantomime und Puppenspiel hoch qualifizierte junge Leute, die 1966 am legendären Theater „Laterna Magica" als Schauspielerin und Autor/Schauspieler ein spannendes Engagement antraten. Bedo Hánys aus Vysoke Myto, Absolvent der Prager Theaterfakultät der Akademie der Musischen Künste, Studienfach Puppentheater, seit 1960 Schauspieler an Prager Bühnen und Kabaretts sowie im Fernsehen der CSSR, zudem von dem in Fachkreisen hoch geschätzten Pantomimen Fialka („Theater am Geländer") ausgebildet, wurde 1961 Mitglied im „Schwarzen Theater Prag", geleitet von Hana und Josef Lamka.

Dana Bufkova aus dem mährischen Ostrava absolvierte ebenfalls die erwähnte Theaterfakultät im Fachbereich Puppentheater und trat schon während ihrer Studienzeit als Schauspielerin und Sängerin im Prager Li-

Seit über 30 Jahren betören die Velvets mit der „Zauberflöte" – augenzwinkernd improvisiert Gründervater Bedo hinter den Kulissen.

terarischen Kabarett („Paravan" und im „Alhambra") auf. Ab 1961 gehörte sie zum Schwarzen Theater, das zur Avantgarde zählte. Das Hana
Lamkova-Ensemble beteiligte sich an einer neuartig experimentellen
Revue des späteren Oscarpreisträgers Milos Forman mit Hana Hege-
rova und gastierte mit dieser Revue zwei Wochen in London. Dana war
Hauptdarstellerin in der Produktion „Es hat keinen Sinn!" Unter den
zahlreichen Auslands-Tourneen sticht das dreiwöchige Gastspiel in Paris
heraus. In der legendären Pariser Music Hall „Olympia" hatten Größen
wie Josefine Baker, Edith Piaf, Charlie Chaplin, Maurice Chevalier und
Frank Sinatra ihre Visitenkarte abgegeben. Der enorme Erfolg des
„Olympia"-Gastspiels mündete in eine Einladung nach Las Vegas. Die
Inszenierung mit dem Titel „Fun in the dark" schoss den Vogel ab. Aus
dem Dreiwochen-Engagement der „headline attraction" in der Folies-
Bergère-Revue im Hotel Tropicana Las Vegas wurde 1964 wegen des
durchschlagenden Erfolgs ein Zweijahres-Vertrag. Ein Auftritt in der
Star-Fernsehshow „Hollywood Palace Variety" wurde von der US-Presse
gefeiert als „brillante Show-Kunst". Gastgeber war kein Geringerer als
Bing Crosby.

Ab 1966 waren Dana und Bedo Mitglieder der „Laterna Magica".
Dana wirkte zeitgleich in diversen Film- und TV-Produktionen mit im
Bereich Trick-, Puppen- und Märchenspielfilm. Als Ehepaar gründeten
sie 1967 ein eigenes Ensemble unter dem Namen „Die Velvets". Seit
Gründung der „Velvets" ist Dana hauptsächlich geistige Initiatorin, Au-
torin und Darstellerin. Bedo ist Leiter, Regisseur, Autor und Darsteller
des Ensembles. Zum „Darstellen" zählt bei den „Velvets" neben dem
Puppenführen auch die Instandhaltung von Puppen und Requisiten.

1968 konnten die frisch gegründeten „Samtenen" den ersten eigen-
ständigen Puppentrickfilm produzieren. „Wir waren voller Tatendrang
als erstes Freies Theater in Prag", erinnert sich Bedo. „Mit Dubček sah
es für uns aus nach Freiheit, Freiheit!" Zeitzeugin Dana ergänzt: „Im
Sommer hatten wir bis zum 21. August ein Gastspiel-Engagement in
Brünn."

Und dann war es aus mit dem „Prager Frühling". Mit sieben Personen
sah sich die junge Profitruppe zur Emigration und – wie sich später erwies – zur aufreibenden Odyssee gezwungen. Am 20. August 1968 hatten die „Velvets" für ihr Gastspiel bis spät abends geprobt. Nachts
rollen die ersten Panzer über die Grenze und walzen den „Prager Frühling" brutal nieder. „Wir haben so ein seltsames Brummen gehört", erinnerte sich Bedo im Gespräch noch ganz plastisch. „In den
Radionachrichten entlarvte sich das seltsam bedrückende Geräusch
dann als sowjetischer Truppeneinmarsch."

Dann musste alles schnell gehen. Nur durch einen Trick können Dana,
Bedo und fünf weitere Ensemblemitglieder mit drei Kindern fliehen –
„mit Dienstpässen und Ausreisegenehmigung". Offiziell waren die „Velvets" wieder einmal auf Auslandstournee, doch diesmal waren die Gastspiele fingiert. „Um eine Ausreisegenehmigung zu bekommen,
brauchten wir einen Vertrag. Alain Bernardin, Grandseigneur vom Crazy
Horse in Paris, schickte uns einen Gastspielvertrag", berichtete der

Wahlwiesbadener. Ein Kontakt zur Schwester von Staatspräsident Bruno Kreisky in Wien half, Requisiten außer Landes zu bringen.

Es ist der Beginn einer ungewissen Zukunft, die bitterarme Notzeiten bereithielt. „Wir haben manches Mal echt gehungert." Die jahrelange Odyssee mit Tourneen und Auftritten in Fernseh-Shows quer durch Europa (Schweiz, Italien, Frankreich, England, Deutschland) und bis auf die Bahamas – wo Dana nicht einreisen darf und es Ende Dezember 1969 über Umwege nach Holland schafft – führt 1970 in ihre Wahlheimat Wiesbaden.

Die Ankunft auf dem Hauptbahnhof der Landeshauptstadt steht dem Zeitzeugen klar vor Augen: „Am 25. September 1970 sind wir in Wiesbaden angekommen." Bedo Hánys hatte Geburtstag. Zeitzeugin Dana ergänzt: „Barbara war ein dreiviertel Jahr alt. Wir standen vor dem Bahnhof und fanden den Blick auf die Anlage sehr schön." Bedo erinnert sich an ein vor langer Zeit verschwundenes Detail auf dem Bahnhofsvorplatz: „Wir sahen auf den Pavillon von Heinz Nied. Dann holte uns Sascha ab und wir fuhren ins Westend."

Sascha? Der Fernsehregisseur Sascha Zapletal war dem Paar schon aus Prag bekannt „Ich habe in Prag schon oft mit ihm für das tschechische Fernsehen zusammengearbeitet", erzählt Dana Bufkova. „Damals sendete man noch oft live." Regisseur Zapletal hatte die Familie nach Wiesbaden eingeladen. Die Integration der Velvets, die nach sechs Jahren die deutsche Staatsbürgerschaft erhielten, ging prompt über die Bühne. „Am Tag nach unserer Ankunft in Wiesbaden fing ich in Zapletas Trickfilmstudio Trigraw in Bierstadt an, einen Trickfilm zu animieren." Wie Dana berichtete, ernährte sie die Familie, „während Bedo – für die 70er Jahre ungewöhnlich – als Hausmann fungierte und versuchte, Kontakte zum Staatstheater zu knüpfen." Zwei Jahre später war Bedo ebenfalls im Trigraw-Studio als Cutter und Regisseur tätig. Die sprachliche Verständigung gingen die international erfahrenen Kunstschaffenden als Profis an: „In der ersten Zeit haben wir hauptsächlich auf Englisch kommuniziert", erinnerte sich Bedo. „Und wir haben so schnell wie möglich einen Deutschkurs an einer Sprachschule absolviert."

Für „die Rappelkiste" bekamen die Velvets einen „großen Auftrag" und waren verantwortlich für Storyboard, Animation, Regie sowie den Schnitt und vertonten das Ganze „in einer Art Spezialsprache, die nur aus Lauten bestand", erzählte das Paar, das auch an Produktionen wie „Nils Holgersson" (WDR), „Sesamstraße" und an „Lemmi und die Schmöker" sowie an der „Sendung mit der Maus" mitgearbeitet hat. „Es wurde mit Legetrick, Knetfiguren, Plastilin und Stop-Motion gearbeitet." Drehbücher, Regiearbeiten und Trickfilm-Animationen für ARD und ZDF sorgten für den Broterwerb.

Am Staatstheater Wiesbaden konnten die „Samtenen" 1971 mit ihrem eigenen Stück „Kontraste" und den unvergesslichen „tanzenden Kissen" ihre Handschrift des „Schwarzen Theaters" zeigen. „Intendant Alfred Erich Sistig hat uns sehr geholfen", berichtete Zeitzeugin Dana. 1975 holte der Mainzer Intendant Wolf-Dieter Ludwig die „Samtenen" als eigenständige Sparte in die Domstadt an das städtische Theater, heute das Staatstheater Mainz. Das Dreamteam reüssierte bis 1984 mit eigenen Inszenierungen, die wie beispielsweise das eigene Stück „Menschliche Komödie", auch im Staatstheater Wiesbaden gezeigt wurden. 1978 erblickte „Der Kleine Prinz" nach Antoine de Saint-Exupéry das Licht der Welt. Die kleine Majestät entwickelte sich schnell und unangefochten zum Publikumsliebling. Das ist „Der Kleine Prinz" bis heute.

Seit sie 1972 bei den Internationalen Maifestspielen Wiesbaden zu Gast waren, flatterten Einladungen zu zahlreichen internationalen Festivals ins Haus. Die „Velvets" aus Wiesbaden wurden überall mit Lorbeer bekränzt. Mehrfach waren sie auf dem Festival „Mondial des Theatres de Marionettes" in Charlesville-Mezière zu Gast: „Das ist das Cannes für das Figurentheater." Neben dem Internationalen Festival in Bergen/Norwegen und dem Internationalen Figurentheaterfestival in Porto/Portugal stand das Internationale Theaterfestival Torun in Polen auf dem Reiseplan, wo die „Velvets" mit dem Ersten Preis geehrt wurden.

Der „Auf-Tritt" mit Clown-Legende Charly Rivel in einer Fernseh-Show war naturgemäß eine Steilvorlage für die „Schwarze Kunst". Selbstflüsternd spielten die Schuhe des weltberühmten Clowns eine eigene Rolle und kamen zum Velvets-spezifischen Einsatz. Auch die „samtenen" Showeinlagen bei Peter Alexander und bei der Internationalen Funkausstellung in Berlin sind eigene Anekdoten aus dem reichhaltigen Schatzkästlein der Erfahrungen.

1990 gastierten die „Samtenen" mit Unterstützung des Goethe-Instituts in Prag und in Sofia. Und 1997 brachten die „Velvets" das „Schwarze Theater" aus Wiesbaden auf einer Tournee sogar nach Taiwan.

Der Name „Velvets", die „Samtenen", steht für die schwarzen Samtanzüge des Bühnenteams. Die Mitwirkenden werden für das bloße Auge „unsichtbar" und verschmelzen mit dem schwarzen Bühnenumfeld. Die „Specialeffects" der besonderen Art kommen ohne Computer aus. Das Agieren in der schmalen „Lichtgasse" einer ausgefeilten Lichtregie macht nur die gewünschten Objekte oder Personen sichtbar und ist ein wichtiger Teil des Zaubers. Die Erdanziehung scheint außer Kraft gesetzt, Gegenstände und Figuren tauchen aus dem Nichts auf, verändern sich plötzlich, schweben augenscheinlich durch die Luft und verschwinden wie durch Zauberhand.

Die Illusion berührt und ist perfekt. Bei Goethes „Zauberlehrling" (1984 als Freie Gruppe uraufgeführt) wird der begnadete Pantomime Bedo durch einen Reißverschluss im XXL-Format in die Realität geworfen. Aus einem simplen Glas-Stab wird ein Haltestock, der zum Fernrohr mutiert, zur Querflöte, zur Stimmgabel und zum Dirigentenstab, mit dem der Maestro das Auditorium zum Singen verführt.

1980 sorgte „Alice im Wunderland" mit dem „samtenen" Nachwuchsstar Barbara als Titelheldin für Furore, auch beim Gastspiel im Hessischen Staatstheater Wiesbaden. Mit besonderem Reiz wartete 1982 die zweiteilige Produktion „Die Verwandlung" auf, die im ersten Akt eine Adaption frei nach Franz Kafka darstellte. Der zweite Akt war als eigenes Stück für Erwachsene konzipiert, das sich zeitbezogen der „kafkaesken" Realität der Achtziger Jahre widmete.

Eine Oper als Puppenspiel-Pantomime? Bei den „Velvets" ist so ziemlich alles möglich. Die romantische Dvořak-Oper um die kleine Meerjungfrau Rusalka, auch Mozarts „Zauberflöte" sowie die hinreißende Adaption der Offenbach-Oper „Hoffmanns Erzählungen" sind Dauerbrenner.

Die spezielle Magie des „Schwarzen Theaters" rührt Auge, Ohr und Seele an. Die zeitlose Form der darstellenden Künste wirkt in jeder Inszenierung. Der Grimm-Klassiker „Schneewittchen" verzauberte das Publikum schon 1992 bei einem Mai-Gastspiel im damaligen „Theater im Park", Eingeweihten noch als „Ufa im Park" erinnerlich und heute die Caligari Filmbühne.

Die Ästhetik der Velvets-Produktion „Schneewittchen" des Jahres 2012 orientiert sich an klassischen tschechischen Märchen. Mit der Kö-

Dana Bufkova zeigt ein Album mit Negativen von der Produktion der „Sesamstraße" aus ihrem persönlichen Fundus: Die Velvets können auch Drehbuch, Animation und Regie im Fernsehen.

nigstochter machen die handgebauten Zwergenpuppen von Josef Lamka/Prag die Stammtöne Do, Re, Mi, Fa, Sol, La und Si komplett. Zur Begeisterung des Publikums geben die „Velvets" dem Märchen, was des Märchens ist. Ihr traumwandlerisch sicheres Stilgefühl lässt sie die Grenze zum Kitsch nie überschreiten. Mit phantasievollen Masken und Figuren aus eigener Manufaktur, mit ausgefeilter Pantomime, Choreografie und Lichtregie begeistern die „Velvets" ihr Publikum aller Altersstufen. Mit leuchtenden Augen und angehaltenem Atem sind Klein und Groß in den magischen Bann der „Schwarzen Muse" geschlagen.

Mangels eigener Spielstätte machten die „Velvets" aus der Not eine Tugend, absolvierten umfangreiche Gastspiele und brachten Auftragsproduktionen wie „Hoffmanns Erzählungen" außerhalb der Wahlheimat heraus, unter anderem an der Landesbühne Rheinland-Pfalz in Neuwied und im Kleinen Theater Bonn-Bad Godesberg.

„Wir waren immer auf der Suche nach einer Spielstätte." Anfang der Neunziger Jahre gründete sich der „Freundes- und Förderkreis Velvets" in Wiesbaden. Die auf Camp Lindsey vorhandene Bühne, von Zeitzeuge Bedo in einem Pantomime-Seminar erprobt, schien als Spiel- und Proberaum geeignet. Aber auch diese Option zerschlug sich.

„Mit Rusalka ins eigene Haus": Im Februar 1996 konnten die „Samtenen" aus dem Goldenen Prag nach rund 25 Jahren Odyssee endlich ihr langersehntes, adäquates Domizil eröffnen. Das unfreiwillige Abenteuer heimatloser Emigration fand sein Happy-End in der Spielstätte an der Schwarzenbergstraße. „Die Lehrerin Heidrun Ochs und ihr Kollege Jürgen Rosenplänter, der die *Schwarzlicht-AG Criesu* in Taunusstein leitet, sowie Schulkinder von Jürgen halfen uns mit vereinten Kräften, die damalige Probebühne in ein Theater zu verwandeln", berichtete Zeitzeugin Barbara Naughton.

Die feierliche Einweihung fand stilgerecht statt mit der romantischen Oper „Rusalka" von Antonin Dvořak. Der tschechische Landsmann hatte die zauberhaften Szenen um Christian Andersens „Die kleine Meerjungfrau" gefühlvoll vertont.

Seit 1995 wirkt im international besetzten Ensemble auch der Bosnier Branislav „Branko" Stanic mit. In Gesang und Schauspiel an der Uni Sarajewo ausgebildet, war der Elektrotechnik-Ingenieur am Nationaltheater Novi Sad als Opernsänger engagiert gewesen. In vielen Velvetstücken zu sehen, gastierte er mit dem Ensemble u.a. in Taiwan. Beim Benefizkonzert für die Kinder Bosniens der Frauen in Schwarz Kreatief trug Branko Stanic in der Marktkirche Kriegsgedichte von Hadzem Hajdarevic vor. Schirmherrin des ehrenamtlichen Hilfsprojekts war Staatsministerin Dr. Christine Hohmann-Dennhardt.

Im Jahr 2011 wurde die Spielstätte gegenüber dem ESWE-Freizeitbad nach Umbau und Renovierung mit neuer Technik ausgestattet und komplett schwarz gestrichen. Auf dem erweiterten Parkett waren nun Klappstuhlreihen montiert und die hatten ihre eigene Geschichte – die Velvets hatten sie auf eigene Kosten aus einem Passionsspiel-Theater besorgt.

Ende 2018 hatten die „Samtenen" wieder Grund zu feiern – ein Doppeljubiläum stand an: Seit 40 Jahren berührten die „Velvets" mit ihrem „Kleinen Prinzen" und 30 Jahre betört ihre Version der mozärtlichen „Zauberflöte" das Publikum. Seit dem Frühjahr 2019 kann das Theater mit der „Magie der Bequemlichkeit" und samtrotem Sitzkomfort prunken.

Die Geschichte(n) der „Samtenen" aus dem Goldenen Prag sind ein exemplarisches Zeit-Zeugnis und ein prall gefüllter Fundus, der jede Menge (Film-)Stoff abgibt. Es lag auf der Hand, ausgewählte Episoden zu einer Familienproduktion zu komprimieren. „Das Wagen ins Unsichere ist der Pfeffer des Lebens", meinte Bedo Hánys.

Das „samtene" Trio entwickelte die autobiografische Revue „Grenzen-Los", die als theatrale Collage das Publikum vom ersten Augen-Blick in ihren Bann zieht. Zum Regieteam des Genre verbindenden Stücks holten sich die „Velvets" den aus Leipzig kommenden Theater- und Filmregisseur Dieter Seidel und die musikalische Leiterin Cordula Hacke dazu. In der 2011 uraufgeführten Revue wird der unvergleichliche Zauber des „Schwarzen Theaters" erstmals mit Tanz und Schauspiel, mit Foto-Projektionen und Filmeinspielungen kombiniert. Historische Dokumentarfilm-Ausschnitte und Hörfunk-Sequenzen sorgen für das authentische Zeitkolorit.

Die Revue „Grenzen-Los" nimmt das Publikum mit auf eine Zeitreise der besonderen Art. Der Zeitpunkt der Uraufführung am 28. Oktober 2011 war bewusst gewählt und erinnerte an das Gründungsdatum der Tschechischen Republik 1918, erläuterte Zeitzeugin Dana Bufková.

Die Sparten übergreifende Familien-Inszenierung bietet offenherzig, zuweilen mit Augenzwinkern, einen Blick hinter die Lebens- und Schaffens-Kulissen der Samtenen: „Es gibt keine Grenzen. Weder für Gedanken noch für Gefühle. Es ist die Angst, die immer Grenzen setzt." Der schwedische Regisseur Ingmar Bergman scheint Pate gestanden zu haben.

„Grenzen-Los" und vieldeutig: Die Revue ist Zeitgeschichte pur, wirft mehr als einen Blick auf die Realitäten vor und hinter dem „Eisernen Vorhang". Europäische Entwicklung spiegelt sich in Schauspielszenen und Schwarzem Theater wider, besonders eindrücklich wirken die eingespielten Originaltöne von Radio Prag, dokumentarische Filmszenen, Fotografien und Dokumente.

„Downtown!" Petula Clark singt. Auf der „Leinwand" ist der Hauptbahnhof zu sehen. Ankunft in Wiesbaden. Szenenwechsel. „Je t'aime..." Ein Baum wächst zauberhaft aus tiefster Schwärze empor. Baguette flirtet mit Weinflasche. „Wuff!" Ein Wuschelhund erinnert an Irma la Douce. Dann klappern die Hufe klicke-die-klack einen hinreißenden Stepdance auf die Bretter. Yves Montand singt: Die Velvets in Paris. Theaterszenen der Velvets-Anfänge tauchen auf … Faszination pur. Dass die drei „Velvets" jedem Stoff ihre ureigene Handschrift verleihen, intelligente Unterhaltungskunst auf höchstem Niveau offerieren mit Herz und Esprit, gerne mit einer Prise hintergründigem Witz gewürzt, wird auch für die Zukunft versprochen.

Herr der Knöpfe und Tasten und Meister des Ent-Faltens

Dietmar Winand Walther

Meister-Akkordeonist, Komponist
Gründer des Akkordeonorchesters, Direktor des Konservatoriums
Geboren am 10. August 1923 in Dresden
Gestorben am 26. Januar 2017 in Taunusstein

„Junge Menschen für Musik zu begeistern, bereitete mir große Freude. Die Zeit mit meinen Schülerinnen und Schülern habe ich immer sehr genossen." Dietmar Walther strahlt. Der Spaß am Weitergeben seiner Leidenschaft ist zu spüren. „Ich mag es einfach, immer offen und ehrlich zu sein." Im doppelten Sinne des Wortes ein „vielfach ausgezeichneter" Meister-Akkordeonist, waren ihm seine Schützlinge über Jahrzehnte hinweg treu geblieben. „Zum 90. war mein Garten voll, wir haben bis in die Nacht gefeiert."

Freundlich leise bekannte der in Dresden gebürtige Zeitzeuge seinen Stolz auf das für die Wahlheimat Erreichte: „Wiesbaden gilt als Akkordeon-Metropole und das bleibt sie auch!" Der Lorbeer gebührt dem Kreativität ausstrahlenden Ehren-Dirigenten des Akkordeon-Orches-

Vielfach ausgezeichneter Orchestergründer und Ehrendirigent: Akkordeon-Virtuose Dietmar Walther mit seinem Hohner-Tasteninstrument.

ters. Der renommierte Maestro machte keinen Hehl aus den Anforderungen des anspruchsvollen Instruments mit den vielen Knöpfen: „Der Einsatz an den Tasten setzt eine Menge Intelligenz voraus." Wohl kein Zufall, dass zeitweise in seinem Orchester neben einer Oberärztin und mehreren Ärzten auch Schulleiter, Ingenieure und hohe Ministeriale spielten.

„Es war eine glückliche Fügung, den Aufschwung so gut mit zu erfassen", sinnierte der Akkordeon-Pionier, Jahrgang 1923, der schon 1951 mit einem Konservatoriums-Orchester auftrat. „Ich hatte immer viel Dampf!" schmunzelte der Zeitzeuge, der bis ins 77. Lebensjahr „voll gearbeitet" hat.

„Am 2. März 1950 habe ich mit neun aktiven Mitgliedern das *Akkordeon-Orchester Wiesbaden* gegründet", erinnerte sich Dietmar Walther genau. Ihm zu Ehren firmiert der erlesene Klangkörper seit 1988 als „Akkordeon-Orchester Wiesbaden Dietmar Walther" (AOWDW) und trägt den Namen des Initiators weiter in alle Welt. Bis 1992 war der exzellente Gründervater zugleich der Leiter. Interimsweise wurde von Ende 1999 bis zum umjubelten Jubiläums-Konzert „50 Jahre AOWDW" am 11. November 2000 das Orchester noch einmal von seinem Gründer künstlerisch geführt. In den 70 Jahren seines Bestehens hat sich das Ensemble bevorzugt Originalkompositionen gewidmet und brachte rund 30 Originalwerke zur Uraufführung. Anspruchsvolle Bearbeitungen berühmter Musikstücke zählen zum Repertoire.

Der agile Orchestergründer machte sich um die Aufwertung des Akkordeons – im Volksmund oft „Quetschkommode" oder „Schifferklavier" genannt – als Konzert-Instrument sehr verdient. Titulierungen gingen dem Virtuosen gegen den Strich. „Das Akkordeon kann von Unterhaltungsmusik bis zur höchsten Konzertreife alles ausdrücken und es ist als Soloinstrument polyphon spielbar." Das Instrument mit der „durchschlagenden Zunge, die den Impuls gibt" hat eine beeindruckende Historie: „Die durchschlagende Zunge ist von der Sheng, der chinesischen Vorläuferin des Akkordeons, seit 6000 Jahren bekannt und wird heute noch gespielt." Die traditionsreiche Sheng ist eine Mundorgel mit mehreren Bambusrohren und dünner Kupferzunge.

Die Besonderheiten seines Instruments konnte der passionierte Meistermusiker mitreißend erklären: „Das Akkordeon hat die Möglichkeit, durch Balgwind die Einschwingvorgänge des Tones und die Ausschwingvorgänge wie bei Blas- und Streichinstrumenten zu behandeln. Die Töne können beliebig lange klingen und gleichzeitig jede dynamische Nuancierung beeinflussen. Kein anderes mechanisches Tasteninstrument verfügt über solche Eigenschaften."

Dass der am 10. August 1923 in Dresden geborene Vollblutmusiker überhaupt nach Wiesbaden kam, war ihm nicht an der Wiege gesungen worden. Der begabte Junge war seiner Erinnerung nach schon „mit 4 bis 5 Jahren" kaum noch vom Klavier wegzubringen. Das Talent unternahm mit sieben „erste Spielversuche auf der diatonischen (wechseltönigen) Handharmonika" und erkannte bald: „Für dieses Instrument gibt es keine Schranken."

Patenonkel Otto Wülfing war Erster Posaunist beim Hamburger Rund-funk-Orchester – „der hatte 'ne dolle Kondition bis zuletzt" – und schenkte dem Patenkind ein Akkordeon. Die Weichen für die Zukunft waren gestellt.

Am Dresdner Konservatorium kam zum frühen Klavier-, Theorie- und Klarinettenunterricht 1938 noch sein Wunschinstrument Akkordeon hinzu. Der in Fachkreisen hoch angesehene Kapellmeister Alfred Ol-brich – ein Hermann-Schittenhelm-Schüler, Dresdner Orchesterleiter und Rundfunksolist – hat den jungen Nachwuchsmusiker speziell ge-prägt.

Dietmar Walther, Akkordeonsolist und seit 1948 geprüfter Musiklehrer, war erst am 2. Mai 1949, also 10 Monate vor Gründung des Akkordeon-Orchesters, an das Konservatorium in Wiesbaden gekommen. Konser-vatoriumsdirektor Dr. Richard Meißner konnte einen derart begnadeten Solisten und studierten Musikpädagogen gut gebrauchen, um das Fach Akkordeon am Institut zu etablieren.

Wie sich die beiden Musikexperten erstmals trafen, ist eine eigene Geschichte. Die drehbuchreife Story begann für den auf 82 Pfund ab-gemagerten amerikanischen Kriegsgefangenen Walther, als der, „den Franzosen überstellt", im Sommer 1945 auf der Zitadelle Briancon hoch in den Alpen auf den „freundlichen und von allen respektierten Mit-gefangenen und Vertrauensmann des Lagers" traf. Der hieß Dr. Richard Meißner, hatte in Musikwissenschaft promoviert und war seit 1931 Lei-ter des „Wiesbadener Konservatoriums und Musikseminars" in der Wil-helmstraße 16 gewesen. „Wir wurden wie von selbst Freunde." Doch sie verloren sich in den Nachkriegswirren aus den Augen.

Das Konservatorium – gegründet 1888 im Dreikaiserjahr, 1945 aus-gebombt und nach der Währungsreform ab 1948 wieder in Betrieb – war als „staatlich genehmigte Ersatzhochschule" in der Friedrichstraße 16 untergebracht: „Justament dort, wo heute unser Nachfolge-Institut, die *Wiesbadener Musik- und Kunstschule* ihr neues Domizil gefunden hat." Genau dort hatte sich der Zeitzeuge auf Anraten von Ehefrau Gina in Wiesbaden gemeldet – auch in der stillen Hoffnung, seinen Freund Dr. Meißner wieder zu finden. Hat ja geklappt.

„Im ersten Stock haben wir angefangen. Internat und Seminarräume waren dort und auf einer anderen Etage gab es einen großen Saal. Zwi-schen 20 und 25 Studierende bekamen hier Unterricht." Nach vier Jah-ren Provisorium ging der Umzug in die „Pagenstecher-Villa" über die Bühne, neue Adresse: Bodenstedtstraße 2, wo das Konservatorium bis 1993 residierte, bevor es wieder in der Friedrichstraße ansässig wurde.

„Das Zusammenspiel von Original-Kammermusik bis zur Großforma-tion eines Orchesters ist für eine gründliche Ausbildung unerlässlich!" Das Akkordeon-Orchester mit seinen „gewichtigen" Instrumenten wurde in punkto Proberaum zum „städtischen Reisekader". In der Mu-sikbibliothek, im Evangelischen Jugendzentrum und in drei Schulen wurde Station gemacht.

Als „glückliche Fügung" sah der bescheidene Zeitzeuge die sehr be-gabten Schülerinnen und Schüler seiner Konservatoriumsklasse: „Die waren auch gewillt, sich neben der Soloausbildung für das Orchester-spiel voll einzusetzen. Wiesbaden war für eine ernstzunehmende Ak-kordeon-Ausbildung noch Neuland."

Als Orchestergründer konnte Dietmar Walther mit einigen Schützlin-gen durchstarten. Weder der Mangel an Instrumenten noch die Mate-rialknappheit oder „der absolute Geldmangel nach der Währungs-reform" konnte die „Meister im Improvisieren bei Mangelzuständen" aufhalten. Das kleine Orchester zählte bald 14 Personen, die auf „teils sehr alten Instrumenten" mit lediglich ein bis drei Registern spielten.

„Es war tatsächlich gelungen, das Kind hatte Laufen gelernt!" Natür-lich erinnerte sich der Zeitzeuge an das Uraufführungs-Konzert des neuen Klangkörpers in der „Wartburg". Der große Saal war am 3. No-vember 1951 zu seinem Erstaunen bis auf den letzten Platz besetzt. „Mit viel Applaus, mit hoch erfreuten Spielern, Duo-Solisten und stein-befreitem Herzen meinerseits war es der erste volle Erfolg unseres Or-chesters." Die fehlende Bass-Stimme steuerte Josef Schlossbauer vom Städtischen Sinfonieorchester bei: „Der gute Schlossbauer spielte sehr gekonnt auf seinem Fagott mit wunderschönem Ton."

Sein Akkordeon-Orchester machte schnell Furore. Schon das Pro-gramm des zweiten Konzerts im Wiesbadener Konservatoriums-Saal wurde zu Aufnahmen im Hessischen Rundfunk eingeladen. Zum fünf-jährigen Bestehen wurde der klangvolle Auftritt im voll besetzten Kur-haussaal hymnisch gefeiert. Die Presse rühmte das „Akkordeon-Konzert von seltenem Rang" unter Leitung des „hochmusikalischen Erzieher[s] und Dirigenten".

Mit anerkannten Spitzenleistungen und Erfolgen ging es munter wei-ter. Der Münchner Komponist und Kompositionslehrer Professor Wolf-gang Jacobi hatte den exzellenten Dirigenten mit seinem hochkarätigen Orchester ins Herz geschlossen: „Wann immer Sie wol-len, gebe ich Ihnen meine Kompositionen zur Uraufführung." Der Kom-ponist hielt Wort und erfuhr höchste Ehren. Mit Jacobis „Capriccio" für Akkordeon-Solo gewann Tochter Gisela Walther 1967 beim internatio-nalen Wettbewerb „Coupe Mondiale" die Welttrophäe im niederlän-dischen Leiden. Die HR-Aufnahme von Jacobis „Serenade und Allegro" für Akkordeon-Solo und Akkordeon-Orchester „mit Gisela als Solistin und unserem Orchester" war ein weiterer Meilenstein.

An das Jahr 1967 erinnerte sich Maestro Walther besonders gerne. Mit den „Variationen über ein eigenes Thema" von Rudolf Würthner konnte sein Orchester trotz starker Konkurrenz aus 14 Ländern den 1. Preis erringen und damit den Titel „Deutsches Meisterorchester" nach Wiesbaden holen. „Das war ein Ding – wir waren Deutscher Meis-ter!" Dietmar Walther strahlte noch immer über diesen ganz besonde-ren Erfolg.

Das Fernsehen wurde aufmerksam und am 7. Juni 1970 kam das ZDF-Sonntagskonzert live aus Wiesbaden. Solistin Gisela Walther brillierte mit dem Ensemble unter Leitung seines Gründers.

Von der Volksmusik bis zur Avantgarde war dem Vollblutmusiker keine Stilrichtung fremd. „Natürlich" wusste er Astor Piazzola zu schätzen.

Dietmar Walther bekannte sich zu konservativen Werten und war doch offen für Neues: „Ich bin in jedem Falle für Modernisierung, wenn es erwiesenermaßen besser ist als der Vorgänger." Sein Credo? „Stillstand ist Rückgang."

Dietmar Walther, Lehrer für Akkordeon und später Leiter der Meisterklasse für Akkordeon als musikalische Berufsausbildung, zudem Lehrer für Musiktheorie und Methodik, ließ sich die eigene Tätigkeit als Konzert- und Rundfunk-Solist nicht nehmen. Mit dem populären Akkordeon-Komponisten Curt Mahr aus Berlin bildete er ein konzertantes Akkordeon-Duo, das rege zu Rundfunkaufnahmen gebeten wurde. Als Solist, der von 1948 bis 1968 in Konzerten und Rundfunkaufnahmen brillierte, wurde dem Akkordeon-Virtuosen „ein ungewöhnliches Niveau" attestiert und seine „eminent sensible Art der bravourösen Wiedergabe" betont.

Voll jugendlicher Begeisterung schwärmte der Spitzenmusiker von zunehmender Expansion mit Gründung und Leitung der Jugendmusikschulen in Eltville, Oestrich und Rüdesheim, seit 1976 der „Jugendmusikschule Rheingau". Sie war ebenso wie seine Gründung „Jugendmusikschule Taunusstein" rund 40 Jahre eine erfolgreiche Außenstelle des Konservatoriums Wiesbaden.

Den Nachwuchs immer im Blick: Dem engagierten Musikpädagogen war schon 1959 die Gründung des „Akkordeon-Jugend-Orchesters Wiesbaden" ein Anliegen, ab 1970 „1. Akkordeon Jugendorchester", das bis 1988 unter seiner Leitung spielte. 1965 stand die Gründung des „Akkordeon-Nachwuchs-Orchesters Wiesbaden" an, seit 1970 das „2. Akkordeon Orchester".

Vielfältige Ehrungen und Auszeichnungen – die Liste seiner „Trophäen" liest sich wie das „Who is Who" der Würdigungen. Der Ehrenbrief des Landes Hessen und das 1974 von Bundespräsident Gustav Heinemann verliehene Bundesverdienstkreuz sind zu nennen. Die Ehrung in Gold des 1932 gegründeten „Deutschen Harmonikaverbands e.V." (DHV) und die DAV-Plakette in Gold des „Deutschen Akkordeon-Verbandes e.V." Frankfurt wurden Dietmar Walther ebenso zuteil wie das „Goldene Dirigentenkreuz" des DHV und die „Rudolf-Würthner-Medaille".

Im November 2013 würdigte die Wahlheimatstadt seine langjährigen Verdienste mit der Bürgermedaille der Stadt Wiesbaden in Gold. Mit dem „Hessischen Wappenteller" für besondere Erfolge bei nationalen und internationalen Wettbewerben und bei der musikalischen Früherziehung wurde Dietmar Walther schon 1975 geehrt.

„Bestechende Präzision und hohes Einfühlungsvermögen" wurde dem Akkordeon-Orchester Wiesbaden Dietmar Walther attestiert. Über weltweite Anerkennung konnte sich Dietmar Walther beim Internationalen Akkordeon-Festival Innsbruck 1989 und 1995 über den 1. Preis mit dem Prädikat „Hervorragend" freuen.

Schon 1955 wurde der „große Ehrenpreis der Stadt Essen" und der „Westdeutsche Akkordeon-Wettbewerb" gewonnen. Komponist des „Rhapsodischen Capriccio" war der Wiesbadener Konservatoriums-Direktor Dr. Richard Meißner. Der „Ehrenpreis der Stadt Wien 1958" kam beim Coupe d'Europe in Straßburg drei Jahre später hinzu.

Den „Akkordeon-Weltmeister-Titel" hatte Dietmar Walther 1989 nach Wiesbaden geholt als besonderen Clou zum Jubiläum seiner 40-jährigen Lehrtätigkeit am Konservatorium.

Ehrenamtliches Engagement – z. B als Vizepräsident des Deutschen Harmonika-Verbandes (DHV) und als Gründungsmitglied sowie Fachvorsitzender des Hessischen Akkordeonverbands im DHV über 25 Jahre – war dem Zeitzeugen wichtig. Ganz bewusst ist Dietmar Walther Gründungsmitglied der Wiesbadener Musik- und Kunstschule e.V. geworden. „Ich wollte aufpassen, dass die Lehrkräfte ihren Besitzstand wahren können. 40 Jahre habe ich dafür gearbeitet, dass Musikerinnen und Musiker anständig bezahlt werden."

„Unendlich dankbar" war Dietmar Walther seiner Ehefrau Gina, die auch bei seinen Schülerinnen und Schülern sehr beliebt war. „Sie stand 70 Jahre lang treu an meiner Seite. Ihre besonnene Klugheit hat mich immer gefördert und gestützt. Aber Gina hat mich auch mal gebremst, wenn ich in meinem jugendlichen Leichtsinn wieder mal irgendwelche *wilden Ideen* hatte. Also – ohne die Power meiner Frau wäre alles überhaupt nicht möglich gewesen", zollt der Zeitzeuge seiner „besseren Hälfte" ausdrücklich gebührenden Respekt. „Die Freude an der Musik steigert sich im Kreise gleich gesinnter, auf das gemeinsame Ziel hin strebender Spielerinnen und Spieler", freute sich Gründervater Walther schon vor geraumer Zeit. „Die Gesamtleistungen waren nur möglich, weil die Liebe zur Musik im Allgemeinen und die Liebe zum Akkordeon im Besonderen alle Orchestermitglieder, Vorstand und Dirigenten gleichermaßen beseelte. Seit Orchestergründung haben sich die Beweggründe nicht verändert. Meine herzlichen Erfolgswünsche gelten der Zukunft!"

Eine Kronzeugin des Jahrhunderts

Margot Weidmann, geborene Diedrich

Tochter aus gutem Hause, Wahlwiesbadenerin und Schauspieltalent
Geboren am 9. Mai 1914 in Antwerpen
Gestorben am 9. August 2020 in Wiesbaden

„Ich bin drei Monate vor Ausbruch des Ersten Weltkrieges geboren." Margot Weidmann war buchstäblich eine „Kronzeugin des Jahrhunderts". Doch wer konnte dieser jugendlich wirkenden Erscheinung schon glauben, dass sie am 9. Mai anno 1914 das Licht der Welt erblickte? Neben sprühendem Esprit hatte sich die Tochter aus gutem Hause ihre Eitelkeit bis ins hohe Alter erhalten und kredenzte mit Augenzwinkern spontan eine Kostprobe: Zum 100. Geburtstag war der eleganten Dame ein Schal verehrt worden. Das exquisite Textiltuch schlang sich die Jubilarin mit Schwung um die Schultern wie ein Mannequin. Dann aber kokettierte die Jubilarin charmant: „Der macht mich zu alt" und legte den Schal gleich wieder ab.

Was heißt hier „alt"? Dieser Begriff schien bei Margot Weidmann, die in den Gesprächen jederzeit hellwach und bühnenreif temperamentvoll agierte, nun so gar nicht angebracht. Die äußerst modebewusste Zeit-

Das Wohnzimmer als Kulisse, das Sofa als Bühne: Als ausgebildete Schauspielerin verkörperte Margot Weidmann die treue Desdemona – und spielte den meuchelnden Othello gleich mit.

zeugin war hoch diszipliniert, immer chic gekleidet, adrett frisiert und ganz diskret geschminkt: „Das mache ich immer so, auch wenn ich keinen Besuch empfange."

Von beneidenswerter Konstitution und bewunderungswürdig rüstig, versorgte sich die Wahlwiesbadenerin in ihrer großen Wohnung selbst. Ihr in der Stadt lebender Neffe Bernie unterstützte Tante Margot bei ihren Einkäufen.

Mit Wiesbaden verband die Tochter einer Hamburgerin und eines „Harzer Rollers", der als international eingesetzter Kaufmann eine leitende Position in der Wiesbadener Firma Dyckerhoff & Widmann wahrnahm, „eine schöne Kindheit". Ihrer persönlichen Erinnerung zufolge war – zumindest für ihr familiäres Umfeld – die „Franzosenbesetzung" im Alltag nicht allzu prägend.

Bei desolater Wirtschaftslage hatte das 30. Korps der französischen Armee am 13. Dezember 1918 die Kurstadt Wiesbaden mit rund 1300 Soldaten und Offizieren unter Befehl von General Leconte besetzt. Der „Brückenkopf" Mainz sollte geschützt werden. Auch das 6. Spahi-Regiment mit Reitern aus Algerien, Marokko und Tunesien war hier stationiert. Die damals vierjährige Margot war mit der Mutter und dem drei Jahre älteren Bruder Karl auf abenteuerlichen Wegen über Nordhausen, wo die Familie – wie sie sagte – „rausgeschmissen" wurde, 1918 nach Wiesbaden gekommen. Der Vater sprach perfekt französisch, war zum Glück nicht kriegsverpflichtet, kam nicht mit an den Ort der Dyckerhoff-Firmenzentrale, sondern blieb in Antwerpen. „Wie meine Mutter das alles geschafft hat, weiß ich nicht", zollte die Tochter ihrer faktisch ja alleinerziehenden Mutter hohe Anerkennung.

Die Familie lebte am Kaiser-Friedrich-Ring, wo sich die beiden Geschwister ein Zimmer teilten. An den Teppich im Treppenhaus erinnerte sich die rüstige Zeitzeugin noch sehr gut. Ein Erlebnis im Lift erzählte sie mit breitem Schmunzeln: „Ich bin einmal so nett im Fahrstuhl hängen geblieben." Ängstlich war die Kleine also nicht.

Die Zwischenkriegszeit in Wiesbaden mit der Besatzungs-Atmosphäre war der Zeitzeugin noch ebenso präsent wie ein Erlebnis auf dem Neroberg. „Da trafen wir auf eine Gruppe von Marokkanern am Neroberg-Hotel." Mit ihrer Mutter, Bruder Karli und dem Hausmädchen Lina – „sie hatte üppige rote Haare" – war Töchterchen Margot zu einem Ausflug auf den Wiesbadener Hausberg gekommen. „Vor den fünf Marokkanern hatten wir richtig Angst. Die taten so, als ob sie uns nachliefen. Wir Kinder waren erschrocken, weil unsre Mutter und Lina ängstlich waren, das übertrug sich. Wir sind gelaufen und haben uns versteckt. Aber die Marokkaner haben sich bloß einen Spaß mit uns gemacht. Die Männer haben sich nämlich hinter Bäumen versteckt. Wir sind dann aber sehr schnell weggelaufen."

Die Episode dürfte ein Erlebnis mit Ausnahmecharakter sein. „Generell traten die Franzosen nicht so in Erscheinung und wir Kinder hatten auch keine Angst." Margot Weidmann hatte noch eine weitere Erinnerung parat – unspektakulär, aber offenkundig einprägsam. „Einmal klingelte ein Mann und wollte ein Zimmer unserer Wohnung aquirieren für die Franzosen. Meine Mutter sagte: ‚Hier ist kein Zimmer frei', und dann ging er wieder."

Dass sie in Wiesbaden „alle üblichen Kinderkrankheiten wie Masern und Scharlach mit wochenlangem Bettliegen" durchlebte, erzählte sie nebenbei. Von Mangelerscheinungen hingegen hatte sie nichts zu berichten, im Gegenteil: „An Hunger kann ich mich nicht erinnern. Es war alles da." Sogar eine echte Puppe von Käthe Kruse mit Sägemehlbauch hatte Klein Margot bekommen und sich flugs als Maskenbildnerin betätigt. Das „Knabengesicht" ihrer „allerliebsten Lieselotte" hatte ihrer Ansicht nach Bedarf an einer Schönheitskur. Also legte die Puppenmama künstlerisch Hand an: „Ich habe ihr die Augen mit Buntstift blau gemalt."

Ihre Mutter habe den Puppen „schöne Kleider" genäht. „Ein Glas Sekt musste meine Mutter jeden Tag trinken, sie hatte zu niedrigen Blutdruck." Dass Margot als Schulkind die schwer an Grippe erkrankte Mutter einmal vor einer unliebsamen Pflegerin bewahrte, erzählte die Zeitzeugin nicht ohne Stolz. „Die Krankenpflegerin hat sich nicht mit unserem Hausmädchen Lina vertragen." Die couragierte Tochter hatte das schnell kapiert. „Ich als Sechsjährige drohte ihr mit Rauswurf. Ich wollte doch unsre Lina schützen."

Mit dem Thema Bildung machte die kleine Margot Diedrich spezielle Erfahrungen. „Die Schule hat mir nicht so gefallen", bekannte die Zeitzeugin, die in Wiesbaden eingeschult wurde. „Das waren wohl keine echt ausgebildeten Lehrerinnen. Die Lehrerin in meiner Klasse war so grob. Zu Hause wurde ja bei uns nicht geschlagen. Ich hatte richtig Schiss, also hab' ich öfter geschwänzt." Die Frage der Mutter: „Hast Du Kopfschmerzen?" wurde von ihr mit entsprechender Attitüde wohl ziemlich glaubhaft beantwortet.

Schauspielerin wollte die begabte Kleine schon in Wiesbaden werden. Als Teenager wurde sie später auf einer Hamburger Privatschule „der Kasper und der Clown der Klasse". Eine Lehrerin ermunterte sie zum Beruf auf den Brettern: „Du musst Schauspielerin werden."

Ihr erstes Vorsprechen bei Maria Loya vom Thalia Theater in Hamburg „war 'ne Sensation." Der Privatunterricht fand bei der Künstlerin in deren Domizil statt – „die lebte dort in wilder Ehe mit Regisseur Hans Stiebner." Die Privatausbildung trug reiche Früchte, wie das Fotoshooting für eine Hamburger Zeitung bewies. Die theaterbegeisterte Schülerin hatte ihren Spaß. „Von Kopf bis Fuß auf Liebe eingestellt" durfte sie für die Fotosession singen – „wie Marlene am Flügel". Und nach der ganzseitigen Fotoreportage über das vielseitige Nachwuchstalent im „Hamburger Fremdenblatt" wollte die halbe Schule „Autogramme auf die Zeitungsseite."

Die charmante Hundertjährige strahlte mit blitzenden Augen und tönte: „Ich musste die Desdemona spielen." Kaum war die Szene angesprochen, folgte prompt eine köstliche Demonstration ihres darstellerischen Könnens frei nach Peter Brooks: „Die ganze Welt ist eine Bühne". Der Salon war die Kulisse, das Sofa gab die perfekte Bühnenausstattung her. Mit Verve warf sich Margot Weidmann auf das Möbel und griff sich mit beiden Händen „würgend" an den Hals. Die treue Desdemona wurde buchstäblich „verkörpert". Den eifersüchtigen Gatten Othello (damals Hans Stiebner), der seine angeblich treulose Gattin ermordet, spielte sie gleich mit. Fehlte nur noch Bösewicht Jago.

Zu schade. In Hamburg kam ein „echtes Vorsprechen" mit der fleißig einstudierten Minna von Barnhelm nicht zustande – zu viel Lampenfieber. Nach dem Einjährigen (Mittlere Reife) wurde das Uhrengeschäft Vogler an den Großen Bleichen der Hansestadt die berufliche „Bühne" der jungen Dame.

1940 kam die „Dienstverpflichtung" nach Paris: „Eine schöne Stadt war das damals." Die Tätigkeit von „Fräulein Diedrich" in der Brief- und Telegrammprüfstelle der Kommandantur ATP – wo sie manchem Franzosen habe „helfen" können – und das „relativ normale Leben im durchaus noblen Hotel" sind eine eigene Geschichte.

Ihr freundlicher Gruß „Guten Morgen!" beim Eintritt in die Offiziersmesse wurde von einem Uniformierten einmal harsch zurechtgewiesen: „Das heißt Heil Hitler!" Aber nicht bei Mademoiselle Diedrich. „Das mochte ich nicht! Und das Armhochheben mochte ich auch nicht. Aber ich habe mich gerächt!" Die entsprechende Person wurde von ihr kurz darauf bei einem zufälligen Zusammentreffen in der Metro betont fröhlich mit „Heil Hitler!" gegrüßt. Das war ihrem Gegenüber in der Öffentlichkeit so gar nicht recht. Dessen peinlich berührte Mimik sprach Bände.

Eine Straßenbahn gab es in Alt-Wiesbaden auch. Die assoziative Erinnerung brachte Margot Weidmann wieder nach Wiesbaden und zum Kindheits-Besuch von „Peterchens Mondfahrt" als Weihnachtsmärchen im heutigen Hessischen Staatstheater. „Das war für mich als Kind einfach wunderschön." Zuvor war der Kleinen das Buch vorgelesen worden.

Auch ein kirchennahes Erlebnis in Alt-Wiesbaden konnte die rüstige Seniorin plastisch erzählen: „Auf einem Wagen wurde eine neue Glocke zur Ringkirche gefahren. Die fuhr praktisch den ganzen Kaiser-Friedrich-Ring entlang, wo wir wohnten. Es war aber kein Prunkfahrzeug, eher wie ein Bauernwagen. Das habe ich als Kind sehr schön gefunden."

Die Geschichte ihrer Eheschließung gäbe ein Bühnenstück her. Die große Liebe Helmuth Weidmann war „ein 1 A der Brigade". Er „kam, sah und siegte" im August 1944 zur Vorzimmerdame von General Klein in Stockerau/Österreich. Verlobung am Nikolaustag, Hochzeit am 24. März 1945. „Unsere Hochzeitsreise wurde nach anderthalb Tagen von den herannahenden Russen unterbrochen." Es folgten die abenteuerliche Flucht vor den näherrückenden russischen Truppen aus Stockerau, Gefangenschaft des frisch gebackenen Ehemannes in Mauthausen, das Wiedersehen mit „Mutti, Papa, Berni und Oma" und das gemeinsame Unterwegssein – mal mit Pferd und Wagen, mal zu Fuß.

Verschiedene Lebensepisoden erlebte die Zeitzeugin beim „Weidmann-Clan" in Heidelberg – „seither auch meine Familie" – und „mit Landwirtschaft, Kleintieren plus den Hunden Seppl und Asta" in Heppenheim, als „Strohwitwe" des weltweit reisenden Ehemannes in Frankfurt, in Hamburg (mit dem ersten eigenen Auto!) und sechs Jahre in Hochheim.

1970 – Helmuth Weidmann war inzwischen für eine schwedische Firma international tätig – zog das Paar nach kurzem Intermezzo in Biebrich auf den Freudenberg. „Wir hatten eine Ärztin als Nachbarin. Es war eine wirklich schöne Wohnung." Zur großzügigeren Raumgestaltung ließ Ehemann Helmuth eine Wand herausbrechen.

Versonnen meinte Margot Weidmann: „Es war hier auf dem Freudenberg so schön ländlich mit vielen Feldern und Obstbäumen. Ich erinnere mich noch an Bauern aus Schierstein und Dotzheim. Meist standen hier Zwetschenbäume. Wir hatten einen Mirabellenbaum im Garten. Der steht sogar noch. Die Villen und die anderen Wohnhäuser wurden erst viel später gebaut."

Auch die Innenstadt vor der Umgestaltung als Fußgängerzone war der Zeitzeugin, die sich immer durch Zeitungslektüre, Radio und TV auf dem Laufenden hielt, präsent. „Das stilvolle Café Maldaner, wo im ersten Stock Musik gespielt wurde, kannte ich sehr gut. Viele Male habe ich dort in der Mittagspause gegessen. Wie oft bin ich durch die historische Holz-Drehtüre hinein und sah die Besitzerin Frau Weick mit einer Freundin neben dem Eingang auf *Bobachtungsposten* dort sitzen. Sie hatte immer alles im Blick."

Der Begriff „Mittagspause" bezog sich in den Erzählungen der Wahl-Wiesbadenerin auf eine etwa drei Monate dauernde Episode in der Schmuckbranche. „Das mache ich!" war ihre Spontanreaktion auf eine Annonce. Resultat war ihre vorweihnachtliche Tätigkeit im angesehenen Unternehmen Schmuck Christ. „Das Ladengeschäft war gegenüber Karstadt an der Ecke Faulbrunnenstraße." Der Umgang mit der Kundschaft habe ihr „richtig Spaß gemacht". Kreativität stellte die Kurzzeit-Aushilfe bei der Verlosung eines Edelsteinringes unter Beweis, als sie den Impuls hatte, eine prominente Persönlichkeit dazu zu bitten. „Ich dachte einfach, ich lade den Oberbürgermeister ein. Das erwies sich als gute Idee. Der Laden war bei der Gewinnverleihung so richtig rappelvoll."

Auch ein anderer Promi prägte sich ihr ein. Die mitfühlende Bemerkung des Kunden Heinz Schenk, beliebter TV-Wirt im „Blauen Bock", zitierte Margot Weidmann im Dialekt. „Er sagte, gelle, die Maschin' macht vill Abbeit." Mit der „Maschin" war die Registrierkasse gemeint.

Die lebensfrohen und reiselustigen Eheleute Weidmann waren mit dem Wiesbadener Strumpffabrikanten Rudi Hambach, Honorarkonsul von Paraguay, und Gemahlin Jaqueline gut befreundet. Helmuth Weidmann machte auch die Bekanntschaft von Filmstar Sonja Ziemann, mit der Rudi Hambach in den fünfziger Jahren in erster Ehe verheiratet gewesen war. Den Bericht ihres Gatten gibt die Zeitzeugin mit lebhafter Mimik wieder: „Du, ich hab' die Sonja Ziemann kennen gelernt! Sie bewegt sich wie eine Dame und ist sehr charmant." Mit dem gemeinsamen Sohn Pierre lebte das Paar in Wiesbaden-Erbenheim.

Über die 80er Jahre des „Theatriums" als Wilhelmstraßenfest mit den reizvollen Kunsthandwerk-Ständen an der unteren Wilhelmstraße und einem temporären Balkon vor der „Ente" am Nassauer Hof mit Blick zum Kurhaus, zum Theater und zu den Vier Jahreszeiten konnte die Zeitzeugin auch berichten. „Gemeinsam mit den Hambachs in einer munteren Clique hatten wir unseren Treff beim Theatrium am Nassauer Hof. Bei Kartoffelpuffern mit Kaviar und einem guten Glas Sekt oder Wein haben wir uns immer prächtig amüsiert." Sehen und gesehen werden war die Devise.

Auch von den alten Zeiten auf der Rue schwärmte Zeitzeugin Weidmann: „Im Café Blum an der prachtvollen Wilhelmstraße mit Blick auf den Warmen Damm waren wir öfter."

Mit dem „Rheumapapst" Professor Dr. Klaus Miehlke waren die lebenslustigen Eheleute Weidmann schon vor dem Umzug von Hochheim nach Wiesbaden befreundet, hatten gemeinsam in der Klinik Fasching gefeiert. „Da war er noch ein Doktor, kein Professor!" Doch auch von dem Professor konnte Patientin Weidmann eine Anekdote erzählen. Es klingt nach einem individuellen Therapieansatz, der äußerst modern anmutet und inzwischen als „ganzheitlich" deklariert würde: „Ich bin von ihm gespritzt worden. Vorher hat er jedes Mal einen Witz erzählt." Kunstpause. „Und ich habe ihm auch immer einen Witz mitgebracht." Den „fachlichen" Ratschlag des renommierten Mediziners setzte die gehorsame Patientin brav in die Tat um: „Gehen Sie in die Bibliothek, holen Sie sich mein Buch und studieren Sie es!" Die Lektüre zeigte offenbar Wirkung. Margot Weidmann ließ sich jedenfalls von gesundheitlichen Malaisen nie unterkriegen.

Dass die Hundeliebhaberin mit dem „Grünen Daumen" edle Tropfen zu schätzen wusste, daraus machte sie keinen Hehl: „Gepichelt haben wir viel und gerne. Wir hatten einen sehr schönen Weinkeller." Die Weißwein-Genießerin schwärmte von unzähligen Ausflügen nach Frauenstein. Einmal sei ihnen ein Reh aus dem Wald fast vors Auto gelaufen. Auch an Touren in den Rheingau zum „Schnutentunken" erinnerte sich die Zeitzeugin gerne. Einem langen Leben scheinen edle Tropfen äußerst zuträglich zu sein.

Seit Herbst 2017 lebte Margot Weidmann als älteste Bewohnerin im Katharinenstift. Auch mit 106 Jahren (!) hielt sich die rüstige Seniorin mit Zeitungslektüre auf dem Laufenden und „pichelte" gerne ein Gläschen Wein.

Artistischer Tausendsassa voller Humor

Werner Wörle

Musikal-Exzentriker, Akrobat, Conférencier und Fassenachts-Urgestein
Geboren am 18. Februar 1922 in Wiesbaden
Gestorben am 14. Oktober 2019 in Wiesbaden

Als „Tausendsassa" und „Garant für gute Laune" hat er gegolten, der unverwüstliche Werner Wörle. Ein Katzelöcher Bub war er, mit französisch-russischen Wurzeln, „also mit Migrationshintergrund". Dass er sich und andere nicht so „bierernst" genommen hat, machte die spritzige Ausstrahlung des offenherzigen Zeitzeugen aus.

Wie seine Geburtsstadt zu ihrem Namen kam, wusste der „eingeborene Chronist" so genau, als wäre er dabei gewesen. „Anno 4711 machte der römische Kaiser Blendax der Reinliche in den unterentwickelten Ländern Germaniens Station und lernte hessisch. Er streckte sich wohlig in den wärmenden Fluten seiner Latifundien aus und rief: *Kinner, nix is scheener als wie's baden!* Damit hatte er der Ansiedlung einen Namen und den Einheimischen eine Meinung gegeben."

Die knallbunt gestreifte Fliege war das Kennzeichen von „WW", der sich auch mal „AKVD" nannte. „Ich hab' mit *Amateur-Knittelvers-Dichter* unterschrieben." Der Allrounder hat Furore gemacht als Musikal-Exzentriker, Akrobat und Conférencier.

Werner Wörle, weitgereister Artist und Conferencier, CCW-Erzschelm und DACHO-Präsident in seiner „Strunz-Bude".

Sein „Alleinstellungsmerkmal" aber war der feinsinnig kabarettreife Humor, und der war „unnachahmlich".

Diverse Berufswechsel machten ihn zum „Ersten Verkäufer in der Delikatessenbranche, zum Versicherungsangestellten und in den frühen 50ern zum Lohnbuchhalter bei den Amis in der Payroll-Abteilung in Biebrich." Barmusiker und Ansager war er auch. „Hier holte ich die Penunze", war seine Begründung für 30 Jahre Berufstätigkeit „als Angestellter von de R+V". Daneben frönte er dem „einkommenssteuerpflichtigen Zweitberuf als Conférencier". Sein „gagenloses Hobby" ließ das närrische Urgestein über die Rostra der Fassenacht fegen – „im Saal und uff de Gass, bis in die Schweiz nach Solothurn."

Er konnte neben dem Wissbadener Platt auch das „Wiesbad'nerische Hochdeutsch", wie sein Gruß illustriert:

„Mit Sechzisch is mer noch in Schuß, / weil mer noch was bringe muß. / Wenn aach öfters hie un do e Weh-Weh'sche zwicke dut ,/ stört des nit de Lebensmut! / Denn mer find's zwar nit ideal – / doch for Sechzisch gans normal."

Das „Wiesbad'nerische Hochdeutsch" geht so:

"Mit Sechzig ist man noch in Schuss, / weil man noch was bringen muss. / Wenn auch öfters *hie un do* ein Weh-Wehchen zwicken tut, / stört das nicht den Lebensmut! / Denn man find's zwar nicht ideal – / doch für 60 ganz normal."

Allrounder Wörle, Jahrgang 1922, war mit weit über 90 Lenzen bewundernswert rüstig und blickte als „der Kerngesunde" ins Nähkästchen:

„Sein Hörgerät verstärkt den Ton, die Brille trägt er lange schon. Und wenn die Pumpe nicht mehr kann, springt der Herzschrittmacher an.

Doch fragt man ihn, wie's ihm denn geht und wie's um sein Befinden steht, dann gibt er strahlend Allen kund: „Freunde, ich bin kerngesund! Denn ich kann denken, hören, seh'n, und ohne fremde Hilfe geh'n, und habe keinerlei Beschwer'. Und was will der Mensch noch mehr!"

Der schlagfertige Bub aus dem „Katzeloch", dem Kiez der „kleinen Leute" an der Bergkirche, ließ sich auch in schwierigen Zeiten nicht unterkriegen. Die Frage des „braun gekleideten Schulrats", ob er im Jungvolk sei, wurde mit Ehrlichkeit pariert: „Nein, ich bin in der Eintracht im Turnverein." Um sein Stipendium nicht zu verlieren, kam er um das Jungvolk der Nazis nicht rum. Doch sein Mutterwitz verschaffte ihm Oberwasser. Bis ins 13. Jahrhundert reichten die Wurzeln des Familien-Stammbaumes, hat der Pfiffikus kess behauptet. Den gefoppten NS-Knilchen fiel im Traum nicht ein, dass sie zum Narren gehalten wurden. Ein Bubenstreich mündete in ein Disziplinarverfahren mit „strengem Verweis". Bei handgeschnitzten „Totenkopf-Laternen" an der Mauer des Alten Friedhofs verstand die NSDAP keinen Spaß. „Das waren Kürbisse!" erboste sich der Zeitzeuge.

Also „jeck" war Werner Wörle wohl schon immer. In Reimen hat er 1959 den „KK – Kurstadt Karneval" besungen, den seine Heimatstadt „grundsätzlich" als „Fassenacht" zelebriert. „Die Weltkurstadt steht kostümiert in buntem Narrenkleid / an ihrem Fastnachtssonntagszug und gibt ihm das Geleit. Das Kurhaus trägt die Narrenkapp', das Staatstheater auch, / und unser alter Neroberg hat Orden auf 'm Bauch."

Beim „Bruderkrieg Mainz – Wiesbaden" hatte Chronist Wörle einmal Mäuschen gespielt. Zu Zeiten von OB Dr. Erich Mix besuchten sich die zwei Stadtoberhäupter rechts und links des Rheins gegenseitig mit närrischen Abordnungen. Den Trinkspruch des Wiesbadener Kollegen „auf den gesamten Mainzer Karneval" korrigierte OB Franz Stein aus der Domstadt: „*Ihr* feiert Karneval und *wir* feiern Fassenacht!" Jetzt hatte es ein amerikanischer Gast des närrischen Treffens verstanden: „Oh, deshalb feiern Sie die Fassenacht im Mainzer CARNEVAL-Verein und im Mainzer CARNEVAL-Club. That's right!" Das Fazit von Werner Wörle: „Womit erwiesen ist, dass man nicht unbedingt Wiesbadener sein muss, um mancherlei in Mainz nicht zu verstehen."

Aufgewachsen ist der Zeitzeuge in der Taunusstrasse („eine feine Gegend"). Zu Zeiten von Pfarrer von Bernus ging der Knirps in den Kindergarten der Bergkirche in der Steingasse 9. Seine leiblichen Eltern hat er nie kennen gelernt. Doch die russische Cellistin und der französische Offizier hatten dem Spross offenbar französischen Esprit, Musikalität und russische Seele in die Wiege gelegt. Seine Adoptiveltern – „meine Familie war ein großes Glück für mich" – lebten in kleinen Verhältnissen. Aber die Eltern ermöglichten dem begabten Filius, der „als Fünfjähriger auf Geheiß der Mama bei der Heilsarmee in der Platter Straße Weihnachtsgedichte aufsagen" durfte, den Besuch der Mittelschule. Ein staatliches Stipendium finanzierte die Hälfte des Schulgeldes

Der Bubenstreich mit handgeschnitzten „Totenkopf-Laternen" wurde von der NSDAP mit einem „strengem Verweis" geahndet.

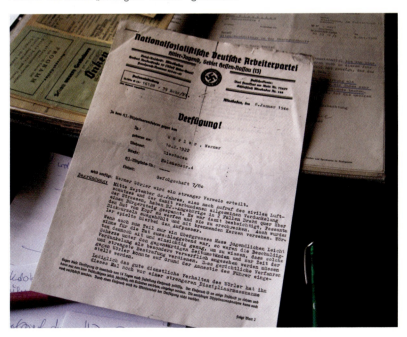

von 10 Mark im Monat. In den 30er Jahren war „Höhere Schulbildung" ein Privileg der „besseren Kreise". Die „kleinen Leute" konnten sich das nicht leisten.

Nach der Mittleren Reife hat der Bub das väterliche Diktum befolgt und „erst mal was Gescheites erlernt". Mit 16 ist er Kaufmannsgehilfen-Lehrling, mit 17 ist er Geräteturner der Wiesbadener „Eintracht" und zeigt „akrobatische Kunststückchen" in Gaststätten und auf dem Marktplatz: „Über die närrischen Tage war ich immer gut bei Kasse!"

Im Januar 1939 wurden Werner Wörle und sein Freund Wolfgang Walk als die „2 WöWaß" (mit „Buckel-S" geschrieben) für ihre „Equilibristik in höchster Vollendung" in der Wartburg gefeiert. Der hochtalentierte Jungspund, im Olympia-Nachwuchslehrgang für Geräteturner gemeinsam mit Helmut Bantz (später Olympiasieger im Pferdsprung) trainiert, erfand eine „lustige artistische Darbietung". Als Musikal-Exzentriker, sprich: gekonnt von Tisch und Stuhl fallender Tollpatsch, traf er eines Tags im Saal des Luftschutzhauses (später Kolpingsaal) auf einen gewissen Paso. Der „berühmte indische Seiltrick" des Nachwuchskünstlers scheitert kläglich – der „Leitfaden" hatte sich verheddert. Doch in Paso, alias Heinz Schenk, der mit dem „Blauen Bock" im HR-Fernsehen zum Star wurde, fand der Zeitzeuge einen Freund fürs Leben und einen Trauzeugen bei seiner Hochzeit mit Hella Beuter.

„Eine behördliche Unklarheit hinsichtlich meiner verschollenen leiblichen Eltern ließ Großdeutschland auf meinen Militärdienst verzichten", stellte er lakonisch fest. Also „nicht für einen Kriegseinsatz benötigt", nutzte der Hansdampf die Gunst der Stunde und erfand mit Kumpel Karl Feuster eine „musikalisch-komische Nummer". Der Brotverdienst war gesichert.

Statist am Musentempel war WW auch. „Als Solist durfte ich in der Circusszene der *Verkauften Braut* im Handstand über den Marktplatz auf der Bühne laufen". Hand-Stand können viele, doch den „Hand-Lauf" quer über die Bühne konnte nur Artist Wörle! Mit 3 Bällen jonglieren durfte er in der Vorstellung auch als „Kollege" der Publikumslieblinge Heini Schorn und Soubrette Charlotte Schütze. „Oberstatist" Wörle bekam 2 Reichsmark, also die doppelte „Gage". Einstieg in das Traum-Metier: Mit Karl Feuster als Akkordeon-Solist heuerte er 1942 bei einem Wanderzirkus an. Laut Vertrag sind sie „Musikal- und Exzentrikauguste, Mitwirkende bei Ensemblenummern, Revuen und Possen und Kassenkontrolleure". Sie sorgen für Auf- und Abbau der Käfige. Eine „Weltsensation" als eine Art musizierender „König der Löwen" im Käfig wurde der Artist nicht: „Wir haben uns lieber aus dem Staub gemacht."

Und ab ging die Post in Richtung „steile Karriere" mit Auftritten in Großstadtvarietés, auch in Straßburg und Breslau. „Hitlers *Führerbefehl*, am 31. August 1944, alle Vergnügungsstätten und Theater zu schließen, war das abrupte Ende meiner Karriere", erinnerte sich Werner Wörle.

Wie der „Musikal-Exzentriker" doch nicht der „schönste Kraftaktgladiator der Welt" und was aus der Verpflichtung an den legendären

Friedrichstadt-Palast in Berlin wurde, ist eine andere Geschichte. 1948 kehrt WW nach Wiesbaden zurück, trifft Kumpel Wolfgang Walk wieder und das Duo hat spektakuläre Show-Acts parat. „Die 2 Gruggys und 1 Tür" gingen auf Tour durch namhafte Varietés. „Ich bin aus dem Sitz im Handstand mit Stuhl über die Bühne gelaufen und hab' mich ordnungsgemäß wieder hingesetzt. Es musste ja was Besonderes sein."
Köstliche Schnurren gibt der begnadete Scherzkeks zum Besten. „Um die Wurst" ging es in speziellem Zusammenhang. In den 50ern landete der gelernte Kaufmannsgehilfe im Delikatessen-Handel. „Ich hab' gedacht, das ist Schimmel und vorsichtshalber den weißen Belag von der frisch aus Ungarn importierten Salami abgebürstet." Breites Grinsen. „Mein Chef bekam einen Schock, als er sah, was ich angerichtet hatte."
Als „Primaballerina von der Staatsoper Dotzheim" mischte Werner mit seinem Bruder Olif das Publikum auf „bei Heinz-Schenk-Gastspielen in den Bahnhofsgaststätten und im Café Maldaner". Mit Freund Schenk sorgte der närrische Hochkaräter für heftigste Zwerchfellzuckungen: Die blaublütigen Kurstadtdamen „Frau von Blasewitz & Frau von Zitzewitz" schossen im ausverkauften Kurhaus den Vogel ab.
„Der schwungvolle Conferencier" war zu Lande und auf See als „Botschafter des Wiesbadener Humors" auf Achse, moderierte den Start der Rheingauer Weinwoche. Ob Rundfunk, TV-Sendung, Kerbezelt oder Gala – immer war WW mit seinem Mutterwitz Garant für gute Stimmung. Auf einem Werbeflyer machte er seine „Vorzüge" bekannt, er sei „stubenrein, herzerfrischend, quicklebendig und situationsgewandt, nicht zu dumm – nicht zu gescheit". Und „Pointen nach Maß" könne er auch bieten.
Für Showgrößen wie Ilse Werner, Paola, Katja Ebstein, Vico Torriani, die drei Jakob-Sisters, Ivan Rebroff und Paul Kuhn war das selbstironische „Schlappmaul mit Grandezza" eine sichere Bank. Nicht zu vergessen das „Who is Who" der Fassenacht von Ernst Neger, Margit „Maggid" Sponheimer und den Mainzer Hofsängern bis zu den Gonsbachlerchen.
Wie es sich für einen „in der Wolle gefärbten Optimisten" und Häuptling der Narrenzunft geziemt, war der vielfach Ausgezeichnete am Fassenachts-Samstag 2012 goldische 90 geworden. Beim Rathausempfang wurde der „Botschafter des Wiesbadener Humors" als „Gottvater des Wissbadener Fassenacht" gefeiert. Er war Sitzungspräsident der „Großen Wiesbadener Carnevalsgesellschaft 08". Dacho-Sitzungspräsident im Kurhaus voller Narren und im Großen Haus des Hessischen Staatstheaters Wiesbaden war er auch. Die Dacho-Sitzungen machten damals am Fassnachts-Samstag und Fassnachts-Dienstag den Musentempel zum Narrenschiff.
Nach der Jubiläumskampagne „100 Jahre Wiesbadener Fastnacht" legte Werner Wörle 1959 auf eigenen Wunsch die Präsidentenämter nieder – beim „Sprudel" und bei der Dacho. Den vornehmen „Kurkarneval" hatte er in die Flucht geschlagen und aus der steifen Sitzung eine bodenständige Fassenacht für's Volk in familiärer Atmosphäre gemacht.

An verdienten Meriten war bei Lebenskünstler Wörle kein Mangel: Er war Mitgründer der „Narrenzunft", die später im „Sprudel" aufging. Und er war Ehrenpräsident des von ihm nach dem Krieg wiedergegründeten „Sprudels", der als älteste Karnevalgesellschaft in Wiesbaden agiert. Woher der „Sprudel" seinen Namen hat? Die „sprudelnden" Quellen von Aqua Mattiaca sind schuld, wusste „Chefansager" Wörle, der 18 Jahre auf der Rathaus-Ehrentribüne für Stimmung sorgte beim Sonntagszug. „In den frühen Sechzigern zog der närrische Lindwurm noch durch die Kirchgasse. Vor den Musikläden waren Lautsprecher postiert und es wurde uff de Gass getanzt!"

Vom Bund deutscher Karneval und vom Bund mittelrheinischer Karneval wurde der allseits beliebte Narr jeweils mit Gold ausgezeichnet. Das Goldene Vlies nicht zu vergessen. Der größte Wiesbadener Fassnachts-Verein nennt sich „Carneval Club Wiesbaden" und kürte ihn zum „CCW-Erzschelm". Seine Heimatstadt würdigte den Eingeborenen mit der Silbernen Bürgermedaille. Verschmitzt konnte der Allround-Unterhalter mit dem Ehrenbrief des Landes Hessen „strunzen" (für Nichteingeweihte: angeben).

In Alt Wissbaden hieß es „mer strunze nit, mer hunn". Sinnfreies Angeben hatte der Allrounder nie nötig. Was ihn nicht hinderte, im Bierstadter Domizil eine „Strunz-Bude" einzurichten mit „antiquarischen" Presseberichten, Plakaten und Fotografien in Schwarzweiß. Die reinste Fundgrube.

„Großer bunter Abend mit Stars von Funk, Fernsehen, Bühne und Schallplatte" kündigte ein Plakat die Showgrößen „Heinz Schenk, Roberto Blanko, Werner Wörle und Doris Wimmer" an. Aus Roberto Blanko war ein „Blanko" geworden, „aber kein Scheck". Die legendäre Ballerina hieß Wiemer und war keineswegs eine „Wimmer". Die Stars trugen es mit Fassung. Immerhin waren die anderen Daten korrekt.

„HEUTE DIENSTAG, den 11. Oktober 1960, 20 Uhr, Casino, Friedrichstraße" finde die „Siegerehrung der besten Sammlerinnen und Sammler" zum Welttierschutztag statt, verkündet eine Einladung des Tierschutzvereins Wiesbaden und Umgebung. Die Stars traten für Umme auf. „Eine große Fleischwurst für Struppi" titelte die Presse: „Gelungen war der Charleston des Tanzpaares Doris Wiemer und Rolf Hodapp. Der Grundtenor des Abends war nämlich ausgelassen fröhlich – dafür sorgte schon Werner Wörle, dessen Tanzparodie, die vermutlich bald schon ein beachtliches Jubiläum feiern kann, wie am ersten Tag die Lachmuskeln der Zuschauer reizte."

Der Zeitzeuge kam gut herum. „Mitte der Fünfziger hab' ich das Äppelblütefest in Naurod, in Kostheim und anderen Vororten angesagt." Auch an den Sonnenberger „Köhlerhof", den heutigen „Kaisersaal" erinnerte er sich.

„Wir ham viel getingelt zu der Zeit. Es gab die *Floorshows* in der Wartburg, im Kolpinghaus und für die Amis in der Scala an der Dotzheimer Straße". Für Auftritte in kleinen Kneipen war sich der Weitgereiste nie zu schade. Närrisches Engagement war ihm Ehren- Amtssache. Natürlich schrieb er Ehefrau Hella die Bütttenreden auf den Leib.

Als „Prophet" wäre Autor Wörle, der in den Achtzigern seinen Gedichtband „Wiesbaden, heiter betrachtet" herausbrachte, die Idealbesetzung. Mit „dem ersten Wissbadener Dialektabend in der Brunnenkolonnade" begeisterte er 200 Interessierte. Anno 1950 hatte er mit dem kabarettreifen Vortrag „Sehn Se, das ist Politik" sein Debüt in der Eulen-Bütt gegeben: „Wenn man in großen Worten die Aufwandssteuer erlässt / und dafür andre Steuern aus uns'rer Lohntüte presst, / und es nimmt unser Letztes die Bundesrepublik, / als hätte sie, statt wir's geschafft: / Sehn Se, das ist Politik!

Wenn jede brave Hausfrau ab jetzt verzichten muss zugunsten von den Männern auf einen Platz im Bus, und man sagt ihr ironisch mit schiefem Seitenblick: Ihr seid jetzt gleichberechtigt: Sehn Se, das ist Politik!"

Der „Rentionär" ging es „nach 30 Jahren R+V-Angestelltendasein und 20-jähriger Betriebsratstätigkeit" hoch verdient in einem Sonnenberger Seniorencentrum ruhiger an. Mit allen närrischen Wassern gewaschen, machte sich der „Brötchengeber" mit zarten 94 Lenzen auf die Halbgötter in Weiß seinen Reim. „Meine Ärztehilfe" titulierte er seine Bekenntnisse: „So – zum Beispiel – kümmert sich jeden Tag ein Arzt um mich. / Montags ist der Hausarzt dran. / Dienstags bohrt der Zahnarzt dann. / Mittwochs steh ich ausgezogen / als Patient vor'm Urologen. / Donnerstags schon in der Früh' / geht's zur Rheumatherapie. / Freitags morgens gegen zehn / will der Augenarzt mich seh'n. / Und am Wochenend' zu Haus / geht der Notarzt ein und aus.

So sorgt meine Altersnot doch für vieler Ärzte Brot. Deshalb kam mir in den Sinn: Wenn ich einmal nicht mehr bin, kann mein Arzt mir als Patienten diesen Vers als Nachruf spenden:

Krank war er an Herz und Leber. Doch als alter Schoppenheber war er lang ein Brötchengeber!"

Unter jedem Stein liegt Weltgeschichte

(frei nach Heinrich Heine)

Erinnerung – sprich! Im vorliegenden Buch des Vereins zur Förderung des Stadtarchivs Wiesbaden e.V. erzählen Zeitzeuginnen und
Zeitzeugen über „erlebte Geschichte und Geschichten". Das mehrjährige oralhistory-Projekt baut auf die „Balance des Vertraut Ma-
chens und Fremd Lassens" (Althistoriker Christian Meier). Auf
historische Präzision und gendersensible Sprache haben wir Wert
gelegt. Mögliche Fehler gehen auf mein Konto.

Der Hebammenkunst des aufmerksamen Zuhörens und konzen-
trierten Blickens ins innere Archiv sehe ich mich verpflichtet. Einen
Fragenkatalog als starres Korsett gab es nicht. Assoziationen bin ich
bereitwillig gefolgt, habe Spartengrenzen gerne ignoriert.

Die Schatztruhe persönlicher Erinnerungen ist gelebte Historie über
ein rundes Jahrhundert hinweg und verbindet Generationen. Wiesbadener Zeitzeuginnen und Zeitzeugen beleuchten die Historie der
Stadt aus individueller Perspektive. Einzelpersonen, Paare und Familien spiegeln den Alltag und besondere Lebensstationen. Sie prägen die Vielfalt der Stadtgesellschaft.

Als Autorin und Fotografin durfte ich 50 Prominenten und weniger
Bekannten begegnen. Manche stehen im Licht der Öffentlichkeit.
Andere wirken als hilfreiche Geister im Hintergrund und sind die
eher „Unsichtbaren". Sie alle waren zu offenem Gespräch bereit und
redeten Tacheles „frei von der Leber weg". Es kommen 22 Frauen
und 28 Männer in ihrem ganz eigenen Zungenschlag zu Wort. Fas-
zinierend: Der Blick hinter die Kulissen offenbarte immer wieder
überraschende Bezüge und beglückende Querverbindungen. Als
„escht Wissbadener Mädsche" aus dem Gemeindehaus der Bergkirche im „Katzeloch" kann ich viele der geschilderten Ereignisse
aus eigenem Erleben bezeugen.

Die Zeitzeuginnen und Zeitzeugen sind „Eingeborene" oder „Har-
geloffene" mit Zuwanderungshintergrund. Viele der Interviewten
sind ein Brückenschlag in Person. Argentinien, Armenien, Bulgarien,

Indien, Italien, Polen, Russland und Tschechien, Ukraine und USA sind zu nennen.

Das Kaleidoskop der Lebensbereiche hat viele Facetten. Kunst & Kultur, Medizin & Gastronomie, Pädagogik & Politik, Fassenacht, Instrumentenbau, Religion & Sport sind vertreten. Die einzige Ehrenbürgerin Wiesbadens trifft auf Kulturpreisgekrönte. Fluxus-Legende trifft Hofkapellmeister. Der „Vater des Lichts" trifft die Chefin des Hinterhof-Palazzos, den Gynäkologen, den Kunstmäzen, die närrisch gepolten Eheleute und das „Schwarze Theater" als familiäres Trio.

DANK, wem Dank gebührt. Hier denke ich in erster Linie an den verstorbenen Ideengeber Peter J. Riedle, der mir ein inspirierender Gesprächspartner war, und den Vorstand des Vereins zur Förderung des Stadtarchivs Wiesbaden e.V., der mir das Langzeit-Projekt anvertraute und das Buch herausbringt. Für ihr persönliches Engagement und die produktive Zusammenarbeit danke ich dem Vorsitzenden Ulrich Kirchen und seiner Ehefrau Christa Graff-Kirchen.

Mein ganz besonderer Dank gilt den auskunftsfreudigen Zeitzeuginnen und Zeitzeugen. Sie alle haben mir ihr Herz geöffnet und durch ihr aktives Mitwirken das Projekt ermöglicht. Im Stadtarchiv Wiesbaden danke ich Anja Schuhn für hilfreiche Unterstützung bei der historischen Recherche. Dorothee Keller/Bad Schwalbach, Ingrid Willig und Mark Baldwin/Rheingau sowie Dörte Fardella/Wiesbaden, Susanne Hake/ Berlin und Tobias Mahlow/Zell an der Mosel danke ich für wertvolle Rückenstärkung. Zu danken habe ich auch dem scharfsichtigen Lektor Hermann Roloff.

„Erst die Lektüre vollendet das Werk." Mit diesem Zitat von Ingeborg Bachmann wünsche ich: „Möge die Übung gelingen."

Gesine Werner

im November 2022